Treinamento da natação competitiva

Instituto Phorte Educação
Phorte Editora

Diretor-Presidente
Fabio Mazzonetto

Diretora-Executiva
Vânia M. V. Mazzonetto

Editor-Executivo
Tulio Loyelo

Tradutora
Mary Hatakeyama

Revisor-Científico
Emerson Ramirez Farto

Treinamento da natação competitiva

Uma abordagem metodológica

Emerson Ramirez Farto

Phorte editora

São Paulo, 2010

Treinamento da natação competitiva: uma abordagem metodológica

Rua Treze de Maio, 596
CEP: 01327-000
Bela Vista – São Paulo – SP
Tel/fax: (11) 3141-1033
Site: www.phorte.com
E-mail: phorte@phorte.com

CIP-BRASIL. CATALOGAÇÃO-NA-FONTE
SINDICATO NACIONAL DOS EDITORES DE LIVROS, RJ

F255t

Farto, Emerson Ramirez
Treinamento da natação competitiva : .uma abordagem metodológica / Emerson Ramirez Farto ; [tradução Mary Hatakeyama]. - São Paulo : Phorte, 2010.
464p. : il.

Inclui bibliografia

ISBN 978-85-7655-265-9

1. Natação - Treinamento. 2. Competições. I. Título.

09-6088. CDD: 797.21
CDU: 797.21

25.11.09 03.12.09 016470

Impresso no Brasil
Printed in Brazil

Dedicatória

Aos meus pais, Valentin e Emilia, que me apoiaram em todos os momentos, desde o começo da minha carreira. São os meus maiores ídolos.

Ao meu irmão, Roberto, que me animou, sobretudo, nos momentos difíceis.

À minha irmã, Marisol, que desde sempre me motiva e me dá os melhores conselhos.

Por fim, a todos aqueles que foram os pilares da minha vida, que me deu a felicidade de poder fazer parte de uma maravilhosa família.

Apresentação

O treinamento é um esporte sistemático de longo prazo, progressivamente graduado e de forma individual, que visa à formação das funções humanas, psicológicas e fisiológicas, a fim de superar as tarefas mais exigentes.

Com base nesses pressupostos, na literatura específica de treinamento de natação e em minha experiência como treinador, apresento neste livro objetivos diferentes. Para atingir esses objetivos, dividi o livro em dez capítulos com os conteúdos mais importantes para o desenvolvimento do nadador, e abordo os aspectos mais importantes a serem considerados quando da realização do treinamento de nadadores, desde a tenra idade ao mais alto nível.

Sumário

Introdução

O êxito de um esportista na atualidade tornou-se algo muito complicado. Assim, a preparação necessária para que um nadador possa competir no mais alto nível também se faz complexa e sofisticada. Sem dúvida, a evolução do treinamento na natação tem sido um dos fatores que mais contribuem para o aumento do rendimento.

Para Bompa (2000), o treinamento é uma atividade esportiva sistemática, de longa duração, graduada de acordo com o nível individual e cujo objetivo é conformar as funções psicológicas e fisiológicas para a realização de tarefas mais exigentes. Platonov (2001) afirma que o treinamento esportivo compreende um conjunto de tarefas que asseguram uma boa saúde, um desenvolvimento harmonioso, um domínio técnico e tático e um alto nível das qualidades físicas.

Partindo dessas premissas e baseando-se na literatura específica sobre o treinamento na natação, assim como na experiência como treinador, formulei os seguintes objetivos para este livro:

- orientar e guiar no conhecimento prático-teórico do treinamento na natação;
- proporcionar maior efetividade no desenvolvimento do rendimento do nadador;
- distinguir e aplicar os diferentes métodos de treinamento das diversas capacidades físicas (resistência, força, flexibilidade e velocidade) de forma apropriada;
- interpretar os fundamentos prático-teóricos em que se estruturam as distintas unidades básicas de planejamento aplicadas na natação (sessão, microciclo, mesociclo, macrociclo);
- empregar o conhecimento acerca da evolução das capacidades físicas decorrente da maturação biológica e do treinamento para planejar a carreira do nadador;
- diferenciar os distintos tipos de fadiga e fornecer informações precisas sobre suas causas e os fatores que a desencadeiam, assim como sobre alguns meios e métodos para recuperar os nadadores;
- preparar psicologicamente o nadador para enfrentar os árduos treinamentos e competir de maneira eficaz.

Para alcançar esses objetivos, esta obra foi dividida em dez capítulos:

- Capítulo 1: As condições e os condicionantes no ambiente vital para os nadadores. Um atleta que se submete ao trabalho árduo ocasionado pelo treinamento destinado ao alto rendimento precisa ter condições de vida em um ambiente e um meio favoráveis e dispor de uma série de recursos que, por um lado, tornem esse trabalho árduo o mais tolerável possível e, por outro lado, garantam em grande medida que os esforços não sejam em vão.

- Capítulo 2: A cineantropometria e a natação. A análise da composição corporal deve ajudar a avaliar o potencial individual para o êxito em determinados esportes, mediante a comparação morfológica com os esportistas de elite. As características morfofuncionais dos nadadores podem ser reveladas com base em testes multilaterais dos atletas de alto nível. Os resultados desses testes permitem identificar os índices que limitam os resultados esportivos.
- Capítulo 3: Evolução das capacidades físicas do nadador segundo a idade. Para alcançar o alto rendimento, é indispensável um processo de treinamento adequado, atendendo ao nível de maturação e ao desenvolvimento do esportista. O organismo dos jovens nadadores passa por mudanças complexas e multiformes e, em cada etapa evolutiva, tem suas próprias particularidades.
- Capítulo 4: A resistência na natação. A resistência depende de muitos fatores, tais como a velocidade, a força muscular, as capacidades técnicas de execução de movimento, a capacidade de utilizar economicamente os potenciais funcionais, o estado psicológico durante o trabalho etc. Na natação, a resistência é a qualidade física que permite ao nadador manter uma alta velocidade de nado.
- Capítulo 5: A força na natação. Na natação, os tipos de força empregados no deslocamento são condicionados principalmente pelo meio em que se desenvolve a prática esportiva. A preparação da força nos nadadores é realizada considerando-se a maturação biológica de desenvolvimento das capacidades de força, as particularidades do atleta e a exigência específica do esporte. Os objetivos das etapas de preparação em longo prazo dependem das particularidades do desenvolvimento somático, do desenvolvimento dos mecanismos fisiológicos e das capacidades motoras dos esportistas, de acordo com o gênero e a idade.
- Capítulo 6: A velocidade na natação. A velocidade deve estar rigorosamente vinculada à técnica de natação e à coordenação, e ambas, por sua vez, à natureza do esforço realizado em função da intensidade e duração da prova. As reações ótimas e a capacidade para executar ações motrizes, como nos casos da saída e das viradas, são relevantes na natação. Também nas especialidades longas, as características

da velocidade são importantes, especialmente no que diz respeito às mudanças de ritmo e aos momentos finais da prova.

- Capítulo 7: A flexibilidade na natação. Possuir um nível insuficiente de flexibilidade limita a amplitude dos movimentos, não permite o desenvolvimento de uma técnica de natação efetiva, condiciona o grau de força muscular que o nadador pode aplicar, impossibilita uma alta velocidade de nado, altera a capacidade técnico-coordenativa, provoca economia de trabalho menos eficiente e, com frequência, causa alterações morfofuncionais na estrutura dos músculos e dos ligamentos. O treinamento da flexibilidade tem, portanto, a missão de aperfeiçoar as qualidades elásticas dos músculos, desenvolver a força necessária à realização de um objetivo concreto, aumentar a amplitude de movimentos que a anatomia (articulação) permite e melhorar o rendimento de coordenação muscular, mediante a potencialização dos reflexos.
- Capítulo 8: Estruturação e planejamento do treinamento na natação. Os condicionantes fundamentais de um ciclo anual de treinamento são as competições, a estratégia da preparação em longo prazo e as peculiaridades da adaptação. O planejamento do treinamento esportivo é a organização de tudo o que ocorre nas etapas da preparação do nadador; é, assim, o sistema que inter-relaciona a preparação e a competição.
- Capítulo 9: A fadiga e a recuperação dos nadadores. A fadiga muscular vem sendo estudada fundamentalmente sob a perspectiva fisiológica, o que supõe uma extraordinária contribuição para o técnico esportivo. Ela pode ocorrer em âmbito local, ou seja, em um só músculo ou em um grupo determinado de músculos, ou em âmbito geral, afetando todo o organismo do esportista. No esporte de alto rendimento, é frequente observar a diminuição do rendimento por causa da fadiga nervosa (mental, sensorial, emocional) ou da fadiga física (motora ou coordenativa). Mesmo assim, os programas de preparação se distribuem ao longo dos sete dias da semana, com duas ou três sessões por dia. Isso porque há muito tempo foi abandonada a ideia de que a recuperação se processa nos dias em que não há treinamento, e passou-se a introduzir, no decorrer do microciclo, os meios de aceleração da recuperação, e as sessões contam com tarefas que proporcionam a diminuição e eliminação da fadiga.
- Capítulo 10: A psicologia do nadador. Há vários anos, vem se dan-

do muita importância à psicologia como um dos fatores determinantes do rendimento esportivo. Sua relevância no esporte é tanta, que muitos atletas deixam de ganhar competições importantes por não estarem preparados quanto a esse aspecto específico. Um nadador, por exemplo, pode perder um campeonato por não ter força mental para, faltando apenas 25 m, para completar a prova, realizar o último esforço.

Enfim, neste livro, pretendo tratar dos aspectos mais importantes do treinamento dos nadadores, desde os jovens iniciantes até aqueles de alto nível.

Capítulo 1

As condições e os condicionantes no ambiente vital para os nadadores

Antes de começarmos com os temas relacionados ao treinamento, é preciso considerar que um esportista, neste caso um nadador, deve gozar de excelentes condições para poder realizar as atividades do dia a dia. Um atleta que se submete ao trabalho árduo ocasionado pelo treinamento destinado ao alto rendimento deve ter condições de vida em um ambiente e um meio favoráveis e dispor de uma série de recursos que, por um lado, tornem esse trabalho árduo o mais tolerável possível e, por outro lado, garantam em grande medida que os esforços não sejam em vão. É necessário ter em conta, antes de qualquer coisa, que tudo que afeta o indivíduo como pessoa terá incidência no treinamento e em seu rendimento esportivo. Estas circunstâncias determinam alguns dos mais importantes condicionantes do treinamento esportivo, cujo conjunto Bañuelos (2001) denomina *ambiente vital do esportista*, definindo-o de acordo com os seguintes elementos:

- Condições básicas de vida: um alojamento digno e uma sustentação apropriada ao tipo de esforço requerido, já que tanto a alimentação quanto o descanso são essenciais para uma boa preparação do esportista. Essas condições são amplamente desfrutadas pelos atletas profissionais que alcançaram a elite. Para os outros, isto é, para a maioria, elas representam uma aspiração que quase sempre não se realiza.

- Estabilidade emocional: os problemas afetivos podem influir de forma muito negativa no rendimento do esportista. Um ambiente favorável e condições de vida adequadas, em conjunto e de modo indireto, evitam em grande medida que esses tipos de problemas apareçam. A primeira consideração a ser feita nesse sentido é que o esportista, estando incluído em um planejamento de treinamento intensivo, vê-se obrigado em muitos casos a perder o contato com familiares e amigos por prolongados períodos de tempo, e isso é algo que pode representar, para ele, um fator de inquietude e desequilíbrio. Um esportista deve estar em condições de ter o máximo contato possível com o ambiente real próprio da sua idade. Com relação às residências para esportistas, esse importante aspecto deve ser considerado para que sejam localizadas e projetadas de forma que não fomentem o isolamento e a dinâmica em grupo fechado.
- Reconhecimento social: o reconhecimento social, a popularidade, é algo importante para o atleta. Em razão disso, sua relação com a comunidade em que vive e com os meios de comunicação deve ser muito bem cuidada.
- Perspectiva de futuro: a vida esportiva, na maioria das modalidades, é relativamente breve. A previsão dessa brevidade constitui um problema sério e, às vezes, força o esportista a tomar decisões infelizes para o seu desenvolvimento ou termina com o abandono prematuro da carreira esportiva.

1.1 O ambiente de treinamento do esportista

Uma vez analisado o ambiente do atleta, faz-se necessário considerar as condições específicas relativas ao desenvolvimento esportivo. Visto que os resultados são o objetivo do esportista de elite, isso acarreta condições de trabalho e disposição de meios muito exigentes, sem os quais é praticamente impossível alcançar as metas previstas. A esse conjunto de condições que devem estar presentes para que se possa realizar uma boa preparação, Bañuelos (2001) dá o nome de *ambiente de treinamento do esportista*, definindo-o segundo os elementos:

- Suficiente dedicação ao treinamento: para um esportista de alta competição, o treinamento deve constituir o aspecto prioritário quanto ao emprego do seu tempo, e ao redor do treinamento é que serão organizadas as demais atividades. Para muitos esportistas, a prioridade é concedida à formação escolar ou acadêmica, aos estudos, o que é uma opção pessoal totalmente válida e compreensível. Quando a opção é essa, o melhor é ser coerente com ela e dedicar-se prioritariamente a estudar; no entanto, o acesso à elite ficará fora de alcance. O esportista de alta competição pode e deve ter a possibilidade de uma formação escolar ou acadêmica, mas planejada de maneira diferente daquela do estudante normal e, sobretudo, ajustada a prazos mais longos.

- Apoio técnico de alto nível: essa condição preconiza que um pessoal técnico altamente qualificado e profissionalizado, além de totalmente dedicado, seja responsável pelo treinamento do esportista. Os técnicos esportivos, os treinadores, constituem peças de enorme importância no desenvolvimento do alto rendimento esportivo, pois são as pessoas primordialmente responsáveis por o esportista chegar a seu máximo, já que tomam as decisões fundamentais na sua preparação. *O investimento na contratação e formação contínua do treinador é um dos mais rentáveis para o sistema esportivo.*
- Apoio biomédico e científico: a melhora do rendimento do esportista está, sem dúvida, vinculada à aplicação de conhecimentos derivados de matérias como a fisiologia do esforço, a biomecânica, a aprendizagem motora, a psicologia aplicada ao esporte e outras ciências do esporte. A manutenção da saúde do esportista é um fator crucial para o rendimento esportivo. Por isso, o atleta deve ser assistido por serviços médicos adequados. Do ponto de vista médico, tanto assistencialmente, no caso de surgirem doenças ou lesões, como profilaticamente, para evitar, conforme o possível, que esses problemas apareçam; uma nutrição correta, a prevenção da fadiga e do sobretreinamento e o fomento de hábitos de vida saudáveis são aspectos importantes que demandam um controle e uma supervisão contínuos.
- Apoio tecnológico: em muitos esportes, podem ser determinantes para o triunfo o acesso e a utilização de novos materiais, como, a roupa, o calçado, implementos, máquinas etc., ou seja, a inovação tecnológica especificamente aplicada à modalidade. É necessário que os esportistas disponham dos meios e materiais mais avançados, no caso ideal da possibilidade de desenvolvimento próprio de tecnologia de vanguarda, que permitam ir um passo adiante em relação aos demais.
- Infraestrutura e equipamentos adequados: quando as aspirações são de nível máximo, as instalações também devem ser de um nível muito elevado, e seu equipamento deve estar diretamente relacionado ao que o esportista encontrará na competição. O atleta de elite deve poder

treinar nesse tipo de estrutura, o que requer um elevado tempo de utilização das instalações e, em grande número de casos, uma privacidade suficiente para que possa se concentrar plenamente no que está fazendo, sem elementos que o distraiam ou o perturbem. Essa circunstância tem de ser prevista, e a provisão de reserva de uso deve ser levada em conta. A esse respeito, pode ocorrer, pois, contrariamente, que as instalações apropriadas para o alto rendimento (atleta de elite) sejam utilizadas prioritariamente para fins recreativos, e o esportista de alta competição se veja obrigado a treinar em instalações de caráter fundamentalmente recreativo.

Capítulo 2

A cineantropometria e a natação

2.1 Cineantropometria

Com o passar dos séculos, escritores, artistas, cientistas etc. registraram características físicas associadas ao sucesso em diferentes atividades e esportes. Entretanto, o que pode ser óbvio empiricamente, não é tão fácil de analisar profundamente, e pouco foi feito, em estudos teóricos e experimentais, para relacionar diretamente essas características físicas com o rendimento. A intenção deste capítulo é examinar os fatores morfológicos que estão ligados ao rendimento físico, melhorando-o ou limitando-o. A discussão se encerra sobre os fatores macroscópicos que podem ser determinados pela antropometria e por técnicas associadas.

A morfologia é a ciência da estrutura e da forma, independentemente da função, mas é um ditame biológico básico que condiciona as funções subsequentemente, e por isso há uma relação entre ambos os aspectos. Consideremos o que foi expresso por Thompson (1966): a morfologia não é somente um estudo das coisas materiais; há também seu aspecto dinâmico, que pressupõe o uso da interpretação, em termos de força, de operações de energia. O autor assinala que a matéria como tal não produz nada, não muda nada e não faz nada; mesmo as células nunca podem atuar somente como matéria, só como bancos de energia e como centros de força.

Por isso, a morfologia ou o físico estão relacionados com a fisiologia e a biomecânica do corpo humano em movimento. Massa, alavancas e forças são as pedras angulares do movimento humano, e sua quantificação é o cimento para a construção de um conhecimento mais completo acerca do rendimento humano.

Quais são as características físicas importantes para o êxito nos diferentes tipos de atividades? É provável que a natureza e o nível de rendimento influenciem as características e o grau de associação. Fazendo referência aos níveis olímpicos de rendimento, Tanner (1964) observou que a falta de um físico adequado pode tornar praticamente impossível um atleta alcançar o êxito. Em geral, os estudos mais produtivos foram realizados com atletas de alto nível. Pressupomos que aqueles esportistas mais bem-sucedidos tenham estruturas apropriadas às tarefas de rendimento; por isso, o exame das diferenças entre as estruturas e os esforços competitivos aumentará nosso entendimento sobre a importância dos aspectos do físico.

2.1.1 Antecedentes históricos

A medição da morfologia dos atletas desenvolveu-se de forma intensa durante o século passado. Os estudos, durante esse período, concentraram-se em descrições dos atletas, comparações entre eles, a relação do físico com a fisiologia e a biomecânica e a seleção de jovens atletas para o treinamento. Em sua revisão sobre o físico e o rendimento esportivo, ou antropometria esportiva, Tittel e Wutscherk (1972) citam mais de cem fontes; desde então, muitas mais foram publicadas. Com relação aos estudos sobre atletas olímpicos, 14 livros importantes ou monografias foram publicados; as mais antigas por Knoll (1928), e outros, por Carter (1984). Uma revisão extensiva desses estudos foi realizada por Borms e Hebbelinck (1984).

Nos Estados Unidos, em 1887, Sargent realizou diversos testes antropométricos e funcionais em uma grande quantidade de estudantes da Universidade de Harvard e em atletas. Ele destacou que o desenvolvimento dos atletas não foi amplamente determinado pela constituição do indivíduo, pelo esporte que desempenhava e pelo tempo que se dedicava a ele. Embora os atletas analisados não fossem da categoria dos atuais, Sargent demonstrou certas características técnicas muito similares às descobertas feitas cem anos depois.

2.1.2 Modelos antropométricos e biomecânicos

Se há uma crítica comum a muitos dos estudos citados é que eles foram amplamente descritivos, possuindo um pequeno conteúdo de comparações estatísticas substantivas. Trabalhos experimentais diretos relacionando estrutura e rendimento de alto nível são difíceis de realizar sem interferir no desenvolvimento do atleta. Parece que seria mais apropriado a criação de modelos biomecânicos relacionados a mudanças físicas e ao rendimento, e o treinamento futuro alcançará o modelo.

Há poucos modelos teóricos desenvolvidos para testar contribuições do físico no rendimento.

Dois deles (Tittel, 1978; Hay e Reid, 1982) dão uma explicação para a relação entre o físico e o rendimento. Ambos têm algumas características em comum: identificam as massas, alturas e forças como partes integrais das estruturas de caixa para a explicação do rendimento. Tittel (1978) descreve as ligações entre tecidos ativos que atuam em relação à força de alavanca e aqueles que atuam com relação à força de carga e faz notar que eles podem ser estimados por métodos antropométricos. Os modelos de Hay e Reid (1982) baseiam-se no fato de que os níveis consecutivos dos modelos são completamente determinados por fatores mecânicos em um nível mais baixo. Por exemplo, no modelo qualitativo de análise do salto no alto, a força de decolagem mais alta é determinada por dois fatores, o físico e a posição. O físico é representado pelas longitudes, pelas massas e pela localização dos centros de gravidade dos segmentos corporais dos atletas. A posição dos segmentos — suas longitudes e seus ângulos — também ajuda a determinar a altura de decolagem. Esses fatores podem ser medidos antropometricamente.

Além disso, no modelo completo para o salto vertical (Figura 2.1), o físico e a posição das partes do corpo são fatores determinantes da altura que se consegue estabelecer como luz entre a vareta e o corpo (sendo que o estilo adotado pode afetar); as forças verticais e as massas são fatores determinantes na produção de mudanças na velocidade vertical do atleta. Por isso, as longitudes dos segmentos, dos tecidos, das massas e das forças musculares (estimados por perímetros corrigidos) são fatores do físico que têm equivalentes antropométricos. A informação sobre esses fatores pode prover um melhor entendimento das contribuições do físico para o rendimento do salto no alto. Se a fisiologia e a biomecânica dos tecidos comprometidos como o rendimento humano se relacionam completamente, então é importante a quantificação das estruturas anatômicas.

O rendimento humano é um fenômeno multivariado. Além do físico, fatores tais como: as funções fisiológicas, os fenômenos biomecânicos, o estado psicológico, o meio ambiente e o contexto sociocultural podem afetar o rendimento. O conhecimento da variação do físico (ou a falta dela) pode oferecer parâmetros muito úteis pelos quais somos capazes de relacionar outros fatores que afetam o rendimento. Em alguns estudos, dá-se pouca informação acerca das características físicas dos sujeitos, o que torna os resultados insignificantes, especialmente quando se considera a variedade da espécie humana.

Uma proposta relativamente nova e ampla para a avaliação do físico é a cineantropometria, que avalia a estrutura física dos indivíduos em relação à motricidade total. O termo cineantropometria (*kinantropometry*) deriva da morfometria, que é a medição da forma e do estado, e a antropometria, que representa a medição do estado e da forma do homem. A cineantropometria é o estudo quantitativo do tamanho, da forma, da proporção, da composição e da maturação em relação à função motriz total (Figura 2.2). A proposta cineantropométrica tem sido usada com sucesso para estudar a estrutura física de atletas olímpicos (Carter, 1984), equipes nacionais em diferentes esportes (Pérez, 1981) e como parte de um programa nacional de testagem de atletas (Ross e Marfell-Jones, 1983).

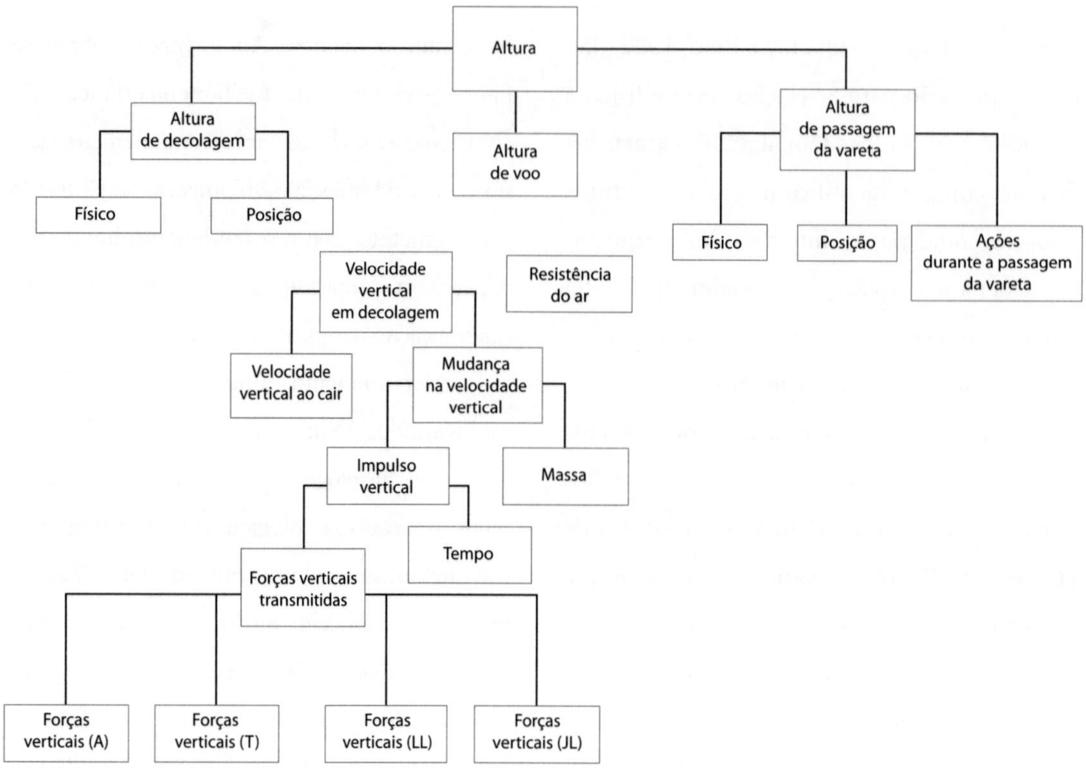

FIGURA 2.1 – Modelo biomecânico do salto vertical: fatores que produzem o resultado (altura, salto etc.). Aqueles que podem ser medidos pela antropometria são: o físico, a posição, a massa e as forças (por meio do tamanho dos músculos e das longitudes das alavancas). Adaptado de Hay e Reid (1982).

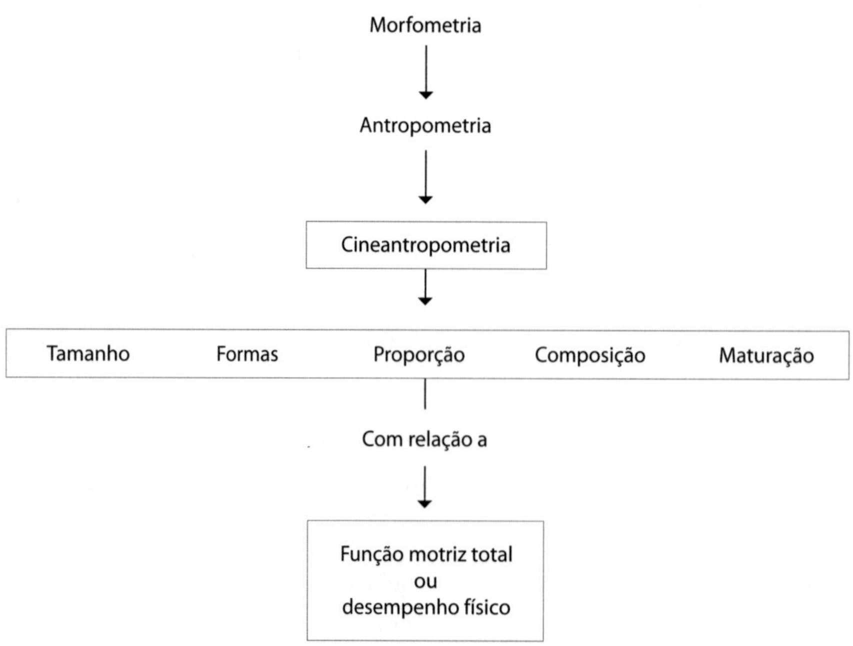

FIGURA 2.2 – Origem, derivação e conteúdos da cineantropometria. Adaptado de Carter (1984).

Todos os protocolos de pesquisa em cineantropometria contemplam, em maior ou menor grau de quantidade e complexidade, o registro de medições antropométricas que, posteriormente, com a aplicação de diferentes equações ou programas de cálculo, determinam, parcial ou totalmente, alguma das variáveis morfológicas da estrutura humana.

No longo processo de desenvolvimento da experimentação nessa área da ciência, percebemos que não há uma homogeneização das técnicas de medição, o que representa um fator limitante considerável, já que a heterogeneidade das formas de medição impede que se tenha confiabilidade dos resultados e não permite a comparação dos dados obtidos com as informações de outras pesquisas.

Por isso, o principal objetivo deste estudo é brindar a informação mais atualizada sobre esse aspecto vital da Cineantropometria em nadadores, que é uma tradução literal (adaptada e modificada para corrigir disparidades de interpretação da língua inglesa) da informação teórico-prática. Deve-se considerar a homogeneização de critérios sobre medições antropométricas acordados no Seminário Internacional Kinanthropometry Americans Project (Projeto Cineantropométrico para as Américas), ocorrido na Simon Fraser University, Vancouver-Canadá.

O procedimento geral das medições permite que o sujeito seja medido de cima a baixo, com o antropometrista quase sempre localizado a uma distância suficiente para não incomodar o avaliado e que lhe permita objetivar o valor da medição. Normalmente, os instrumentos de medição são sustentados com a mão mais hábil; convém que o sujeito medido seja deslocado com toques suaves, e o avaliador deve evitar girar ao redor dele. O avaliado deve se encontrar em estado de total relaxamento muscular, sem rigidez nos setores corporais em que são feitas as medições.

As medições corporais são feitas do lado direito por convenção internacional, já é o lado preponderantemente dominante. Em alguns casos, a medição é realizada nos dois lados, sobretudo nos atletas de modalidades que desenvolvem marcadamente um lado (e que são canhotos, logicamente), como tênis, *squash*, tênis de mesa, beisebol ou lançamentos no atletismo.

Em razão da enorme variedade de características físicas e esforços, é possível fazer apenas um resumo do conhecimento atual acerca dos fatores morfológicos que limitam o rendimento humano. Daremos alguns exemplos de descobrimentos recentes, a maioria obtida a partir da análise de atletas de elite. A apresentação seguirá as áreas da cineantropometria.

2.1.3 Tamanho corporal absoluto

Há muitas evidências das diferenças de tamanho corporal entre atletas de diferentes esportes, seja quanto ao peso, à altura, às longitudes, aos diâmetros, aos perímetros ou às dobras cutâneas. Sobre o assunto, Carter (1984) publicou uma síntese relacionando atletas olímpicos desde 1928 até 1976, e Hirata (1979) analisou a idade, a altura e o peso de atletas das olimpíadas mais recentes. Embora haja claras diferenças em algumas comparações, há uma superposição consideravel nas dimensões entre atletas de alguns esportes e eventos. Atletas de diferentes esportes variaram de muito pequenos a muito grandes (Carter, 1978).

Conhecer somente o peso e a altura de um esportista é insuficiente para valorar suas possibilidades de rendimento, embora o peso e o tamanho sejam importantes para a maioria dos esportistas; o excesso de peso, de acordo com os padrões das tabelas, não costuma ser um problema se o peso adicional constituir tecido muscular.

2.2 A composição corporal

Existem vários modelos para representar a composição corporal, como o modelo químico, que divide o corpo em gorduras, proteínas, carboidratos, água e minerais, e o modelo anatômico, que se refere ao tecido adiposo, ao músculo, aos órgãos, aos ossos e outros tecidos. Outros modelos dividem o corpo em dois componentes: a massa gorda, referida como porcentagem de gordura corporal, e a massa magra, geralmente definida como todo tecido corporal que não é gordura.

2.2.1 Avaliação da massa corporal

Existem diferentes métodos para valorar a composição corporal, considerando-se como o mais exato a densiometria, que estima a densidade do corpo mediante a pesagem hidrostática, esse método é utilizado como referência para as demais técnicas; no entanto, as limitações derivadas da necessidade de se realizar as medições em um laboratório e o incômodo que tal método provoca em muitos sujeitos proporcionaram o desenvolvimento de técnicas de campo para valorar a composição corporal, dentre as quais a mais amplamente utilizada é a medição das dobras cutâneas.

Os diferentes métodos podem ser classificados em três grupos, segundo Martin et al. (1993):

1. Métodos diretos: baseiam-se no procedimento de dissecação de cadáveres. São os únicos absolutamente válidos e que não dependem de hipóteses teóricas.

2. Métodos indiretos: chamado de "ao vivo", porque o cálculo de qualquer parâmetro é feito a partir da medida de outro. Por exemplo, utiliza-se a densidade corporal total para estimar a composição corporal, pressupondo uma relação teórica e constante quantitativamente entre elas.

3. Métodos duplamente indiretos: resultam de equações derivadas de algum método indireto, em que se encontram as formas bicompartimentais baseadas na medição das dobras cutâneas para se estimar o conteúdo lipídico corporal total. Essas fórmulas gozam de grande popularidade, em razão de seu baixo custo e sua fácil aplicação; na atualidade, já foram reportadas mais de cem.

Nas seções seguintes são descritos diferentes métodos que podem ser utilizados para avaliar a composição corporal.

2.2.1.1 Impedância bioelétrica

Durante a última década, desenvolveu-se uma nova técnica que mede a massa livre de gordura (MLG), baseada nas propriedades elétricas dos tecidos biológicos. A impedância bioelétrica (BIA) tem muitas vantagens sobre outros métodos: é segura, de baixo custo, rápida, fácil de realizar e requer mínima experiência do operador. Ela se difundiu amplamente em hospitais, centros de saúde e estúdios de campo.

2.2.1.1.1 Princípios básicos

A impedância plestimográfica se refere à medição de variações na quantidade de sangue que passa através de um órgão ou membro, registrando-se as mudanças na impedância elétrica ao longo do segmento corporal. A técnica de impedância é familiar para os clínicos pois é utilizada para medição de mudanças de volume ventricular (impedância cardíaca) e para detecção de êxtase venoso resultante de tromboflebite iliofemoral. A aplicação da impedância elétrica para a medição de água corporal total (ACT) foi difundida nos últimos anos, embora já tenha sido descrita há mais de trinta por Thomaset e Hoffer. O princípio subjacente da impedância elétrica é o seguinte: a impedância de um condutor geométrico isotópico relaciona-se com sua longitude e configuração, com a área de seção transversal e uma frequência de sinal específica.

$$Z = \frac{\xi \cdot L}{A}$$

Em que:

Z = impedância (ohm);

ζ = resistividade específica (ohm/centímetro);

L = longitude do condutor (centímetro);

A = área transversal (cm^2).

Dado que multiplicando-o por 1 o resultado não varia, podemos multiplicar o cociente por L/L:

$$Z = \frac{\xi \cdot L}{A} \cdot \frac{L}{L}$$

Como a área transversal multiplicada pela longitude é o mesmo que volume (V), temos:

$$Z = \frac{\xi \cdot L^2}{V}$$

Ou:

$$V = \frac{\xi \cdot L^2}{Z}$$

2.2.1.1.2 Medição por meio da impedância bioelétrica e sua aplicação

Colocam-se dois eletrodos no dorso das mãos e dos pés (Figura 2.3). Existem diversos equipamentos que emitem entre 500 e 800 uA de corrente alternada a uma frequência fixa de 50 kHz.

Figura 2.3 – Colocação de eletrodos no dorso de mãos e pés.

De acordo com os padrões de medição, o paciente deve ser posicionado em decúbito dorsal, com uma leve abdução de seus membros; sua pele deve ser limpa. A medição é repetida duas ou três vezes.

Lukaski et al. (1985) descobriram que a menor resistência (R) é obtida com a colocação ipsilateral dos eletrodos; o descumprimento das medidas leva a medições errôneas. Os estudos com impedância bioelétrica realizados logo depois de uma ingestão, ou depois de exercícios extenuantes, ou durante o ciclo menstrual, mostraram mudanças na menor resistência entre 0,8% e 3,3%.

A confiabilidade e a reprodutibilidade das medições com impedância bioelétrica foram verificadas por muitos pesquisadores como Lukasky, Elsen, Kushner, Deurenberg etc. O coeficiente médio de variação intraindividual de menor resistência em um dia é de 0,3% a 2,8%.

Resumidamente, as condições mais importantes para a utilização da impedância bioelétrica são:

- decúbito dorsal sobre a superfície não condutora;
- abdução dos membros em 45 graus;
- limpeza da pele (com álcool) na zona de colocação dos eletrodos;
- colocação correta dos eletrodos;
- temperatura ambiente entre 20 e 35 °C;
- jejum (pelo menos duas horas pós-prandial);
- evitar exercícios físicos intensos, ingestão de álcool ou diuréticos por, pelo menos, 12 horas antes do teste.

2.2.1.1.3 Perspectivas futuras: medição segmentária

Baseia-se na hipótese de que o corpo humano, por sua complexidade, poderia assemelhar-se à soma de cinco cilindros (dois membros superiores, dois inferiores e o tronco) (Figura 2.4).

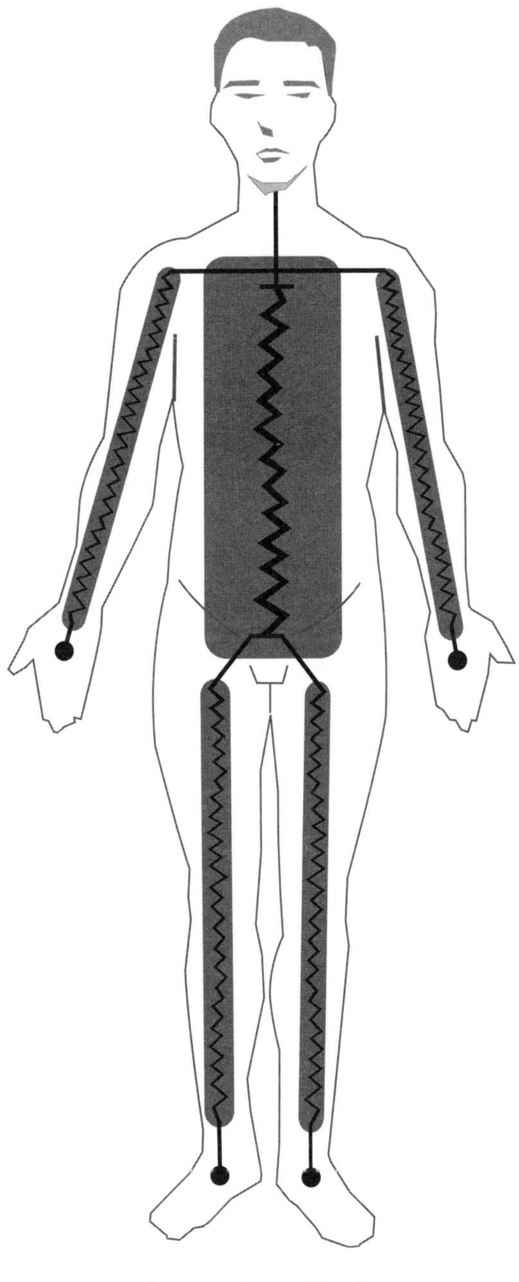

Figura 2.4 – O corpo é considerado como a soma de cinco cilindros.

Colocando os eletrodos nas partes proximal e distal de cada cilindro, poderia se obter a impedância para cada segmento. As mudanças nos fluidos torácico e abdominal, como ocorre por conta da insuficiência cardíaca congestiva, ascite ou diálise peritoneal, poderiam ser medidas mais precisamente mediante a metodologia segmentária. Kushner e Schoeller (1986) mostraram que a técnica de corpo inteiro não pôde detectar em cinco pacientes as mudanças de volume por meio de uma drenagem peritonal. Nos casos de fluidos localizados no abdômen, parece mais apropriado utilizar as medições segmentárias.

2.2.2 Densitometria

2.2.2.1 Princípios básicos

Por muito tempo, a densitometria por imersão foi considerada o método padrão por excelência, o que significa que todos os outros métodos buscavam nele sua validação científica. Isso levou Wilmore (2000) a classificá-lo como padrão *gold*. Isso obviamente incluiu as fórmulas bicompartimentais de divisão corporal baseadas na medição das dobras cutâneas e a pesagem em imersão transformou-se em pai e ente regedor de suas respectivas fórmulas destinadas à valoração da composição corporal. Portanto, erros em conceitos e hipóteses teóricas que sustentam a pesagem em imersão como método para estimar a composição corporal são herdados de forma automática das fórmulas bicompartimentais que buscam nele a sua validação.

A densitometria baseia-se no conceito ou modelo de dois componentes, ou divisão bicompartimental do corpo: a massa lipídica e a massa livre de conteúdo lipídico, chamadas erroneamente por alguns de massa gorda e massa magra, respectivamente.

2.2.2.2 Medição por meio da densitometria e sua aplicação

Os primeiros estudos com densitometria por imersão datam da década de 1940. Um acadêmico das forças armadas dos Estados Unidos chamado Albert Behnke tinha duas preocupações. Ele estava preocupado com o modo como eram escolhidos aqueles que estavam aptos a ingressar nas filas do exército e observou que alguns candidatos eram recusados por apresentarem sobrepeso resultante de uma estrutura muscular significativa (isso ocorria sobretudo com jogadores de futebol americano); além disso, Behnke necessitava de um método para diferenciar a composição do corpo, já que os mergulhadores da marinha que possuíam muito tecido adiposo poderiam sofrer transtornos, porque o nitrogênio é solúvel em lipídios do corpo.

Com resultado disso, Behnke dedicou-se a investigar a composição corporal, popularizando o modelo de dois componentes moleculares por meio da determinação da densidade corporal. O fundamento em que se apoia o uso da densidade com o fato da previsão da composição corporal é em razão de os lipídios possuírem uma densidade menor do que o tecido livre de conteúdo lipídico; portanto, uma pessoa com maior proporção de massa lipídica terá uma densidade corporal menor em comparação com uma pessoa magra.

Para isso, Behnke tomou o princípio de Arquimedes, que estabelece que o volume de um objeto é igual à quantidade de água que ele desloca ao ser submerso. Em razão do fato de a densidade de um objeto ser definida como seu peso por unidade de volume, a densidade corporal (DC) pode ser determinada se for conhecido o peso do sujeito no ar e quando completamente submerso.

Se o grau de flutuabilidade de um indivíduo reflete a quantidade de massa lipídica em relação ao peso total e a massa livre de conteúdo lipídico, é evidente que, segundo o modelo de dois componentes, existe uma relação direta entre a densidade do corpo humano e o conteúdo de massa lipídica.

Os estudos de Behnke entre os anos de 1932 e 1939 versavam sobre a difusão do nitrogênio gasoso (N_2) no organismo humano e acabaram sendo muito importantes para o resgate do submarino norte-americano Squalus, que afundou em 1939 a 150 m de profundidade.

O desafio que significou para a época a realização de trabalhos a tal profundidade implicou no cálculo de novas misturas respiratórias para os mergulhadores. Para tanto, foi necessário estimar a composição corporal deles, já que se comprovou que uma maior ou menor "aceitação" com a perigosa narcotização causada pelo nitrogênio dependia em grande medida da quantidade e distribuição do tecido adiposo.

Nos estudos inicias realizados por Behnke, 64 sujeitos foram divididos em dois grupos de acordo com sua densidade corporal. A diferença média no peso e no volume corporal entre os grupos era de 12,4 kg e 13,29 ℓ, respectivamente. A fórmula utilizada é apresentada abaixo:

$$Dc = \frac{\text{Peso corporal no ar (g)}}{\dfrac{\text{Peso do corpo (g)} - \text{Peso do corpo na água (g)} - \text{Volume residual}}{\text{Densidade da água}}}$$

A razão dessas diferenças médias (diferença de massa por diferença de volume) era de 0,933 $g.ml^{-1}$, um valor dentro da gama densitométrica de 0,2 a 0,96 $g.cc^{-1}$ para o tecido adiposo humano. Portanto, a diferença entre os grupos de densidade alta e baixa era equivalente à densidade do tecido adiposo.

Quando se determinou a densidade de um grupo de jogadores profissionais de futebol americano que estavam acima dos padrões de peso corporal do exército (17 dos 25 jogadores apresentavam massa corporal excessiva, sendo considerados obesos), observou-se que eles apresentavam uma densidade média de 1,080 $g.cc^{-1}$ e um peso magro médio que era 20 kg maior que o dos mergulhadores. Conforme Behnke, aí estava a demonstração de que a gordura poderia ser separada do osso e do músculo vivo. As conclusões dessas observações criaram um alerta, por meio de um artigo no JAMA (*Journal of the American Medical Association*), sobre o quão inadequada pode ser a utilização do índice de massa corporal (massa corporal em quilos/ altura ao quadrado em metros) como critério do grau de obesidade de uma pessoa.

2.2.2.3 Perspectiva futura: medição segmentária

O ordenamento de conceitos se deu no campo da cineantropometria com o estudo de 25 cadáveres embalsamados e não embalsamados, cuja medição antropométrica e posterior dissecação foram realizadas na Vrije Universiteit, em Bruxelas. Os autores desse estudo evidenciaram que as proporções dos componentes dos tecidos considerados (tecido ósseo, muscular, adiposo, residual e pele) apresentaram grande variabilidade, assim como suas respectivas densidades. Isso faria supor que os componentes no nível molecular dos distintos tecidos constituintes do corpo de diferentes indivíduos também se apresentam de forma variável.

Considerando os resultados apresentados pelo estudo realizado em cadáveres e a aplicação do modelo de proporcionalidade (estratagema Phantom), Deborah Kerr desenvolveu um modelo de fracionamento da massa corporal em cinco componentes: massa adiposa, massa muscular, massa óssea, massa de pele e massa de tecido residual, definindo-os da seguinte maneira:

- Massa adiposa: tecido separável por dissecação grosseira e que inclui a maior parte de tecido adiposo subcutâneo, o tecido omental que rodeia os órgãos e as vísceras e uma pequena quantidade de tecido adiposo intramuscular.

- Massa muscular: todo o músculo esquelético, incluindo o tecido conjuntivo, os ligamentos, os nervos, os vasos sanguíneos e o sangue coagulado e uma quantidade indeterminada de tecido adiposo não separável do músculo.
- Massa óssea: tecido ósseo, tecido conjuntivo, incluindo cartilagem, periósteo e músculo que não foi eliminado por raspagem, nervos, vasos sanguíneos com sangue coagulado e lipídios contidos na cavidade medular.
- Massa de pele: massa anatomicamente disseccionável de tecido conjuntivo, músculo liso, um pouco de músculo estriado superficial, pelo, glândulas, tecido adiposo associado, nervos e vasos sanguíneos com sangue coagulado. A pele assim definida é considerada em função da sua superfície corporal, espessura e densidade.
- Massa de tecido residual: órgãos vitais e vísceras que consistem em tecido conjuntivo, nervos, vasos sanguíneos com sangue coagulado e tecido adiposo que não pôde ser fisicamente disseccionado dos órgãos do trato gastrintestinal (excluindo-se a língua, considerada parte da massa muscular da cabeça), os órgãos sexuais, o remanescente do mesentério, o trato bronquial, os pulmões, o coração e os vasos maiores, além de todos os tecidos restantes e os fluidos não incluídos nas outras quatro frações.

Embora a fórmula desenvolvida por Kerr e muitas das fórmulas antropométricas que estimam o conteúdo lipídico corporal considerem a medição das dobras cutâneas em suas equações, seus resultados à luz das definições dos componentes considerados por Kerr não podem ser comparáveis, já que estimam elementos diferentes. As fórmulas antropométricas que têm a densitometria por imersão como seu padrão de validação estimam a porcentagem de conteúdo lipídico, ao passo que a fórmula desenvolvida por Kerr estima a massa adiposa.

2.2.3 Dobras cutâneas

2.2.3.1 Princípios básicos

De acordo com o artigo de revisão publicado por Lohman (1981), cerca de quarenta estudos diferentes, desde 1950, produziram mais de cem equações para prever a adiposidade corporal a partir da medição das dobras cutâneas. Isso reflete, por um lado, até que grau as equações são específicas em relação às mostras e, por outro lado, a proliferação sem precedentes do uso dos calibres de dobras cutâneas.

As medidas das dobras cutâneas são tomadas com propósitos científicos, como guias nas áreas de nutrição, saúde, crescimento, aptidão, esporte e melhora da qualidade de vida. Se alguma vez os calibres foram instrumentos relativamente caros e estranhos, agora são produzidos em série e têm publicidade em revistas populares.

Em razão da fácil acessibilidade ao tecido adiposo subcutâneo, que contém uma grande fração do total do conteúdo de gorduras do corpo, a aplicação dos calibres de dobras cutâneas aparece como o método indireto mais razoável e menos invasivo. De qualquer modo, o que realmente se mede é a espessura de uma dupla dobra de pele e tecido adiposo subcutâneo comprimido. Como consequência, a determinação da massa gorda (lipídios, por exemplo) no corpo requer uma série de suposições cuja validade nunca foi seriamente contradita.

2.2.3.2 Presunções subjacentes ao uso de calibres para medição de dobras

A transformação da leitura do calibre em um valor total do tecido adiposo pode ser dividida em cinco escalões. A espessura de uma capa dupla de pele e o tecido adiposo subcutâneo comprimido são representativos da dupla camada de tecido adiposo não comprimido, que é indicativo do total da adiposidade subcutânea. Esta é convertida em gordura, e, finalmente, a proporção de gordura interna é considerada.

Esses níveis são expostos na Figura 2.5, na qual também são apresentadas as presunções implícitas em cada nível. A evidência sobre cadáveres, usados neste estudo, pertence à investigação dos cadáveres de Bruxelas (Clarys, Martin e Drinkwater, 1984; Martin, 1984 apud Martin et al., 1993), o qual compreende a medição antropométrica e a dissecação de seis cadáveres masculinos e sete femininos, não embalsamados, todos entre 55 e 94 anos de idade.

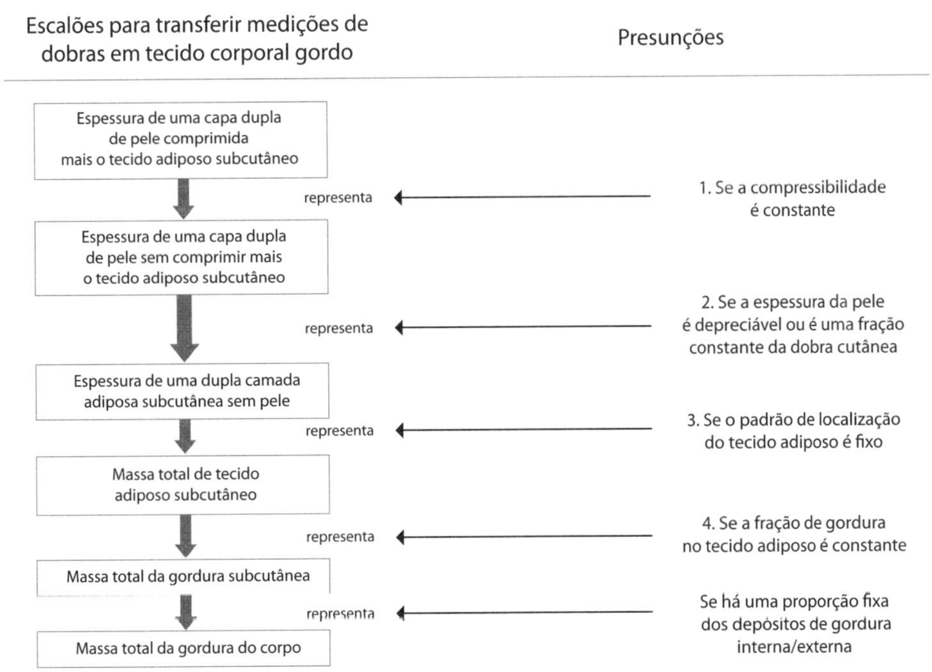

FIGURA 2.5 – Algumas das suposições implícitas no uso de calibres para dobras cutâneas para prever a gordura corporal.

2.2.3.3 Medição por meio de dobras cutâneas, perímetros, diâmetros ósseos e sua aplicação

2.2.3.3.1 Avaliação da composição corporal (Lohman, Roche e Matorell, 1988)

A composição corporal é um dos elementos básicos que conformam a cineantropometria, junto ao somatótipo e à proporcionalidade. Na atualidade, a análise da composição corporal está muito difundida, pelo fato de quantificar a porcentagem de tecido muscular, tecido ósseo e tecido gordo que compõem o corpo humano, assim como informar sobre o grau de "sobrepeso" (Figura 2.6).

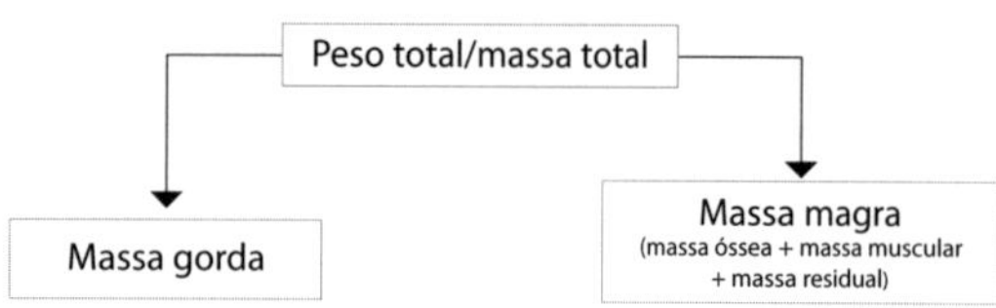

Figura 2.6 – Distribuição da composição corporal (Drinkwater e Ross, 1991).

Como visto anteriormente, existem diferentes métodos para determinar a composição corporal: métodos diretos, métodos indiretos e métodos duplamente indiretos. O recolhimento de medidas antropométricas foi feito do lado direito de todos os sujeitos, atendendo às recomendações de Martorell (1988), que afirma que, embora não existam grandes diferenças entre a tomada de medidas do lado esquerdo e do direito, existe uma preferência pelo direito na maioria dos trabalhos de campo. A medição das dobras cutâneas se dá com o sujeito em pé, com os pés separados, cerca de 20 cm, e os braços pendentes ao lado do corpo. Utiliza-se um compasso medidor de calibre de precisão de 0,5 mm. Com os dedos polegar e indicador da mão não dominante, obtém-se uma dobra de pele e tecido adiposo subcutâneo, evitando-se incluir o músculo (Lohman, 1988). Essa dobra deve estar a aproximadamente 1 cm do ponto no qual se tomará a medida, isso para que a pressão dos dedos não afete o resultado. Com a mão dominante, coloca-se o compasso medidor do calibre a um 1 cm do ponto segurado, sem soltar a dobra e de modo que a pressão tenha efeito. A leitura é realizada 2 ou 3 s após ter sido aplicado o calibrador, conforme recomenda Carter e Healch (1990), (Figura 2.7).

A medida das dobras é expressa em milímetros, e sua execução se dá de acordo com o protocolo de Pollock, Schmidt e Jackson (1980):

- Dobra do tríceps: encontra-se situada no ponto médio da distância acromiorradial, na parte posterior do braço. A dobra é vertical e paralela ao eixo longitudinal do braço.
- Dobra subescapular: toma-se o ângulo inferior da escápula, com uma inclinação de 45 graus em relação à horizontal, obliquamente para baixo e para fora. Os braços estarão relaxados ao lado do corpo.
- Dobra do bíceps: situa-se na parte anterior do braço; é vertical e para-

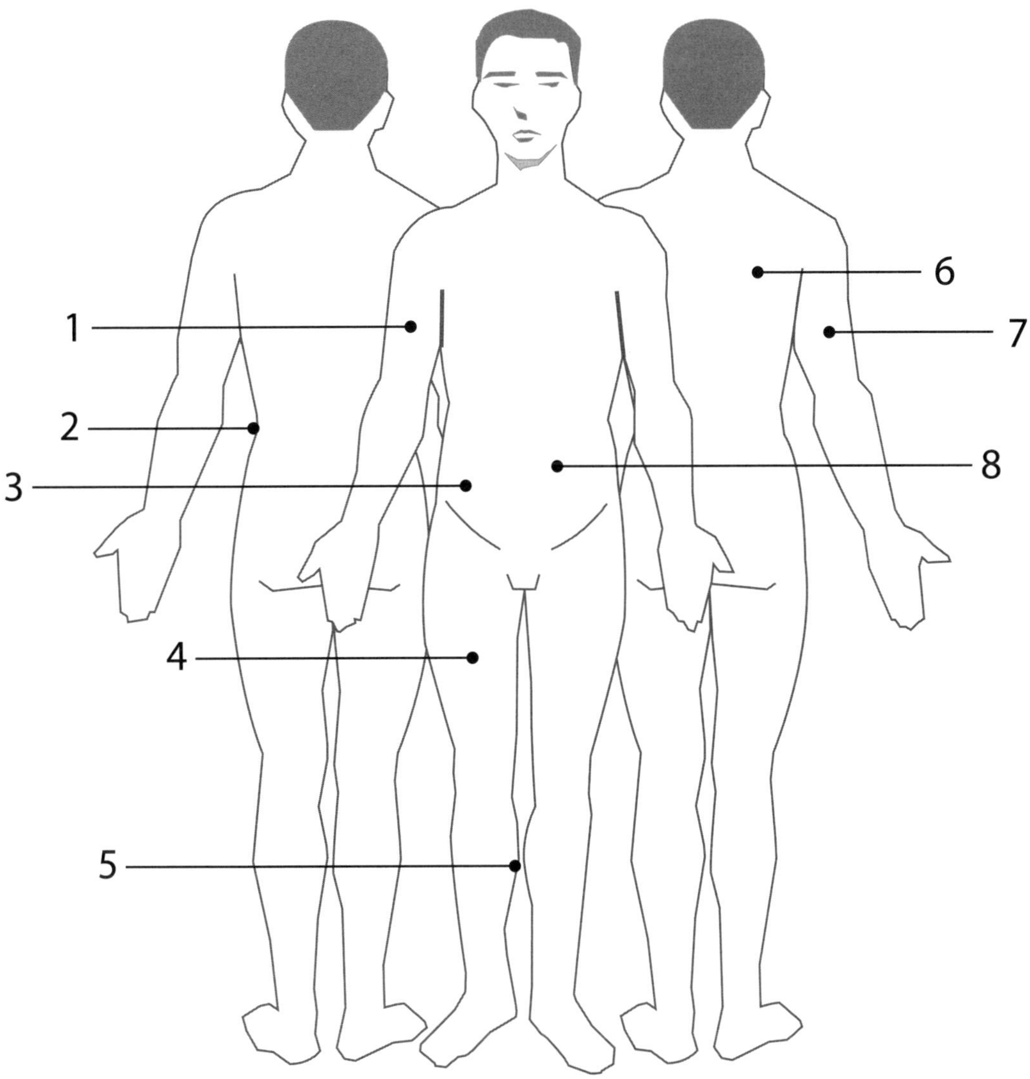

FIGURA 2.7 – Lugares de medição de dobras cutâneas: 1) bíceps (direita); 2) crista ilíaca (direita); 3) supradorsal (direita); 4) músculo (direita); 5) panturrilha medial (direita); 6) subescapular (direita); 7) tríceps (direita); 8) abdominal (direita ou esquerda).

lela ao eixo longitudinal do braço e tomada a 1 cm por cima do ponto em que se obtém a prega tricipital.

- Dobra suprailíaca: a duas inclinações de dedo internamente, no nível da espinha ilíaca anterossuperior, realiza-se uma marca na qual se obtém a dobra paralela à dobra inguinal. O sujeito fica de pé, com os braços relaxados ao lado do corpo.
- Dobra anterior da coxa: a referência é tomada do perímetro da coxa, na mesma direção do seu eixo longitudinal. O sujeito fica de pé, passando o peso para a extremidade esquerda, ao passo que a direita se adianta levemente flexionada pelo joelho.

- Dobra medial da perna: o sujeito, estando de pé, coloca sua extremidade inferior direita apoiada em um tamborete de modo que o tornozelo, o joelho e o quadril formem um ângulo de 90 graus. A medida é vertical e paralela ao eixo longitudinal da perna, no ponto em que previamente se obteve o perímetro da perna.
- Dobra abdominal: para essa medida, a musculatura abdominal deve estar relaxada, e o sujeito deve respirar normalmente. O ponto situa-se a 3 cm à direita e a 1 cm abaixo do umbigo, no lado direito do sujeito. A dobra é horizontal ao solo.

2.2.3.3.2 Compressibilidade

Um fenômeno familiar para todos os usuários de calibres para pregas cutâneas é a declinação da leitura do calibre após sua compressão inicial na dobra cutânea. Esse aspecto dinâmico do uso do calibre foi citado na literatura sobre o tema, mas lhe foi dada pouca importância (Fletcher, 1962; Booth, Goddard e Patton, 1966; Orpin e Scout, 1984 apud Martin et al., 1993). Brans et al. (1984) quantificaram a compressibilidade dinâmica do tecido adiposo subcutâneo em recém-nascidos e mostraram uma declinação exponencial na leitura do calibre durante o primeiro minuto. Os autores sugeriram que a causa mais importante da variação dessa declinação foi a mutante proporção de água intersticial no tecido adiposo, mas apresentaram somente uma evidência indireta. A maioria dos pesquisadores adota alguma técnica para padronizar a leitura (Ross e Marfell-Jones, 1983).

Também há uma compressibilidade estática que se soma à dinâmica (Figura 2.8). Mesmo quando o tempo da leitura do calibre é padronizado, a leitura de tecidos adiposos de espessura similar talvez seja diferente, em razão dos diversos graus de compressibilidade do tecido.

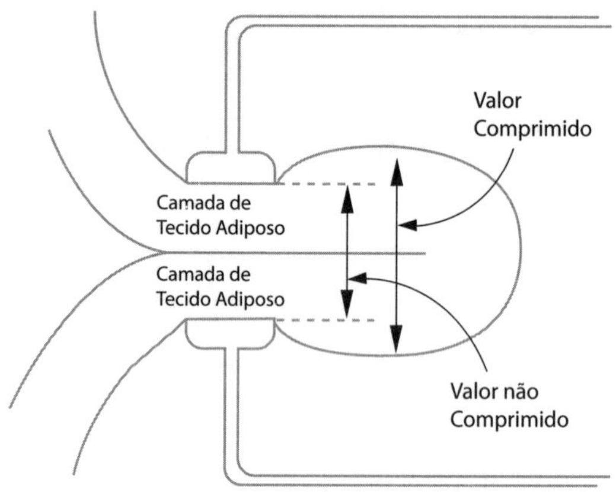

FIGURA 2.8 – Representação esquemática da compressibilidade da dobra cutânea com a aplicação do calibre.

Vários pesquisadores estudaram o grau em que os calibres de dobras comprimem o tecido adiposo em relação a alguns valores padronizados não comprimidos, tais como os obtidos por radiografias e ultrassom (Brozek e Mori, 1958; Edwards, 1951; Gran e Gorman, 1956; Hammond, 1955; Jones, 1970; Thomas, 1962 apud Martin et al., 1993). As médias de compressibilidade para diferentes mostras vão de 16% a 51%; a variação se deve ao sexo, à idade, ao lugar (ou localização) e ao nível de hidratação do tecido. Uma variabilidade significativa também pode decorrer do uso de diferentes métodos para obtenção dos valores de referência. O estudo de Martin et al. (1993) com cadáveres inclui a medição por meio de calibres e a medição direta, após a incisão, da espessura da camada de tecido adiposo, permitindo, portanto, o cálculo da compressibilidade da dobra cutânea em cada lugar. Levando em conta pesquisas anteriores, Martin et al. (1993) definiram a compressibilidade (c) como:

$$[C] = 100 \cdot \frac{\text{Espessura por incisão} - 0{,}5 \cdot \text{Leitura de calibre}}{\text{Espessura por incisão}}$$

A compressibilidade média sobre 14 pontos do lado direito de cada sujeito foi de 38,2% a 69,3%, com uma média combinada de 52,6% (n = 13). Houve diferenças significativas entre indivíduos, mas não diferenças decorrentes do sexo.

Diferenças significativas foram observadas em diferentes lugares, tendo a coxa frontal e a panturrilha medial apresentado as compressibilidades mais baixas (33,6% e 34,4%), e o nível supraespinhal e o bíceps, as mais altas (64,9% e 63,8%) (Tabela 2.1). É importante ressaltar que esses lugares são comumente selecionados para a previsão de gordura.

Tabela 2.1 – Porcentagens de compressibilidade das dobras cutâneas em 14 lugares do lado direito de seis cadáveres masculinos e sete femininos

Localização (lado direito)	Homens e mulheres	
	Média	**(S,D)**
Subescapular	58,3	(11,7)
Cintura	55,9	(16,0) 64,9
Supraespinhal	64,9	(9,0)
Rotular	53,9	(15,3)
Bíceps	63,8	(11,3)
Peitoral	48,0	(15,1)
Coxa posterior	45,7	(17,2)
Antebraço	54,0	(11,6)
Tórax	63,4	(14,0)
Tríceps	48,7	(14,7)
Abdominal	61,3	(10,2)
Panturrilha média	34,4	(11,6)
Coxa frontal	33,6	(17,0)
Coxa medial	50,7	(13,0)
Total	52,6	16,2

Adaptado de Martin et al. (1993).

Há algumas implicâncias: dois valores idênticos de dobras cutâneas, ainda que referentes ao mesmo sujeito, podem significar uma grande diferença na espessura do tecido adiposo; por exemplo, usando os valores médios da Tabela 2.1, a leitura do subescapular e da coxa frontal com um calibre de 20 mm representa uma espessura de tecido adiposo de 24 mm e 15,1 mm, respectivamente (Martin et al., 1993). Alternativamente, espessuras similares de tecido adiposo subcutâneo em diferentes lugares podem proporcionar leituras de calibre muito dessemelhantes.

Martin et al. (1993) estudaram a dissecação de dois cadáveres masculinos, os quais demonstravam claramente essa última possibilidade. Os sujeitos número 20 e número 23 tinham possibilidades quase idênticas — 27,1% e 27,8%, respectivamente (definidas como cem vezes a massa de tecido adiposo total dissecável dividida pela massa do corpo). As leituras de duas pregas cutâneas com calibre em sete lugares diferentes mostram grandes diferenças (Gráfico 2.1). A soma dessas sete pregas cutâneas dá 116,3 mm para o sujeito número 20 e 58,8 mm para o número 23. A aparente contradição é facilmente resolvida ao examinarem-se as medidas diretas de espessuras do tecido adiposo e da compressibilidade. O Gráfico 2.2 mostra a mesma informação do Gráfico 2.1, com a diferença de que usa a medida direta da espessura (por incisão). As diferenças foram acentuadamente reduzidas; a soma das sete espessuras para o sujeito número 20 é agora apenas 19% maior do que para o sujeito número 23, contra 97% obtidos com as leituras do calibre.

Portanto, o grande erro que poderia surgir na previsão de gordura desses sujeitos é um reflexo direto das diferentes compressibilidades das dobras cutâneas, tendo o sujeito número 20 uma compressibilidade média de 38,2%, e o sujeito número 23, de 69,3% (Martin et al., 1993).

Gráfico 2.1 – Padrão do tecido adiposo de dois sujeitos do sexo masculino com adiposidade similar, medidos com calibre de dobras cutâneas. Adaptado de Martin et al. (1993)

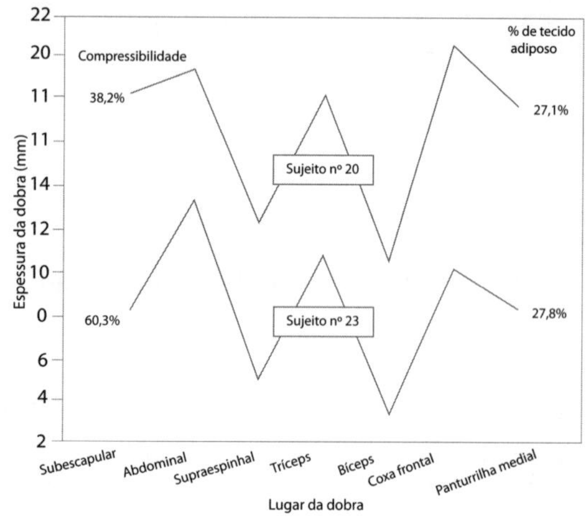

Gráfico 2.2 – Padrão do tecido adiposo de dois sujeitos do sexo masculino com espessura de adiposidade similar, medidos diretamente por incisão do tecido. Adaptado de Martin et al. (1993)

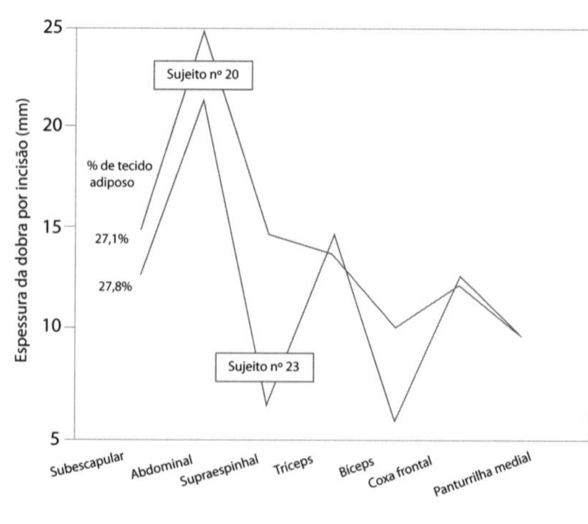

2.2.3.3.3 Espessura da pele

Todas as medições de dobras incluem uma camada dupla de pele cuja espessura é desconhecida. Por isso, o efeito da variabilidade da espessura da pele sobre os valores de dobras cutâneas nunca foi seriamente valorado. Como a espessura dupla da pele é geralmente da ordem de uns poucos milímetros, poderíamos supor que o efeito da pele será mais marcado naqueles lugares e naqueles sujeitos com pequenas quantidades de tecido adiposo. A espessura duplicada da pele foi expressa como uma porcentagem da leitura do calibre, para todos os cadáveres, de 14 lugares do lado direito do corpo (Martin et al., 1993).

Como era de se esperar, o cadáver masculino mais magro exibiu a porcentagem média mais alta (32,3%) em todos os lugares, ao passo que os cadáveres femininos mais obesos exibiram os valores mais baixos (7,1%). O lugar em que o efeito da espessura da pele mais se marcou foi o subescapular: 28,1% em média (34,0% para os cadáveres masculinos e 23,9% para os femininos). Na Tabela 2.2, são mostradas as médias, por lugar, para cadáveres masculinos e femininos combinados (n = 13). Vemos que dois dos lugares mais comumente usados para prever a adiposidade corporal, a dobra subescapular e a dobra tricipital, apresentam diferenças significativas de proporções de pele, com uma variação substancial.

Tabela 2.2 – Espessura da pele em porcentagem da leitura do calibre de dobras cutâneas: médias totais de cada lugar, classificadas da maior para a menor

Lugar	**Espessura da pele (em porcentagem da leitura de calibre)**	
	Média	**(S,D)**
Subescapular	28,1	(8,8)
Cintura	21,0	(9,8)
Supraespinhal	20,4	(12,3)
Rotular	18,3	(9,3)
Bíceps	17,9	12,5
Peitoral	17,9	(6,2)
Coxa posterior	17,9	(11,6)
Antebraço	16,4	(7,5)
Tórax	15,6	(8,8)
Tríceps	13,2	(5,5)
Abdominal	12,9	(6,9)
Panturrilha média	12,7	(6,9)
Coxa frontal	11,5	(8,1)
Coxa medial	8,2	(4,8)
Total	16,5	(9,9)

Adaptado de Martin et al. (1993).

Ainda que a contribuição da pele na espessura total das dobras cutâneas não seja grande, pode levar a um erro significativo, especialmente na análise de sujeitos magros. Considerando igualmente outros fatores, os lugares em que a relação entre a espessura da dobra e a espessura da pele é pequena deveriam melhor prever a adiposidade; por isso, a dobra subescapular deve ser tomada como um previsor pobre em comparação com lugares nos braços e nas pernas (Martin et al., 1993).

2.2.3.3.4 Padrão de tecido adiposo

Se a espessura da camada do tecido adiposo subcutâneo é constante em um indivíduo, então, a medição dessa espessura, em qualquer lugar, poderia prover uma estimação acertada do volume de tal tecido. Na prática, o padrão de tecido adiposo subcutâneo exibe uma variação elevada entre os indivíduos (Edwards, 1951; Garn, 1955, 1971; Mueller e Stallones, 1981). Isso pode ser confirmado, ainda, por uma observação casual. O que nos interessa criticamente é: quantas leituras das dobras cutâneas são necessárias para que sejam representativas do padrão de tecido adiposo? e quais são os melhores lugares?

Uma primeira causa de incerteza nessa área é que não há um sujeito sequer cujas dobras cutâneas e massa adiposa corporal tenham sido determinadas. Por isso, embora não se tenham realizado análises químicas de gordura, o estudo traz informação tanto sobre as dobras cutâneas e massas de tecido adiposo quanto sobre o padrão de distribuição do tecido adiposo.

O Gráfico 2.3 mostra a espessura das dobras cutâneas medidas com um calibre em sete lugares do lado direito de sete cadáveres femininos. Podem-se ver claramente consideráveis diferenças na distribuição. Por exemplo, o sujeito número 19 mostrou a adiposidade abdominal mais alta e a adiposidade subescapular e bicipital mais baixa; o sujeito número 18 exibiu o valor mais alto na panturrilha medial e o mais baixo no tríceps. Observamos no padrão global feminino uma predominância de tecido adiposo na região da coxa.

Gráfico 2.3 – Padrão de distribuição de tecido adiposo de sujeitos do sexo feminino. Adaptado de Martin et al. (1993)

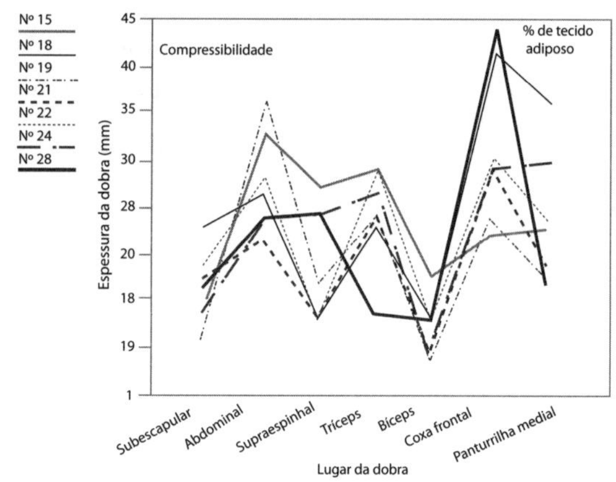

Tendo em vista a variabilidade individual, seria razoável usar uma maior quantidade de lugares para a previsão da espessura de tecido adiposo; no entanto, alguns pesquisadores usam poucos ou mesmo um.

Entre as equações mais comumente utilizadas estão as de Durnin e Womersley (1977), que usaram quatro lugares: bíceps, tríceps, subescapular e crista ilíaca, sem a representação de dobras dos membros inferiores.

Para atribuir o valor de vários lugares como previsores de adiposidade subcutânea, foram determinadas correlações entre a medição direta da espessura do tecido adiposo e o cálculo da massa de tecido adiposo subcutâneo (Tabela 2.3). Uma descoberta inesperada mostra as correlações mais elevadas para lugares nos membros inferiores. Dos seis melhores lugares, apenas um não se localizava nos membros inferiores. O tríceps, lugar preferido para a previsão de gordura, e algumas vezes considerado como o melhor indicador da gordura corporal, ficou em décimo primeiro lugar. As correções, incluindo a espessura da pele, aumentaram levemente as correlações.

Essas descobertas sugerem que há um sentido comum para a seleção, entre todas as regiões importantes, de lugares de acumulação de tecido adiposo. Elas também evidenciam os riscos potenciais das fórmulas de previsão de gordura que não medem lugares dos membros inferiores.

Tabela 2.3 – Coeficientes de correlação entre: a leitura do calibre e a espessura por incisão, com o total da massa de tecido adiposo subcutâneo

Lugar (direito)	Leitura do calibre		Espessura por incisão	
	Sem correção (de > a <)	Corrigido pela espessura da pele	Sem correção	Corrigido pela espessura da pele
Subescapular	0,54 (10)	0,67	0,62	0,63
Cintura	0,31*	0,33*	0,62	0,62
Supraespinhal	0,61 (8)	0,62	0,73	0,73
Rotular	0,85 (2)	0,86	0,91	0,91
Bíceps	0,58 (9)	0,61	0,78	0,79
Peitoral	0,23*	0,24*	0,09*	0,08*
Coxa posterior	0,82 (4)	0,84	0,75	0,76
Antebraço	0,80 (5)	0,83	0,74	0,74
Tórax	0,64 (7)	0,70	0,68	0,68
Tríceps	0,39*	0,43*	0,73	0,74
Abdominal	0,34*	0,49*	0,75	0,75
Panturrilha média	0,84 (3)	0,85	0,82	0,82
Coxa frontal	0,89 (1)	0,88	0,87	0,87
Coxa medial	0,76 (6)	0,79	0,83	0,83

* Não denota significância no nível dos 5% (não é significativamente diferente de zero) Durnin e Womersley (1974 apud Martin et al., 1993).

2.2.3.3.5 Fração constante de gordura no tecido adiposo

Ainda que a massa do tecido adiposo subcutâneo seja conhecida com exatidão, a previsão da massa gorda subcutânea requer algumas suposições concernentes ao conteúdo de gordura do tecido adiposo. Valores publicados têm uma categoria de 5,2% a 94,1%, mas estão, geralmente, na ordem dos 60% a 85% (Gran e Gorman, 1956 apud Martin et al., 1993). Ademais, o conteúdo de gordura do tecido adiposo se eleva com o aumento de adiposidade; isso foi demonstrado em estudos transversais, por isso, a relação não foi quantificada. Apesar disso, o estudo de Bruxelas não inclui análises químicas de gordura; seis mostras de tecido adiposo de cada um dos seis sujeitos foram dissecadas para determinar um peso baixo vazio e os conteúdos de água no tecido. Tais informações limitadas apoiam os descobrimentos prévios da diminuição do conteúdo de água e do aumento de conteúdo de gordura diante do aumento dos níveis de adiposidade.

O coeficiente de correlação entre o conteúdo de água e a adiposidade foi de 0,94. É necessária mais informação para provar essa tendência, mas os resultados indicam que, em relação à categoria de adiposidade em nossa amostra, poderíamos esperar que o conteúdo de água do tecido adiposo variasse entre 14% e 34%. Em razão da relação inversa entre a água e o conteúdo de gordura, isso poderia corresponder, aproximadamente, a uma categoria similar, cerca de 20% do conteúdo de gordura.

Portanto, o problema para a estimação do conteúdo de gordura por calibres de dobras cutâneas reside no fato de que dois tecidos adiposos com idêntica espessura podem conter concentrações de gordura significativamente diferentes.

2.2.3.3.6 Gordura interna e subcutânea

Por sua natureza, os calibres de medição das dobras cutâneas são úteis somente para estimar a adiposidade subcutânea. Para estimar o total da gordura corporal, há algumas considerações acerca da relação entre gordura interna e subcutânea. Se o acúmulo de gordura interna é proporcional ao de gordura subcutânea, isso sustenta o uso dos calibres para dobras cutâneas. Uma alternativa é que a gordura interna pode ser desprezível se comparada à subcutânea, o que, também, sustenta o uso dos calibres. Infelizmente, não há informação direta sobre a quantidade de gordura interna e externa de um sujeito sequer.

O estudo de Martin et al. (1993) fornece a primeira informação compreensível sobre a relação de massas internas e subcutâneas de tecido adiposo. O Gráfico 2.4 mostra a massa de tecido adiposo subcutâneo com linhas de regressão linear diagramadas para os cadáveres masculinos e femininos. Há elevadas correlações, tanto em relação a homens ($r = 0{,}75$) como em relação a mulheres ($r = 0{,}89$). As inclinações de ambas as linhas de regressão são quase idênticas, sugerindo que para ambos a deposição de cada 1 kg de tecido adiposo subcutâneo está associada à acumulação de cerca de 200 g de tecido adiposo interno. Projetando a regressão ao ponto zero, o tecido adiposo subcutâneo nos dá valores da massa do tecido adiposo interno de 667 g para homens e 373 g para mulheres, significando, se essa extrapolação for válida, que os depósitos de tecido adiposo interno se reduzem a um nível próximo a zero quando os depósitos subcutâneos diminuem. Isso tem sentido biológico ao se considerar que o papel primário e mais importante do tecido adiposo, tanto interno quanto subcutâneo, é como depósito de energia.

Gráfico 2.4 – Relação entre a adiposidade interna e externa em 13 cadáveres. Adaptado de Martin et al. (1993)

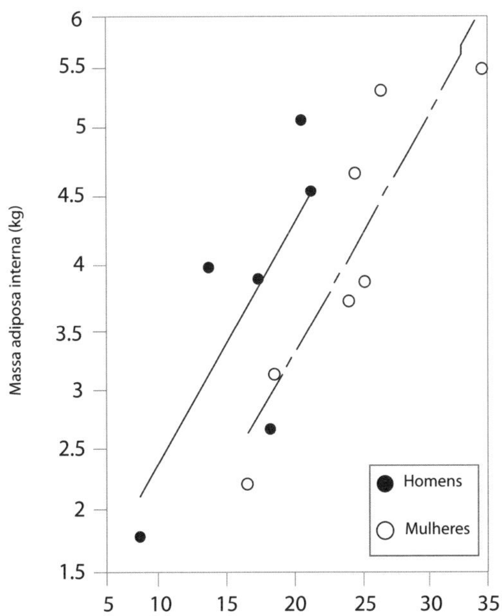

Até o momento, parece que os biólogos estão mais convencidos a continuar usando a antropometria em vez de tentar fazer estimativas da composição total do corpo por meio de equações disponíveis. Ainda quando essas equações forneçam estimativas úteis de parâmetros médio para mostras de sujeitos, parece claro que elas não são suficientemente confiáveis para previsões individuais.

A espessura da dobra cutânea, que é a distância comprimida entre os pratos de pressão do calibre, é um indicador do *status* estrutural e pode ser usada para monitorar mudanças obtidas com o crescimento, o exercício, a dieta ou os efeitos de uma miríade de enfermidades ou condições de debilitação. É possível fazer medições de controle rigoroso usando calibres relativamente baratos. Medições práticas, com repetidas medidas sobre braços, partes anterior e posterior do dorso e lugares das pernas, fornecem informação confiável, a qual pode ser relacionada com valores normativos de dobras cutâneas por idade e por sexo.

Técnicas imprecisas para prever a fração de lipídios no corpo, que usam somente um ou poucos lugares, ou seja, que não trabalham com medições em todo o corpo, e que depois aplicam a soma das dobras em uma fórmula baseada em critério de validez duvidoso, vão mais além das capacidades dos calibres e comportam inferências as quais são mais adivinhações do que ciência.

2.2.3.3.7 Composição corporal nos nadadores

Na natação, a composição corporal é importante por várias razões. Segundo Navarro, Oca gaia e Castañón (2003):

- Elevadas proporções de massa magra mostram uma relação positiva com a capacidade de trabalho, ao passo que altos valores de massa gorda mostram o contrário.
- O excesso de peso gordo se acrescenta à carga de trabalho sempre que se mover o corpo.
- O excesso de gordura pode limitar a amplitude de movimento.
- A obesidade gera risco de enfermidades cardíacas e circulatórias, apoplexias, diabetes e hipertensão.

Os melhores índices de idade, altura e massa corporal dos nadadores especialistas em distintas distâncias podem ajudar os treinadores a selecionar esportistas com melhores possibilidades futuras (Tabela 2.4).

Bulgakova (2000) também assinalou três índices antropométricos relevantes para ajudar na detecção de talentos (Tabela 2.5). Esses índices devem ser considerados apenas de forma orientadora, já que pode haver casos de nadadores de alto nível que fujam aos padrões propostos (Platonov e Fessenko, 1993).

Tabela 2.4 – Melhores índices de idade, altura e massa corporal em diversas especialidades de natação

Distância (m)	Homens			Mulheres		
	Idade (anos)	**Altura (cm)**	**Peso (kg)**	**Idade (anos)**	**Altura (cm)**	**Peso (kg)**
100, 200	19 a 23	185 a 195	75 a 85	16 a 20	172 a 182	60 a 70
400, 800, 1.500	17 a 21	180 a 190	67 a 77	15 a 19	165 a 175	50 a 60

Adaptado de Platonov (1998).

Tabela 2.5 – Índices antropométricos para avaliar a aptidão para a natação

Índice	Homens		Mulheres	
	10 a 12 anos	**13 a 14 anos**	**10 a 12 anos**	**13 a 14 anos**
Longitude do corpo (cm)	164,4 a 174,4	171,0 a 177,3	162,2 a 173,3	167,2 a 176,8
Perímetro torácico (cm)	84,4 a 91,9	93,99,3	84,1 a 91,0	92,5 a 99,0
Peso corporal (kg)	44,5 a 52,4	55,7 a 62,9	44,3 a 51,5	52,9 a 60,0

Adaptado de Platonov (1998).

A composição corporal também pode ser usada para formular recomendações aos atletas acerca de quanto peso podem perder sem sacrificar quantidades significativas de massa corporal magra. Na revisão histórica feita por García Manso, Navarro Valdivieso e Ruiz Caballero (1996), o nome de Kohlrausch (1930) aparece como o primeiro a documentar medidas de atletas. Ele teve a oportunidade de medir trezentos esportistas participantes dos Jogos Olímpicos de Amsterdã, 1928; a mostra foi de trezentos esportistas, dos quais somente trinta eram mulheres; o número de nadadores é indeterminado. Desde então, os Jogos Olímpicos se tornaram uma fonte de estudos para os especialistas em cineantropometria.

Nos Jogos Olímpicos de Londres, 1948, Cureton foi o primeiro a mostrar as diferenças de somatótipos em atletas do sexo masculino de diversos esportes, entre os quais 21 nadadores da equipe olímpica dos Estados Unidos.

Nos Jogos Olímpicos de Roma, em 1960, Correnti e Zauli mediram 8 nadadores, e Tanner mediu 137 esportistas, sem especificar o número de nadadores.

No México, em 1968, Garay examinou 1.265 esportistas (1.117 homens e 148 mulheres) de 13 esportes diferentes, entre eles a natação, e Di Prampero realizou medidas em 116 sujeitos, entre os quais 3 nadadores.

Nos Jogos Olímpicos de Montreal, em 1976, Novak, Borms, Carter, Hebbelinck e Ross estudaram 338 homens e 149 mulheres de 53 países. Era a segunda maior mostra depois da de Garay e contava com nadadores de ambos os sexos.

Esses estudos e aqueles que os sucederam permitiram obter perfis mais ou menos precisos dos nadadores. Assim, Khosla (1984) detectou um aumento de altura nas provas com melhores resultados ao mesmo tempo em que os nadadores de nado livre de curta distância e os nadadores de costas são os mais altos entre os nadadores. Klentrou e Montpetit (1991) concordam com tais afirmações.

Há cada vez mais estudos cineantropométricos, específicos, relacionados à natação. García Manso, Navarro Valdivielso e Ruiz Caballero (1996) analisaram uma literatura diversa que, em geral, estuda a composição corporal e o somatótipo em mostras de nadadores jovens (entre os 12 e os 16 anos, aproximadamente), relacionando-os com resultados referentes a outros esportes (Tabelas 2.6 e 2.7).

Tabela 2.6 – Valores (para homens) extraídos de diferentes trabalhos

Autores	**Casos**	**Idade**	**Altura**	**Peso**	**% gordura**
Cureton (1951)	10		183,9	75,6	
Garay (1974)	450	20,4	178,7	74,1	12,1
Garay (1974)	66	19,2	179,3	72,1	9
Novak (1977)	14	19,9	179	74,9	
Parizkova (1977)	28	21,4	182,1	87,5	
Carter (1982)	98	19,2	180	72,4	
Meleski (1982)	19	19,2	169,6	56	16,1
Price (1983)	18	19,5	168	59,8	22,7
Desady (1984)	174		180	73	
Sinning (1985)	27		178,3	71	8,8
Glez e Pérez (1988)	28	20,1	183,3	75,3	11,1
Keskinen (1989)	33	17,8	176,9	66,9	6,35
Flynn (1990)	8	19,5	181,5	78	10,3
Siders (1991)	6	19,5	178,5	75,1	14,3
Siders (1993)	31	20,5	181,1	76,1	14,4

Adaptado de García Manso, Navarro Valdivieso e Ruiz Caballero (1996).

Tabela 2.7 – Valores (para mulheres) extraídos de diferentes trabalhos

Autores	**Casos**	**Idade**	**Altura**	**Peso**	**% gordura**
Garay (1974)	272	18,6	166,3	59,7	16,6
Garay (1974)	28	16,3	164,4	56,9	14,5
Novak (1977)	7	17,7	165	60,1	18,9
Carter (1982)	59	16,4	164	57,6	
Desady (1984)	313	14,2	180	57	
Khosla (1984)	31	18	172,1	58,6	
Khosla (1984)	121	17,3	168,6	55,8	
Glez e Pérez (1988)	30	18,3	170,8	62,3	12,2
Siders (1991)	11	19,2	168,6	62,1	21,4
Siders (1993)	43	19,7	168,3	63,8	25

Adaptado de García Manso, Navarro Valdivieso e Ruiz Caballero (1996).

Carter e Ackland (1994) fizeram um trabalho exclusivo com nadadores: recolheram as medidas de todos os participantes do Campeonato Mundial de Natação ocorrido na Austrália, em 1991 (Tabela 2.8).

Tabela 2.8 – Valores do trabalho de Carter e Ackland

	Homens	**Mulheres**
Casos	231	170
Somatótipo	1,9–5,0–2,9	2,9–3,9–3,0
Idade	21,3	19,6
Altura	183,8	171,5
Peso	78,4	63,1
∑ seis dobras	45,8	72,6
% muscular	57,8	51,2
% óssea	13,1	12,5

Adaptado de García Manso, Navarro Valdivieso e Ruiz Caballero (1996).

Martín (1985 apud García Manso, Navarro Valdivieso e Ruiz Caballero, 1996) estudou as características cineantropométricas dos nadadores canarinos de elite (Tabelas 2.9 e 2.10).

Tabela 2.9 – Altura, peso e dobras de nadadores canarinos

	Homens	**Mulheres**
Casos	63	17
Idade	19,59 ± 2,78	19,53 ± 3,06
Anos trein.	8,80 ± 3,90	10 ± 3,66
Anos espec.	5,28 ± 3,20	5,94 ± 2,66
Sessões/semana	5,82 ±1,48	6,17 ± 2,20
Horas semanais	13,14 ± 4,69	12,47 ± 4,91
Altura	176,96 ± 6,30	164,31 ± 5,66
Peso	70,31 ± 7,92	59,44 ± 7,18
Tríceps	8,04 ± 2,13	13,34 ± 3,31
Subescapular	9,20 ± 1,63	11,92 ± 3,77
Bíceps	4,47 ± 1,46	7,55 ± 2,57
Suprailíaco	7 ± 2,53	10,54 ± 4,76
Abdominal	12,05 ± 4,82	16,54 ± 4,68
Anterior coxa	12,24 ± 3,84	20,75 ± 2,76
Perna	8,33 ± 3,16	14,51 ±3,40
∑ pl.	61,36 ±16,18	95,19 ± 21,34
Somatótipo	2,41–3,84–2,93	3,61–3,25–2,38

Adaptado de García Manso, Navarro Valdivieso e Ruiz Caballero (1996).

Tabela 2.10 – Perímetros e diâmetros de nadadores canarinos

	Homens	**Mulheres**
P. braço relaxado	28,20 ± 2,27	25,7 ± 1,96
P. braço contraído	30,53 ± 2,40	27,08 ± 2,04
P. antebraço	25,84 ± 1,34	22,67 ± 1,13
P. coxa	50,39 ± 3,51	47,07 ± 3,32
P. perna	34,40 ± 4,53	32,87 ± 2,13
D. úmero	7,04 ± 0,31	6,11 ± 0,25
D. fêmur	9,84 ± 0,46	8,94 ± 0,38
D. biestilóideo	5,48 ± 0,24	4,82 ± 0,26

Adaptado de García Manso, Navarro Valdivieso e Ruiz Caballero (1996).

2.2.3.3.8 Maturação

A antropometria das crianças em crescimento é necessária para monitorar o crescimento normal e anormal. Com ênfase especial nos esportes juvenis em muitos países, diante da precocidade de alguns atletas em certos esportes, tais como a ginástica e a natação, se multiplicam as questões relacionadas aos efeitos do treinamento sobre o crescimento e a maturação.

Alguns artigos tratam dessas questões (Malina et al., 1984; Marker, 1981; Ross e Marfell-Jones, 1983), em geral, os nadadores, do sexo masculino e do sexo feminino, têm uma maturação normal ou levemente avançada; já ginastas, corredores de distância, patinadores artísticos, saltadores de distância e saltadores ornamentais do sexo feminino apresentam um retardamento. Esses esportes, diferentemente da natação, requerem que as meninas desloquem sua massa corporal contra a gravidade, porque uma alta proporção de força/massa seria vantajosa.

Os mecanismos do retardamento da maturação não estão claros, porém, a informação publicada por Marker (1981) demonstra que não há efeitos prejudiciais sobre as funções reprodutivas e a maternidade. Mais ainda, jovens atletas parecem crescer de maneira similar, mas a uma taxa diferente da dos jovens de referência, sendo o físico deles, geralmente, consistente com aqueles atletas maiores no mesmo esporte ou evento (Malina et al., 1984). Cancela e Ramirez (2002) realizaram um estudo com 122 nadadores brasileiros de nível amador e nacional, sendo 71 meninos e 51 meninas, com idades compreendidas entre 13 e 23 anos (Tabela 2.11).

Os nadadores se caracterizavam por serem especialistas em provas curtas dos diferentes estilos de natação. Sua distribuição em função da modalidade esportiva é apresentada nas Tabelas 2.12 a 2.15.

Tabela 2.11 – Características antropométricas de sujeitos dos sexos masculino e feminino

		Homem		**Mulher**	
Idade (anos)		**Média**	**Desv. típ.**	**Média**	**Desv. típ.**
13 a 14	Altura (cm)	160,54	3,54	160,10	3,45
	Peso (kg)	52,20	0,24	51,20	7,70
	% gordura	12,90	0,43	13,67	4,50
	M. magra (kg)	45,43	4,57	44,21	4,43
	M. gorda (kg)	6,79	0,37	6,98	1,38
15 a 16	Altura (cm)	174,01	8,11	166,60	7,04
	Peso (kg)	64,45	11,56	55,55	6,59
	% gordura	13,03	2,42	15,46	1,41
	M. magra (kg)	58,20	7,50	46,95	4,43

Continua

Continuação

		Homem		Mulher	
Idade (anos)		**Média**	**Desv. típ.**	**Média**	**Desv. típ.**
	M. gorda (kg)	8,74	1,92	8,65	1,38
17 a 18	Altura (cm)	179,90	7,24	165,25	8,87
	Peso (kg)	74,80	5,45	55,92	5,01
	% gordura	12,43	1,51	16,13	1,45
	M. magra (kg)	65,50	4,61	46,84	5,73
	M. gorda (kg)	9,30	0,95	9,08	1,22
19 a 20	Altura (cm)	184,00	12,03	168,20	9,28
	Peso (kg)	76,96	12,76	59,01	6,39
	% gordura	13,85	3,13	15,41	3,21
	M. magra (kg)	67,08	7,73	49,92	5,35
	M. gorda (kg)	10,65	3,91	9,25	4,67
21 a 23	Altura (cm)	184,61	4,10	172,89	1,15
	Peso (kg)	79,10	2,20	58,91	4,52
	% gordura	12,08	3,12	17,56	3,74
	M. magra (kg)	69,52	6,75	49,21	4,52
	M. gorda (kg)	9,57	2,05	9,69	1,83

Adaptado de Cancela e Ramirez (2002).

Tabela 2.12 – Descrição da mostra: estilo nado livre

Estilo	**Sexo**		**Idade (anos)**	**Altura (cm)**	**Peso (kg)**
Nado livre	Masculino	Média	16,81	174,18	67,48
		Desv. típ.	2,93	12,09	13,74
	Feminino	Média	16,35	166,73	55,89
		Desv. típ.	2,48	7,36	6,61

Adaptado de Cancela e Ramirez (2002).

Tabela 2.13 – Descrição da mostra: estilo costas

Estilo	**Sexo**		**Idade (anos)**	**Altura (cm)**	**Peso (kg)**
Costas	Masculino	Média	16,00	172,56	59,98
		Desv. típ.	2,08	11,08	14,76
	Feminino	Média	17,62	162,85	54,72
		Desv. típ.	5,09	6,79	6,13

Adaptado de Cancela e Ramirez (2002).

Tabela 2.14 – Descrição da mostra: estilo peito

Estilo	Sexo		Idade (anos)	Altura (cm)	Peso (kg)
Peito	Masculino	Média	17,11	174,45	63,35
		Desv. típ.	3,07	10,78	9,71
	Feminino	Média	16,42	169,05	57,41
		Desv. típ.	1,31	6,35	4,03

Adaptado de Cancela e Ramirez (2002).

Tabela 2.15 – Descrição da mostra: estilo borboleta

Estilo	Sexo		Idade (anos)	Altura (cm)	Peso (kg)
Borboleta	Masculino	Média	15,00	164,29	58,16
		Desv. típ.	2,45	12,30	12,42
	Feminino	Média	15,83	156,60	50,38
		Desv. típ.	1,47	5,86	3,58

Adaptado de Cancela e Ramirez (2002).

Cancela e Ramirez (2002) encontraram uma evolução da altura em nadadores do sexo masculino (Gráfico 2.5). Eles também observaram como a altura segue um crescimento progressivo com relação à idade até os 18 ou 19 anos, quando sofre uma estagnação. Não obstante, o comportamento da mesma variável (altura) nas nadadoras parte de uma mesma altura na idade de 13 anos (160 cm) com relação aos nadadores, e seu crescimento não é tão brusco como nos nadadores, mas segue um aumento mais progressivo, ocorrendo esse aumento paralelo ao dos homens no intervalo de idade que vai dos 20 aos 23 anos.

Quanto à composição corporal (massa magra e massa gorda), Cancela e Ramirez (2002) observaram que seu comportamento, igualmente ao que ocorre com a altura, difere entre homens e mulheres (Gráficos 2.6 e 2.7). Os nadadores do sexo masculino sofrem um aumento da massa gorda com relação à idade até os 14 anos, momento a partir do qual surgirão períodos de crescimento e diminuição dessa variável, mas sempre rondando os 10 kg. Quanto à massa magra, seu comportamento se caracterizou por sofrer, durante o período de idade que vai dos 13 aos 19 anos, um aumento progressivo, estabilizando-se dos 19 aos 21 anos, para aumentar novamente até os 23 anos.

Gráfico 2.5 – Evolução da altura de nadadores brasileiros com relação à idade. Adaptado de Cancela e Ramirez (2002)

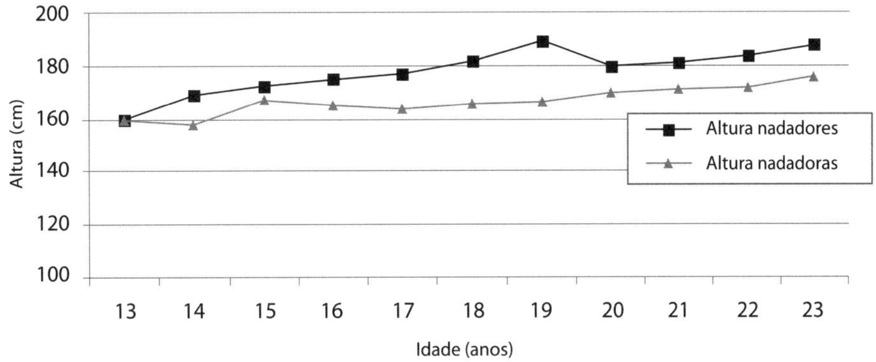

Gráfico 2.6 – Evolução da massa magra e da massa gorda de nadadores brasileiros em razão da idade. Adaptado de Cancela e Ramirez (2002)

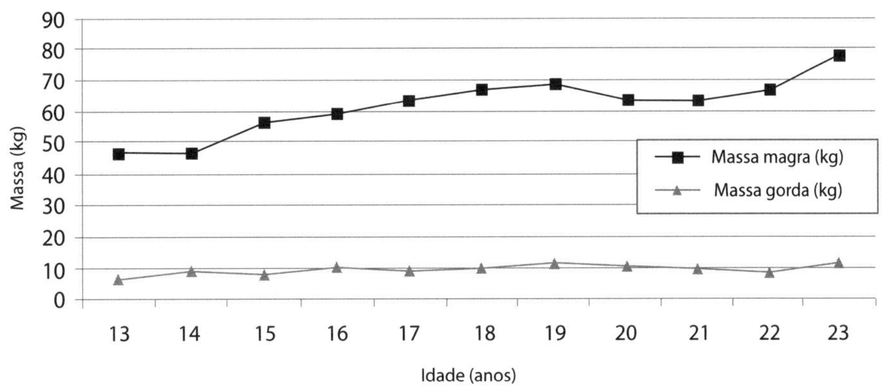

Gráfico 2.7 – Evolução da massa magra e da massa gorda de nadadoras brasileiras em razão da idade. Adaptado de Cancela e Ramirez (2002)

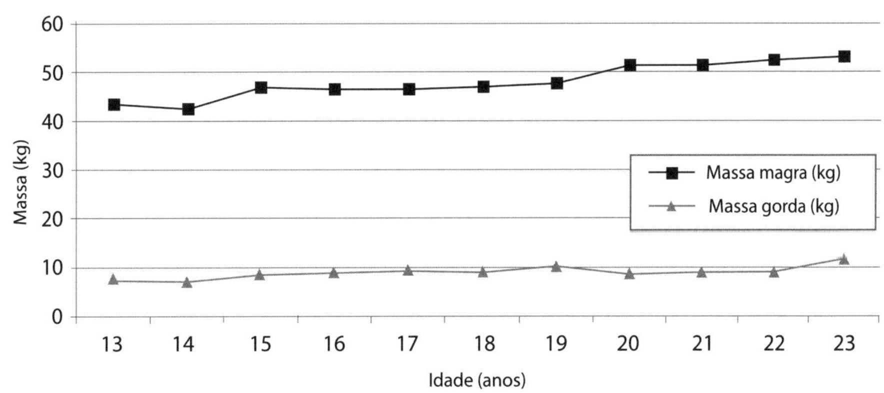

2.2.4 Medição dos perímetros e sua aplicação

Especificações gerais da técnica: os perímetros são medidos com uma cinta métrica de 0,5 cm de largura, 2 ou 3 m de largura, flexível, mas não extensível, geralmente da marca Lufkin com uma resolução de leitura de 0,1 cm. Em alguns cintos, há uma área de alguns centímetros antes da marca 0, e outras já começam nessa marca. São cintos fáceis de manipular, já que a caixa é pequena (5 cm de diâmetro), pesam poucos gramas e possuem um sistema de molas de recuperação automática. A caixa é sustentada pelos quarto e quinto dedos da mão direita durante todas as medições; isso permite que os polegares e os indicadores de ambas as mãos controlem o grau de tensão e alinhamento do cinto sobre a pele. As especificações de medição podem ser vistas na Figura 2.9.

A técnica mais comum é chamada de técnica cruzada (*cross-handed technique*): com a mão esquerda, toma-se a extremidade do cinto, passando-o ao redor do seguimento a ser medido; depois de contornado o perímetro, o cinto é justaposto (uma parte em cima da outra; em geral, a parte da extremidade fica por cima), produzindo-se leitura em que a marca 0 intersecciona-se com o valor da cinta justaposta. Quando o cinto contorna o segmento, o extremo final é transferido para a mão direita, a qual sustenta a caixa e todo o cinto por um momento (a caixa, com o quarto e quinto dedos, e o cinto, com o polegar e o indicador). A mão esquerda controla a localização do cinto no lugar específico de medição, de modo que o cinto não fique frouxo, com partes fora de contato com a pele, ou não comprima ou deprima o contorno a ser medido.

Depois, o polegar e o indicador esquerdos ajudam a mão direita. Em geral, os indicadores e polegares de ambas as mãos controlam a tensão e o alinhamento do cinto; por sua vez, os dedos médios garantem o correto nível de medição dos lados, observando-se a perpendicularidade do segmento a ser medido. Um cuidado especial deve ser tomado para evitar a compressão da pele e do tecido celular subcutâneo com o cinto.

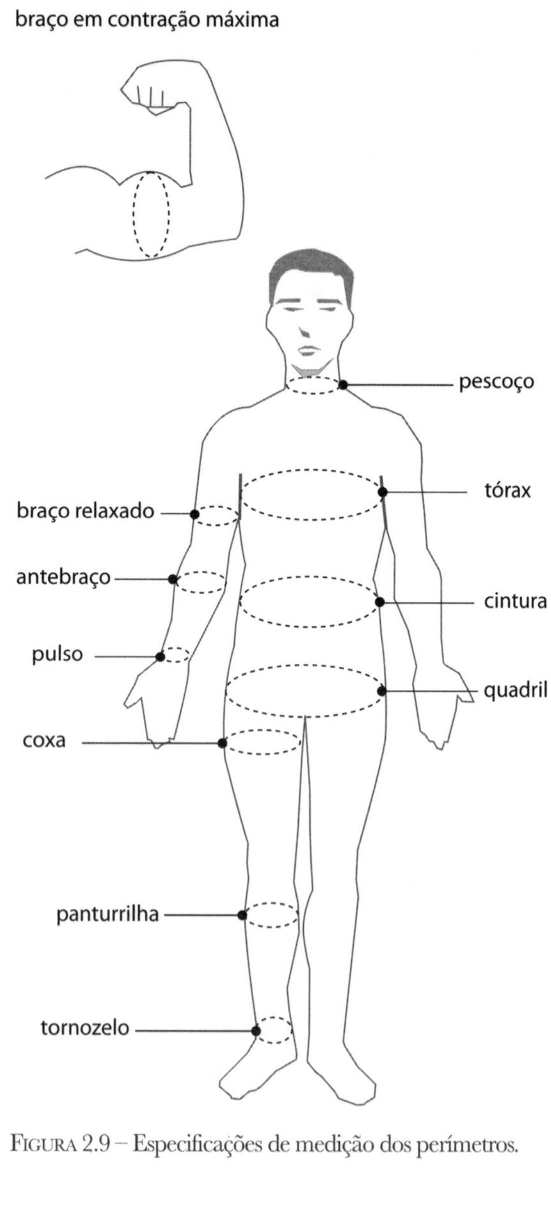

Figura 2.9 – Especificações de medição dos perímetros.

A aplicação de cada perímetro se dá da seguinte maneira:

- Perímetro do braço relaxado: distância perimetral do braço direito em ângulo reto ao eixo longitudinal do úmero; o sujeito permanece parado em posição ereta, com o braço relaxado, pendente ao lado do corpo (palma virada para a coxa). O cinto é colocado na marca que determina a distância média entre os pontos acromial e radial (linha média acromial-radial).
- Perímetro do braço flexionado em tensão máxima: a circunferência máxima do braço direito elevado a uma posição horizontal no plano sagital, com o antebraço flexionado em supinação e em contração máxima (articulação do cotovelo em ângulo de 45 graus). O sujeito é estimulado a mostrar o bíceps. Uma flexão preliminar submáxima permite determinar o lugar da circunferência máxima, depois, pede-se a ele que realize a contração máxima. Essa medição é obtida com o avaliador parado à direita do sujeito.
- Perímetro do antebraço: o perímetro máximo do antebraço direito quando a mão é sustentada com a palma para cima e o antebraço relaxado. Essa medição é feita a uma distância de não mais do que 6 cm da dobra do cotovelo. Pode ocorrer de algum sujeito hipertrofiado ter o relevo máximo mais afastado do ponto distal, e, nesse caso, deverá ser respeitado o perímetro máximo.
- Perímetro do pulso: é o perímetro do pulso direito, tomado distalmente ao processo estilóideo, em um nível perpendicular ao eixo longitudinal do braço e do antebraço. O indivíduo mantém a palma para cima e o cotovelo em 90 graus.
- Perímetro do tórax: é o perímetro da caixa torácica, no nível da marca mesoesternal. O avaliador posiciona-se de frente para o sujeito, mas diagonalmente, ao lado direito dele. Pede-se ao sujeito que levante ligeiramente os braços para poder passar o cinto por trás, da esquerda do avaliado para a direita; a caixa do cinto é sustentada pela mão direita do avaliador, junto à extremidade do cinto que rodeou o tórax, permitindo que sua mão esquerda ajuste o nível de horizontalidade do cinto perpendicular ao eixo longitudinal do tórax e coincidente com o nível da marca mesoesternal. Na parte anterior do tórax, a medição é realizada com técnica justaposta. A leitura é realizada ao final da expiração normal.
- Perímetro da cintura: é o perímetro na zona abdominal, em um nível intermediário entre o último arco costal e a crista ilíaca, na posição mais estreita do abdômen. Se a zona mais estreita não for aparente, decide-se

arbitrariamente o nível de medição. Utiliza-se a técnica de cinto justaposto, sustentado no nível horizontal.

- Perímetro de quadril (ou glúteo): é o perímetro do quadril, no nível do relevo máximo dos músculos glúteos, quase sempre coincidente com o nível da sínfise pubiana, na parte frontal do sujeito. Durante a medição, o avaliado permanece parado, com os pés juntos e a massa glútea completamente relaxada.
- Perímetro da coxa: é o perímetro da coxa direita, medido com o sujeito parado em posição ereta, com os pés ligeiramente separados e o peso corporal distribuído entre os dois membros inferiores equilibradamente. O cinto é localizado de 1 a 2 cm abaixo da dobra glútea ou, no caso de a dobra não existir, em uma zona arbitrária de continuidade entre o glúteo e a coxa. Usa-se a técnica das mãos cruzadas; deve-se controlar o nível do cinto na face interior do músculo (entre as pernas), que costuma se desnivelar. Os dedos indicadores e polegares são usados para manipular e fixar o cinto a fim de que seu nível esteja perpendicular ao eixo longitudinal do fêmur.
- Perímetro da panturrilha: com o sujeito na mesma posição para a medição do fêmur, o cinto é manipulado de cima para baixo, em busca do perímetro máximo da panturrilha. As posições na busca para se obter o diâmetro máximo são 3 ou 4, afrouxando e tencionando o cinto sucessivamente, tomando cuidado para não deixar lacunas ou comprimir o contorno. Deve-se controlar a perpendicularidade do cinto em relação ao eixo longitudinal da panturrilha.

2.2.5 Medição dos diâmetros ósseos e sua aplicação

Para os diâmetros corporais, utiliza-se um antropômetro ou uma régua centimetrada com longitude horizontal não menor do que 60 cm e dois galhos de 25 a 30 cm de largura, perpendiculares à régua horizontal (obviamente, uma fixa e uma móvel). Para os diâmetros do fêmur e do úmero, utilizam-se calibres tipo Vernier; os mesmos devem ter galhos verticais não inferiores a 10 cm, já que, do contrário, não podem ser utilizados para a medição do fêmur. Para sustentar o antropômetro, a mão esquerda segura o galho vertical fixo, ao passo que a mão direita conduz o galho vertical deslizante.

Tanto o antropômetro quanto os calibres menores (para ossos) são tomados pelos galhos verticais com os dedos polegar e indicador de cada mão, e o corpo do antropômetro ou calibre descansa sobre o dorso da mão e do pulso. O dedo médio é usado para identificar a marca convencional. Uma pressão firme é aplicada sobre os galhos pelos indicadores, enquanto os polegares sustentam os galhos. A leitura dos diâmetros ósseos é feita com uma resolução de 0,01 cm. As especificações podem ser vistas na Figura 2.10.

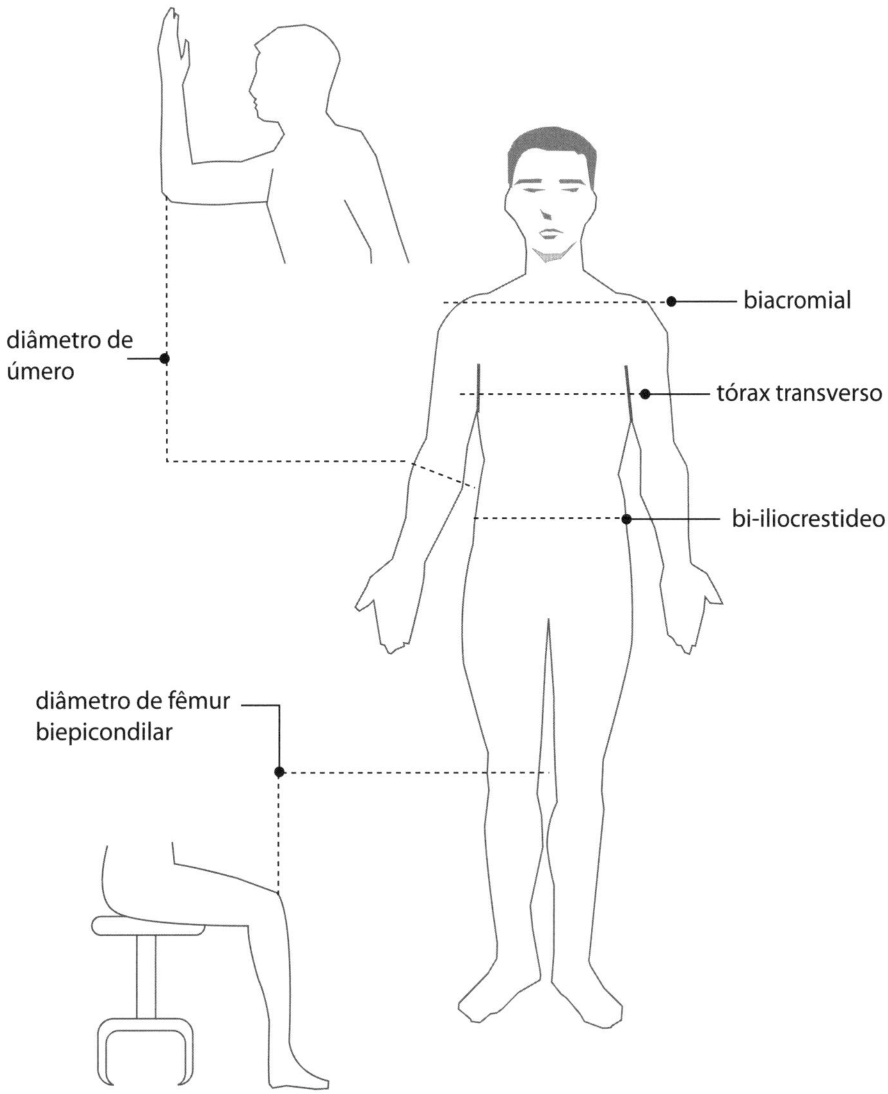

Figura 2.10 – Especificações de medição dos diâmetros.

A aplicação para cada diâmetro se dá da seguinte maneira:

- Diâmetro biacromial: a distância entre os pontos mais laterais dos processos acromiais com o sujeito parado em posição ereta e os braços pendentes ao lado do corpo. O avaliador posiciona-se atrás do sujeito, localiza as marcas com os dedos médios e, depois de retirá-los, aplica os galhos. A orientação dos galhos se dá em um plano inclinado de 45 graus em relação ao plano horizontal, de baixo para cima.
- Diâmetro bi-ileocrestideo: a distância entre os dois pontos mais laterais da borda superior da crista ilíaca, com o sujeito parado, de pés juntos.

O avaliador fica em frente ao sujeito, localiza os pontos com os dedos médios, que depois são substituídos pelos galhos verticais; os galhos do calibre orientam-se de baixo para cima, em um ângulo de 45 graus em relação ao plano horizontal, o que facilita a medição do diâmetro máximo entre os dois pontos mais laterais das bordas.

- Diâmetro de úmero: a distância entre a epitróclea e o epicôndilo da extremidade distal do úmero quando o braço é posicionado no plano horizontal e o antebraço é flexionado em um ângulo de 90 graus. O segmento do braço deve ser orientado (horizontal) no plano sagital. Usa-se geralmente um calibre tipo Vernier de galhos verticais pequenos (5 cm), os quais são orientados de baixo para cima, em um ângulo de 45 graus em relação ao plano horizontal. Os pontos ósseos são localizados com os dedos médios, que depois são substituídos pelos galhos do calibre. A distância média é levemente oblíqua, porque a epitróclea está em um plano levemente inferior ao epicôndilo.
- Diâmetro de fêmur: a distância entre os dois pontos mais salientes dos côndilos femorais. O sujeito deve estar sentado com os pés apoiados no solo, com o joelho em posição de 90 graus.
- Biestilóideo: é a distância entre a apófise estiloide do rádio e do cúbito. O sujeito coloca-se de pé, com os braços pendendo ao lado do tronco, o antebraço em prono e flexionado a 90 graus e a mão em flexão. As pontas do paquímetro dirigem-se para baixo na bissetriz do ângulo do pulso. O antropometrista encontra-se de frente para o sujeito. Geralmente, usa-se um calibre tipo Vernier de galhos verticais de 10 cm. Os pontos ósseos são localizados com os dedos médios e recolocados depois pelos galhos verticais. Estes são orientados de cima para baixo, em um ângulo de 45 graus em relação ao plano horizontal.

2.2.6 Avaliação da altura, do peso e da envergadura

2.2.6.1 Altura

É a distância ente o vértex e as plantas dos pés. O sujeito permanece de pé, com os calcanhares, os glúteos e as costas em contato com o plano vertical do talímetro e a cabeça no plano de Frankfurt (o valor dos dados é expresso em cm). Para a técnica de altura em extensão máxima, requer-se medir a máxima distância entre o solo e o vértice cranial; para tanto, a posição da cabeça deve estar no plano de Frankfurt (Figura 2.11). O arco orbital inferior deve ser alinhado horizontalmente ao trago da orelha; esta linha imaginária deve ser perpendicular ao eixo longitudinal do corpo (ajuda pedir ao avaliado que olhe para um ponto fictício exatamente a sua frente).

O avaliador então se posiciona diante do sujeito, pede-lhe que coloque os pés e os joelhos juntos, com os calcanhares, a face posterior dos glúteos e a cabeça bem aderidos ao plano posterior do estadiômetro; depois, coloca os polegares debaixo da mandíbula do avaliado, enquanto os demais dedos seguram a cabeça dele pelos lados.

O avaliador pede ao sujeito que respire fundo e produza uma suave tração para cima e lhe solicita relaxamento e estiramento. Nesse momento, coloca um objeto triangular sobre o vértex, que se apoia no cinto centimetrado, e lê o valor da altura, em centímetros.

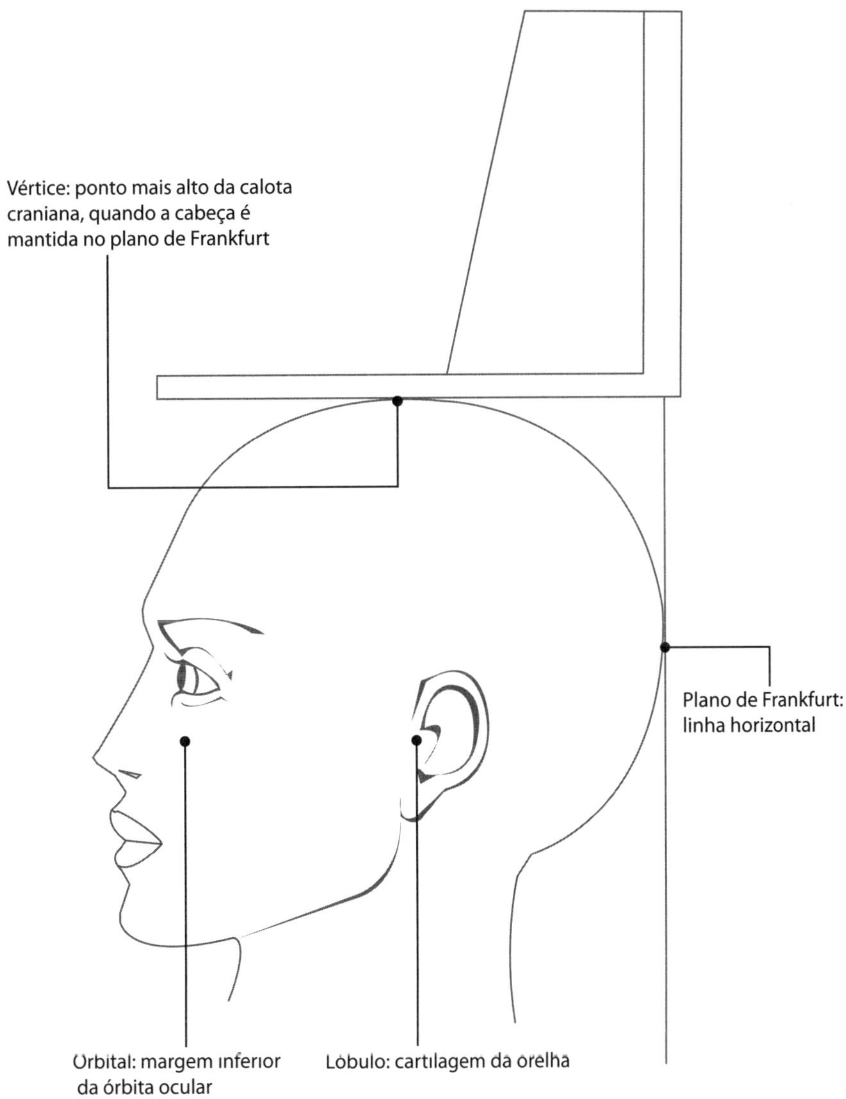

Figura 2.11 – Medição da altura.

2.2.6.2 Envergadura

É a distância máxima entre os extremos dos dedos médios quando o sujeito, parado de frente para uma parede, estende ambos os braços no plano horizontal. Geralmente, o dedo direito é pressionado contra uma marca lateral no topo (costuma-se usar o ângulo de uma parede no canto do cômodo), e, depois de pedir ao avaliado que realize um estiramento máximo, registra-se o alcance do dedo médio esquerdo em um papel centimetrado que se coloca na parede, com superfície suficiente para cobrir diferentes categorias. Estabelecida previamente a distância entre a parede ou o topo lateral (onde se apoia o dedo direito) e o começo da superfície do papel, somente se adicionam os centímetros da escala do papel que alcança o dedo esquerdo. Os pés devem ficar juntos, e a testa, apoiada na parede.

2.2.6.3 Peso

O sujeito continua no centro da báscula, com o peso distribuído nos dois pés, e em posição funcional, de costas para o registro da medida. O corpo não poderá ter contato com nada. O peso é expresso em quilogramas.

2.2.7 Medições para a determinação da massa gorda e da massa magra

2.2.7.1 Massa gorda

Para determinar o peso gordo, calcula-se primeiro a porcentagem de gordura corporal por meio da equação proposta por Faulkner (1968). Essa equação utiliza a soma das seis dobras que relacionadas posteriormente. Uma vez determinada a porcentagem de gordura, aplica-se a seguinte equação:

$$MG= P \cdot \left(\frac{\%\ gordura}{100} \right)$$

Em que:
MG: massa gorda;
Pt: peso total (em quilograma).

Equação para calcular a porcentagem de gordura em homens:

$$\%\ gordura = \sum P \cdot 0{,}1548+3{,}5803$$

Em que:
P: soma das dobras do abdômen, anterior da coxa, posterior da perna, tríceps, subescapular e bíceps (em milímetro).

Equação para calcular a porcentagem de gordura em mulheres:

$$\%\ gordura = \sum P \cdot 0{,}1051+2{,}585$$

Em que:

P: soma das dobras suprailíaca, anterior da coxa, posterior da perna, tríceps, subescapular e bíceps (em milímetros).

2.2.7.2 Massa magra

Uma vez conhecidos a massa gorda e o peso total, calcula-se a massa magra por meio da fórmula definida por Drinkwater e Ross (1991).

$$MM = Pt - MG$$

Em que:

MM: massa magra;

Pt: peso total (em quilogramas);

MG: massa gorda.

2.2.8 Somatótipo

2.2.8.1 Princípios básicos

Outra técnica utilizada para avaliar o físico dos atletas é o somatótipo, definido como a quantificação da forma e a composição atual do corpo humano e expresso em uma escala de três números, que representam três componentes: a endomorfia (adiposidade relativa), a mesomorfia (desenvolvimento musculoesquelético) e a ectomorfia (linearidade ou magreza relativa). Os valores para cada componente localizados entre 2 e 2,5 são considerados baixos; entre 3 e 5, são moderados e entre 5,5 a 7, são altos.

2.2.8.2 Medições: tipos de métodos e sua aplicação

Para realizar o cálculo mediante o método antropométrico, são necessárias dez dimensões: altura máxima, peso corporal, dobras de tríceps, subescapular, supraespinhal e panturrilha medial, diâmetros de fêmur e úmero e circunferências de panturrilha e bíceps, flexionado e contraído. A valoração do somatótipo é outra ferramenta que permite analisar a forma física do atleta e ter uma visão objetiva de como modificar seu peso corporal.

O somatótipo é um dos aspectos mais relevantes do perfil morfológico de um esportista, ainda que deva ser avaliado com prudência, evitando-se subestimar sua importância. Arnot e Gaynes (1991 apud García Manso et al., 2003) assinalam que alguns esportes — ginástica, natação, boxe etc. — requerem características morfológicas muito específicas, enquanto outros — handebol, futebol etc. — permitem uma maior variabilidade quanto ao seu somatótipo.

A partir da morfometria e da antropometria, foram desenvolvidos vários métodos de medição da forma do corpo humano aplicados ao mundo da atividade física e do esporte, destacando-se aquele que se ocupa da determinação do somatótipo (Heath e Carter, 1967; Carter, 1980).

São muitas as pesquisas que abordam a relação entre as características antropométricas e biotipológicas dos jovens e a aptidão física geral (Ismail, Christian e Kessler, 1963; Slaughter, Lohman e Boileau, 1982 apud García Manso et al., 2003), embora seja justo reconhecer que elas não contribuíram com resultados concretos os quais permitissem determinar as características tipológicas necessárias em idades iniciais que proporcionassem alcançar, no futuro, um rendimento esportivo objetivado. Segundo Pacheco (1986), as causas dessa dificuldade na previsão estão intimamente relacionadas às profundas mudanças que ocorrem posteriormente, durante a puberdade (estirão puberal, mudanças na quantidade e distribuição da gordura corporal etc.).

O somatótipo representa a forma mais recente de pesquisar a taxonomia e a constituição morfológica (Carter e Healch, 1990). O conceito de somatotipologia como tal nasce nos anos 1950, como consequência dos trabalhos de Sheldon, quem tratou de encontrar um sistema para determinar a tipologia das pessoas sem a existência de fatores subjetivos importantes como havia em outros sistemas tipológicos. Mais adiante, Heath e Carter (1967) modificaram o método puramente antropométrico e ampliaram as escalas de pontuação.

O método de Heath e Carter permite quantificar a forma e a composição do corpo humano a partir da valoração numérica dos três componentes corporais: endomorfia, mesomorfia e ectomorfia. O primeiro componente, a endomorfia, é mais suscetível a mudanças, sobretudo, em virtude de fatores como a alimentação, a prática de exercício etc. O segundo e o terceiro componentes, a mesomorfia e a ectomorfia, são mais estáveis e mais interessantes para a determinação da possível eficácia esportiva. Comparar o somatótipo dos sujeitos que aspiram as máximas conquistas esportivas ao dos principais atletas pode servir de ajuda no momento de selecionar um talento (García Manso et al., 2003).

A partir desses componentes, é possível determinar o nível de predomínio de cada um, estabelecendo diferentes somatótipos intermediários:

- Endomorfo balanceado: a endomorfia é dominante, e a mesomorfia e a ectomorfia são iguais ou possuem diferença igual ou menor do que 0,5 entre elas.
- Endomesomórfico: a endomorfia é dominante, e a mesomorfia é maior do que a ectomorfia.
- Endomórfico-mesomórfico: A endomorfia e a mesomorfia são iguais ou possuem diferença igual ou menor do que 0,5, ao passo que a ectomorfia é menor do que os componentes anteriores.
- Mesoendomórfico: a mesomorfia é dominante e a endomorfia é maior do que a ectomorfia.
- Mesomorfo balanceado: a mesomorfia é dominante, enquanto a endomorfia e a ectomorfia são menores e com diferença nula ou menor do que 0,5 entre elas.
- Mesoectomórfico: a mesomorfia é dominante, e a ectomorfia é maior do que a endomorfia.

- Ectomórfico-mesomórfico: a mesomorfia e a ectomorfia são iguais ou possuem diferença menor do que 0,5 entre elas, ao passo que a endomorfia é o componente menor.
- Ectomesomórfico: a ectomorfia é dominante e a mesomorfia é maior do que a endomorfia.
- Ectomórfico balanceado: a ectomorfia é dominante, ao passo que a endomorfia e a mesomorfia são menores e com diferença entre elas ou nula ou menor do que 0,5.
- Ectoendomórfico: a ectomorfia é dominante, enquanto a endomorfia é maior do que a mesomorfia.
- Ectomórfico-endomórfico: a endomorfia e a ectomorfia são iguais ou possuem diferença menor do que 0,5 entre elas, e a mesomorfia é menor do que os componentes anteriores.
- Endoectomórfico: a endomorfia é dominante, e a ectomorfia é maior do que a mesomorfia.
- Central: cada componente tem um valor entre 3 e 4, não diferindo entre si em mais de uma unidade.

Estudos extensivos dos somatótipos de esportistas de diferentes níveis de rendimento demonstraram que há limitações nas características somatotípicas de atletas de diversos esportes. De qualquer maneira, assim como ocorre quanto ao tamanho ou às medidas do corpo, alguns atletas com os mesmos somatótipos obtêm sucesso em diferentes eventos. Essas diferenças foram mostradas em variados níveis de competição e se apresentam com frequência em atletas jovens (Carter, 1978, 1981; Pérez, 1981).

No Gráfico 2.8 foram diagramadas as médias de somatótipos de diferentes eventos: as áreas sombreadas representam os 95% limites das distribuições dos somatótipos de atletas, em todos os eventos (Carter, 1984). As médias para ambos os sexos têm um padrão bastante consistente de aumento endomórfico e mesomórfico, com uma diminuição ectomórfica, entre os homens, dos corredores de distância aos lançadores de martelo ou disco (de baixo para cima e da direita para a esquerda), e, entre as mulheres, das saltadoras às lançadoras de disco (também com uma orientação de baixo para cima e da direita para a esquerda). Há um padrão consistente de dismorfismo sexual que é muito similar para cada evento, e as diferenças entre os eventos indicam que os somatótipos requeridos para o êxito no rendimento são diferentes nesse nível de competição.

Gráfico 2.8 – Somatocarta mostrando os gráficos dos somatótipos médios masculinos (acima) e femininos (abaixo) de atletas de pista e campo, de nível olímpico, por eventos. Os dados pertencentes aos estudos dos Jogos Olímpicos do México e de Montreal foram combinados para o gráfico. As áreas sombreadas incluem 95% de todos os somatótipos para cada sexo. Adaptado de Carter (1984)

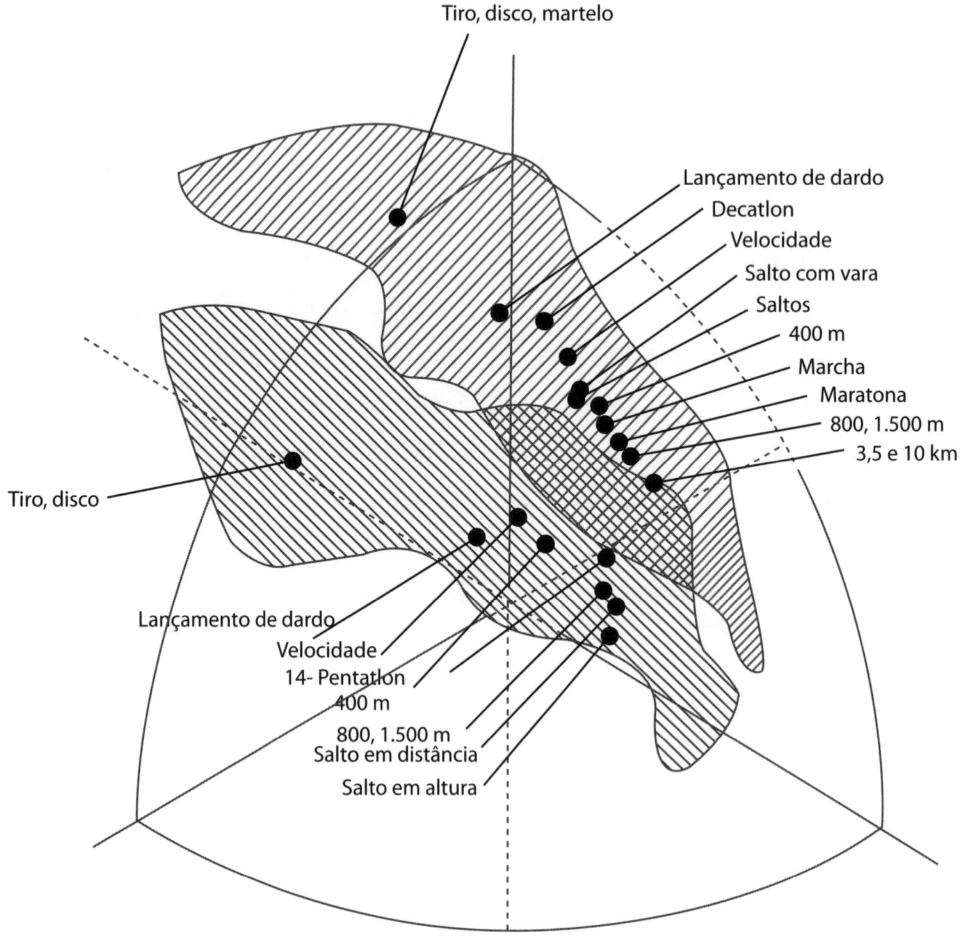

2.2.9 Características morfofuncionais dos nadadores

As características morfofuncionais dizem respeito às capacidades específicas, aos níveis de desenvolvimento das capacidades motoras gerais e específicas, à produtividade funcional e à preparação técnica-tática e psicológica (Bulgakova, 2000). Elas permitem, por meio da comparação dos valores individuais, avaliar a correspondência entre o desenvolvimento físico e das capacidades motoras do esportista e as exigências específicas da modalidade esportiva e o resultado proposto.

As características morfofuncionais podem ser: conservadoras, se pouco treinadas (dimensões longitudinais do esqueleto do corpo, composição das fibras musculares), e não conservadoras, se bem treinadas; compensadas, quando os baixos níveis de desenvolvimento de algumas capacidades podem ser compensados pelo alto nível de outras, ou não compensadas (o baixo consumo de oxigênio de nadadores, por exemplo, não poderá ser compensado por outras qualidades).

Na natação, os resultados dependem das particularidades do biótipo: dimensões totais do corpo, proporções, tipo da composição, determinando a flutuabilidade e as capacidades hidrodinâmicas, assim como o potencial de força (dimensões, circunferências do corpo, volume de massa muscular, composição das fibras musculares) e o potencial do atleta (volume vital dos pulmões, relação do volume vital dos pulmões com o peso corporal, massa ativa corporal, composição das fibras musculares) (Gráfico 2.9).

Não há nenhuma dúvida de que os nadadores de elite, comparados a não atletas e a atletas de nível inferior, diferem no tamanho, na composição, na força, na flexibilidade, na aptidão etc. Na Tabela 2.16, os dados do estudo KASP, relacionados às dimensões físicas, são mostrados e comparados aos padrões britânicos (Carter e Ackland, 1994; Pheasant, 1988). Esses dados, agrupados por idade e gênero, mostram claramente que os nadadores, independentemente do estilo e da distância da prova, são mais altos e possuem segmentos corporais mais longos do que a população em geral.

Gráfico 2.9 – Composição corporal dos nadadores de alto nível. Adaptado de Bulgakova (2000)

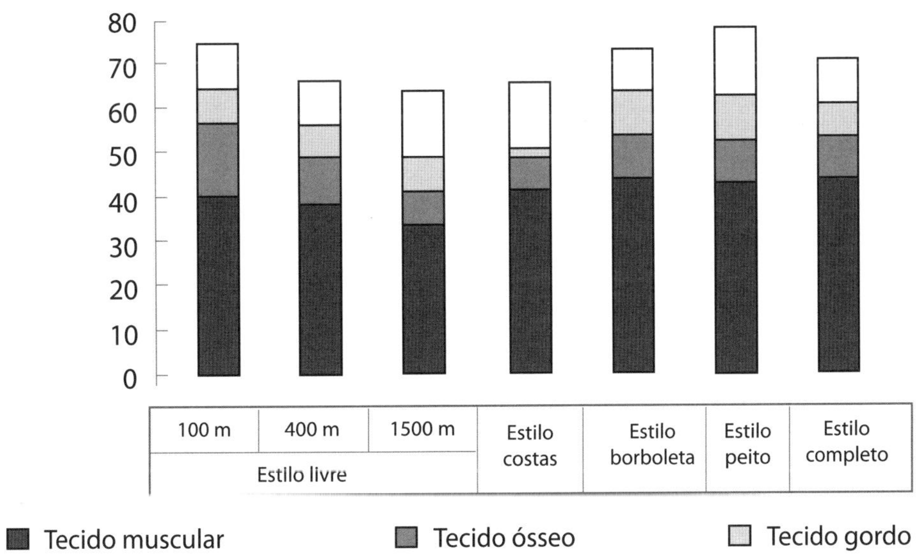

Tabela 2.16 – Diferenças de tamanho entre os nadadores do Campeonato Mundial e os adultos britânicos normais de 19 a 25 anos

Variáveis	Nadadores homens		Homens adultos britânicos 19 a 25 anos		Nadadores mulheres		Mulheres adultas britânicas 19 a 25 anos	
	Média	D.T	Média	D.T	Média	D.T	Média	D.T
Estatura (cm)	183,5	7,1	176,0	1,3	171,5	7,0	162,0	6,1
Altura sentado (cm)	96,5	3,5	91,5	3,7	90,7	3,4	85,5	3,5
Envergadura (cm)	192,5	7,8	181,5	8,6	176,3	7,0	161,5	7,0
Largura dos ombros (cm)	42,5	1,9	40,5	2,1	38,5	1,8	36,0	1,8
Longitude das mãos (cm)	20,8	1,4	19,0	1,0	19,3	1,0	17,5	0,9
Largura da mão (cm)	8,6	0,5	9,0	0,5	7,7	0,4	7,5	0,4
Longitude do pé (cm)	27,4	1,4	27,0	1,5	24,9	1,3	24,0	1,2

Adaptado de Carter e Ackland (1994).

2.2.9.1 Particularidades morfofuncionais dos nadadores das distintas especialidades

As características morfofuncionais dos nadadores de alto nível poderão ser aproveitadas como ponto de referência para a seleção de novos nadadores e para a proposição da preparação para o treinamento. Entre os esportistas de elite, as características morfofuncionais são menos determinantes. A evolução dos resultados na natação está relacionada à crescente especialização nos diferentes estilos e distâncias. As pesquisas realizadas nos últimos anos com nadadores de alto nível constatam que a velocidade da natação nos diversos estilos e distâncias é determinada pelas particularidades do biótipo e da preparação física (Figura 2.12) (Bulgakova, 2000).

Se relacionarmos uma altura absoluta ou um peso absoluto ao êxito, deduzimos que pessoas que possuem medidas apropriadas tinham mais chances de sucesso do que aquelas que não as possuem. Quando alturas e pesos médios de atletas de competições de pista e de campo dos Jogos Olimpícos de Montreal foram comparados por sexo, por exemplo, observou-se tendo um modelo dimórfico sexual típico, sem considerar o evento (Carter, 1984); essas diferenças foram similares, em magnitude, na comparação entre a população normal. Ao longo dos eventos, além dessa diferença biológica, houve diferenças de altura e de peso, que foram comuns para homens e mulheres. Isso indica que tais mudanças na altura e no peso se relacionam às demandas biomecânicas ou fisiológicas das competições. Embora pudéssemos esperar uma influência menor da altura ou do peso sobre o rendimento na natação, se comparada com esportes de pista ou campo, na verdade se notam diferenças similares por sexo e evento (Gráfico 2.10).

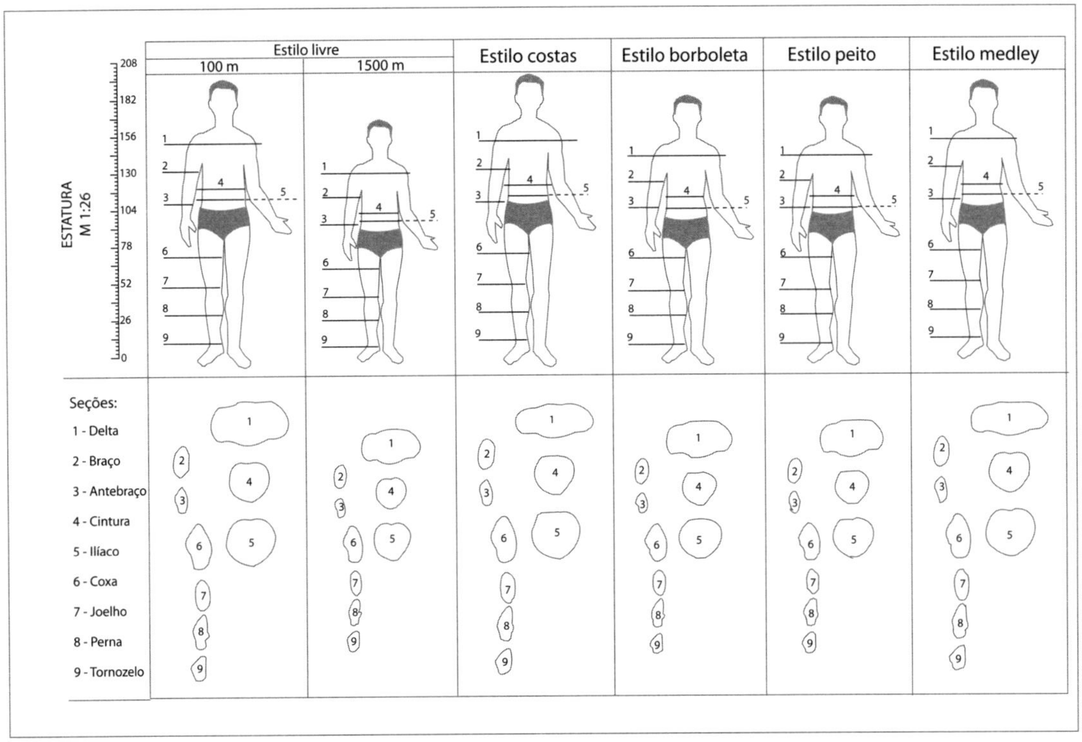

FIGURA 2.12 – Medidas do corpo dos nadadores de alto nível. Adaptado Bulgakova (2000).

Gráfico 2.10 – Dimorfismo sexual de altura e peso de nadadores homens e mulheres por eventos. Adaptado de Hirata (1979)

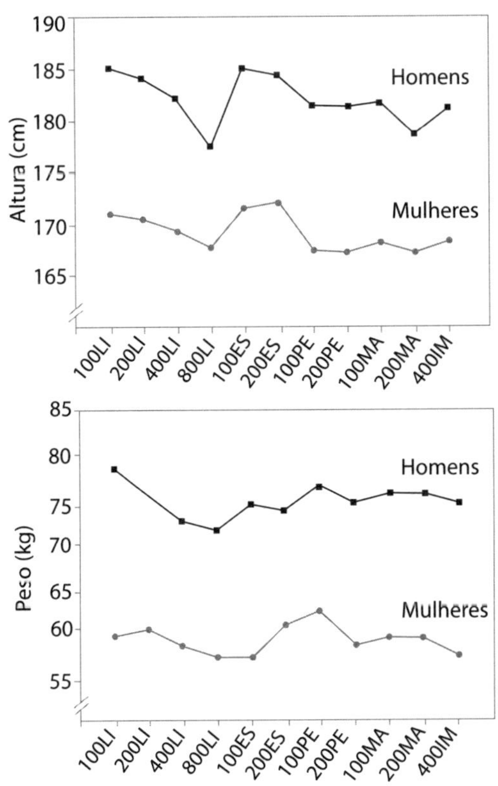

A premissa geral é a de que a morfologia do nadador influi nos componentes de elevação (*lift*) e arrastamento (*drag*) e, por isso, afeta seu potencial para gerar uma propulsão excelente e minimizar as forças de resistência. Segundo Navarro (1994), os nadadores de elite apresentam as seguintes características típicas:

- São altos, isto é, mais altos do que a média.
- Têm a cintura escapular larga e o quadril estreito (largo e estreito são termos relativos; a proporção determinará se a relação é favorável).
- Têm os braços longos (a envergadura dos braços, tomada desde seus pontos mais distais quando estendidos, deveria ser igual ou maior do que a altura em pé).

- Possuem uma relação favorável de desenvolvimento ósseo em longitude das pernas (isso significa que a longitude da perna é maior do que a longitude do tronco).
- Possuem mãos e pés grandes.

Além dos modelos totalizados de nadadores de alto nível, são elaboradas as características morfofuncionais dos nadadores especializados nos diferentes estilos e distâncias (características dos nadadores de peito; borboleta; nado livre (velocista); nado livre fundista e costa). Ao analisar as perspectivas dos atletas a partir dos índices do morfotipo, deve-se valorar de forma global o potencial e orientá-lo tendo em vista uma especialização determinada.

Para as provas de velocidade, são mais indicados os atletas altos, com extremidades longas e grandes níveis de força muscular na cintura escapular (Bulgakova, 2000; Platonov e Fessenko, 1993). Essas orientações têm por base, entre outras coisas, os índices antropométricos da grande maioria de nadadores velocistas de destaque nos últimos anos.

Os nadadores de 400 m, se comparados aos velocistas, são mais altos, pesam menos e possuem menos massa ativa muscular, assim como tecido gordo. Já os nadadores de 1.500 m não são altos, têm um peso pequeno e pequenas dimensões transversais do corpo (largura de ombros, diâmetros de membros e perímetro dos quadris) (Bulgakova, 2000; Platonov e Fessenko, 1993).

Os índices excelentes de idade, altura e massa corporal dos nadadores especialistas nas distintas distâncias podem ajudar os treinadores a selecionar os esportistas com melhores possibilidades futuras (Tabela 2.17). A seleção dos nadadores também pode ser baseada em um estudo morfológico sobe eles. Os nadadores diferenciam-se substancialmente, em virtude da especialidade de nado, quanto às dimensões corporais, à posição e composição do corpo, aos perfis e às seções (Gráfico 2.9 e Figuras 2.12 e 2.13).

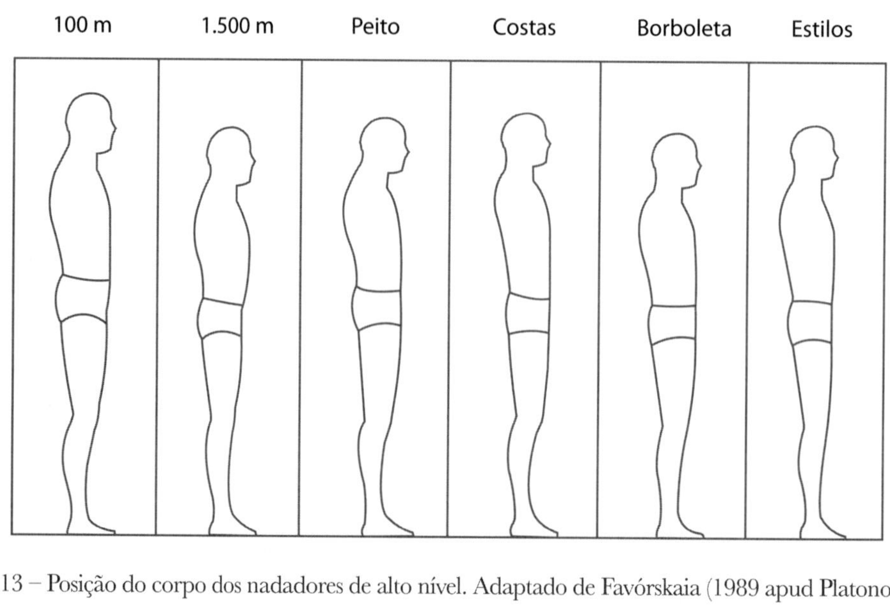

FIGURA 2.13 – Posição do corpo dos nadadores de alto nível. Adaptado de Favórskaia (1989 apud Platonov, 1998).

Tabela 2.17 – Perímetros de distintas partes do corpo dos nadadores de alto nível

Prova, distância	**Pulso (cm)**	**Antebraço (cm)**	**Ombro (cm)**	**Tornozelo (cm)**	**Perna (cm)**	**Joelho (cm)**	**Quadril (cm)**	**Nádega (cm)**	**Cintura (cm)**
100 m	17,9	27,3	33,2	24,1	38,3	37,6	56,7	94,3	81,5
400 m	18,0	27,8	30,0	23,3	37,3	39,2	54,1	93,4	78,9
1.500 m	17,5	26,5	29,0	23,5	38,1	38,7	53,2	91,1	75,2
Costas	18,3	27,8	29,0	23,7	38,3	37,9	58,6	82,5	77,0
Borboleta	18,2	27,9	33,0	23,9	38,0	38,0	60,0	93,2	78,0
Peito	18,4	27,6	30,0	24,1	38,8	40,1	64,6	96,7	82,3
Estilos	18,6	28,2	31,2	24,6	38,3	40,6	59,4	92,5	79,1

Adaptado de Platonov (1998).

A composição corporal dos atletas é um tópico de grande interesse e que gera controvérsia. Atletas de muitos esportes têm interesse na perda do excesso de peso, o qual poderia prejudicar seu rendimento; os cientistas especializados em esportes tentaram fazer suas melhores estimativas da gordura do corpo como muito rigor, mas a maioria dos métodos fornece nada mais do que estimativas grosseiras quanto a um só tecido ou a fluidos em um multicompartimento corporal. Toda a evidência vai em direção de uma variação considerável das massas e densidades de todos os compartimentos disseccionáveis do corpo humano (Martin, 1984).

Haverá pouco progressos na avaliação do corpo humano até que possamos quantificar com maior exatidão as variações, não somente do tecido adiposo, mas também do tecido ósseo, dos tendões e dos músculos, dos tecidos conjuntivos e de outros compartimentos anatômicos ou químicos. Por um lado, esse conhecimento é importante para relacionarmos de maneira significativa a estrutura total com as variáveis biomecânicas e fisiológicas.

Por outro lado, a experiência mostra que muitos atletas possuem níveis de adiposidade extremamente baixos. Quando a adiposidade é baixa nos atletas, há uma pequena variação entre aqueles que participam do mesmo evento, aos altos níveis de competição, portanto, é maior a variação no peso magro, que, em muitos casos, é muito próxima ao peso do corpo.

Muitas vezes, é mais importante, para o rendimento e a saúde, identificar os mais baixos níveis de dobras cutâneas. Baseados em dobras cutâneas de seis lugares diferentes do corpo de dois mil atletas olímpicos, Carter e Yuhasz (1984) propuseram uma região crítica dos valores das dobras cutâneas que poderiam abarcar baixos níveis aceitáveis; foram construídos exemplos dessas regiões para atletas do sexo masculino e feminino (Gráfico 2.11).

O espaço entre limites superiores e inferiores de cada região permite a construção de modelos étnicos e individuais de dobras cutâneas, assim como a análise do erro. Os limites inferiores são as dobras cutâneas mais baixas para cada lugar medido; os limites superiores são aproximadamente o dobro dos limites inferiores. O monitoramento das dobras cutâneas do atleta pode servir para indicar quão próximo ele está dos níveis mínimos aceitáveis de adiposidade total.

Gráfico 2.11 – Perfis de proporcionalidade em valores ou escores Z para nadadores do sexo masculino (linhas cheias) e do sexo feminino (linhas tracejadas) dos Jogos Olímpicos de Montreal, em 1976. As barras horizontais reapresentam as médias mais ou menos um erro padrão. Adaptado de Ross et al. (1982)

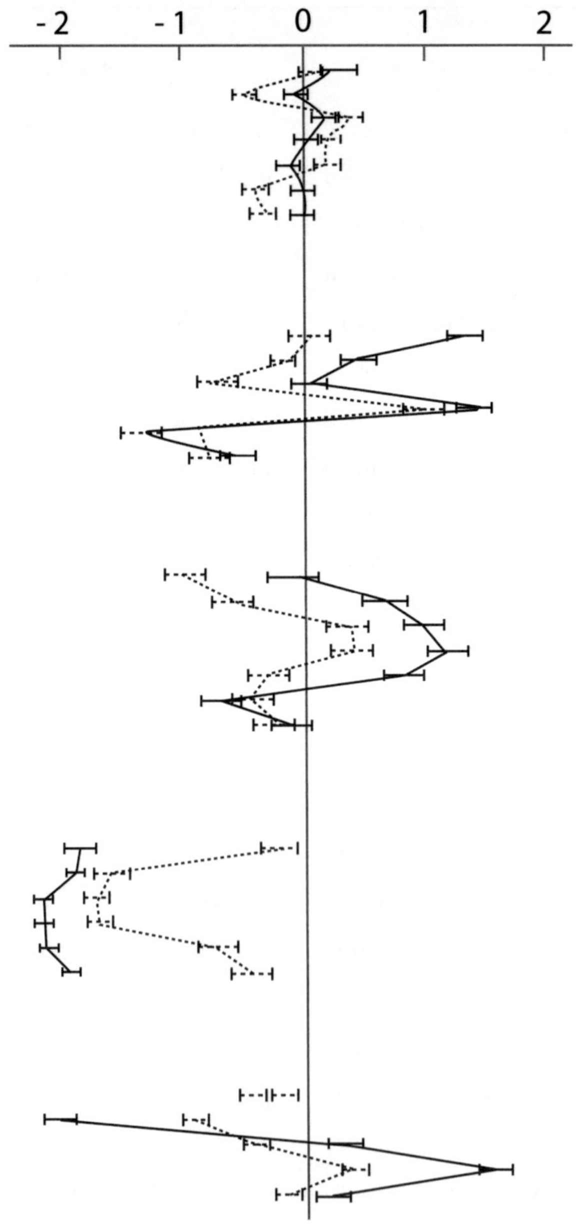

Embora a medida absoluta seja importante, a medida proporcional é muito relevante em alguns casos. Por exemplo, no levantamento de pesos, é desejável ter alavancas curtas para a aplicação da força. E, em geral, os levantadores de pesos têm alavancas curtas, proporcionais ao seu tamanho. Os corredores de distância, por sua vez, mostram uma pequena variação da massa proporcional, mas podem diferir amplamente entre eles quanto à altura e ao peso absolutos.

A proposta da proporcionalidade de Ross e Wilson (1984) foi muito útil para fazer comparações entre atletas de diferentes esportes e eventos e entre sexos dentro do mesmo evento (Ross et al., 1982; Ross e Ward, 1984). Essencialmente, ela propõe ajustar matematicamente a mesma altura Phantom a todas as pessoas e destacar os desvios manifestados nos valores (mais ou menos), em termos de escores Z, baseados em uma escala de referências antropométricas unissexuais, não dividida por grupo etário, de aptidão ou etnia (escala Phantom). Essa forma de tamanho proporcional permite fazer comparações entre sexos, independente da idade ou do esporte, com a mesma escala de referência.

Usando esse procedimento, Ross e Ward (1984) examinaram as tendências de grupos de atletas olímpicos do sexo masculino em eventos de pista e campo, desde 1928 até 1976. Eles demonstraram que o peso proporcional aumentou drasticamente nos lançadores de disco, tiro e martelo desde 1960, assim como nos lançadores de dardos, desde 1968. Os atletas de outros eventos se tornaram proporcionalmente mais leves, e não se notou uma tendência clara, exceto quanto aos velocistas.

No Gráfico 2.12, temos a análise proporcional de uma ampla variedade de medidas antropométricas tomadas de nadadores e nadadoras nos Jogos Olimpícos de 1976. Vê-se que, quando não existe superposição das barras de erro padrão (horizontais), há diferenças estatisticamente significativas: os nadadores, em comparação às nadadoras, são proporcionalmente mais longos no antebraço, no tíbio e na longitude do pé, maiores em todos os diâmetros, excetuando-se o do fêmur, e menores no diâmetro bi-iliocrestídeo. Além disso, os nadadores homens apresentam dobras cutâneas de menor espessura, assim como menor proporção de massa adiposa, mas são maiores do que as mulheres quanto às outras três massas fracionadas (ver composição corporal). Ambos os sexos estão próximos ao peso relativo.

Um método antropométrico que fornece estimativas de massas para a adiposidade, os ossos, os músculos e a massa residual foi proposto por Drinkwater e Ross (1980). Ambas as massas, a absoluta e a proporcional, podem ser calculadas por essa proposta a partir de uma simples antropometria (Gráfico 2.12).

Gráfico 2.12 – Região crítica para a espessura mais baixa das dobras cutâneas em atletas olímpicos, homens e mulheres. Os lugares de 1 a 6 são tríceps, subescapular, supraespinhal, umbilical, coxa frontal e panturrilha medial, respectivamente. Adaptado de Ross et al. (1982)

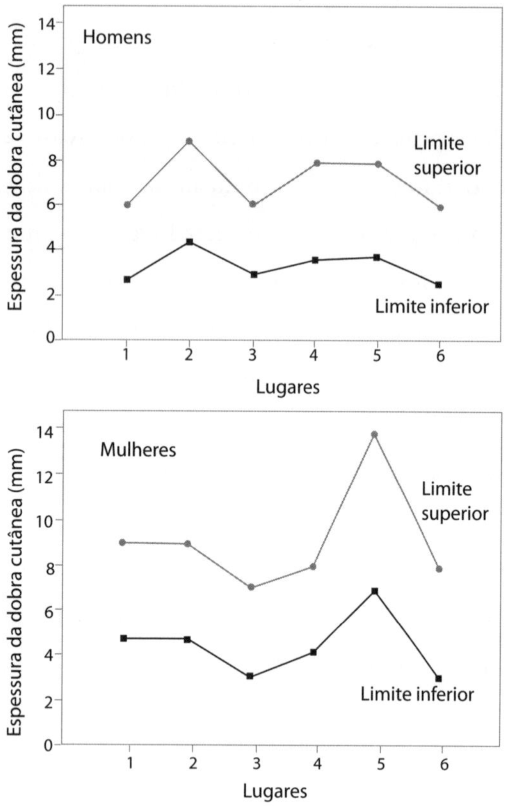

A análise da composição corporal pode ajudar a avaliar o potencial individual em determinado esporte, mediante a comparação da morfologia e da composição corporal com os dados dos atletas que obtiveram elevados resultados. A principal razão para valorar a composição corporal dos esportistas é obter informação que proporcione benefícios ao rendimento esportivo (Navarro, Ola Gaia e Castañón, 2003).

A composição corporal não tem um enorme impacto sobre a medida e o rendimento apenas, mas também sobre a saúde futura das crianças (Rowland, 1996). Além disso, a composição corporal tem uma influência decisiva sobre as respostas fisiológicas ao exercício.

Ao falar de composição corporal, estabelecem-se divisões do corpo quanto a seus componentes constituintes. A seguir, temos um sistema de classificação do corpo:

- nível 1: atômico (hidrogênio, nitrogênio, oxigênio, carbono, minerais);
- nível 2: molecular (água, proteínas, lipídios, hidroxiapatita);
- nível 3: celular (intracelular, extracelular);
- nível 4: anatômico (tecidos muscular, adiposo e ósseo, pele, órgãos e vísceras);
- nível 5: corpo inteiro (massa corporal, volume corporal, densidade corporal);
- nível 6: desnutrição.

Capítulo 3

Evolução das capacidades físicas do nadador segundo a idade

3.1 Introdução

O esporte infantil é considerado um poderoso fator do desenvolvimento geral do organismo e do fortalecimento da saúde de crianças e adolescentes. Isso obriga os treinadores a resolver problemas de preparação de esportistas jovens em concordância estrita com as regularidades da fisiologia evolutiva, da psicologia e da pedagogia. O enfoque empírico do treinamento, se separado dos dados científicos, leva à experimentação cega e inadmissível.

O organismo dos jovens nadadores passa por mudanças complexas e multiformes durante o processo de crescimento e desenvolvimento. Em cada etapa evolutiva, o organismo se cristaliza em um processo de evolução, com suas particularidades. Por um lado, essas particularidades nos obrigam a dosar as cargas com atenção excepcional durante as práticas regulares da natação, sem admitir o esgotamento, sem violentar ou retardar os processos naturais do desenvolvimento biológico. Por outro lado, no trabalho com as crianças e os adolescentes, não devemos nos esquecer de que o organismo em crescimento e todas as suas funções requerem um treinamento constante e relativamente intensivo, nem de que, nesse período evolutivo, existem certas zonas para a educação e a fixação mais eficazes e específicas das qualidades e dos aspectos da atividade motriz mais importante no sentido esportivo.

Todos temos consciência de que a natação de competição de alto nível estabelece indices cada vez mais difíceis de serem superados. Na luta contra as marcas, o homem elevou tanto as expectativas, que uma pequena melhora do rendimento supõe um enorme esforço do nadador e de toda uma equipe profissional de apoio. Os cientistas que estudam a fisiologia evolutiva dizem o seguinte: a atividade muscular, que supera um pouco o nível ótimo e provoca o esgotamento, mas fica entre os limites das possibilidades de adaptação do organismo em cada período evolutivo, não só contribui para o auge das capacidades físicas da criança, como também determina seu desenvolvimento individual no contexto dos mecanismos geneticamente condicionados (Arshavskll, 1981). Em outras palavras, as cargas físicas dosadas corretamente exercem uma influência estimuladora no organismo em agudo desenvolvimento de crianças e adolescentes. Dessa forma, gozam de significado predeterminante as modalidades "de fundo" na atividade, que excluem as tensões máximas longas. Semelhantes cargas físicas, suaves e relativamente duradouras, influem de maneira positiva no sistema esqueleticomuscular, nos sistemas vegetativos, no intelecto e na duração da vida (Arshavskll, 1981).

Desse modo, a sensibilidade do organismo das crianças e dos adolescentes diante das influências pedagógicas específicas durante a natação é muito considerável. É preciso saber aproveitar-se habilmente dessa particularidade no processo de ensino e treinamento de muitos anos (Makarenko, 2001). Nas etapas de treinamento dos jovens, é impossível desenvolver uma estrutura de planejamento definida, já que a diversidade de objetivos, tarefas e condições, assim como as transformações que se produzem no organismo do jovem nadador, provocadas pelos processos de crescimento, maturação e adaptação (produto do treinamento), têm uma amplitude e uma importância tais que não permitem construir ciclos de treinamento plurianuais os quais repitam sua estrutura fundamental. No entanto, comprovou-se que, quando o nadador alcança o nível máximo, os ciclos plurianuais podem ter uma estrutura interna típica que também se mantém quando se sucedem mais ciclos desse tipo (Ruiz et al., 2001) (Figura 3.1). No transcurso dos esforços focados em obter um nível cada vez mais alto na elite esportiva, produziu-se um considerável aumento da carga não somente na idade adulta, mas também nas idades infantil e juvenil, além de um deslocamento do início do treinamento para uma idade cada vez mais precoce. Isso, em último extremo, faz que, em numerosas modalidades, sejam os jovens a alcançar os rendimentos máximos. Desde os anos 1960 é costume distinguir, com relação à capacidade de rendimento máximo, os seguintes níveis de treinamento em longo prazo, segundo Martín, Carl e Lehnertz (2001):

- treinamento na idade juvenil;
- treinamento de alto rendimento.

Para alcançar o alto rendimento, considera-se necessário um sistema efetivo de identificação de talentos, aos quais será aplicado um processo de treinamento adequado, atendendo a seu desenvolvimento e nível de maturação, e também a disciplina que orientará a preparação.

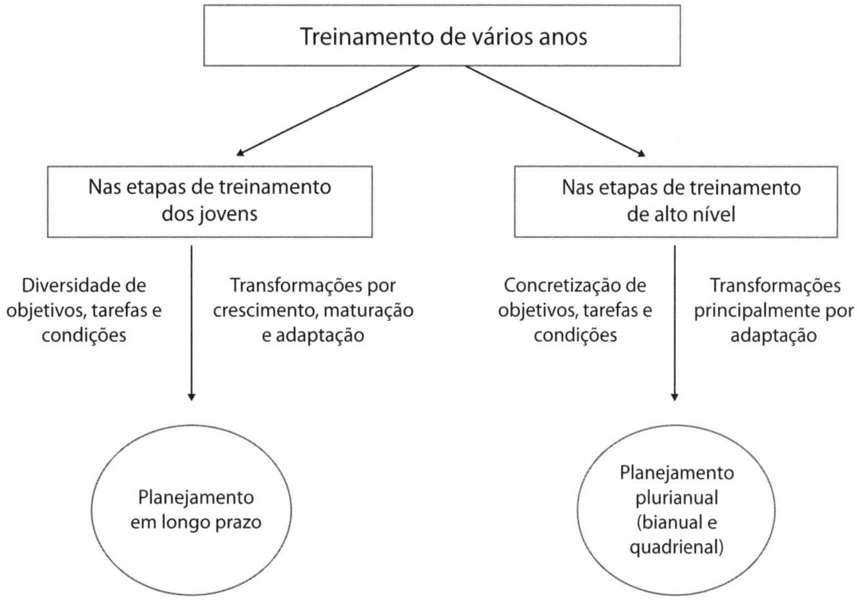

FIGURA 3.1 – O processo de planejamento do treinamento de vários anos. Adaptado de Ruiz et al. (2001).

O treinamento com crianças ou jovens não é fútil, nem infecundo. Influirá positiva ou negativamente, e, nesse sentido, existem riscos muito claros e também algumas desvantagens caso não se pratique um esporte de forma adequada. Mas, diante de tudo, devemos assinalar que a prática de atividade física — o treinamento em si mesmo — é positiva e absolutamente necessária a partir de certa idade, pois, do contrário, serão perdidas possibilidades de expressão motora que não poderão ser desenvolvidas posteriormente da mesma maneira. Além disso, devemos ter consciência de que o objetivo do treinamento é influir no desenvolvimento do rendimento desportivo. Mais ainda, o treinamento supõe uma sobrecarga que possibilita futuras adaptações orgânicas e musculares, e, em princípio, cabe pensar que isso será positivo.

Nos Quadros 3.1 e 3.2, encontram-se de forma reduzida as vantagens e os riscos do treinamento segundo Añó (1997), apontando previamente que, com um treinamento normal, regular e generalizado ou multidisciplinar, as vantagens são sempre maiores que os riscos. Desse modo, as vantagens podem ser incluídas ou classificadas em três grandes grupos, que seriam os seguintes:

- vantagens de caráter físico;
- vantagens de caráter especificamente esportivo;
- vantagens de caráter psicossocial.

Quadro 3.1 – Vantagens do treinamento

Vantagens do treinamento	Produz um maior nível de atividade infantil
	Produz um aumento generalizado do movimento coordenado
	Firma as bases para o aprendizado e rendimento posterior
	Expande as possibilidades motoras
	Permite à criança formar para si uma imagem desportiva em geral e de seu esporte em particular
	O treinamento permite uma melhor adaptação à competição
	Acelera o crescimento
	Pode corrigir defeitos físicos que possam existir
	Permite uma integração progressiva na sociedade
	Aumenta o nível de responsabilidade social
	Supõe uma aprendizagem para o êxito ou o fracasso desportivo e social
	Potencializa a criação e a regularização de hábitos
	Contribui para desenvolver o prazer pelo movimento
	Anula as limitações ao sedentarismo
	Serve de estímulo para a higiene e saúde

Quadro 3.2 – Riscos do treinamento

Riscos do treinamento	Sobrecarga
	Defeitos físicos derivados da prática esportiva
	Mudanças no metabolismo
	A prática do treinamento é facilmente manipulável
	Múltiplos abandonos entre aqueles que começam muito cedo
	Desadaptação social
	Excesso de sistemas autoritários
	Excessivo de emprego e repetição de métodos analíticos
	Utilização excessiva do esforço
	Desequilíbrios psicofísicos
	Limitação do desenvolvimento posterior e anulação de outros campos de ação
	Aumento da agressividade infantil
	Excesso de responsabilidade

3.2 O treinamento e a treinabilidade

O treinamento é um processo pedagógico que visa a desenvolver as capacidades técnicas, táticas, físicas e psicológicas do praticante e das equipes no contexto específico das situações competitivas por meio da prática sistemática e planejada do exercício, orientada por princípios e regras devidamente fundamentados no conhecimento científico. Pelo treinamento, consegue-se aumentar os limites de adaptação do indivíduo — ou grupo de indivíduos —, com a finalidade de que alcance, com um máximo de rendimento ou sobre um regime de economia de esforço e de resistência à fadiga, um resultado pré-estabelecido.

A treinabilidade compreende o grau de adaptabilidade e de modificação positiva do estado informacional, funcional e afetivo do praticante como resultado dos efeitos dos exercícios de treinamento. Trata-se de uma medida dinâmica que depende de uma série de fatores. Na infância e na adolescência, as fases chamadas de "sensíveis ou sensitivas" são muito importantes para a treinabilidade. Isso significa a existência de períodos de desenvolvimento particularmente favoráveis no treinamento de determinados fatores de "rendimento" motor desportivo, ou seja, a treinabilidade é particularmente elevada nesse período.

Quando se enfrenta o problema das fases sensíveis do desenvolvimento da motricidade desportiva, Winter (1986, 1987) é referência obrigatória. Ele define como fases "sensíveis" aqueles períodos "delimitados" do desenvolvimento durante os quais os seres humanos reagem de modo mais intenso que em outros períodos a determinados estímulos externos, dando lugar aos efeitos correspondentes. De modo análogo, Winter entende por fase crítica um período "delimitado" dentro de uma fase sensível durante o qual devem ser aplicados estímulos para se obter os efeitos de desenvolvimento ainda desejados. No entanto, o autor mostra-se cético no que diz respeito à possibilidade de provar cientificamente essas fases e afirma que:

> parece prematuro querer fixar já hoje fases sensíveis para determinar faixas de idade e capacidades. As afirmações que podem ser feitas sobre esse problema no momento atual somente permitem definir períodos mais favoráveis para o treinamento dirigido à formação de capacidades e habilidades desportivas. (Winter, 1986)

No entanto, essa cautela não é partilhada por outros autores (Hahn, 1988; Martín, 1993), para os quais as fases sensíveis estão amplamente comprovadas. Navarro (2001), nesse caso, prefere manter uma postura eclética, a fim de considerar as fases sensíveis como etapas recomendáveis para levar a cabo o treinamento de certas capacidades com o objetivo de evitar riscos e favorecer a consolidação de uma reserva de treinamento duradoura. O não aproveitamento dessas fases "sensitivas" pode tornar fatores de rendimento, que, em um dado momento e com um estímulo conveniente, acusariam taxas elevadas de melhora, impossíveis de serem conseguidas, salvo mediante um dispêndio de esforço desproporcional no treinamento.

De qualquer maneira, para estimar a capacidade de rendimento em cada caso, temos que distinguir as idades *cronológica* e *biológica*. Resumidamente, a evolução biológica em função da maturidade e das capacidades coordenativas e condicionais em crianças e jovens tem o seguinte processo:

A partir dos seis anos, as estruturas coordenativas básicas "amadurecem", alcançando seu máximo aos 11 ou 12 anos.

A partir dos 11 ou 13 anos, aproximadamente, iniciam-se as fases sensíveis para o desenvolvimento e a construção das capacidades de condição física (Grosser, Brüggemann e Zintl, 1989) (Gráfico 3.1).

Uma mostra muito acertada de uma aproximação ao estado biológico do desenvolvimento é a realizada por Wilke e Madsen (1990), e que pode ser observada na Figura 3.2. Nela encontram-se registradas as características biológicas externas mais importantes que podem ser facilmente detectáveis. Em contrapartida, são estabelecidas a duração, a sequência e a subordinação da evolução das capacidades mais significativas para o rendimento na natação, que dependem do desenvolvimento biológico, e se pode extrair tudo o que é concernente à formação desportiva em natação. Sua extrapolação para outras disciplinas desportivas é evidente.

Gráfico 3.1 – Evolução e máximos das capacidades coordenativas e condicionais em função da maturação. Extraído de Grosser, Brüggemann e Zintil (1989, p. 212)

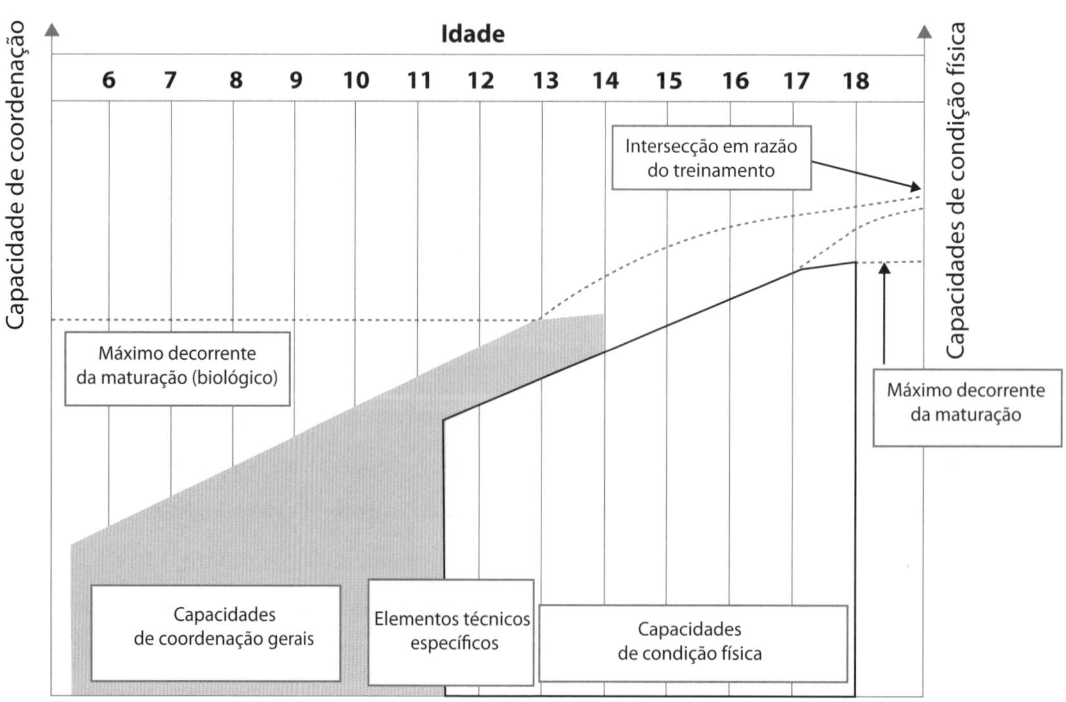

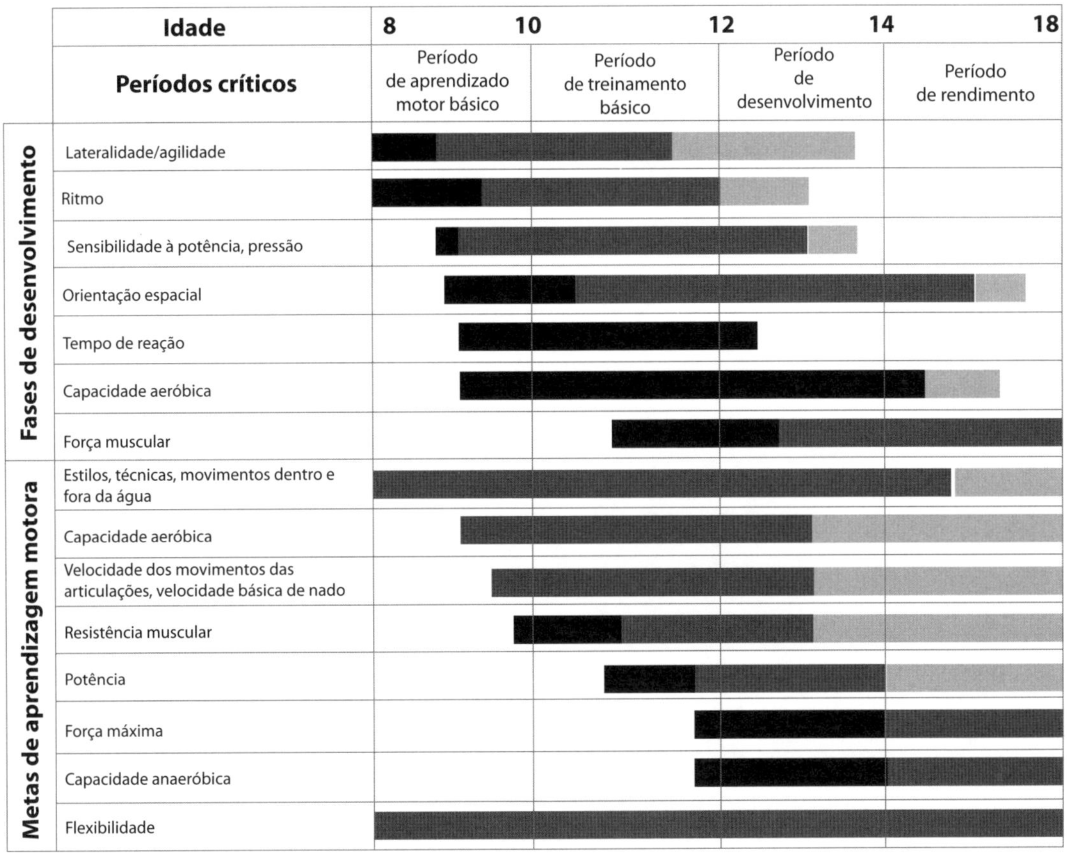

FIGURA 3.2 – Relação temporal dos processos de desenvolvimento, evolução das capacidades importantes e estabelecimento de pontos centrais no treinamento dos nadadores. Adaptado de Wilke e Madsen (1990).

Uma questão que está intimamente ligada à treinabilidade é a da especialização precoce do treinamento das crianças e dos jovens. Como é do conhecimento comum, a preocupação generalizada de todas as modalidades desportivas é a de iniciar o processo de formação e preparação de seus praticantes cada vez mais cedo, isto é, em idades jovens. Dessa forma, entende-se a preparação desportiva como "um processo permanente que começa cedo na vida da criança e acaba tarde em uma fase avançada da vida do indivíduo" (Marques, 1991). Com efeito, sempre que a preparação/formação dos jovens começa cedo, deve ser realizada essencialmente por meio de cargas de treinamento de caráter multilateral que não busquem a obtenção de níveis elevados de rendimento relativos, mas que se preocupem mais fundamentalmente com a formação global integrada dos jovens praticantes.

Entende-se por especialização precoce a potencialização dos jovens para que consigam resultados esportivos em níveis de rendimento elevados de forma precoce, isto é, rápida. Disso deduz-se que a preparação dos jovens praticantes é orientada e potencializada prematuramente de forma unilateral, forçando-os a cumprir regimes de treinamento com um elevado ritmo no aumento de cargas, principalmente nos componentes de intensidade e na especificidade de um número limitado de gestos técnicos.

As consequências de uma especialização muito precoce nos desportistas foram pouquíssimo investigadas. Em todo caso, há um fator central que merece ser considerado e que é o estado biológico incompleto que se dá nos jovens esportistas. Segundo Tschiene (1987), com relação ao futuro do treinamento dos jovens esportistas:

> Não se devem trabalhar as condições específicas em grupos de idades anteriores à puberdade, já que a base técnica e a anatomia funcional do esportista estão em desenvolvimento. Na chamada segunda fase da puberdade (14 ou 15 anos em mulheres e 15 ou 16 em homens), recomenda-se um freio no aumento. A razão, segundo experiências soviéticas, é que não é necessário atrapalhar a consolidação do processo justamente quando as estruturas biológicas estão crescendo.

A construção de um sistema funcional específico para o esportista faz que tenhamos de enfocar a preparação nos seguintes aspectos: a multilateralidade e seu suporte para o movimento futuro e os fatores condicionais do esportista. Um máximo de ofertas multilaterais (exercícios de muitos tipos de esporte) para os mais jovens não é a garantia para se conseguir um máximo progresso esportivo; acaba mesmo produzindo o efeito contrário, em razão do fato de que, dada a limitada reserva adaptativa dos jovens, o treinamento está obrigado a selecionar os exercícios na direção da velocidade, potência e coordenação dos movimentos e das situações.

A maior frequência do emprego de competições na preparação está fazendo seu papel e seu significado mudarem, considerando-se elas agora como treinamento e criando uma maior motivação para o trabalho específico do esportista, promovendo as primeiras experiências em situações de competição, que contribuem com um controle oficial do rendimento (Tschiene, 1987).

Talvez o mais conveniente quanto ao treinamento dos jovens seja falar em uma *multilateralidade orientada*, ou seja, referida a um esporte — como exigem a teoria da ação e dos sistemas e o desenvolvimento em longo prazo da prestação esportiva (Navarro, 1994).

No entanto, não se deve ter a criação de um fundamento especial precoce, porque o potencial funcional individual, a capacidade para adaptar-se a certos estímulos, é mais importante que a idade. O ritmo de desenvolvimento de capacidades e destrezas é maior em jovens do que em adultos (Eckert, 1993). A prática esportiva com uma intensidade adequada e segundo o potencial individual conduz a ajustes especiais no organismo do jovem de acordo com as necessidades e características do esporte. Isso cria as premissas fisiológicas para um treinamento especializado em uma idade mais tardia. Ao resolver esses problemas, é preciso proteger as crianças de cargas excessivas, sem tentar obter resultados esportivos. As crianças devem *brincar de esportes*. Mas também não se deve esquecer o importante papel educativo e emocional das competições, até mesmo sobre as crianças de menor idade, embora a duração e o caráter das cargas competitivas devam responder às possibilidades individuais e à idade das crianças.

3.3 Os efeitos do treinamento

Os efeitos do treinamento são entendidos como as mudanças que ocorrem no organismo como resultado do treinamento. Costuma-se distinguir diversos tipos de efeitos (Navarro, 2001), que são definidos no Quadro 3.3.

Esses efeitos de treinamento não se manifestam de forma independente, mas se inter-relacionam mutuamente. A existência do efeito residual (ERE) foi reconhecida recentemente em diversas publicações (Tschiene, 1992; Verchosanskij, 1990; Verchosanskij e Viru, 1992) e se inclui como mais um dos tipos de efeitos de treinamento — *parciais, imediatos, retardados* e *acumulativos*.

O efeito residual é o efeito de treinamento mais complexo em razão do fato de ser afetado pelos demais efeitos sob diversas formas (Figura 3.3). O efeito residual também não está limitado a somente um sistema físico, já que cada sistema tem seu próprio ritmo de ganhos e perdas. O êxito em esportes competitivos de alto nível deve-se não somente *ao que se faz no momento, mas também ao que se tenha feito no passado* (Counsilman e Counsilman, 1991).

Quadro 3.3 – Tipos de efeitos do treinamento

Tipos de efeitos	Características
Efeitos parciais	São produzidos por meios simples de treinamento (por exemplo: mudanças decorrentes de cargas de força, resistência, velocidade etc.)
Efeitos imediatos	São produzidos como resultado de uma sessão de treinamento somente.
Efeitos retardados	São aqueles produzidos durante a adaptação compensatória
Efeitos acumulativos	Ocorrem como resultado de uma soma de sessões de treinamento ou, ainda, de temporadas de treinamento
Efeito residual	É a retenção das mudanças físicas depois da cessação do treinamento além do tempo possível para que ainda se produza uma adaptação

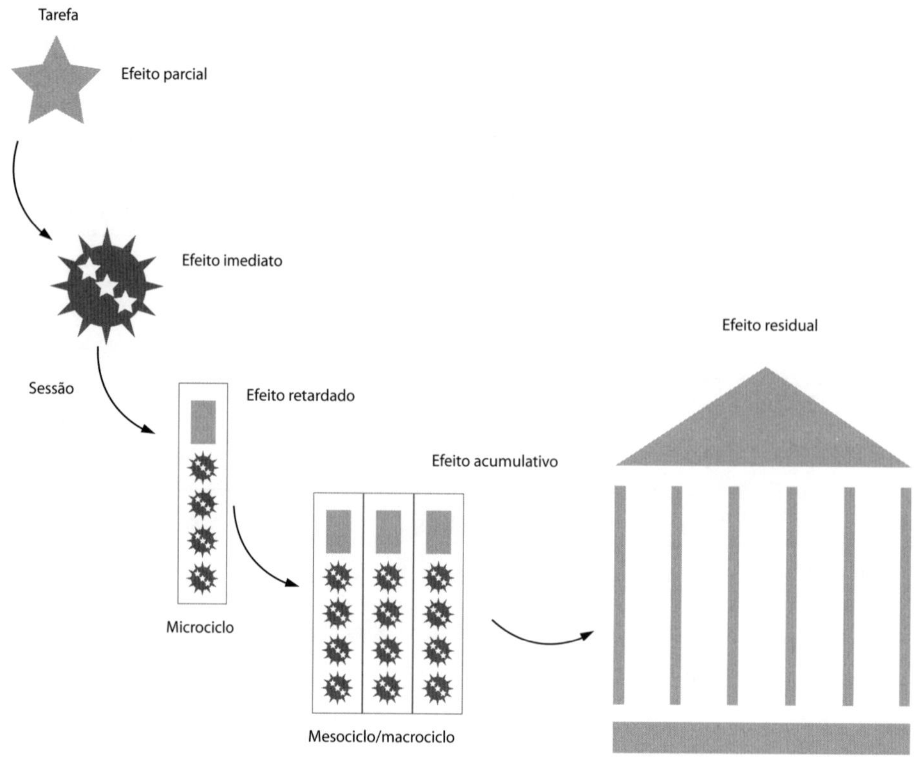

Figura 3.3 – Relação dos distintos efeitos de treinamento sobre o efeito residual.

Os *efeitos parciais* de treinamento são modificações produzidas por tarefas concretas de treinamento, tais como a execução de cargas de treinamento aeróbicas ou anaeróbicas, cargas de força máxima etc. Se forem combinadas várias tarefas de treinamento dentro da sessão, a demanda total deve ser analisada partindo-se da forma de atuação de cada uma das tarefas de maneira isolada, descobrindo-se seu estresse particular sobre o organismo antes que a combinação total de treinamento seja vista como um efeito acumulativo da sessão concreta de treinamento. Por exemplo, são necessários altos volumes de cargas aeróbicas para produzir um efeito de treinamento suficientemente significativo que induza a uma fadiga de treinamento. Além disso, os efeitos adaptacionais vão ocorrendo muito lentamente, ao passo que essas adaptações se perderão mais lentamente, uma vez que o treinamento da resistência aeróbica cessou. De forma contrária, a adaptação a cargas anaeróbicas ocorre muito rapidamente em comparação com o ritmo de adaptação a cargas aeróbicas, e essas adaptações se perdem muito rapidamente depois da interrupção do treinamento de resistência anaeróbica. As cargas anaeróbicas, quando são executadas com suficiente dosagem dentro de uma sessão de treinamento, produzem um profundo estresse e requerem longos períodos de recuperação entre suas execuções.

Assim, pois, as reservas de treinamento variam significativamente entre o treinamento aeróbico e o anaeróbico. O treinamento residual desenvolvido pelas cargas aeróbicas é muito reduzido e se perde rapidamente, de modo que não pode ser seriamente considerado como uma reserva de treinamento de longa duração. Daí a razão pela qual a maioria dos planos de treinamento não incide especialmente em cargas de treinamento anaeróbicas no princípio dos macrociclos. Em sentido contrário, as cargas aeróbicas requerem planos de treinamento mais longos, mas desenvolvem maiores e mais duradouras reservas de treinamento.

Os *efeitos imediatos* de treinamento associam-se geralmente a uma diminuição na capacidade de trabalho. Tal diminuição depende da demanda da sessão concreta de treinamento, a qual, por sua vez, depende do conteúdo das tarefas específicas de trabalho e suas dosagens. A diminuição da capacidade de trabalho também pode ser afetada pelo tipo de sessão: *seletiva* ou *complexa* (Navarro, 2001).

Nos esportistas com um elevado nível de treinamento, as melhoras mais significativas são produzidas, sobretudo, como resultado de um *efeito acumulativo* do treinamento. O fundamento acumulativo de treinamento ideal depende da *continuidade* (do treinamento dia a dia até o treinamento da temporada e plurianual). A magnitude da reserva de treinamento será mais alta — de acordo com a predisposição do esportista para a retenção — quando se desenvolve um fundamento em um longo prazo adequado. No destreinamento, aqueles indivíduos com maiores reservas de treinamento terão ritmos de perda da capacidade física mais lentos do que aqueles com menores reservas.

Assim, portanto, o *efeito retardado* não é mais do que a soma de treinamentos acumulativos (efeitos) unidos a uma fase de descarga ou recuperação que produzem uma superadaptação. Essa adaptação ocorre durante a descarga ou recuperação, sendo por isso também denominada *adaptação compensatória*. Existem três tipos diferentes de efeitos de *treinamento retardado*, que dependem de como ocorre a superadaptação (supercompensação): se ao final de um ciclo de treinamento (macrociclo), se ao final de um mesociclo ou se ao final de um microciclo.

Convém acrescentar que começa a se debater sobre a existência de efeitos retardados de treinamento muito mais longos e amplos que necessitam de vários meses para que a superadaptação se realize. Verchosankij (1990) os chama de *reservas atuais de adaptação*, porque se limitam, segundo o autor, a um período de um ano ou menos. Nos jovens, essa reação acumulativa do organismo é obtida em condições distintas daquelas em que se obtém nos esportistas adultos de alto nível (Gráfico 3.2).

Gráfico 3.2 – As duas possibilidades de adaptação do organismo à carga física. Adaptado de Verchosankij (1990, p. 330)

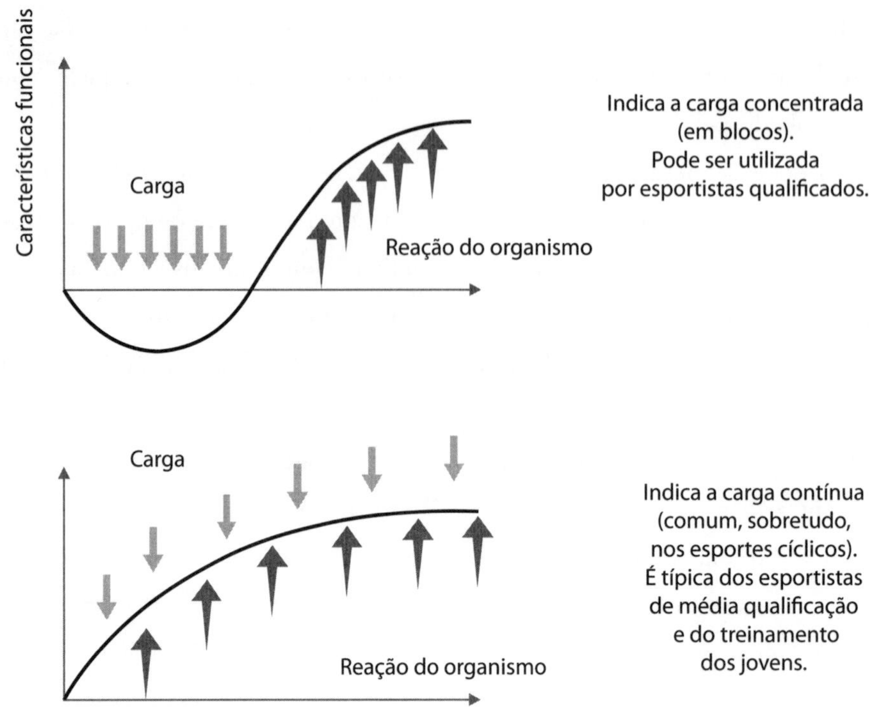

Isso faz que se confundam, em algumas ocasiões, os efeitos retardados com os efeitos residuais de treinamento. Por exemplo, alguns esportistas que treinam continuamente e quase sem descanso ou oportunidade para a adaptação mostram uma grande melhora no rendimento anos depois de cessar o treinamento e/ou modificar seu conteúdo. Nesses casos, a carga de treinamento não é aumentada somente por um treinamento residual, mas também por um amplo efeito retardado de treinamento que resulta em um período exageradamente demorado de sobrecompensação.

O alcance do *efeito residual* ou das reservas de treinamento depende, além dos efeitos acumulativos, da transferência positiva dos treinamentos, da predisposição relativa e inicial do esportista para adquirir e manter as reservas de treinamento e da capacidade de retenção dos sistemas implicados no treinamento.

3.4 A idade de começo do treinamento

Como proposição geral, é necessário, em primeiro lugar, manifestar as dúvidas existentes com relação à idade para o começo do treinamento na natação. Esse é um fato que marcará a duração da vida esportiva do nadador em questão e condicionará, também, os conteúdos do planejamento. Para Bulgakova (2000), a idade ideal para o começo da preparação dos nadadores é entre 7 e 9 anos para as meninas e entre 8 e 10 anos para os meninos, tendo-se como objetivos nessa etapa: a busca e a identificação das crianças aptas para o esporte de alto nível, baseando-se nos critérios morfológicos e no índice de talento motor; a formação de interesses estáveis para os treinamentos da natação, o ensino das bases técnicas dos estilos e das habilidades motoras múltiplas; a consolidação do estado de saúde. Bulgakova ainda destaca que no primeiro ano os exercícios devem ser de caráter geral e prioriza o domínio mais rápido e qualitativo da técnica. Um jovem nadador deverá, primeiro, desenvolver a força, a flexibilidade articular, a rapidez e a resistência.

Segundo Platonov (1988), as leis objetivas da formação da adaptação crônica do organismo às cargas de treinamento e de competição dependem da idade de início da prática esportiva e dos anos de treinamento até que sejam obtidos os resultados desportivos de alto nível. Dessa forma, Navarro (1988) indica que são necessários entre seis e dez anos para se alcançar o alto rendimento esportivo, o que motiva que o treinamento com crianças deva ser feito com essa perspectiva.

A maioria dos nadadores de elite mundial dos anos 1970 e 1980 iniciou seu treinamento em idade ótima, segundo a opinião dos especialistas: 8 a 12 anos para a natação masculina e 6 a 10 anos para a natação feminina (Tabela 3.1). Não obstante, o leque de idades de início desses nadadores é bastante amplo (dos 3 aos 14 ou 16 anos) e obedece a fatores de tipo sociocultural em particular, e não às leis de formação da mestria esportiva na natação, de acordo com Platonov e Fessenko (1993). Esse autor considera que, embora a idade desses nadadores para conseguir melhores marcas varie notavelmente de acordo com o sexo e a especialidade (Tabela 3.2), a duração de sua preparação situa-se em torno de dez anos na natação masculina e dois ou três anos a mais na natação feminina, o que deve constituir a base do planejamento do processo de treinamento em longo prazo. No entanto, também são possíveis importantes oscilações, que se devem fundamentalmente às particularidades individuais do nadador, às leis de formação da mestria das distintas provas e, de certo modo, à dinâmica das cargas de treinamento; assim, a estrutura geral da preparação em longo prazo pode apresentar variantes alternativas (Tabelas 3.3, 3.4, 3.5 e 3.6).

É preciso destacar que algumas dessas variações da preparação são habituais e respondem às recomendações teóricas e metodológicas, ao passo que outras não se inscrevem nos estereótipos vigentes. Em todo caso, correspondem à preparação de nadadores da elite mundial, cujas características individuais são excepcionais; por isso, sua interpretação para uma possível aplicação a esportistas de menos qualificação deve ser feita com máxima cautela.

Tabela 3.1 – Idade de início da natação esportiva

Sexo	Idade de início	Porcentagem de casos da pesquisa
Masculino (n = 118)	3 a 7	17,8
	8 a 12	70,3
	13 a 16	13,6
Feminino (n = 82)	3 a 5	7,3
	6 a 10	92,6
	11 a 12	1,2

Adaptado de Platonov e Fessenko (1993).

Tabela 3.2 – Idade para conseguir as melhores marcas na natação

Sexo/especialidade	Idade das melhores marcas	Porcentagem de casos da pesquisa
Masculino – 100 e 200 m (n = 88)	16 a 17	13,6
	18 a 22	79,5
	23 a 25	6,9
Masculino – 400 e 1.500 m (n =30)	15 a 16	33,3
	17 a 20	56,7
	21 a 23	10,0
Feminino – 100 e 200 m (n = 58)	13 a 15	37,9
	16 a 20	50,0
	21 a 24	12,1
Feminino – 400 e 1.500 m (n = 24)	13 a 14	20,8
	15 a 18	70,8
	19 a 21	8,4

Adaptado de Platonov e Fessenko (1993).

Tabela 3.3 – Primeira variante de preparação: formação sistemática da mestria esportiva

Sexo/especialidade	Etapas de preparação (faixas de idade)				
	I Inicial	II Prévia de base	III Especialização de base	IV Marcas de alto nível	V Manutenção de marcas
Masculino					
100 m, 200 m	8 a 10	11 a 12	13 a 18	19 a 22	23 a 26
400 m	8 a 10	11 a 12	13 a 17	18 a 21	22 a 25
1.500 m	8 a 10	11 a 12	13 a 16	17 a 20	21 a 24
Feminino					
100 m, 200 m	8 a 10	10 a 12	13 a 16	17 a 19	20 a 22
400 m	8 a 10	10 a 12	13 a 16	17 a 18	19 a 20
800 m	8 a 10	10 a 12	13 a 15	16 a 18	19 a 20

Adaptado de Platonov e Fessenko (1993).

Tabela 3.4 – Segunda variante de preparação: formação acelerada da mestria esportiva

Sexo/especialidade	**Etapas de preparação (faixas de idade)**				
	I Inicial	II Prévia de base	III Especialização de base	IV Marcas de alto nível	V Manutenção de marcas
Masculino 100 m, 200 m 400 m, 1.500 m	9 a 10 7 a 8	11 a 13 8 a 10	13 a 15 11 a 14	16 a 19 16 a 18	20 a 24 19 a 23
Feminino 100 m, 200 m 400 m, 800 m	7 a 9 7 a 8	10 a 11 9 a 11	12 a 13 12 a 13	14 a 16 14 a 15	17 a 19 16 a 18

Adaptado de Platonov e Fessenko (1993).

Tabela 3.5 – Terceira variante de preparação: formação lenta da mestria esportiva

Sexo/especialidade	**Etapas de preparação (faixas de idade)**				
	I Inicial	II Prévia de base	III Especialização de base	IV Marcas de alto nível	V Manutenção de marcas
Masculino 100 m, 200 m 400 m, 1.500 m	9 a 11 8 a 10	12 a 13 11 a 13	14 a 19 14 a 17	20 a 22 18 a 21	23 a 27 22 a 23
Feminino 100 m, 200 m 400 m, 800 m	8 a 10 8 a 10	11 a 13 11 a 13	14 a 18 14 a 17	19 a 21 18 a 20	22 a 24 21 a 22

Adaptado de Platonov e Fessenko (1993).

Tabela 3.6 – Quarta variante de preparação: especialização tardia e forte progressão

Sexo/especialidade	**Etapas de preparação (faixas de idade)**				
	I Inicial	II Prévia de base	III Especialização de base	IV Marcas de alto nível	V Manutenção de marcas
Masculino 50 m, 100 m	13 a 16	13 a 16	17 a 18	19 a 22	23 a 27

Adaptado de Platonov e Fessenko (1993).

3.5 A treinabilidade das capacidades físicas segundo a idade

O estudo das características de desenvolvimento das capacidades esportivas tem chamado a atenção de muitos pesquisadores do esporte e especialistas na metodologia do treinamento, especialmente nos últimos vinte anos. No entanto, os resultados das pesquisas mostram contradições contínuas, em razão, principalmente do momento em que foram realizadas. Na opinião de Navarro (2000), se considerarmos que os jovens de hoje treinam como os adultos de vinte anos atrás e que até mesmo superam, em algumas disciplinas, resultados dos campeões de dez anos antes, é evidente que devemos interpretar com certa cautela determinadas pesquisas, cuja mostra pode ser pouco real a essa altura da situação do esporte.

O treinamento de crianças é possível e recomendável sempre que se ajuste às possibilidades e limitações de cada idade e sexo. Como premissa básica, o treinamento do jovem nadador deve, por um lado, permitir e assegurar o desenvolvimento normal e correto, prevenindo transtornos ortopédicos por má-postura ou debilidades de alguns grupos musculares, e, por outro lado, preparar o nadador para o máximo rendimento em longo prazo, sem limitá-lo em cada etapa de desenvolvimento, que deverá se adaptar às possibilidades de rendimento segundo sua idade biológica e maturação. Na pedagogia desportiva, sua orientação visa ao alto nível no esporte, mas, em razão das particularidades do crescimento e desenvolvimento motriz, destacam-se os objetivos específicos que determinam o conteúdo da preparação nessas etapas de desenvolvimento, sequência de realização dos objetivos e parâmetros das cargas do treinamento.

3.5.1 A treinabilidade da resistência

O principal fator em assegurar o alto nível da capacidade especial de trabalho na natação é a resistência. O desenvolvimento da resistência compreende o aumento da produtividade dos sistemas cardiovascular e respiratório; a potência, o volume e a eficácia dos mecanismos de abastecimento energético (aeróbico, anaeróbico, glucolítico, anaeróbico aláctico); e a manutenção da eficácia mecânica e potência dos movimentos quando aumenta a fadiga. No metabolismo aeróbico, 90% das diferenças no VO_2máx devem-se à herança, e somente 10%, ao treinamento (Ruiz et al., 2001). Nos dados de Kobayashi (1978), sugere-se que os jovens têm os maiores efeitos do treinamento um ano após o máximo crescimento em altura. Como vemos no Quadro 3.4, as crianças não respondem fisiologicamente da mesma maneira que os adultos.

Quadro 3.4 – Diferenças nas respostas fisiológicas de um exercício aeróbico entre crianças e adultos

Navarro (2000)

Parâmetro fisiológico	**Respostas fisiológicas**		**Implicações**
	Criança	**Adulto**	
Gasto cardíaco	<	>	A quantidade de sangue bombeado é ligeiramente menor, fato pelo qual não chega tanto oxigênio aos músculos como nos adultos. Gasto cardíaco = frequência cardíaca x volume de batidas.
Frequência cardíaca em intensidades submáximas	>	<	As crianças compensam o tamanho menor do seu coração e, em consequência, seu menor volume de batidas com uma frequência cardíaca mais elevada que a dos adultos.
Volume de batidas	<	>	
Concentração de hemoglobina	<	>	Menor capacidade do sangue para transportar oxigênio nas crianças.
Capacidade de extração de O_2 circulante dos músculos	>	<	A maior capacidade das crianças para extrair oxigênio circulante dos músculos em relação aos adultos parece compensar o menor gasto cardíaco e a menor concentração de hemoglobina. O resultado é um sistema de transporte mais eficiente.
Mobilização do sistema aeróbico	>	<	Maior contribuição do sistema energético aeróbico nas crianças.
Reservas de glicogênio	<	>	As crianças têm uma menor tolerância para períodos prolongados de exercício aeróbico por conta das reservas diminuídas de glicogênio.
Concentração de lactato sanguíneo	<	>	Tanto em intensidades máximas como em submáximas, as concentrações de lactato sanguíneo nas crianças são menores do que nos adultos. Existe evidência de que, nas intensidades em limiar anaeróbico, o nível de referência de 2,5 mM/l deveria ser utilizado no lugar dos 4 mM/l preferíveis nos adultos.
Eficiência mecânica	<	>	A menor eficiência mecânica nas crianças provoca uma maior demanda de oxigênio.
Fatores ambientais	<	>	Em razão de uma maior proporção da superfície corporal sobre o peso corporal, com calor extremo — acima dos 45 graus —, o corpo das crianças não pode dissipar o calor como o dos adultos e se desidrata rapidamente. Em ambientes frios, as crianças são menos capazes de aquecer o corpo.

Os efeitos do treinamento de resistência também são influenciados pela idade. Nos adultos, chegam a ser menores.; mas ainda é especulativo afirma que um maior nível pode ser conseguido começando-se o treinamento mais cedo. Atletas de resistência como Keino, Viren, Elliot e Malinowski não treinaram em idades jovens e alcançaram notáveis resultados em provas de resistência.

A frequência cardíaca mínima para assegurar o efeito do treinamento com relação à produtividade aeróbica em crianças de 8 a 13 anos é de 150 a 155 pulsações por minuto (ppm). Com a idade, as ppm diminuem tanto trabalhando o nível de VO_2máx. como o nível de limiar anaeróbico (Bulgakova, 2000). A potência das pulsações de trabalho em um nível de limiar anaeróbico em crianças de 9 a 10 anos é de 179 ± 3,2 ppm; em jovens de 12 a 14 anos é de 161 ± 5,7 ppm; e naqueles de 16 a 17 anos é de 145 ± 7 ppm. A maior diminuição etária de ppm durante o trabalho submáximo ocorre aos 11 ou 13 anos de idade (Bulgakova, 2000). A Tabela 3.7 apresenta o regime de pulsações que caracterizam as cargas de orientação fisiológica diferente (crianças e adolescentes de 9 a 15 anos).

Bar-Or (1989) descobriu que o treinamento de resistência de orientação aeróbica não aumenta o número, o tamanho e a funcionalidade das mitocôndrias em crianças pré-púberes. Não obstante, pode comprovar que melhora a atividade enzimática oxidativa, fundamentalmente a succinato-desidrogenase (SHD), a citocromo-oxidase e a palmitoil-CoA, o que permite neutralizar o efeito anterior e melhorar o rendimento. Em um estudo realizado por Eriksson (1973), descobriu-se que a atividade da succinato-desidrogenase, enzima oxidativa, no músculo esquelético das crianças de 11 anos é maior do que em adultos treinados. Se passarmos a uma análise do VO_2máx em valores relativos (ml/kg/min), poderemos comprovar que se alcança 90% dos valores máximos na idade de 5 anos, chegando a 100% entre 8 e 10 anos (García Manso, Navarro Valdivieso e Ruiz Caballero, 1996). No caso das mulheres, depois da puberdade, inicia-se uma lenta deterioração do VO_2máx relativo, o que parece não ocorrer entre os homens desde idades precoces. No entanto, não podemos esquecer que, depois da puberdade, as mulheres aumentam consideravelmente os depósitos de gordura, fato pelo qual, se considerarmos o VO_2máx em relação à massa muscular, comprovaremos que as diferenças em sua perda são significativas. No Gráfico 3.3, podemos apreciar o consumo máximo relacionado à idade cronológica e, no Gráfico 3.4, o consumo máximo de oxigênio relativo ao peso corporal.

Tabela 3.7 – Regime recomendado de frequência cardíaca para o aumento do nível de capacidade de trabalho em vários inícios de potência fisiológica

Idade	**Inícios de potência fisiológica**			
	I	**II**	**III**	**IV**
9 a 11 anos	155 a 170	170 a 185	185 a 200	> que 200
12 a 13 anos	150 a 160	160 a 170	170 a 180	> que 180
14 a 15 anos	140 a 150	150 a 165	165 a 185	> que 185

Adaptado de Bulgakova (2000).

Gráfico 3.3 – Consumo máximo de oxigênio relacionado à idade cronológica. Adaptado de Krahenbuhl et al. (1985)

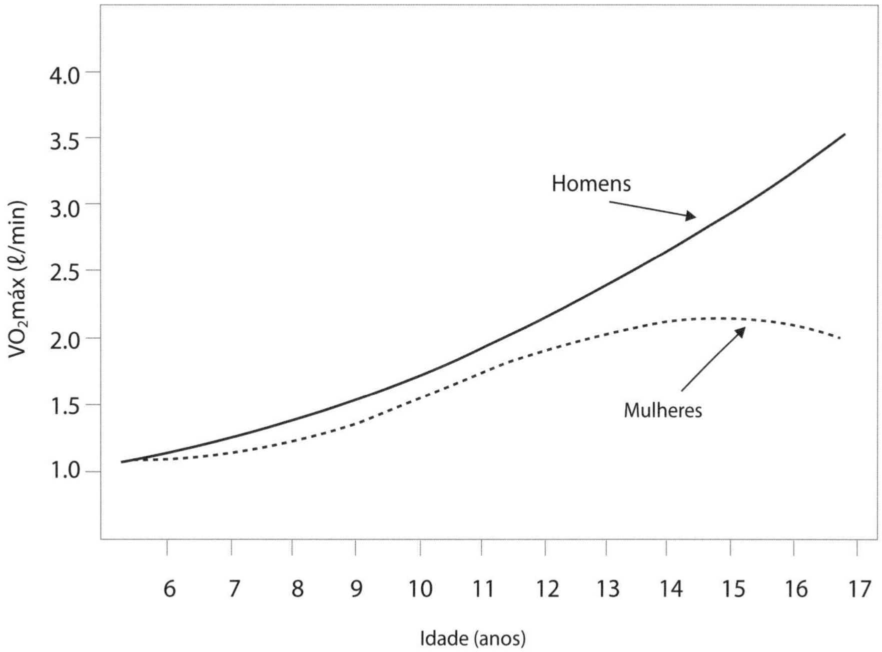

Gráfico 3.4 – Consumo máximo de oxigênio relativo ao peso corporal segundo a idade cronológica. Adaptado de Krahenbuhl et al. (1985)

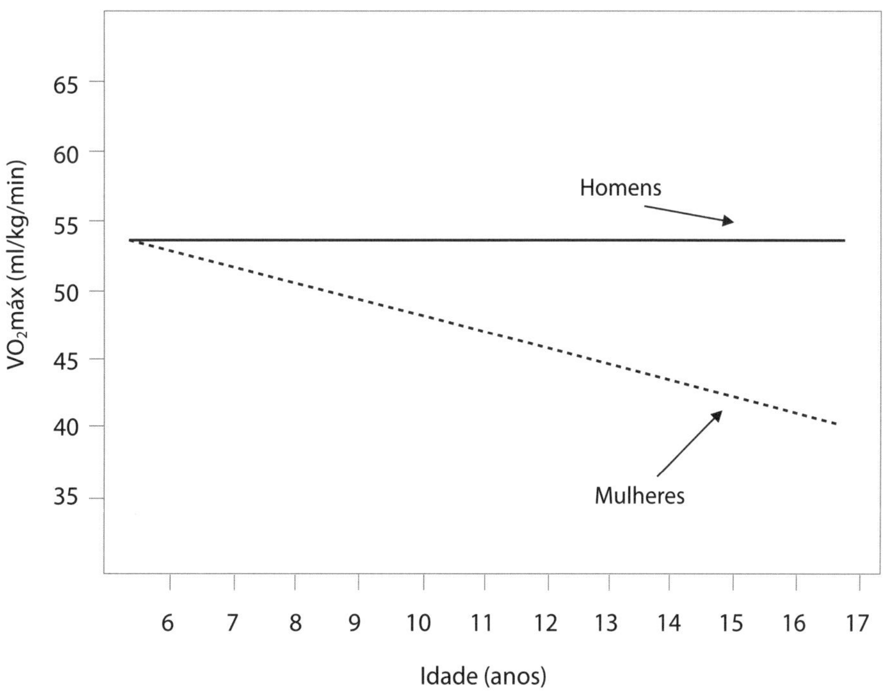

Dos 10 aos 11 anos, 47% da energia é aeróbica durante os primeiros 30 segundos de atividade, ao passo que o adulto alcança esses valores durante o segundo minuto. Essa porcentagem vai diminuindo com a idade para se aproximar à do adulto por volta dos 17 anos (García Manso, Navarro Valdivieso e Ruiz Caballero, 1996). Em crianças não treinadas, o início anaeróbico diminui entre os 9 e 12 anos (Atomi et al., 1986). Em geral, os meninos parecem ter um início mais alto do que as meninas. Já em crianças altamente treinadas, esse valor não somente não diminui, como também pode ser melhorado com o treinamento. Na Tabela 3.8, podemos observar a evolução da potência aeróbica com a idade (Bar-Or, 1989; Blinquie, 1993).

Tabela 3.8 – Evolução da potência aeróbica com a idade

Potência aeróbica (W/kg)		
Idade	**Homens**	**Mulheres**
8 anos	3,55	3,15
9 anos	3,75	3,10
10 anos	3,90	3,07
11 anos	3,75	3,00
12 anos	3,55	2,95
13 anos	3,40	2,90
14 anos	3,50	2,80
14,4 anos	3,86	2,74
15,5 anos	3,91	3,36
16,5 anos	4,50	3,33
17,7 anos	3,31	2,40

Adaptado de Bar-Or (1983). Blinquie e Rache (1986).

Isso nos leva a pensar que a puberdade é um momento crítico para se alcançar e melhorar o potencial aeróbico e da resistência dos sujeitos se não forem empregados os estímulos das cargas correspondentes.

Um parâmetro indicador do potencial do metabolismo anaeróbico são as mudanças de produção de ácido láctico máximo que é capaz de alcançar o sujeito de um esforço supramáximo. Na Tabela 3.9, observamos a produção máxima de lactato em crianças.

Tabela 3.9 – Produção máxima de lactato em crianças

Produção aproximada de lactato em crianças	
4 a 6 anos	3 a 6 mMol/ℓ
6 a 9 anos	4 a 8 mMol/ℓ
15 anos	6 a 14 mMol/ℓ

Cerani (1993).

Os menores níveis de testosterona infantil comportam uma alta capacidade oxidativa em comparação à glicolítica. Segundo alguns trabalhos, a taxa plasmática de ácido láctico na criança está correlacionada ao volume testicular (Eriksson et al., 1971) e à concentração de testosterona salival em crianças de 12 anos. Pelo contrário, os trabalhos de Welsman et al. (1994) e Paterson e Cunnigham (1985) concluem que os níveis de lactato plasmático máximo e submáximo são independentes da maturação sexual. Segundo Cerani (1993), os problemas apresentados pelas crianças em seu metabolismo anaeróbico podem ser em razão da limitada atividade enzimática dessa via energética (glicogênio fosforilase, fosfofructoquinase e LDH). A atividade da fosfofructoquinase (PFK) em crianças de 11 a 13 anos é entre 30% e 50% menor que em adultos. Dados similares foram encontrados por Berg e Keul (1988), segundo os quais a alta atividade enzimática para a ressintetização do ATP e do sistema glicolítico (CK, ALD, PHI, PK e LDH) não ocorre antes dos 11 ou 14 anos. Não obstante, alguns autores (Gurtler et al., 1979 e Weineck, 1994) afirmam que, mediante o treinamento específico e prolongado, a criança pode registrar valores de lactato plasmático similares aos do adulto, ainda que reconheçam a inadequação desse tipo de treinamento para idades mais jovens, já que apresentam uma taxa de eliminação muito inferior à do adulto.

A treinabilidade da resistência anaeróbica melhora notavelmente na adolescência, desde que o indivíduo tenha uma boa resistência de base. Por isso, o treinamento da resistência anaeróbica deve ser retardado até os 12 ou 14 anos para mulheres e 14 ou 16 anos para homens. A progressão na produção máxima de lactato aumenta linearmente desde os 10 anos (aproximadamente 5 mMol/ℓ) até a adolescência, fase da vida na qual começa a se estabilizar, alcançando seu máximo ao redor dos 20 anos.

Devemos ter presente o seguinte aspecto: Por um lado, para produzir a mesma quantidade de lactato que um adulto, uma criança realiza uma liberação de catecolaminas dez vezes superior, o que supõe submeter o sujeito a altos níveis de estresse. Por outro lado, a eliminação do ácido láctico produzido faz-se mais lenta em jovens. Tudo isso torna recomendável não submeter a criança a cargas anaeróbicas elevadas, já que são mal toleradas por seu organismo (García Manso, Navarro Valdivieso, e Ruiz Caballero, 1996). O momento idôneo para iniciar esse tipo de trabalho seria a partir da puberdade. De qualquer maneira, deve-se enfatizar o fato de que a capacidade anaeróbica pode ser desenvolvida consideravelmente por meio do treinamento, pois o organismo reage extremamente bem ao estímulo anaeróbico entre os 14 e 18 anos de idade. Nesse lapso, os resultados do treinamento podem ser mais efetivos do que em qualquer outra etapa da vida. No Gráfico 3.5, observa-se a evolução da concentração de ácido láctico com relação à idade.

Nas Tabelas 3.10, 3.11, 3.12, 3.13 e 3.14, Navarro, Oca Gaia e Castañón (2003) apresentam exemplos de tarefas do treinamento aeróbico e anaeróbico segundo a idade dos nadadores.

Gráfico 3.5 – Evolução da concentração máxima de ácido láctico com relação à idade

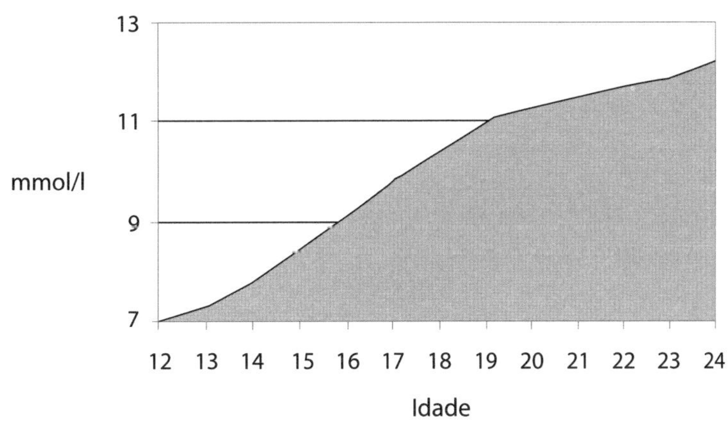

Tabela 3.10 – Características do treinamento aeróbico leve de acordo com a idade

Objetivo	Métodos	Idades	Distância de nado (m)	Descanso entre repetições	Intensidade	Volume total (m)	Exemplos de tarefa de treinamento	Outras características
Aeróbico leve	CE (contínuo extensivo)	8 ± 1 anos	500 a 1.000	–	70 a 50 p por baixo da FCmáx; entre 2 e 4, segundo a escala de Borg	500–1.000	1 x 800 m – alternando diversas destrezas técnicas a cada 100 m 1 x 15 min – alternando 200 nadando com 200 m em diversas destrezas técnicas	Empregando fundamentalmente exercícios técnicos dos quatro estilos
		10 ± 2 anos	1.000 a 1.500	–		1.000–1.500	1 x 1.200 – 400 c – 200 x 1 x 1.500 – 100 x – 100 c – 100 x – 100 e – 100 x – 100 b 1 x 1.200 – 300 c – 300 x – 200 c – 200 x – 100 c – 100 x 1 x 20 min – 5 ec – 5 pr – 5 br – 5 ec	Empregando fundamentalmente todos os estilos
		f. 12/m. 13 ± 2 anos	1.500 a 2.000	–		1.500–2.000	1 x 1.800 – 400 c – 200 x 1 x 2.000 – 200 x – 200 c – 200 ex – 200 e – 200 x – 200 b 1 x 2.000 – 400 c – 400 x – 300 c – 300 x – 200 c – 200 x – 100 c – 100 x 1 x 20 min – 5 ec – 5 pr – 5 br – 5 ec	
		14 ± 2 anos	2.000 a 2.500	–		2.000–3.000	1 x 2.400 – 800 ep – 400 x 1 x 2.400 – 100 x – 100 ep – 100 x – 100 ep 1 x 3000 – 500 ep – 500 x – 400 ep – 400 x – 300 ep – 300 x	Empregando todos os estilos e priorizando o estilo principal

Continua

Continuação

Objetivo	Métodos	Idades	Distância de nado (m)	Descanso entre repetições	Intensidade	Volume total (m)	Exemplos de tarefa de treinamento	Outras características
Aeróbico leve	CE (contínuo extensivo)	8 ± 1 anos	50 a 100	5 a 15 s	40 p. por baixo da FCmáx entre 2 e 4 segundo, a escala de Borg	500 a 1.000	16 x 50/10 s – alternando diversas destrezas técnicas a cada 4 repetições 8 x 100/15 s – alternando uma repetição em estilo individual com outra de destreza técnica	Empregando fundamentalmente exercícios técnicos dos quatro estilos
		10 ± 2 anos	50 a 200	5 a 20 s		1.000 a 1.500	14 x 100/10 s – alternando uma repetição em estilo individual com outra de destreza técnica 6 x 200/20 s – 200 c – 200 x	Empregando fundamentalmente todos os estilos
		f. 12/m.13 ± 2 anos	50 a 400	5 a 30 s		1.500 a 2.000	8 x 200/20 s – alternando uma repetição em estilo individual com outra de destreza técnica 2 x 400 x/30 s – 3 x 200 x/20 s – 4 x 100 x/10 s	

Navarro, Oca Gaia e Castañón (2003).

Tabela 3.11 – Características do treinamento aeróbico médio de acordo com a idade

Objetivo	Métodos	Idades	Distância de nado	Descanso entre repetições	Intensidade	Volume total (m)	Exemplos de tarefa de treinamento	Outras características
Aeróbico Médio	CI Contínuo intensivo	8 ± 1 anos	400 a 800	–	20 a 40 p por baixo da FCmáx entre 4 e 7, segundo a escala de Borg	400 a 800	1 x 800 m – alternando diversas destrezas técnicas a cada 100 m 1 x 1000m – alternando 100 ep com 100 em diversas destrezas técnicas	Empregar exercícios técnicos dos quatro estilos
		10 ± 2 anos	800 a 1.200	–		800 a 1.200	1 x 900 pr ep 1 x 1.000 ep 1 x 15 m ep	Ênfase no estilo principal do nadador ou em variantes
		f. 12/m. 13 ± 2 anos	1.200 a 1.500	–		1.200 a 1.500	1 x 1.500 ep 1 x 20 m ep	Ênfase no estilo principal do nadador
		14 ± 2 anos	1.500 a 2.500	–		1.500 a 2.500	1 x 2.000 ep 1 x 30 m ep	
	CV Contínuo variável	8 ± 1 anos	400 a 800	–	20 p. nos trechos rápidos (R) e 60 p. nos trechos lentos (L) por baixo da FCmáx Entre 4 e 7 nos trechos rápidos (R) e entre 2 e 3 nos trechos lentos (L), segundo a escala de Borg	400 a 800	1 x 800 – 150 R – 75 L – alternando diversas destrezas técnicas 1 x 10 m – 150 R ep – 75 L pr	Empregar exercícios técnicos dos quatro estilos
		10 ± 2 anos	800 a 1.200	–		800 a 1.200	1 x 900 – 225 R – 75 L pr ep 1 x 1.000 – 250 R – 50 L ep 1 x 15 m 200 R – 50 L ep	Ênfase no estilo principal do nadador ou em variantes
		f. 12/m. 13 ± 2 anos	1.200 a 1.500	–		1.200 a 1.500	1 x 1.200 – 300 R – 100 L ep 1 x 20 m – 300 R – 100 L, 300 R – 75 L, 300 R – 50 L ep	Ênfase no estilo principal do nadador
		14 ± 2 anos	1.500 a 2.500	–		1.500 a 2.500	1 x 2.000 – 400 R – 100 L ep 1 x 30 m – 500 R – 100 L, 400 R – 100 L, 300 R – 100 L ep	

Continua

Continuação

Objetivo	Métodos	Idades	Distância de nado	Descanso entre repetições	Intensidade	Volume total (m)	Exemplos de tarefa de treinamento	Outras características
Aeróbico Médio	IE Intervalar extensivo	8 ± 1 anos	50 a 100	15 a 20 s	20 a 40 p. por baixa da FCmáx entre 4 e 7, segundo a escala de Borg	500 a 1.000	16 x 50/15 s – alternando diversas destrezas técnicas a cada 4 repetições 8 x 100/20 s – alternando uma repetição no estilo principal com outra de destreza técnica	Empregar exercícios de técnicas dos quatro estilos
		10 ± 2 anos	50 a 200	10 a 30 s		1.000 a 1.500	14 x 100/20 s – alternando uma repetição no estilo principal com outra somente de batida de pernas 6 x 200/30 s ep 3 x (200/30 s – 150/20 s – 100/15 s ep)	Ênfase no estilo principal do nadador ou em variantes
		f. 12/m. 13 ± 2 anos	50 a 400	10 a 40 s		1.500 a 2.000	8 x 200/30 s ep 5 x 400/40 s ep	Ênfase no estilo principal do nadador
		14 ± 2 anos	50 a 800	10 s a 1 min		2.000 a 3.000	7 x 400/40 ep – 3 x 800/1 m ep – 1 x 800/1 + 2 x 400/30 s	

Navarro, Oca Gaia e Castañón (2003).

Tabela 3.12 – Características do treinamento aeróbico intenso de acordo com a idade

Objetivo	Métodos	Idades	Distância de nado (m)	Descanso entre reps. (min:s)	Intensidade	Volume Série (m)	Volume total	Descanso por série (min:s)	Exemplos de tarefa de treinamento	Outras características
Aeróbico Intenso	II_{50-150} Intervalar intensivo com distâncias curtas	8± 1 anos	50	15 a 20 s	Entre 20 e 10 p., exceto as últimas repetições de 5 a 0 p. por baixo da FCmáx entre 7 e 9, segundo a escala de Borg.	–	300 a 400	–	8 x 50/20 s progressivo a cada 2	Uso esporádico. Exercícios técnicos dos estilos predominantes
		10± 2 anos	50 a 75	20 a 30 s		–	600 a 800	–	16 x 50/20 s progressivo a cada 4 9 x 75/30 s progressivos a cada 3 8 x 75/1 m + 4 x 50/30	Ênfase no estilo do nadador ou variantes
		f.12/m.13 ± 2 anos	50 a 100	30 s a 1 min		–	800 a 1.200	–	24 x 50/30 s progressivos a cada 8 12 x 100/1 m progressivos a cada 3 6 x 100/1 m + 8 x 75/45 s + 4 x 50/30 s	Ênfase no estilo do nadador
		14 ± 2 anos	50 a 150	30 s a 1 min 30 s		–	1.200 a 1.600	–	15 x 100/1 m progressivo a cada 3 8 x 150/1:30 progressivo a cada 2 4 x 150/1:30 + 6 x 100/1 m + 6 x 50/30 s	

Continua

Continuação

Obje-tivo	Métodos	Idades	Distância de nado (m)	Descanso entre reps. (min:s)	Intensidade	Volume Série (m)	Volume total	Descanso por série (min:s)	Exemplos de tarefa de treinamento	Outras características
Aeróbico Intenso	$II_{200-500}$ Intervalar intensivo com distâncias médias	8 ± 1 anos	–	–	Entre 5 e 0 p. por baixo da FCmáx entre 8 e 9, segundo a escala de Borg	–	–	–	–	Não se utiliza
		10 ± 2 anos	200	2 a 4 min		–	600 a 800	–	3 x 200/3 m	Ênfase no estilo do nadador ou variantes
		f.12 /m.13 ± 2 anos	200 a 300	2 a 5 min		–	800 a 1.200	–	5 x 200/3 m 4 x 300/5 m	Ênfase no estilo do nadador
		14 ± 2 anos	200 a 400	2 a 9 min		–	1.200 a 1.600	–	7 x 200/3 m 5 x 300/5 m 4 x 400/8 m	
	SL Séries longas	8 ± 1 ano	50	10 a 15 s	Entre 5 e 0 p. por baixo da FCmáx entre 8 e 9, segundo a escala de Borg	–	–	–	–	Não se utiliza
		10 ± 2 anos	50 a 100	10 a 20 s		300	600	5' a 10'	2 x (6 x 50/10s)5 m	Ênfase no estilo do nadador ou variantes
		f.12/m.13 ± 2 anos	50 a 100	10 a 20 s		300 a 400	800 a 1.200		3 x (8 x 50/10 s)/6 m 3 x (3 x 100/20 s)/6 m	Ênfase no estilo do nadador
		14 ± 2 anos	50 a 100	5 a 20 s		300 a 600	1.200 a 1800		3 x /12 x 50/10 s)/8 m 3 x (5 x 100/20 s)/8 m	

Navarro, Oca Gaia e Castañón (2003).

Tabela 3.13 – Características do treinamento da capacidade láctica segundo a idade

Objetivo	Métodos	Idades	Distância de nado (m)	Descanso entre reps. (min:s)	Intensidade	Volume Série (m)	Descanso por série (min:s)	Volume total	Exemplos de tarefa de treinamento	Outras características
Capacidade láctica	RM Repetições Médias	8 ± 1 anos	-	-		-	-	-		Não se utiliza
		10 ± 2 anos	50	1 min	Frequência cardíaca máxima ou próxima	-	-	200 a 400	8 x 50/1:00 – 2 c/ estilo 8 x 50 – 3C/1:45 pr; 3C/1:30 br; 2C/1:15 EP	Esporadicamente empregando diversos estilos e exercícios técnicos
		f.12/m.13 ± 2 anos	50 a 75	1 min a 1 min 30 s	Entre 9 e 10, segundo a escala de Borg CR 10	-	-	400 a 600	12 x 50/1:00 8 x 75/1:30 4 x 75/1:30 + 5 x 50/1:00 4 x (75/1:30 + 50/1:00 + 25/0:45	Ênfase no estilo principal do nadador ou variantes 1 a 2 vezes por semana na fase específica da preparação
		14 ± 2 anos	50 a 150	1 min a 1 min 30 s	90% a 105% da V200, segundo a distância escolhida	-	-	600 a 800	16 x 50/1:00 10 x 75/1:30 8 x 100/2:00 3 x 100/2:00 + 4 x 75/1:30 + 6 x 50//1:00 3 x (150/3:00 + 100/2:00 + 50/1:00)	

Continua

Continuação

Objetivo	Métodos	Idades	Distância de nado (m)	Descanso entre reps. (min:s)	Intensidade	Volume Série (m)	Descanso por série (min:s)	Volume total	Exemplos de tarefa de treinamento	Outras características
Capacidade láctica	SM Séries Médias	8 ± 1 anos	-	-	Frequência cardíaca máxima ou próxima	-	-	-		Não se utiliza
		10 ± 2 anos	25	20 s		100	3 min	200 a 400	3 x (4 x 25/0:20)/3:00 Pr, Br, EC 3 x (4 x 25/0:20)/3:00 EI	Esporadicamente explorando diversos estilos e exercícios técnicos
		f.12 /m.13 ± 2 anos	25 a 50	10 a 30 s	Entre 9 e 10, segundo a escala de Borg CR 10	150	4 min	400 a 600	4 x (6 x 25/0:15)/4:00 EC 3 x (3 x 50/0:30)/4:00 EC 2 x (3 x 50/0:30)/4:00 EC + (6 x 25/0:15)/4:00 EC	Ênfase no estilo principal do nadador e variantes 1 a 2 vezes por semana na fase específica da preparação
		14 ± 2 anos	25 a 100	10 a 30 s	90% a 105% da V200, segundo a distância escolhida	200	6 min	600 a 800	4 x (8 x 25/0:15)/6:00 EC 3 x (4 x 50/0:20)/6:00 EC 3 x (2 x 100/0:30)/6:00 EC + (4 x 50/0:20) + 8 x 25/0:15)	

Navarro, Oca Gaia e Castañón (2003).

Tabela 3.14 – Características do treinamento da potência láctica segundo a idade

Objetivo	Métodos	Idades	Distância de nado (m)	Descanso entre reps. (min:s)	Intensidade	Volume Série (m)	Descanso por série (min:s)	Volume total	Exemplos de tarefa de treinamento	Outras características
Potência láctica	RM Repetições curtas	8± 1 anos	-	-		-	-	-		Não se utiliza
		10± 2 anos	50	3 min	Frequência cardíaca máxima ou próxima	-	-	150 a 200	8 x 50/1:00 – 2 C/estilo 8 x 50 – 3C/1:45 pr; 3C/1:30 Br; 2C/1:15 EC	Esporadicamente empregando diversos estilos e exercícios técnicos
		f.12/m.13 ± 2 anos	50 a 75	3 a 5 min	Entre 9 e 10, segundo a escala de Borg CR 10	-	-	200 a 300	12 x 50/1:00 10 x 75/1:30 4 x 75/1:30 + 5 x 50/1:00 4 x (75/1:30 + 50/1:00 + 25/0:45	Ênfase no estilo principal do nadador ou variantes 1 a 2 vezes por semana na fase específica da preparação
		14 ± 2 anos	50 a 100	1 a 4 min	A velocidade mais alta possível para a série utilizada	-	-	300 a 400	16 x 50/1:00 10 x 75/1:30 8 x 100/2:00 3 x 100/2:00 + 4 x 75/1:30 + 6 x 50/1:00 3 x (150/3:00 + 100/2:00 + 50/1:00)	

Continua

Continuação

Objetivo	Métodos	Idades	Distância de nado (m)	Descanso entre reps. (min:s)	Intensidade	Volume Série (m)	Descanso por série (min:s)	Volume total	Exemplos de tarefa de treinamento	Outras características
Potência láctica	SM Séries curtas	8 ± 1 anos	-	-	Frequência cardíaca máxima ou próxima	-	-	-		Não se utiliza
		10 ± 2 anos	25	10 s		50	5 min	150 a 200	3 x (2 x 25/0:10)/5:00 pr,br,EC 4 x (2 x 25/0:10)/5:00 M,E,B,C	Esporadicamente explorando diversos estilos e exercícios técnicos
		f.12 /m.13 ± 2 anos	25 a 50	10 a 20 s	Entre 9 e 10, segundo a escala de Borg CR 10	75 a 100	8 min	200 a 300	4 x (3 x 25/0:10)/10:00 3 x (50/0:20 + 25)/8:00 EC (25/0:10 + 50)/8:00 + (50/0:20 + 25)/8:00 + (3 x 25/0:10) EC	Ênfase no estilo principal do nadador e variantes 1 a 2 vezes por semana na fase específica da preparação
		14 ± 2 anos	25 a 100	10 a 20 s	A velocidade mais alta possível para a série utilizada	75 a 125	10 min	300 a 400	4 x (4 x 25/0:10)/10:00 EC 3 x (2 x 50/0:15)/10:00 EC (2 x 50/0:15)/10:00 + (50/0:20 + 2 x 25/0:10)/10:00 + (4 x 25/0:10) EC	

Navarro, Oca Gaia e Castañón (2003).

Depois de realizar uma revisão bibliográfica com um embasamento científico, podemos fazer a seguinte aplicação do trabalho de resistência segundo a idade:

Tabela 3.15 – Treinabilidade da resistência segundo a idade

Idade	Resistência aeróbica		Resistência anaeróbica	
	Homens	Mulheres	Homens	Mulheres
8 a 10	*	*	Não	Não
10 a 12	*	*	Não	Não
12 a 14	**	**	Não	*
14 a 16	**	**	*	**
16 a 18	***	***	**	***
> 18	***	***	***	***

Nos Gráficos 3.6 e 3.7, Navarro (2000) nos ensina as possibilidades de começo e intensificação do treinamento aeróbico e anaeróbico em distintos grupos de idade.

Gráfico 3.6 – Possibilidades de começo e intensificação do treinamento aeróbico em distintos grupos de idade. Adaptado de Navarro (2000)

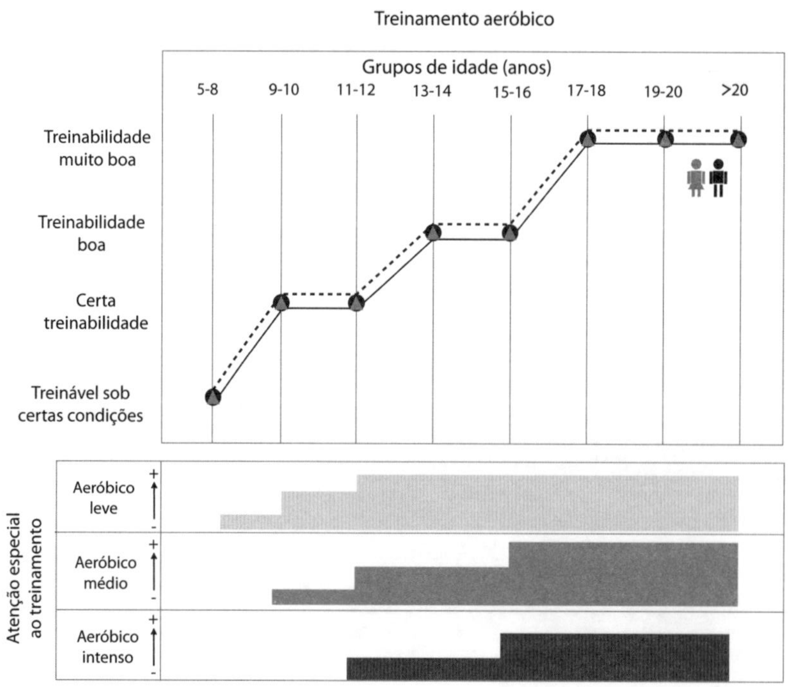

Gráfico 3.7 – Possibilidades de começo e intensificação do treinamento anaeróbico em distintos grupos de idade. Adaptado de Navarro (2000)

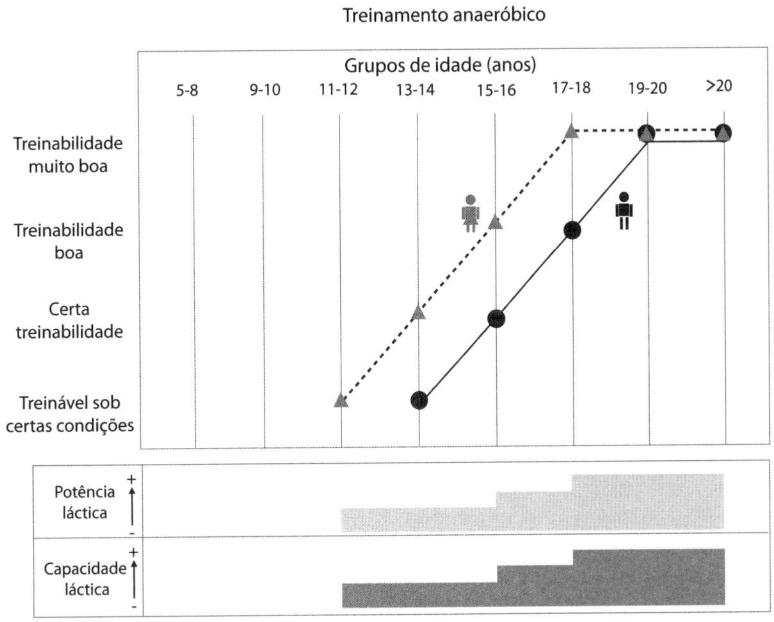

3.5.2 A treinabilidade da força

Embora seja um tema polêmico, nos últimos dez anos o treinamento de força em crianças tem obtido aceitação e popularidade entre os profissionais da educação, médicos e pesquisadores. Ele desempenha um papel importante na formação corporal geral e específica de crianças e jovens. A importância de um treinamento de força integrado com exercícios complementares pode ser verificada por muitos fatores. Baseando-nos em conhecimentos científicos, queremos fornecer argumentos e dados a favor ou contra seus defensores e que proporcionem maior segurança na sua utilização.

O objetivo deste trabalho, além de reunir informação relacionada ao treinamento de força em crianças nos últimos anos, é determinar os fatores que incidem de forma direta sobre sua aplicação e seu desenvolvimento, os diferentes tipos e meios de treinamento de força empregados nas idades pré-púberes, os efeitos produzidos tanto no plano estrutural quanto no nível de força, as diferenças sexuais, sua evolução e as precauções que devem ser tomadas logo de início para reduzir os riscos que esse tipo de treinamento pode apresentar.

São tantas e tão abrangentes as definições de "criança", que é necessário apontar as limitações de cada uma. As mudanças sociais a que foi submetida a sociedade dificultam uma classificação mais clara e concisa do que se entende por criança. Existem classificações diferentes nos campos pedagógico, sociológico-familiar, jurídico e econômico, assim como no normativo e no valorativo. Dois comportamentos iguais ou parecidos se classificam, segundo o ponto de vista e a intenção, como infantil em um momento e como juvenil em outro.

Para a psicologia evolutiva, os conceitos de "criança" e "infância" remetem a uma fase concreta, que compreende o tempo entre o nascimento e o início do amadurecimento sexual. Kroh (1944) determinou, na primeira metade do século XX, a idade da infância entre 0 e 14 anos. Atualmente, já não se pode fixar um momento exato para a transição à adolescência (Hahn, 1988).

Durante a infância, é preciso, sobretudo, criar a base para que o esportista esteja disposto/preparado a confrontar-se durante longo tempo com uma escala de valores elevada. Martín (1981) destaca três elementos estruturais que diferenciam o treinamento das crianças (e dos adolescentes) do treinamento dos adultos:

- Tem diferentes finalidades, que variam em cada etapa.
- Adapta-se aos processos evolutivos e de maturação.
- Planeja-se muito mais segundo as necessidades escolares e formativas do que segundo modelos de periodização da teoria do treinamento.

O treinamento com crianças pode ser entendido como um treinamento preparatório para um desenvolvimento objetivo de rendimento, por meio de exercícios com objetivos muito concretos, constituído tanto por formas motrizes multifuncionais como por formas específicas. Sua finalidade principal é buscar a expansão de todas as possibilidades motoras, de modo a proporcionar um amplo repertório motriz com base no qual poderão ser aprendidas formas motrizes específicas mais facilmente, rapidamente e de maneira estruturada.

Não é seu objetivo o aumento muito rápido dos rendimentos esportivos, que, apesar de ser factível, teria pouca duração, visto que logo ocorreria uma sobressaturação por causa do treinamento (Hahn, 1988). Devemos orientar o treinamento das crianças para a criação de uma base motriz adequada para o futuro esportista. Por isso:

- Se não se criam as bases para a motivação da aprendizagem e do rendimento na infância, não haverá qualquer compromisso por parte do atleta na idade de máximo rendimento.
- Se as técnicas básicas são aprendidas com deficiências e sem controle, tais deficiências se manifestarão sempre que o atleta estiver sob forte estresse.
- O esporte deve ter um valor elevado na vida da criança, já durante a infância.

3.5.2.1 Evolução da força muscular em crianças

A força é a quantidade de tensão que pode ser produzida pelo músculo em uma contração voluntária. As adaptações neuronais, a influência de hormônios, o fluxo bioquímico e a forma de recrutamento das fibras musculares atuam em combinação para controlar a força durante a contração muscular.

O aumento da força muscular durante a infância é um reflexo das adaptações neuronais e dos aumentos na massa muscular. Na puberdade, a rápida elevação da quantidade de esteroides androgênicos (Gráfico 3.8) nos homens causa uma drástica aceleração do crescimento muscular (Gráfico 3.9) e da força (Blinquie, 1989; Malina e Bouchard, 1991 e Sale, 1989).

Gráfico 3.8 – Variação da testosterona em função da idade e do sexo

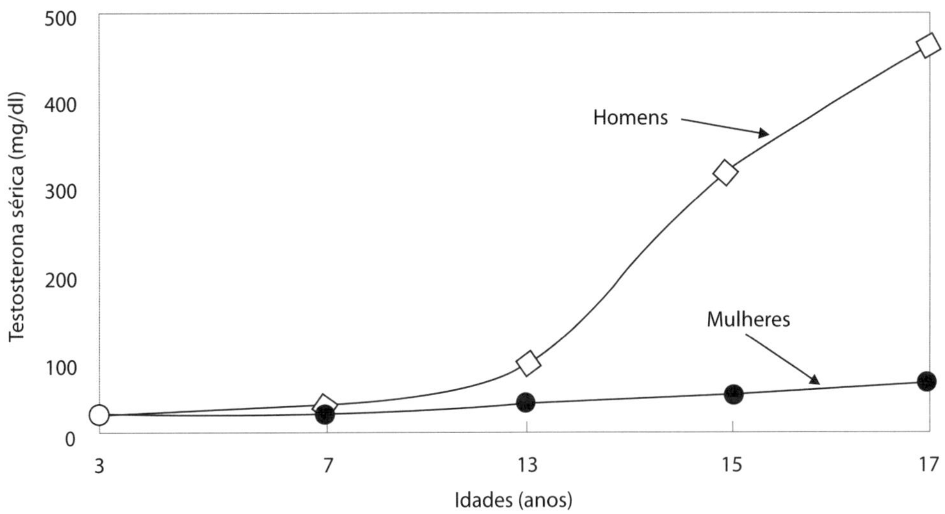

Gráfico 3.9 – Modificações da massa muscular em função da idade e do sexo

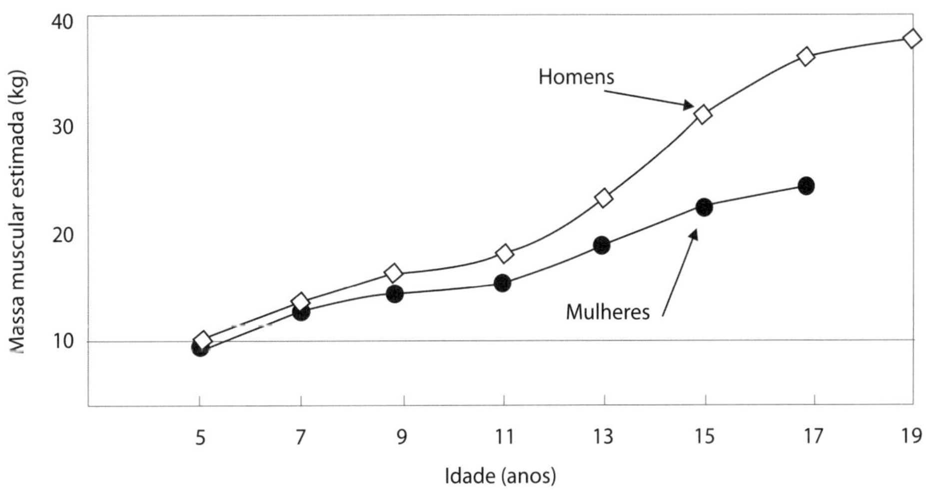

O treinamento da força desempenha um papel importante na formação e no desenvolvimento geral das crianças e dos adolescentes, e, por isso, a força deveria começar a ser trabalhada nos primeiros anos de vida (Cerani, 1993).

No entanto, o treinamento da força em crianças é um tema controvertido, não obstante tem sido bem acolhido entre os profissionais da educação, médicos e pesquisadores na última década. Ainda assim, devemos considerar que durante a infância os sistemas funcionais estão sendo constantemente modificados e conformados.

Aqueles que recusam o desenvolvimento da força em idades prematuras destacam as diferenças estruturais da musculatura das crianças em comparação à dos adultos, a ausência de determinados hormônios anabólicos, o estresse excessivo que, para um organismo ainda em constituição, supõe o treinamento com pesos e sua ineficácia quanto ao ganho de força por parte das crianças.

Já os promotores ou partidários do treinamento de força para crianças assinalam distintas vantagens, como a prevenção de futuras lesões articulares, ligamentosas, tendinosas e musculares, o aumento da densidade mineral óssea, que pode prevenir uma osteoporose na maturidade, além de um notável aumento da força.

Antes dos 10 anos de idade, os níveis de força das crianças praticamente não podem ser melhorados mediante um treinamento específico, mas pode ser alcançada a melhora da coordenação dos potenciais musculares existentes, já que nesse período etário é possível incidir no aumento do diâmetro das fibras musculares (Liesen e Hollmann, 1977).

Se a atividade lúdica desenvolvida e as exigências motrizes da tarefa proposta contêm/implicam um trabalho de força, podem ser obtidas melhoras notáveis dos aspectos condicionantes da força já em idades relativamente prematuras (Lewin, 1967). Sirvam como exemplos os ganhos de força que se observam nos praticantes de modalidades como a ginástica artística ou a natação, as quais exigem especialização precoce e altos níveis de força (García Manso, 1999).

Uma formação que mescle coordenação motriz e força muscular é aconselhável a fim de se criar uma base ótima para o treinamento durante a puberdade, quando as exigências de força específicas de cada esporte são maiores.

Apesar de a força máxima estar pouco desenvolvida aos 10 ou 11 anos, o trabalho dinâmico não é desaconselhável e pode ser desenvolvido mediante múltiplos exercícios, como subir, lançar, saltar, que oferecem, também, motivação suficiente para animar as crianças. No entanto, é preciso recusar os exercícios puros de força, como aqueles que utilizam grandes pesos, devendo prevalecer os exercícios dinâmicos, nos quais o aparelho motor passivo (especialmente a coluna vertebral) é submetido a pouca carga. O treinamento com pesos deve ser iniciado somente quando a coluna vertebral tiver amadurecido. Isso porque exercícios acima da cabeça, por exemplo, se realizados incorretamente, podem provocar danos irreversíveis. Ehlenz, Grosser e Zimmermann (1990) mostram na Figura 3.4 como, por meio da flexão de joelhos e da elevação dos braços na prolongação do corpo em um agachamento com barra de pesos acima da cabeça, se faz reduzida a possibilidade de desvio da coluna vertebral.

Figura 3.4 – Agachamento com barra de pesos por cima da cabeça como exemplo de exercícios que solicitam várias articulações.

O desenvolvimento muscular em crianças não implica necessariamente o uso de cargas máximas ou próximas à máxima; a não utilização dessas cargas evita possíveis lesões, as quais podem marcar o desenvolvimento esportivo do jovem. Os programas de força orientados para crianças devem buscar uma melhora do condicionamento físico e da progressão no esporte, assim como a redução da probabilidade de sofrer uma lesão durante a prática de atividades físico-esportivas e recreativas. Muitas atividades esportivas das quais as crianças participam apresentam um elevado risco de lesão, às vezes maior do que o próprio treinamento da força. Assim, os benefícios de um programa de treinamento de força para crianças planejado e administrado adequadamente são superiores aos prejuízos que podem trazer.

A National Strength and Conditioning Association, a American Orthopedic Society for Sports Medicine e a American Academy of Pediatrics sugerem que as crianças podem beneficiar-se da participação em um programa de treinamento de força corretamente prescrito e supervisionado. Segundo Kraemer e Fleck (2001), os principais benefícios são:

- Aumento da força e resistência muscular localizada (ou seja, a capacidade de um músculo ou músculos para realizar repetições múltiplas contra uma resistência).
- Diminuição de lesões nos esportes e nas atividades recreativas.
- Aumento da capacidade de desenvolvimento nos esportes e nas atividades recreativas.

A preparação do esportista é composta pela melhora das condições física, técnica, tática, teórica e psicológica, entre outras. A preparação física se estrutura em função do tipo de trabalho realizado (geral e específico), atendendo à periodização clássica do processo do treinamento, e seus objetivos fundamentais são o aumento da capacidade física de trabalho e o desenvolvimento das capacidades condicionais e coordenativas (Suarez, 1997). Dentro das capacidades condicionais, destaca-se a força muscular, essencial à preparação do esportista.

3.5.2.2 Efeitos do treinamento sobre a força

Os benefícios do trabalho com cargas para a treinabilidade da força nos adultos estão bem consolidados, e não existe desacordo sobre isso (Blinquie e Bar-Or, 1996). No entanto, os benefícios desse trabalho para os jovens não são consensuais.

Os primeiros estudos sobre crianças contribuíram para a visão de que o treinamento com cargas durante os anos pré-púberes era ineficaz e não produzia ganhos de força (Vrijens, 1978). Sugeria-se, então, que os ganhos de força com o treinamento não eram possíveis até que os níveis de testosterona circulante aumentassem substancialmente, enfocando-se os treinamentos em períodos próximos à puberdade (Blinquie e Bar-Or, 1996). Entretanto, os últimos estudos sobre o assunto, em que há controle dos efeitos do crescimento e da aquisição de diferentes destrezas motoras, têm demonstrado, de forma significativa e substancial, ganhos de força durante a pré-adolescência (Blinquie, 1993; Ozmun, Mikesky e Suburg, 1994).

Blinquie e Bar-Or (1996) realizaram até o fim um estudo de campo durante vinte semanas. Eles treinaram um grupo de jovens pré-púberes ativos e saudáveis (9 a 11 anos de idade) mediante a utilização de sobrecarga, a uma intensidade de 75% a 85%, em determinados grupos musculares responsáveis pela flexão do cotovelo (bíceps) e pela extensão das pernas (quadríceps). Ao finalizar o treinamento, foram observadas melhoras em torno de 21% a 37% em comparação aos valores iniciais.

Porém, é preciso observar que a medida, nesse estudo, foi feita utilizando-se a quantidade máxima de peso que se pode elevar ou mover em uma ação, isto é, 1 RM, cuja aplicação em jovens é discutível (Navarro, 2000). Um sistema seguro para determinar a intensidade do exercício em jovens pré-púberes é valorar 5 RM, se o objeto de treinamento é a força máxima, ou entre 15 e 20 RM, se for avaliada a força-resistência muscular.

As crianças em idade escolar avançada apresentam, quase sem exceções, debilidade nos músculos de apoio, sobretudo, no nível do tronco, do quadril e da cintura escapular, ao passo que a musculatura funcional das extremidades (especialmente das pernas) parece estar em melhores condições de treinamento. Durante o crescimento do indivíduo, o músculo deverá sofrer uma adaptação longitudinal, visto que o crescimento ósseo também se acentua nesse sentido (Ehlenz, Grosser e Zimmermann, 1990). A mencionada debilidade dos grupos musculares de apoio provoca uma redução da funcionalidade de toda a musculatura e, em longo prazo, uma sobrecarga no sistema de apoio do movimento (ossos, articulações); por isso, parece imprescindível promover sistematicamente o treinamento muscular.

Para a preparação adequada dos músculos de apoio, não tem muita importância a intensidade do trabalho; o que importa é o tipo de esforço: devemos trabalhar com movimentos dinâmicos que combinem um componente elástico de estiramento com o trabalho muscular ativo (contração muscular). A realização de exercícios adequados é fundamental para o desenvolvimento muscular já na idade infantil. Dessa forma, a musculatura se prepara adequadamente para a tarefa de descarga do aparelho locomotor passivo.

3.5.2.3 Bases fisiológicas do treinamento da força de crianças

Os objetivos pretendidos com o treinamento da força de crianças são, na maioria dos casos, muito diferentes dos perseguidos com o treinamento de sujeitos de idade ou condição física mais avançada. Segundo García Manso (1999), entre os muitos objetivos que podem ser propostos com o treinamento da força para crianças, destacam-se os seguintes:

- obtenção de um desenvolvimento muscular harmônico;
- obtenção de uma boa postura corporal;
- obtenção de uma adequada adaptação muscular a qual elimine riscos de lesões;
- criação das bases para o alto rendimento esportivo no futuro.

As adaptações neuronais, a influência dos hormônios, o fluxo bioquímico e a forma de recrutamento das fibras musculares atuam em combinação para controlar a força durante a contração muscular. O aumento da força muscular durante a infância é um reflexo das adaptações neuronais e do aumento da massa muscular.

Em nível estrutural, a força está relacionada ao número de pontes cruzadas de miosina que podem interatuar com os filamentos de actina (Goldspink, 1992). Assim, essa força muscular está determinada em parte pelo número e pela área correspondente ao corte transversal das fibras musculares implicadas em uma contração. O número de fibras é determinado, em larga medida, justamente depois do nascimento, enquanto seu diâmetro aumenta paralelamente ao crescimento global do corpo da criança. Por isso, a capacidade de desenvolvimento da força na criança evolui durante toda a infância (Rowland, 1990). Alguns estudos sugerem que a porcentagem de fibras musculares de contração lenta é maior em crianças que em adultos e que o fluxo sanguíneo das crianças pode ser maior durante o exercício (Pérez et al., 2001).

O processo evolutivo dos músculos das crianças mostra diferenças evidentes de tipo morfológico, histológico e bioquímico comparação ao dos adultos. Como consequência, a velocidade de contração das crianças é mais baixa (Asai e Aoki, 1996). Além disso, segundo Cerani (1993), o sistema ósseo da criança é mais elástico que o do adulto, por causa de uma menor calcificação, ainda que seja menos resistente à pressão e à flexão.

Considerando as diferenças de modificações morfofuncionais entre a criança e o adulto, é fácil compreender que a organização de um programa de treinamento de força deve possuir diferentes objetivos para um e para outro. Os programas de desenvolvimento muscular devem ser elaborados a partir de vários critérios relacionados à idade, entre outros, para que sejam, acima de tudo, seguros, eficazes e tragam nada mais do que benefícios para a saúde das crianças.

Com um programa adequado e supervisionado por especialistas em Educação Física, os benefícios que podem ser obtidos são inumeráveis. Arruda (2000) assinala os principais:

- aumento da força muscular, que não apenas desenvolve a capacidade funcional da criança, como também protege as articulações, evitando futuras lesões;
- aumento da resistência muscular;
- diminuição de lesões relacionadas ao esporte ou a atividades lúdicas;
- desenvolvimento da coordenação muscular;
- manutenção ou desenvolvimento da flexibilidade;
- melhora do controle postural;
- aumento da densidade óssea;
- melhora da condição física;
- melhora da composição corporal;
- aumento das adaptações bioquímicas, com maiores concentrações de sangue e ácido láctico nos músculos durante e depois do exercício máximo, aumento das reservas de glicogênio e ATP-CP e aumento da atividade de enzimas glicolíticas nos músculos esqueléticos.

Para Wilmore e Costill (1998), a força melhora em razão do aumento sofrido, com a idade, pela massa muscular. Alcançar índices altos de força, potência e habilidade é uma tarefa difícil se o indivíduo não atingiu a plena maturidade corporal. A mielinização de muitos nervos motores é incompleta até a maturidade sexual, fato pelo qual o controle neuronal da função muscular é limitado nessa fase. McArdle, Katch e Katch (1998) assinalam que os programas devidamente orientados e que utilizam as concentrações musculares concêntricas, com altas repetições e resistência relativamente baixa, podem melhorar a força muscular das crianças, sem efeitos negativos sobre os ossos, músculos ou tecidos conjuntivos.

3.5.2.3.1 Diferença de níveis de força em nadadores em função do gênero e da idade

A força, como qualquer capacidade física, evolui de acordo com o desenvolvimento global do ser humano e sofre uma involução também de acordo com ele. Tal desenvolvimento apresenta diferenças em função da idade e do sexo. Hollman e Hettenger (1989) estabelecem que na infância existem pequenas diferenças entre as meninas e os meninos até aproximadamente os 10 ou 12 anos de vida (início da puberdade); a partir desse período, se farão mais notáveis as diferenças nos níveis de força, e o sexo masculino apresenta um maior nível de força muscular (Gráfico 3.10).

O período da adolescência é importantíssimo para o desenvolvimento de todo ser humano, pois nele se consolidam as estruturas funcionais. As mudanças mais relevantes desse período de maturação ocorrem no sistema endócrino (hormonal). Algumas delas são:

- aumento da produção de testosterona;
- diferenciação das fibras musculares (lenta e rápida);
- dimorfismo sexual: é na puberdade que os homens se tornam mais fortes do que as mulheres.

Por conta dessas mudanças no sistema endócrino, a força muscular e seu treinamento terão na adolescência um momento-chave para seu desenvolvimento, já que a assimilação compensatória (adaptação ao treinamento) será muito mais rápida (Weineck, 1991).

Gráfico 3.10 – Evolução da força e composição corporal em função da idade. Adaptado de Fleck e Kraemer (1999)

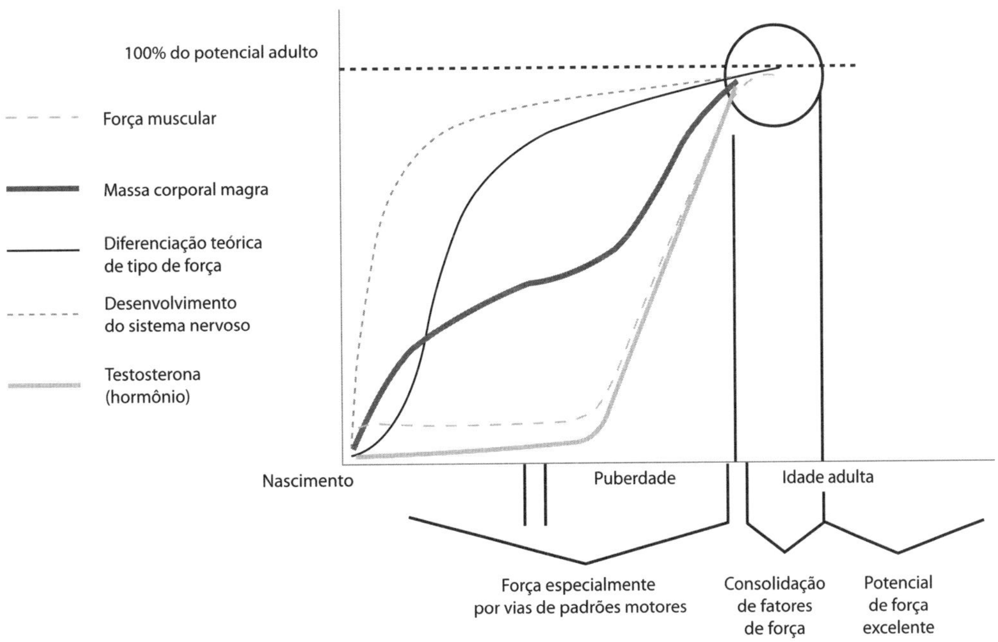

Será a partir da puberdade, portanto, que as diferenças nos níveis de testosterona entre homens e mulheres serão mais pronunciadas a favor do homem, o que fará ele apresentar um processo anabólico mais acentuado. À maior produção de testosterona se atribui a maior facilidade do sexo masculino para alcançar níveis mais altos de hipertrofia muscular. Outros fatores, como ossos e articulações mais leves e frágeis nas mulheres do que nos homens e graus de maturação diferentes, também se relacionam ao desenvolvimento da força (Eckert, 1993). No Gráfico 3.11, podemos ver a concentração sérica da testosterona em função da idade.

Os tecidos corporais também passarão, na adolescência, por uma diferenciação em função do sexo. Assim, os meninos sofrerão um aumento da massa muscular, e sua massa adiposa sofrerá um estancamento e até uma redução. Já as meninas experimentarão um aumento em ambos os tecidos corporais. Não obstante, o processo de aumento da massa muscular nas meninas será muito mais lento do que nos meninos.

Essas mudanças produzidas nos tecidos corporais provocam aumento da força muscular e da velocidade de deslocamento em indivíduos tanto do sexo masculino quanto do sexo feminino (Gráfico 3.12).

Uma vez terminado o período da adolescência, as diferenças sexuais se tornam ainda mais evidentes. Por exemplo, a massa muscular nos homens pode aumentar até os 17 anos, correspondendo a, aproximadamente, 54% de seu peso corporal, ao passo que, nas mulheres, seu aumento ocorre até os 13 ou 14 anos, correspondendo a apenas 45% de seu peso corporal (Guedes, 1997) (Gráfico 3.13).

Em razão, sobretudo dessas diferenças biológicas existentes entre o homem e a mulher, os resultados obtidos em uma e outra modalidade esportiva não podem ser equiparados. Na natação, menos ainda, já que a capacidade condicional predominante é a força em valores absolutos. Se compararmos dois sujeitos de sexo diferente e de mesmo peso, observaremos como o indivíduo do sexo

Gráfico 3.11 – Concentração sérica da testosterona em função da idade. Adaptado de Bosco (2000)

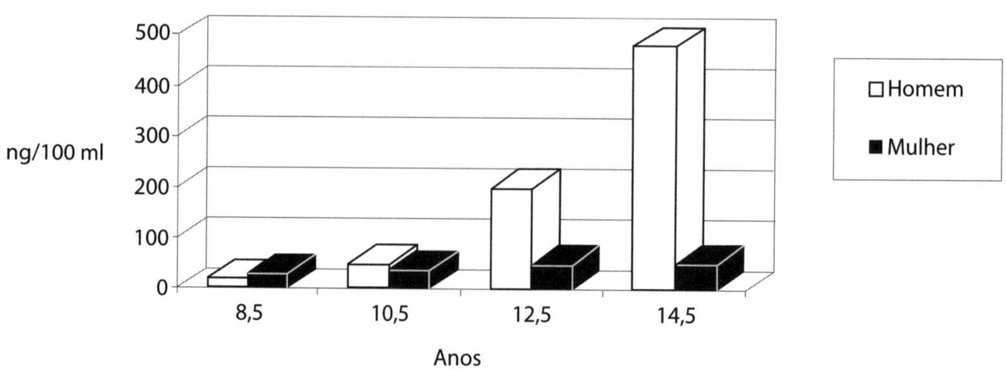

masculino apresenta maior porcentagem de massa magra, enquanto o do sexo feminino apresenta maior porcentagem de massa gorda. Por esse motivo, o homem é capaz de desenvolver uma força maior.

Não obstante, se compararmos os valores de força em função do peso, ou seja, se fizermos um estudo comparativo da força relativa (força/peso) entre homens e mulheres, veremos que as diferenças existentes entre os sexos diminuem, chegando mesmo a desaparecer em alguns casos (Bosco, 2000). Na Tabela 3.16, podemos observar as diferenças de força especial em nadadores de diferentes gêneros e idades.

Gráfico 3.12 – Relação entre a concentração de testosterona e a velocidade média em uma distância de 30 m rasos. Adaptado de Bosco (2000)

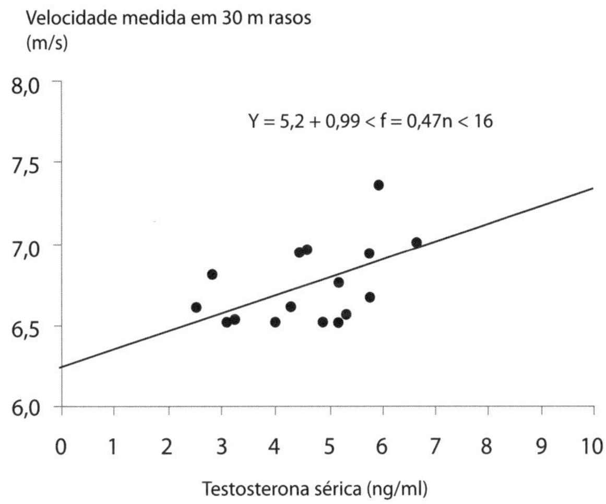

Gráfico 3.13 – Curvas ajustadas, por meio de modelos polinomiais, dos valores estimados dos componentes de massa muscular em crianças e adolescentes. Adaptado de Guedes (1997)

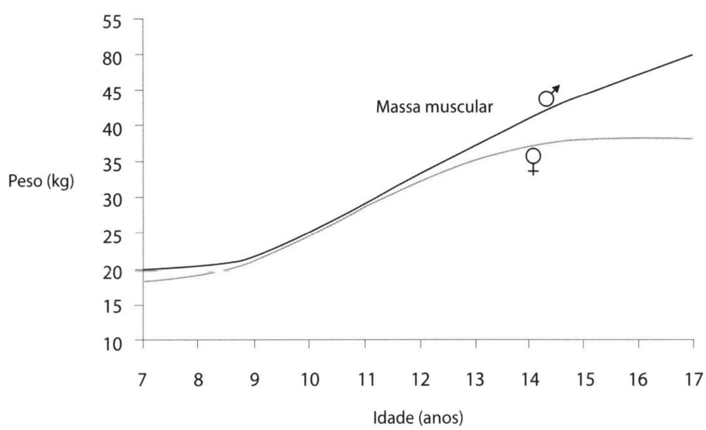

Tabela 3.16 – Comparação, entre nadadores competitivos do sexo masculino e feminino, do comportamento da força especial absoluta dos membros superiores, membros inferiores e total (os resultados estão descritos por meio da média aritmética e do desvio-padrão: *p < 0,05 entre sexo feminino e masculino e **p < 0,05 entre as idades 14 e 15 anos e demais)

	Membros superiores		**Membros inferiores**		**Total**	
	Feminino	**Masculino**	**Feminino**	**Masculino**	**Feminino**	**Masculino**
14 e 15 anos	7,5 ± 0,90	8,62 ± 2,03	6,31 ± 0,39	7,16 ± 0,94	10,3 ± 1,5	12 ± 1,7
16 e 17 anos	7,45 ± 1,08*	11,8 ± 2,5**	6,05 ± 0,71	7,2 ± 0,88	9,93 ± 1,0*	13,74 ± 2,23
+ 18 anos	8,8 ± 1,52*	12,5 ± 2,05**	6,6 ± 0,47*	8,61 ± 0,81**	10,34 ± 1,0*	15,61 ± 2,24**

Adaptado de Ramírez e Brito (2000).

As maiores diferenças entre homens e mulheres ocorrem nas disciplinas em que predomina a força, especialmente a força máxima (Fleck e Kraemer 1999). Já nas disciplinas em que predominam outras manifestações ativas da força, como a força-velocidade, a evolução das capacidades não apresenta diferenças tão marcadas em função do sexo, embora seja claro que os valores mais altos serão obtidos pelos homens. Quanto à natação, podemos dizer que, com o aumento da força muscular, os nadadores obtêm maiores velocidades de nado (Navarro, Oca Gaia e Castañón, 2003; Platonov, 1988).

3.5.2.4 Metodologia do treinamento da força para crianças

O início da treinabilidade da força deve situar-se entre os 7 e os 9 anos (Ehlenz, Grosser e Zimmermann, 1990). Mas é preciso considerar que a melhora da força até os 10 anos de idade tem as seguintes características:

- Baseia-se na coordenação intramuscular e intermuscular.
- Deve consistir na melhora da força relativa (quociente entre a força máxima e o peso corporal).
- Não se observa um aumento da seção de fibras musculares (hipertrofia), por causa do nível ainda baixo de testosterona intracelular.

Ehlenz, Grosser e Zimmermann, (1990) assinalam uma série de recomendações que devem ser consideradas quanto ao treinamento de força para crianças de idade compreendida entre 8 e 11 anos:

- Inicialmente, devem ser aplicados exercícios, métodos e meios para melhorar a força explosiva.

- Complementarmente, pode ser realizado um treinamento muscular construtivo (como forma de treinar a força máxima) com intensidades de até 40%. É preciso ter em conta o efeito do treinamento da força sobre o sistema esquelético na fase pré-púbere, além do efeito na fibra muscular e na coordenação intramuscular. Não são aconselháveis as intensidades elevadas, já que as epífises ainda não estão consolidadas (representando perigo para o crescimento longitudinal).
- Um treinamento muscular construtivo só deve ser realizado sob a perspectiva de exercícios de coordenação motriz e de trabalho complementar da flexibilidade. Não devem ser realizados exercícios que impliquem somente uma articulação (exercícios em máquinas); sempre devem intervir várias articulações (exercícios de ginástica).

De acordo com diversos autores, o período de maior treinabilidade para os homens se dá a partir dos 12 anos, aproximadamente, pois nele a liberação de andrógenos (testosterona e outros) aumenta bastante. Para as mulheres, o período se dá aos 11 anos, ainda que elas sofram ganhos de força de menor magnitude (Tabela 3.17).

Tabela 3.17 – Treinabilidade e manifestações da força nas idades infantil e juvenil para ambos os sexos

Treinabilidade/manifestações da força	**Masculino**	**Feminino**
Começo da treinabilidade da força explosiva	A partir de 7 a 8 anos	A partir de 7 a 8 anos
Começo do treinamento para o desenvolvimento muscular	A partir de 9 a 11 anos	A partir de 9 a 11 anos
Maior treinamento da força explosiva e do desenvolvimento muscular	A partir de 12 a 14 anos	A partir de 11 a 13 anos
Começo do treinamento combinado	A partir de 13 a 15 anos	A partir de 12 a 14 anos
Começo da treinabilidade da coordenação intramuscular e da resistência da força	A partir de 14 a 16 anos	A partir de 13 a 15 anos
Maior treinamento da coordenação intramuscular e da força resistência	A partir de 16 a 17 anos	A partir de 14 a 16 anos
Treinamento de rendimento ou de alto rendimento	A partir dos 17 anos	A partir dos 16 anos

Alguns autores assinalam que o esforço ao qual devem ser submetidas as crianças que ainda não alcançaram a idade púbere deve ser por volta de 75% de suas possibilidades máximas (Lyden, 1990). Já o treinamento de adultos, se não for realizado com intensidades superiores a 75%, não cumpre seus objetivo. O trabalho em baixas intensidades (< 75%) tem, para crianças pré-púberes, uma incidência positiva, pois se acumula como fundamento básico ou treinamento de base. Em relação a elas, a adaptação correta do treinamento (mecanismo de supercompensação) dependerá de sua capacidade e das características da carga. É preciso sempre ter em conta que as crianças alcançam a forma esportiva antes e com menor nível de carga.

A busca de métodos para elevar os resultados e a motivação no esporte, assim como o a participação de atletas em idades iniciais, é importante para o aumento dos sucessos esportivos. Mediante jogos bem empregados e dosados, os objetivos propostos podem ser alcançados sem que as crianças percam o interesse pela atividade, ao mesmo tempo que se eleva o nível de desenvolvimento das capacidades físicas.

Para o desenvolvimento da força muscular, podem ser utilizados diferentes tipos de carga, como cargas externas e autocargas (o próprio peso corporal) (Suarez, 1997). Nos exercícios com cargas externas, tais como lançamentos, transportes, arrastamentos, saltos etc., empregam-se instrumentos como rodas de arrastamento, bolas medicinais, pequenos sacos de areia, colchões de ginástica, bancos de ginástica, espaleiras, bancos suecos; até mesmo o companheiro de atividade pode representar uma carga.

Os exercícios que utilizam o próprio peso corporal têm como exemplos: saltos, escaladas, quadrupedias, flexões, extensões de distintas partes do corpo etc. Eles são direcionados ao desenvolvimento da força rápida e da força-resistência, para o que devemos considerar os seguintes aspectos, conforme indica Suarez (1997):

- Força rápida:
  - os exercícios devem ser globais;
  - devem colocar em movimento zonas musculares completas;
  - devem ter intensidade baixa e moderada;
  - as repetições variam entre 1 e 15;
  - a velocidade de execução é rápida.

- Força resistência:
  - os exercícios devem ser globais;
  - devem colocar em movimento zonas musculares completas;
  - a intensidade deve ser mais baixa do que nos exercícios de força rápida;
  - as repetições variam entre 15 e 20;
  - a velocidade de execução é média.

O treinamento da força rápida pode provocar um aumento considerável dessa manifestação da força. Os estudos de Diekmann e Lertzelter (1987) mostram que o treinamento da força rápida é indicado na infância: em um treinamento de 12 semanas com duas sessões semanais (de 30 a 35 min), houve aumento significativo da força rápida (força de salto, força de lançamento e força-velocidade) no grupo treinado (Gráfico 3.14).

Resultados semelhantes foram obtidos por Steinmann em estudo com crianças de 11 a 14 anos; tanto a força máxima como a força-velocidade apresentam um aumento significativo (Tabela 3.18). A melhora dos resultados da força de impulsão horizontal e vertical pode ser observada nos Gráficos 3.15 e 3.16.

Gráfico 3.14 – Desenvolvimento da força vertical dos saltos em um treinamento de dois anos. Adaptado de Diekmann e Letzelter (1987)

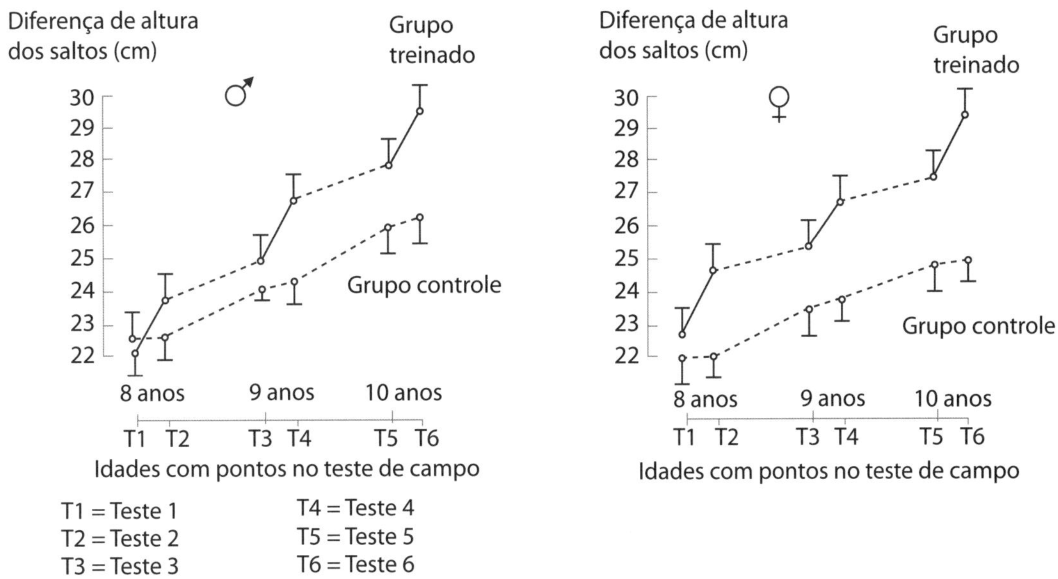

Tabela 3.18 – Ganho de força máxima dinâmica dos extensores dos braços e das pernas em decorrência de um treinamento de oito semanas, com um ou dois circuitos

Idade	Capacidade	Sessões de treinamento	Aumento absoluto (kg)	Porcentagem (%)
11	Força dinâmica máxima de braço	1	3,1	11,5
11	Força dinâmica máxima de braço	2	5,4	20,4
14	Força dinâmica máxima de braço	1	4,2	9,7
14	Força dinâmica máxima de braço	2	7,7	19,8
11	Força dinâmica máxima de pernas	1	5,8	17,0
11	Força dinâmica máxima de pernas	2	10,9	32,9
14	Força dinâmica máxima de pernas	1	7,1	12,7
14	Força dinâmica máxima de pernas	2	13,7	26,8

Adaptado de Steinmann (1990).

Gráfico 3.15 – Modificações da força de salto horizontal em esportistas de 11 a 14 anos depois de um ciclo de treinamento de oito semanas (uma vez por semana). O 0 corresponde ao grupo-controle; o 1 corresponde ao grupo com uma sessão semanal de treinamento; o 2 corresponde ao grupo com duas sessões semanais de treinamento. Adaptado de Steinmann (1990)

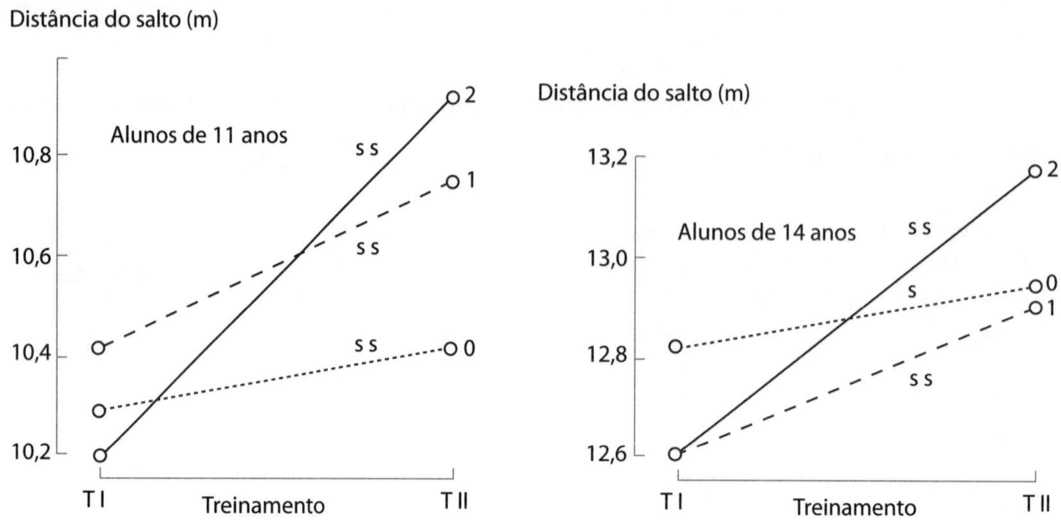

Gráfico 3.16 – Modificações na força de salto vertical (teste de salto com cinto) em alunos de 11 a 14 anos depois de um treinamento de oito semanas. Adaptado de Steinmanz (1990)

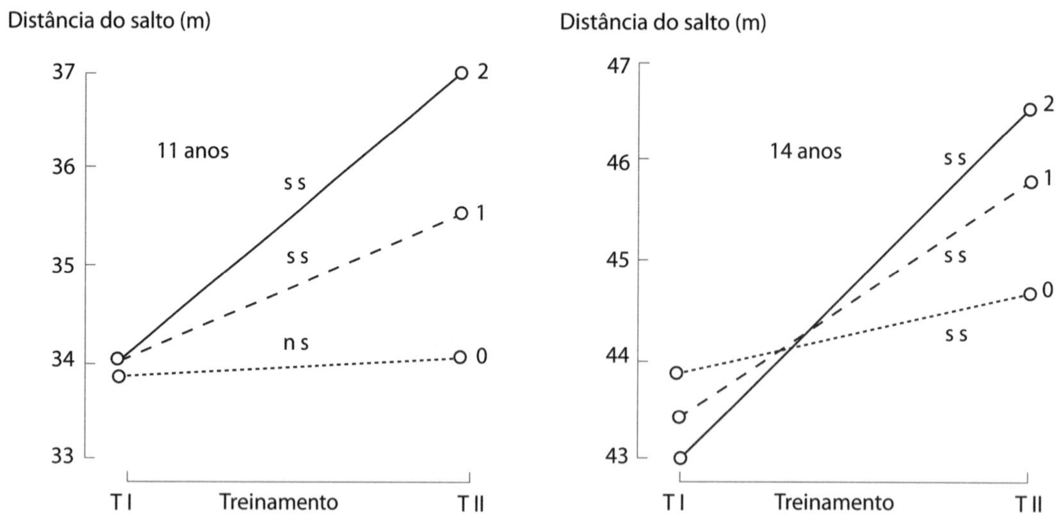

No trabalho com crianças, é necessário variar os exercícios, que devem ser realizados em curto período, de modo a possibilitar o desenvolvimento do aparelho motor. Um bom método para a organização da sessão é o trabalho em circuito; sua vantagem está em que a variedade de exercícios é adequada às diferenças individuais para cada execução.

As crianças com idades compreendidas entre 8 e 10 anos devem realizar exercícios variados e pouco específicos, como jogos de trações, deslocamentos, impulsões, arrastamentos, rastejamentos, escalada etc. Já as crianças com idades compreendidas entre 10 e 12 anos devem realizar exercícios de saltos múltiplos, lançamentos de objetos, com cargas leves e muitas repetições, ou com cargas baixas e altas velocidades, para desenvolver a força-resistência e a força-velocidade.

Quando a duração do exercício é muito longa e sua repetição é vasta, as crianças podem perder o interesse, tornando-o ineficaz. Os exercícios devem ser modificados a partir de diferentes alternativas:

- aumento da carga de treinamento (volume);
- modificação dos braços de alavanca;
- modificação da velocidade de movimento.

São recomendações gerais:

- atender a musculatura extensora da coluna vertebral;
- empregar exercícios globais;
- não dirigir os exercícios para o desenvolvimento da força máxima, e sim para a melhora da força-velocidade e da força-resistência;
- empregar exercícios dirigidos a grandes grupos musculares, responsáveis pela postura e pelos membros inferiores;
- não empregar exercícios nos quais seja preciso realizar força máxima.

Nas Figuras 3.5, a 3.10, são mostrados diferentes exercícios para o desenvolvimento da força geral.

Figura 3.5 – Circuito com cargas para o desenvolvimento da força geral.

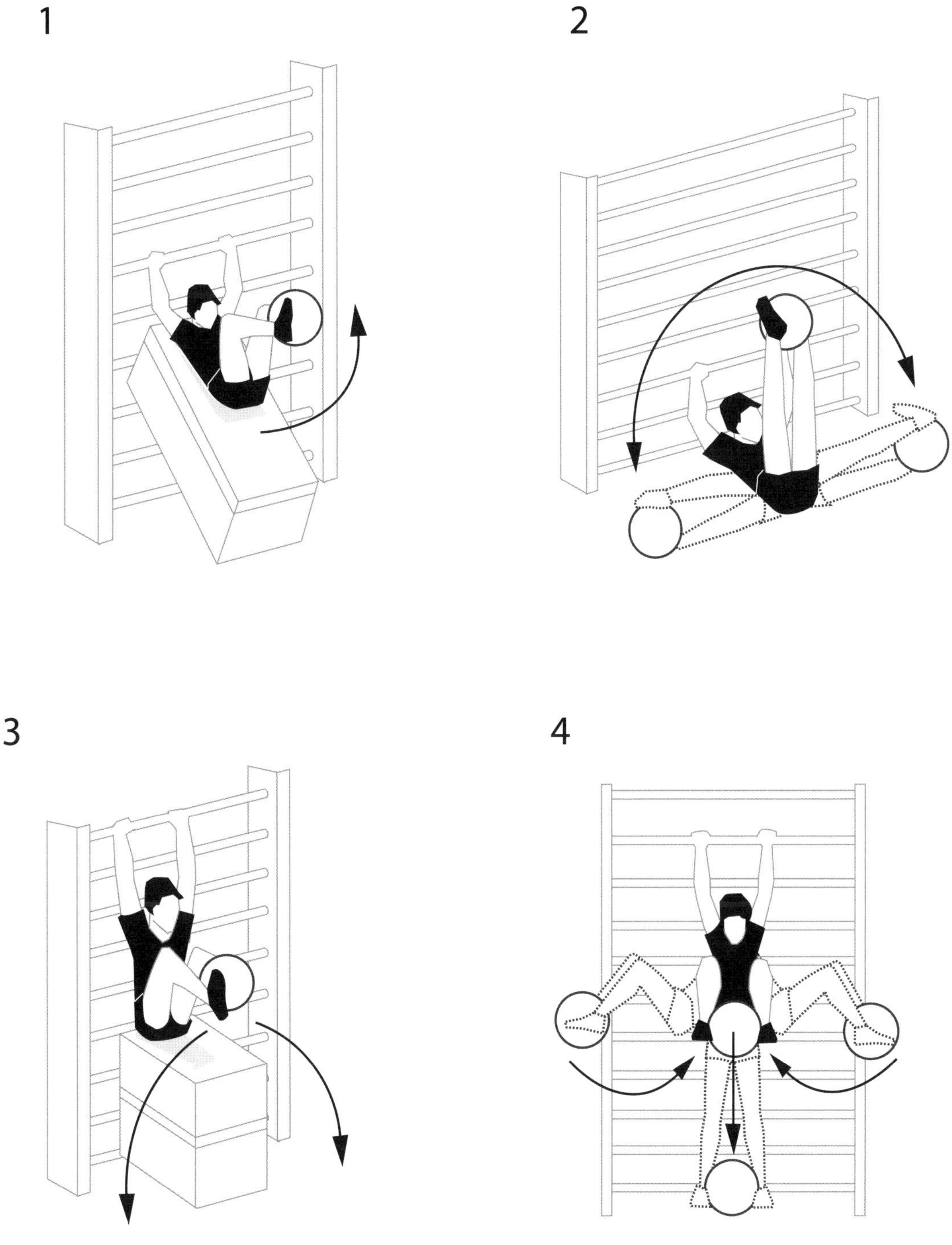

Figura 3.6 – Exercícios na espaleira.

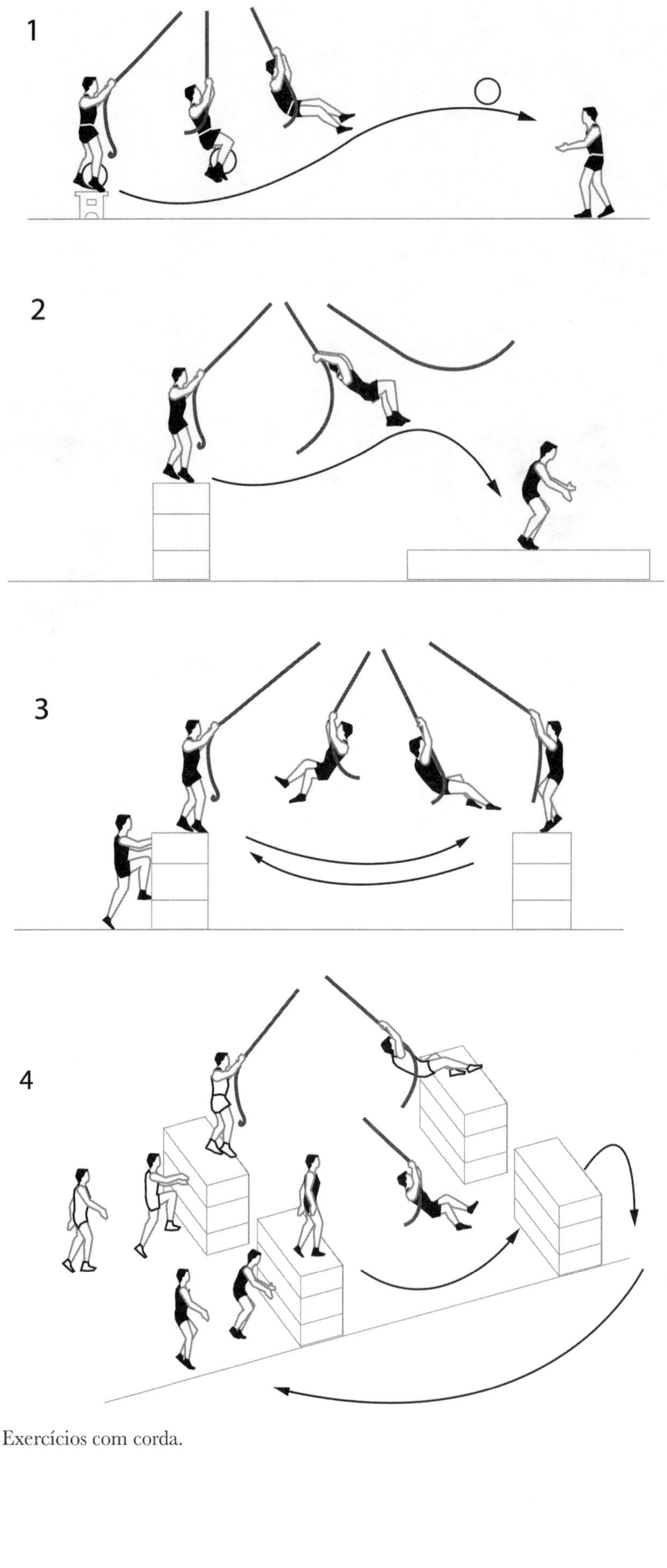

Figura 3.7 – Exercícios com corda.

Figura 3.8 – Exercícios sobre banco fixo, para o desenvolvimento da força de apoio e da força do tronco.

Figura 3.9 – Formas de jogos para o condicionamento geral, com o auxílio de empurrões e puxões, e outros jogos de luta.

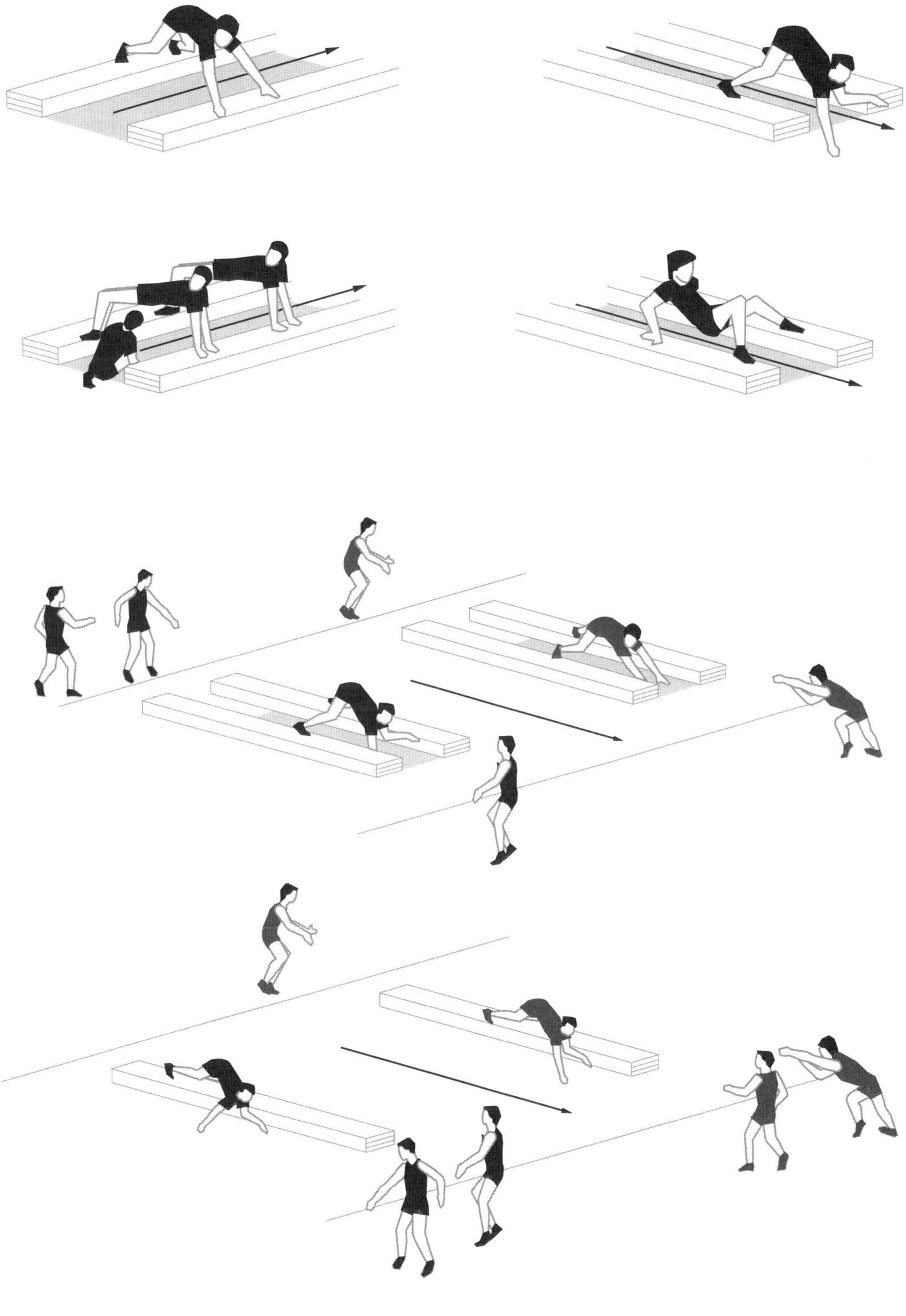

Figura 3.10 – Exercícios e jogos para o desenvolvimento dos extensores dos braços, dos ombros e do tronco.

A ação do treinamento de força repercutirá não somente sobre as fibras musculares, mas também sobre a coordenação intermuscular e intramuscular, melhorando-a ao ativar uma maior porcentagem de unidades motrizes de forma sincronizada.

O treinamento de força pode servir também para ensinar às crianças alguns aspectos anatômicos e fisiológicos:

- nomes de músculos e grupos musculares;
- os músculos agonistas e antagonistas, sinergistas, fixadores e demais;
- os distintos braços de alavancas e núcleos articulares;
- o mecanismo de contração muscular;
- os cuidados na execução de alguns exercícios.

Nos estudos sobre o desenvolvimento da força, costuma-se discernir entre suas três manifestações: força máxima, força explosiva e força-resistência. O desenvolvimento da força rápida e da força-resistência se dá entre 8 e 12 ou 13 anos. No começo, as cargas empregadas são mais leves, permitindo alta velocidade de contração muscular (no caso da força rápida) e alto número de repetições (no caso da resistência de força). Essa é uma das razões pela qual a prática de certos esportes (natação, ginástica e todos os esportes com bola) pode ser iniciada na infância (Pérez et al., 2001). O treinamento de força máxima deveria começar aos 12 ou 14 anos, ao passo que o de força-velocidade poderia começar dois anos antes.

A força-velocidade é uma capacidade que sofre aumento no primeiro período da puberdade e dependerá, segundo Pérez et al. (2001):

- do desenvolvimento da capacidade de contração das fibras musculares;
- da duração necessária ao sistema nervoso central (mobilidade de excitação e de inibição);
- da reduzida labilidade (reação ao estímulo elétrico) do sistema neuromuscular;
- do desenvolvimento da capacidade de reflexo dos músculos;
- do desenvolvimento da força relativa.

Enquanto aos 8 ou 11 anos é desenvolvida particularmente a frequência de movimentos, aos 12 ou 14 anos ocorre o desenvolvimento máximo da rapidez de movimentos, por efeito da força rápida ou veloz. No entanto, o treinamento de força para jovens deve buscar, em primeiro lugar, o desenvolvimento da coordenação intermuscular, para poder trabalhar, no momento oportuno, a coordenação intramuscular e a hipertrofia muscular (Tabela 3.19).

Tabela 3.19 –Períodos do treinamento da força

Período	Fase compreendida	Características do treinamento
Pré-período	0 a 1 ano	Estimulação de reflexos arcaicos
Primeiro período	2 a 7 ou 8 anos	Desenvolvimento psicomotor Estabilização do esquema corporal Adaptação musculotendinosa
Segundo período	8 a 11 anos (pré-púbere)	Início do treinamento da força explosiva Preparação para desenvolver força e resistência máximas
Terceiro período	Fase púbere e adolescente	Presença hormonal Ação anabólica proteica Hipertrofia Etapa de maior treinabilidade

Adaptado de Cerani (1993).

O primeiro período abarca duas etapas. Na primeira, durante os anos iniciais de vida, podem ser estimulados os reflexos arcaicos, oferecendo um maior leque de possibilidades de trabalho dos diferentes grupos musculares e preparando-os para a segunda etapa, de 2 a 7 ou 8 anos, em que não é importante somente a força, mas todas as capacidades que proporcionem qualidade e quantidade de estímulos motores. O objetivo principal do primeiro período é adaptar o sistema músculo-tendinoso ao crescimento longitudinal ósseo e ao novo esquema corporal. Uma atividade física multilateral, obtida por meio de uma boa seleção de jogos e exercícios que envolvam os diferentes grupos musculares, promoverá uma experiência motriz mais intensa, respostas musculares melhores e mais rápidas e um tônus muscular mais desenvolvido.

O segundo período estimula especificamente a força-velocidade. Os métodos específicos para o desenvolvimento da hipertrofia e da coordenação intramuscular devem ser contraindicados, embora o emprego de exercícios que utilizem o peso do corpo ou móveis leves, como bolas medicinais, possa ser especialmente útil ao condicionamento muscular.

O terceiro período se caracteriza pelas melhores condições biológicas, por causa da presença hormonal, que permitem o efeito anabólico-proteico, o qual dá lugar à hipertrofia muscular.

Segundo Weineck (1999), são aspectos a serem considerados no treinamento da força para crianças:

- O principal objetivo do treinamento com crianças e jovens é o emprego de exercícios gerais que favoreçam a capacidade motriz.
- O trabalho de força para crianças deve favorecer o desenvolvimento geral e harmonioso. Os métodos e

exercícios empregados devem ser lúdicos, motivadores e variados.

- O desenvolvimento precoce da força máxima é desaconselhado.
- O treinamento da força na infância se organiza quase que exclusivamente a partir de exercícios de caráter lúdico, os quais favoreçam o desenvolvimento da coordenação. O treinamento da força deve ser empregado somente quando for extremamente necessário.
- O fortalecimento da musculatura postural é um requisito básico para que o aparelho motor possa suportar cargas progressivas. Paralelamente ao fortalecimento da musculatura postural, devem ser prevenidos os desequilíbrios musculares.
- A carga de treinamento deve ser elevada mediante o aumento do volume, e não da intensidade.
- O treinamento de força deve ser variado; exercícios gerais têm uma função de formação geral.
- Durante o treinamento de força de crianças e adolescentes, é muito importante buscar uma recuperação entre sessões e exercícios.

3.5.2.5 Os tipos de lesões decorrentes do treinamento de força e como evitá-las

A maioria das lesões que acontecem durante o treinamento da força está relacionada à técnica de execução, a intensidade dos exercícios (incompatível com a idade das crianças), a má escolha dos exercícios na fase de adaptação, a falta de orientação de um profissional, o uso de anabolizantes como recurso ergogênico, o uso de equipamentos inapropriados, o nível físico do atleta, o estado nutricional, o estado psicológico, a fadiga, o nível de habilidade e as variações antropométricas. É importante saber como as lesões acontecem para poder evitá-las.

3.5.2.5.1 Fraturas epifisárias

É a fratura mais comum e decorre da má execução de movimentos, por uma extensão excessiva da cabeça ou a utilização de cargas próximas à capacidade máxima das crianças. É importante lembrar que, na fase de crescimento, o disco epifisário não está calcificado e, portanto, não possui a mesma capacidade para suportar o estresse mecânico que possuem as peças ósseas. A melhor maneira de prevenir esse tipo de lesão é não incluir exercícios com movimentos por cima da cabeça durante a fase de crescimento e não elevar a carga do trabalho mediante o aumento de peso.

Alguns exercícios de extensão de tronco podem acentuar o problema em pessoas com lordose lombar. Nesse caso, recomenda-se a realização de extensões de tronco encostado, em decúbito dorsal, sobre um banco sueco, de modo que o tronco se sobressaia e, ao realizar a extensão, não se ultrapasse a linha horizontal dos quadris. Assim, a flexão e a extensão do tronco são feitas com as mãos na nuca ou nas costas. Os exercícios abdominais de elevação de pernas não são aconselháveis para crianças de 8 a 10 anos, por conta da elevada tração que exercem sobre a coluna lombar. Nessas idades, é mais adequado realizar elevações de tronco sempre com os joelhos flexionados.

As flexões e extensões de braços pelos cotovelos nos exercícios de prancha são intensas, sobretudo para meninas, já que, além da abdução da escápula, o que aumenta o romboide, podem provocar ou aumentar o defeito de escápulas aladas. Outros exercícios menos intensos podem ser realizados, nos quais sejam trabalhados os mesmos músculos, como peitoral maior e tríceps braquial, mas sem que se provoque a abdução da escápula, e como consequência, o aumento do romboide. Não devem ser realizados exercícios unilaterais, evitando-se, assim, defeitos posturais como lordose, escoliose e outros.

As extensões e flexões dos joelhos (de cócoras) com carga externa excessiva podem provocar problemas na coluna vertebral. Por isso, é preciso atentar para a correção de sua execução: o tronco deve estar situado sobre a vertical dos apoios de pés, e as pernas devem executar a força com os músculos extensores e flexores. Além disso, os joelhos devem estar levemente para fora, alinhados à ponta dos pés, os quais devem se apoiar completamente no solo. A vista deve se dirigir para frente e para cima, a fim de manter ativados os reflexos tônicos do pescoço e evitar o encurvamento das costas.

3.5.2.5.2 Fraturas ósseas

A maior suscetibilidade de fraturas na fase de crescimento se dá entre os 12 e 14 anos para os meninos e entre os 10 e 13 anos para as meninas (Arruda, 2000). As elevadas sobrecargas nessa fase aumentam ainda mais o risco de fraturas. Paish (1999) diz que, durante a infância, o crescimento ocorre nos ossos longos; uma vez atingida a idade adulta, o crescimento se detém, e as cartilagens de crescimento, situadas no final dos extremos ósseos, se calcificam. O treinamento exaustivo da força tem um efeito não somente sobre os músculos, mas também sobre os tendões e os ligamentos que circundam uma articulação.

3.5.2.5.3 Distensões musculares

A distensão muscular é um dos tipos de lesão mais comuns entre as crianças que praticam exercícios de força. Duas maneiras de preveni-la são:

- sempre realizar aquecimento e estiramento prévios;
- não tentar levantar uma carga muito elevada para um número alto de repetições.

3.5.2.5.4 Lesões causadas por desequilíbrios musculares

O desequilíbrio de forças entre os pares de músculos antagônicos de uma articulação afetará a integridade deles, especialmente durante a fase de crescimento. O desequilíbrio de força e elasticidade entre o grupo muscular quadríceps e os isquiotibiais, por exemplo, é capaz de provocar um desvio articular do joelho no sentido posterior, o que pode levar a uma alteração das articulações do quadril, da pélvis e da coluna vertebral, aumentando, assim, a suscetibilidade a lesões nas estruturas dessas articulações. Para evitar o desequilíbrio muscular Tauchel e Muller (1996) afirmam que:

- Um treinamento, especialmente na infância e na juventude, deve favorecer a interação dos músculos e das articulações. O primeiro ano de treinamento deve ser variado e buscar o fortalecimento dos músculos posturais (Figura 3.11). Para o desenvolvimento dos tecidos conjuntivos e do sistema esquelético durante a infância e a adolescência, devemos recorrer a exercícios preventivos, capazes de proteger esses sistemas de lesões causadas por uma sobrecarga.
- É necessário desenvolver, de maneira direcionada, e, em virtude da especificidade esportiva, certa musculatura secundária e menos desenvolvida (Figura 3.12).
- Para satisfazer os requisitos específicos de uma modalidade esportiva que induza ao encurtamento e à debilitação de determinados grupos musculares, é necessário tomar medidas preventivas, profiláticas, terapêuticas e metodológicas.

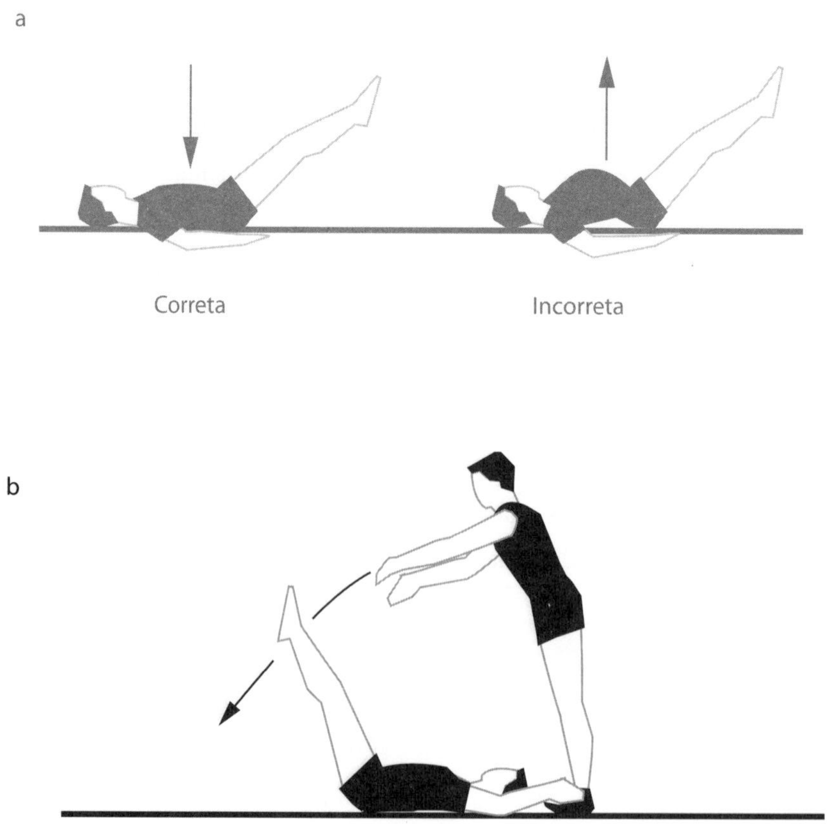

Figura 3.11 – Treinamento dos flexores pélvicos e da musculatura abdominal.

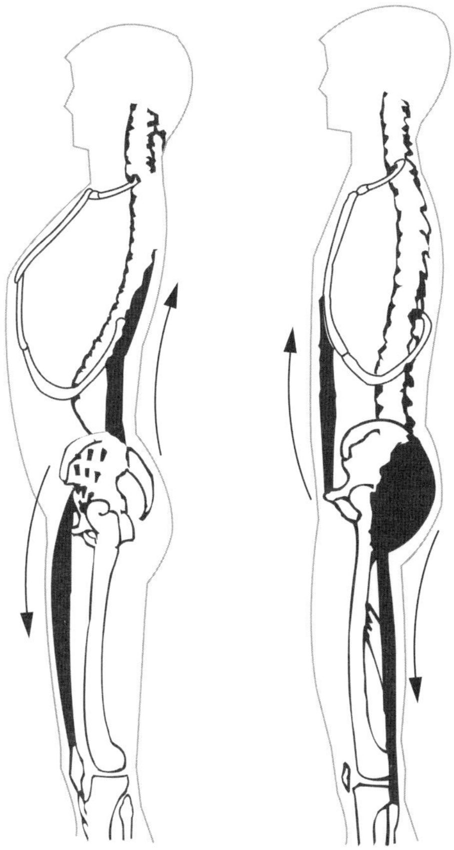

FIGURA 3.12 – Alterações, por causa de um desequilíbrio muscular, da posição da coluna vertebral em relação à pélvis em um jogador de futebol. Adaptado de Knebel, Herbeck e Hamsen (1988).

Um programa de força equilibrado, com a mesma proporção de estímulo dos músculos agônicos e antagônicos e a realização de estiramentos, é a melhor maneira de evitar esse problema. Ainda assim, devemos ter em conta uma série de indicações (Harre, 1983) para evitar diferentes tipos de lesões musculares e articulares.

Lesões de músculos

Estas lesões podem se apresentar quando os músculos de um mesmo laço muscular não se fortalecem proporcionalmente e quando os músculos com má irrigação e muito cansados (por causa de um intervalo de descanso muito curto) têm que alcançar rendimentos máximos de força. Por isso, devemos considerar:

- Dosar cuidadosamente todo exercício novo, pois o organismo não está adaptado ao trabalho e à implicação motriz.
- Prestar atenção ao aquecimento antes do treinamento da força e à manutenção da temperatura corporal durante sua execução.
- O estiramento dos músculos.
- As dores na musculatura durante a prática podem indicar o começo de um desgarramento da fibra muscular.

Lesões dos tendões, dos ligamentos e do menisco

As lesões desse tipo são atribuídas a um treinamento monótono e a cargas elevadas, para as quais a articulação não está preparada. Costumam atingir as articulações da mão, do pé e do cotovelo, que são relativamente débeis. São muito frequentes as lesões na zona do joelho e do pé, porque, em geral, os extensores da perna são fortalecidos apenas por meio de flexões do joelho. Por essa razão, é preciso considerar que:

- Os extensores da perna não devem ser fortalecidos somente por meio de flexões do joelho, já que podem provocar lesões no menisco ou nos ligamentos se realizadas em demasia.

- Deve-se empregar no treinamento da força das pernas a semiflexão dos joelhos ou a flexão em três quartos, específica de quase todos os saltos em competição.
- É preciso flexionar os joelhos com os pés em posição normal, para conservar a liberdade de movimento da articulação do joelho.
- É preciso proteger, utilizando sapatos firmes e adequados, a articulação dos pés ao levantar grandes cargas.
- Sempre que possível, deve-se cuidar da articulação do cotovelo ao realizar exercícios variados.

Evitar deformação do disco intervertebral

As lesões da coluna vertebral podem ser evitadas com a depuração da técnica de execução do exercício e com as seguintes indicações:

- Evitar cargas muito frequentes sobre a coluna vertebral em uma unidade de treinamento.
- Proteger a coluna vertebral mediante o fortalecimento sistemático da musculatura de sustentação.
- Manter a coluna vertebral ereta em todos os exercícios que impliquem uma carga a ela, já que assim se conserva sua estabilidade máxima.

Recomendações gerais:

- Evitar compressões que prejudiquem a respiração durante a prática.
- Os exercícios de força com aparelhos requerem o domínio da técnica correspondente. Para o aprendizado da técnica, utilizam-se cargas menores, para depois passar a uma carga maior, própria de um treinamento mais intensivo.

3.5.2.6 O planejamento em longo prazo para o desenvolvimento da força

A treinabilidade da força está condicionada por dois aspectos intimamente conectados: os fatores nervosos e os fatores musculares. Entre os fatores nervosos, encontram-se os processos de recrutamento e sincronização das unidades motrizes, junto à coordenação intermuscular. Entre os fatores musculares, encontram-se o tipo de fibra e a seção transversal do músculo.

Os fatores nervosos devem ser desenvolvidos desde idades iniciais, com a finalidade de a criança obter, aproveitando a maturação do sistema nervoso, uma boa coordenação intramuscular e intermuscular. Já os fatores musculares, especialmente o aumento da seção transversal do músculo, estão altamente condicionados pela maturação sexual da pessoa. Assim, até que concentrações suficientes de testosterona no sangue se deem, é impossível aumentar a força como consequência de um aumento da massa muscular (Fernández, Saínz e Garzón, 1997).

Embora a força seja uma qualidade relativamente estável durante a infância, a predição de como será em longo prazo é, no mínimo, arriscada. Uma criança de 8 anos forte não terá necessariamente os maiores ganhos de força na adolescência, em razão da correlação positiva entre força e tamanho muscular (Navarro, 2002).

O aumento máximo da força ocorre entre os 13 e 15 anos, sob a influência dos hormônios masculinos, para os meninos. A diferença entre os gêneros aumenta no último estágio da adolescência.

3.5.2.6.1 Objetivos e formas de trabalho

Fernández, Saínz e Garzón (1997) faz algumas propostas para o treinamento de força em crianças, de acordo com a faixa de idade.

De 0 a 4 anos

Sem um planejamento claro de desenvolvimento da força, aqui é interessante destacar que o estímulo do meio ambiente (o qual se dá principalmente no círculo familiar) deve permitir o adequado desenvolvimento da musculatura paravertebral, base para a aquisição da postura bípede, em que se dá a maioria dos deslocamentos da criança a partir de um ano de idade aproximadamente.

De 4 a 8 anos

Nesta fase, como na anterior, sem o objetivo claro de treinar qualquer das manifestações da força, é importante que os estímulos recebidos pela criança, tanto na rua quanto na escola, lhe permitam a maturação correta do componente de força. Dessa forma, se sustentará a força de construção. Entre os 4 e 8 anos, pode haver atrofias musculares, que devem ser detectadas precocemente, com a finalidade de que sejam retificadas e de que se evitem posturas inadequadas as quais levam à malformação do aparelho locomotor, sobretudo, da coluna vertebral.

Em razão da descompensação do trabalho entre os membros inferior e superior no ser humano, consequência do fato de a maioria dos deslocamentos ocorrerem na postura bípede, recomenda-se um trabalho bem programado de exercitação lúdica do membro superior. Quando a descompensação for muito evidente, pode ser feito também um trabalho analítico. As atividades a serem realizadas podem ser: lançamentos, ações de subir, de rastejar, de saltar, de arrastar etc.

De 8 anos até a puberdade

Diante da imaturidade sexual, o treinamento de força aqui se baseia na melhora da coordenação neuromuscular, sem desenvolvimento da hipertrofia muscular. Nessa fase, os meninos sofrem um aumento considerável da força explosiva das pernas (esse aumento é posterior nas meninas). Tal fato leva ao estabelecimento dos seguintes objetivos no treinamento dessa qualidade: desenvolvimento da força de construção (trabalho generalizado e equilibrado de todos os grandes grupos musculares), da força explosiva (fundamentalmente nas meninas) e da força-resistência. O trabalho de força máxima está excluído nesse momento, por conta do alto risco de lesão que pressupõe em relação a um organismo instável, em crescimento contínuo.

A grande facilidade mostrada pelas crianças dessas idades para a aprendizagem motora deve ser aproveitada para que seja introduzida uma vasta gama de padrões motrizes, entre os quais estarão incluídos os gestos de trabalho com halteres. É o momento ideal para ensinar a correta execução dos exercícios de força, que depois permitirão trabalhar adequadamente a força máxima.

O treinamento da força nessa fase pré-púbere deve ser precavido quanto à sobrecarga da coluna vertebral, que pode danificar qualquer elemento da estrutura locomotora (ossos, músculos, ligamentos e cápsula sinovial).

O desenvolvimento dos objetivos mencionados se dá mediante a utilização de um conjunto de meios e atividades importantes. A princípio, menos de 30% do tempo total de treinamento com crianças será destinado à melhora da força de construção. Além disso, com a finalidade de obter o correto desenvolvimento dessa qualidade, as sessões de trabalho deverão ser programadas de modo a promover a melhora de todos os grupos musculares de forma compensada ou equilibrada.

Como nessa fase não pode ser realizado um trabalho de hipertrofia muscular, a musculação será realizada com autocargas (trabalho com o peso do próprio corpo ou cargas externas leves, as quais não devem ultrapassar 10% do peso corporal). Assim, consolida-se a base para o desenvolvimento da força máxima em idades posteriores.

A força explosiva será desenvolvida de maneira quase natural, por meio de movimentos característicos do ser humano: saltos (membro inferior) e lançamentos (membro superior). Eles deverão ser utilizados com moderação, evitando-se provocar sobrecargas ao organismo. As saídas e os golpes podem ser utilizados com o mesmo fim.

O desenvolvimento da força-resistência deve se fundamentar em atividades lúdicas que exijam a manutenção de uma tensão muscular leve ou moderada durante tempo prolongado. São exemplos dessas atividades: queda de braço, briga de galos, tocar em uma parte do corpo do oponente sem ser tocado, manter posturas em equilíbrio etc. Destacamos ainda a utilização de meios naturais para a melhora da força; é ampla a gama de atividades que podem ser realizadas no campo e que permitem o desenvolvimento dessa qualidade: subir em árvores, jogar pedras, arrastar troncos, subir morros e dunas, saltar córregos, deslocar-se na água etc.

Durante a puberdade

Nessa fase, começam a ser implementadas grandes variações no treinamento da força, como consequência dos processos de hipertrofia muscular que começam a ocorrer e possibilitam o ganho de força. Aqui, o fundamento não está somente na melhora da coordenação neuromuscular, mas também no desenvolvimento da seção transversal do músculo. Isso ocasiona uma leve diferenciação de trabalho de força entre os gêneros, a qual será muito mais acentuada depois da puberdade.

Na puberdade, ocorre um aumento considerável da força explosiva do membro superior para ambos os gêneros, o que melhora a eficácia de todos aqueles padrões motrizes fundamentados na força, como é o caso dos lançamentos. Tudo isso faz adicionar aos objetivos das etapas anteriores o trabalho isolado e assistemático de tensões máximas.

Para alcançar esses objetivos, são utilizadas as mesmas atividades das fases anteriores, mas com maior exigência física. Assim, a musculação continua utilizando autocargas e cargas externas leves, que pouco a pouco podem superar 10% do peso corporal. Para aumentar a intensidade do trabalho com autocarga, devem ser considerados diversos critérios:

- Aumento da incidência de massa corporal. Por exemplo, desde realizar deslocamentos de quatro com os pés no solo a realizá-los com os pés no alto, em um banco sueco, o que faz uma maior quantidade de peso corporal recair sobre os braços.
- Aumento de momento de força. Por exemplo, desde realizar abdominais com os braços colocados no ventre a realizá-los com os braços estirados por cima da cabeça.
- Aumento da resistência por ineficácia muscular. Por exemplo, desde saltar aproveitando uma pequena flexão de pernas até saltar estando inicialmente parado, em meio agachamento.
- Combinação dos vários critérios anteriores.

O desenvolvimento da força explosiva se dará pelos mesmos meios de fases anteriores, ainda que agora seja possível falar da utilização de saltos e lançamentos múltiplos, mas não de sua aplicação estrita, visto que entre séries de saltos ou de lançamentos, devem ser introduzidos outros tipos de atividades as quais permitam maior recuperação e variabilidade. É preciso considerar que esses mesmos meios, se mal utilizados, ocasionam sobrecarga principalmente sobre a coluna vertebral, o que não é nada aconselhável para o púbere, em pleno crescimento.

Um método de trabalho muito apropriado, buscando o desenvolvimento da força de construção e da força-resistência, é o treinamento em circuito, que possui duas variações fundamentais: o *circuit training* e o treinamento rotativo. O primeiro se caracteriza por períodos de trabalho e descanso para cada estação que forma o circuito, ao passo que o segundo se desenvolve de forma continuada.

O treinamento em circuito deve buscar a melhora de todos os grupos musculares, sendo uma premissa básica de sua aplicação a alternância do grupo muscular trabalhado a cada estação. Esse método também é aplicável a idades anteriores, desde que as atividades propostas nas estações tenham um caráter lúdico.

No *circuit training*, a relação entre tempo de trabalho e tempo de descanso sempre deve favorecer o segundo, com o fim de não provocar fadiga de maneira acelerada. É aconselhável utilizar o maior número de estações possível, sendo 12 o número mínimo. A intensidade de trabalho e o volume total são condicionados pelo nível da condição física da criança. Não há razão para que as atividades sejam realizadas individualmente; o trabalho pode ser feito em pares, trios e pequenos grupos.

Além de todos os meios e atividades mencionados, existem outras formas de conseguir a melhora das diferentes manifestações da força em crianças. Por exemplo: atividades por pares de oposição e luta (puxar, empurrar, derrubar, tentar encostar as costas do oponente no solo etc.), atividades de tração por grupos mais ou menos numerosos (um grupo contra o outro, tração de objetos e aparelhos etc.), deslocamentos com transporte de companheiros ou grandes aparelhos (colchonetes, bancos suecos, caixas, potros etc.) e trabalho de encostas e dunas, como métodos mais específicos. Contudo, são contraindicadas as atividades sistematizadas de esforços isométricos e pliométricos, sendo muito limitada a utilização de cargas de halteres e máquinas para o desenvolvimento da força.

Nos Gráficos 3.17, 3.18 e 3.19, Navarro, Oca Gaia e Castañón (2003) indicam as idades adequadas para o trabalho dos distintos tipos de força.

Gráfico 3.17 – Possibilidades de começo e intensificação do treinamento da força máxima para distintos grupos de idade. Adaptado de Navarro, Oca Gaia e Castañón (2003)

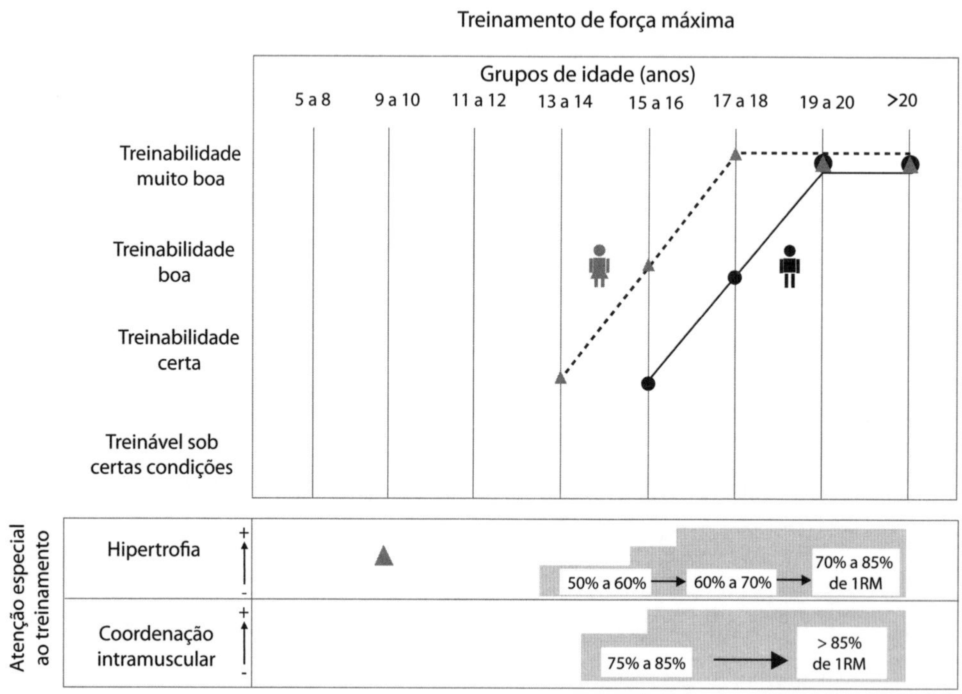

Gráfico 3.18 – Possibilidades de começo e intensificação do treinamento da força explosiva para distintos grupos de idade. Adaptado de Navarro, Oca Gaia e Castañón (2003)

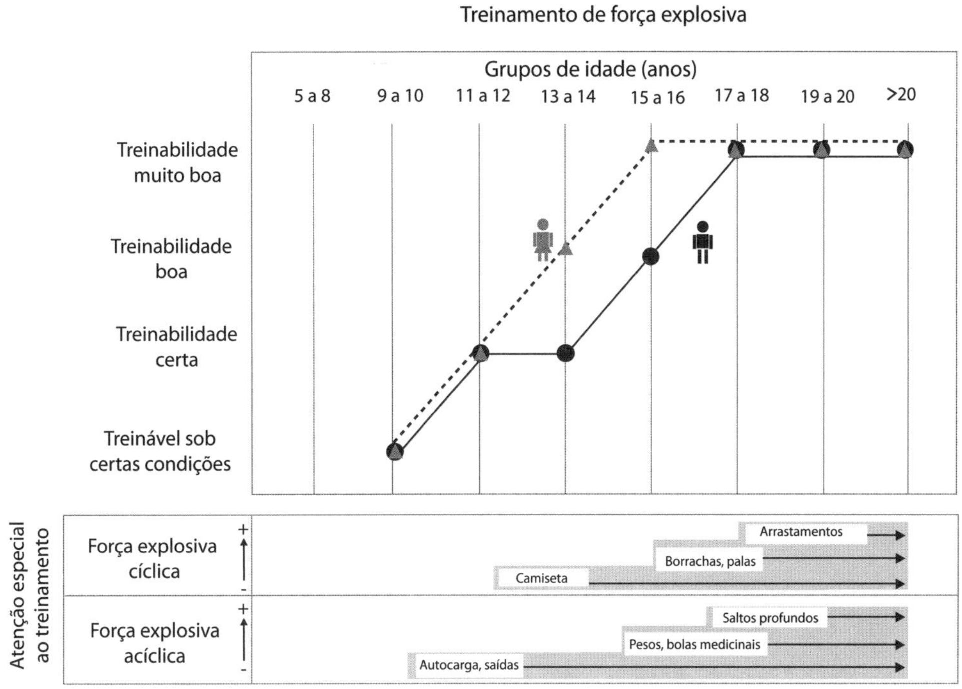

Gráfico 3.19 – Possibilidades de começo e intensificação do treinamento da força-resistência para distintos grupos de idade. Adaptado de Navarro, Oca Gaia e Castañón (2003)

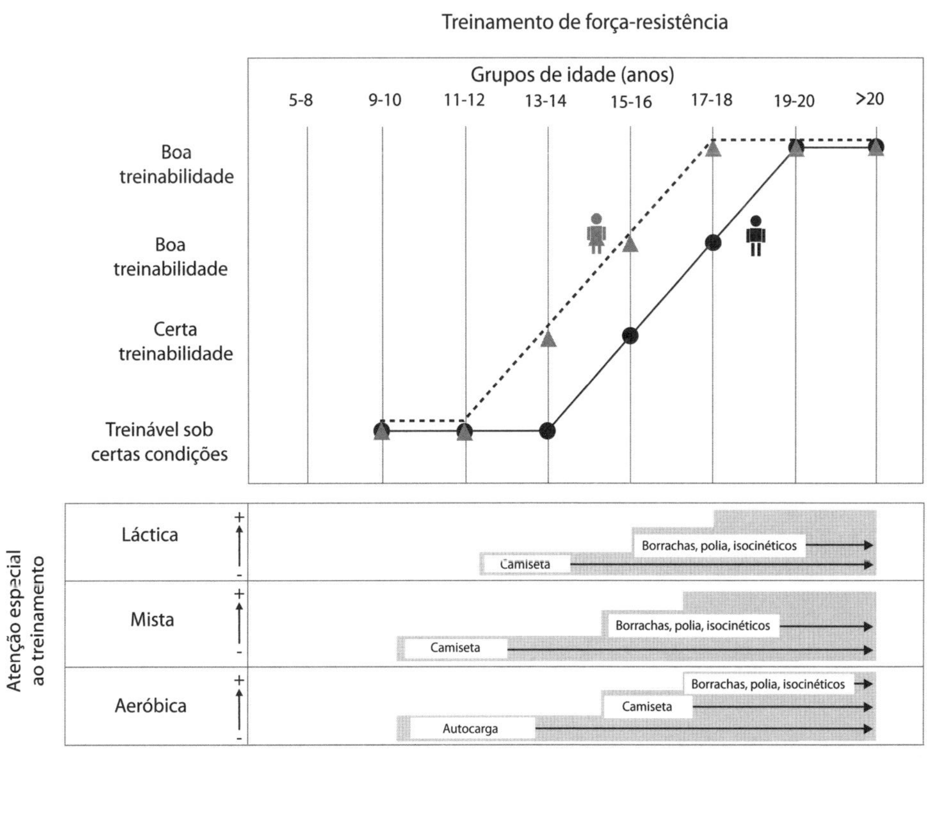

3.5.3 A treinabilidade da flexibilidade

A flexibilidade está entre as principais qualidades que determinam os resultados na natação desportiva. Podemos definir flexibilidade como qualidade que se baseia na mobilidade articular, extensibilidade e elasticidade muscular, que permite a dimensão máxima das articulações (Álvarez del Villar, 2001).

Possuir um nível insuficiente de flexibilidade limita a amplitude dos movimentos, não permite o desenvolvimento de uma técnica de natação efetiva, condiciona o grau de força muscular que o nadador pode aplicar, impossibilita uma alta velocidade de nado, altera a capacidade técnico-coordenativa, provoca economia de trabalho menos eficiente e, com frequência, causa alterações morfofuncionais na estrutura dos músculos e dos ligamentos.

Além disso, não permite ao nadador trabalhar de forma eficaz o desenvolvimento das qualidades físicas (força, resistência etc.), dado que o resultado da preparação física melhora de maneira substancial quando se aumenta a amplitude dos movimentos (Platonov e Fessenko, 1993).

A execução de exercícios que impliquem elevada amplitude articular, executados com uma sobrecarga dos músculos, permite ao nadador exercer um esforço muscular à custa da utilização das propriedades elásticas dos músculos e ligamentos nos primeiros trechos do movimento. A melhora obtida com o trabalho de flexibilidade resulta da interação das propriedades elásticas de músculos, tendões e ligamentos, da força necessária para se conseguir a maior amplitude de movimento possível, de uma boa coordenação intramuscular e intermuscular, do projeto do programa de exercícios a ser desenvolvido e da amplitude funcional das articulações (Martín, Carl e Lehnertz, 2001).

O treinamento da flexibilidade tem, portanto, a missão de aperfeiçoar as qualidades elásticas dos músculos, desenvolver a força necessária à realização de um objetivo concreto, aumentar a amplitude de movimentos que a anatomia (articulação) permite e melhorar o rendimento de coordenação muscular, mediante a potencialização dos reflexos.

A flexibilidade é uma qualidade física condicionante tanto da quantidade como da qualidade da execução dos movimentos técnicos, e seu insuficiente desenvolvimento leva às seguintes dificuldades e deficiências, segundo Harre (1982):

- Torna-se impossível o aprendizado de determinadas habilidades motrizes ou prolonga-se o tempo para a sua assimilação e aperfeiçoamento.
- Aumenta a ocorrência de lesões decorrentes da prática esportiva.
- Criam-se obstáculos ao desenvolvimento das capacidades de força, velocidade, resistência e agilidade, já que a amplitude de movimento é reduzida e a implicação das distintas estruturas morfofuncionais é menor.
- Limita-se a amplitude do movimento. Isso afeta a velocidade de execução do gesto técnico, e os nadadores precisam fazer, com frequência, um

esforço maior, o que produz fadiga prematura.

- A execução do movimento não se vê afetada apenas nas disciplinas em que a qualidade é o objetivo primeiro da avaliação do rendimento (esportes técnicos), mas também nas demais disciplinas. Se o nadador tiver uma reserva de flexibilidade, poderá realizar seus exercícios com maior força, rapidez, facilidade e menor custo energético.

A pesquisa nesse campo se concentra em determinar em quais períodos da vida a flexibilidade alcança seus valores mais altos. Corbin e Noble (1980 apud Elliott e Mester, 2000) sugerem que a flexibilidade aumenta durante a infância, até a adolescência, chegando nesta ao pico máximo, a partir do qual se inicia uma queda.

Entretanto, nem sempre foi claro o comportamento da flexibilidade em relação à idade; os estudos de Phillips (1955) e Kirchner e Glines (1957) (apud Elliott e Mester, 2000) assinalam que as crianças no período escolar tornam-se menos flexíveis, alcançando seu nível mais baixo de flexibilidade entre os 10 e 12 anos de idade.

Se há controvérsia em relação ao período em que se alcança a flexibilidade máxima, existe consenso quanto à queda que sofre a flexibilidade a partir dos 25 aos 30 anos. Não obstante, essa queda, própria da involução do ser humano, pode ser retardada por meio de programas de exercício físico bem planejados e que se adaptem às necessidades de cada sujeito.

Como se observou, a bibliografia é bastante confusa no momento de determinar os períodos críticos do treinamento da flexibilidade. A maioria dos pesquisadores sustenta que a infância e o início da adolescência são os períodos em que se pode alcançar a flexibilidade ótima, mas outros estudiosos assinalam que o treinamento da flexibilidade pode ser levado até o fim em qualquer momento da vida do atleta, desde que sejam realizados o planejamento e a seleção dos exercícios.

Os profissionais da Educação Física devem ter consciência desse período vital do esportista para não sobrecarregar excessivamente o sistema esquelético. Na infância, os ossos não estão totalmente formados e os processos de modelação ocorrem com rapidez. Isso significa que a cartilagem está sendo substituída por matéria óssea, o que a torna muito vulnerável ao excesso de carga.

Os treinamentos de força e flexibilidade bem planejados não têm por que provocar lesões, ao contrário do sobretreinamento. Durante o período de acentuado crescimento, em que o sistema ósseo se desenvolve mais rapidamente do que o muscular, a flexibilidade sofre uma involução (Bloomfield e Wilson, 1994 apud Elliot e Mester, 2000), e, consequentemente, é necessário que as crianças realizem com frequência exercícios de estiramento, de modo a manter graus de flexibilidade adequados.

Com o aumento da idade, os músculos, os tendões e o tecido conjuntivo se encurtam, e ocorre a calcificação de algumas cartilagens, provocando uma significativa redução da flexibilidade. Isso comumente aparece primeiro na região lombar, para, depois, afetar a articulação dos joelhos e outras articulações. Tal fenômeno, próprio do envelhecimento das estruturas morfofuncionais, pode ser minimizado por meio de estiramentos adequados e programas de treinamento de força e flexibilidade adaptados a cada indivíduo (Bloomfield et al., 1994).

Phillips (1955) e Kirchner e Gliner (1957) (apud Elliot e Mester 2000) realizaram diferentes estudos nos quais comparavam a flexibilidade de meninos e meninas de diferentes idades. Seus resultados demonstram que as meninas são mais flexíveis do que os meninos desde os 6 ou 7 anos até os 14 ou 15 anos. Já os resultados obtidos por esses e outros pesquisadores com jovens a partir de 15 anos não são conclusivos, pelo fato de apresentarem muitas divergências.

Os benefícios de uma boa flexibilidade para nadadores são:

- Maior economia de movimentos ao aumentar a amplitude dos movimentos natatórios. O nadador com uma grande mobilidade articular realizará com maior facilidade e eficiência a recuperação dos braços e das pernas no estilo nado de peito, conseguindo uma melhor execução técnica nos estilos.
- Aumenta o metabolismo nas articulações e nos músculos circundantes e, dessa forma, retarda o aparecimento da fadiga em nadadores mais flexíveis.

No Gráfico 3.20, Navarro, Oca Gaia e Castañón (2003) indicam os trabalhos dos distintos tipos de força adequados para cada idade.

Gráfico 3.20 – Possibilidades de começo e intensificação do treinamento da flexibilidade para distintos grupos de idade. Adaptado de Navarro, Oca Gaia e Castañón (2003)

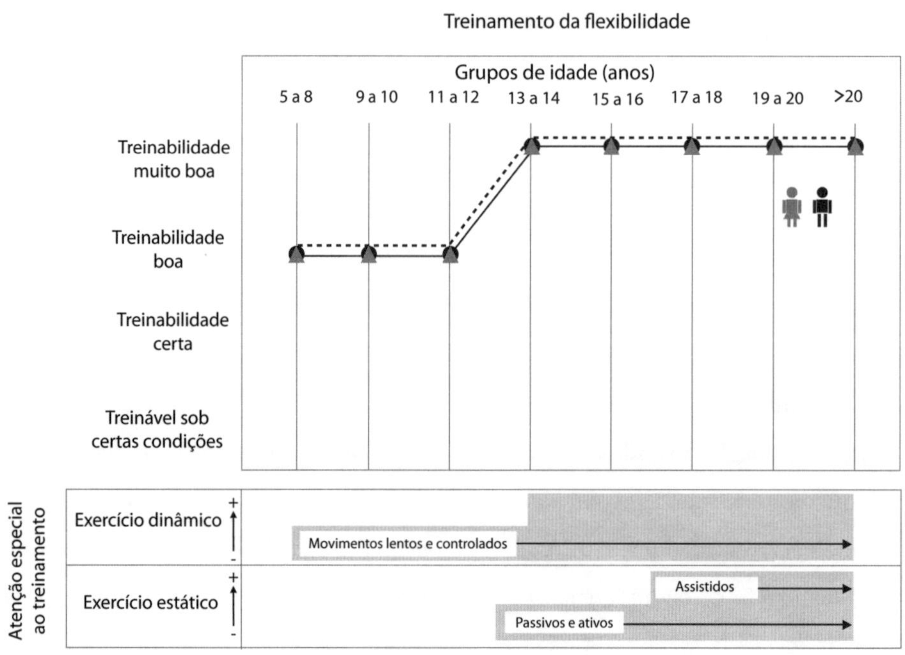

3.5.4 A treinabilidade da velocidade

A capacidade de velocidade do nadador compreende o conjunto de qualidades funcionais do seu organismo que permite a execução de ações motoras em um tempo mínimo. Distinguem-se formas elementares e formas complexas de manifestação da capacidade de velocidade. As elementares dizem respeito ao tempo das reações motoras complexas e simples, à velocidade de execução de um movimento concreto diante de uma resistência exterior insignificante e à frequência de movimentos. Em diferentes combinações e em conjunto com outros hábitos técnicos e qualidades motoras, as formas elementares possibilitam a manifestação de atos motores complexos, característicos da natação.

Às manifestações das aptidões complexas de velocidade correspondem a capacidade para executar uma saída e uma virada em um tempo mínimo, o nível de velocidade na natação de distância máxima, assim como a velocidade de avanço do nadador ao passar do deslizamento posterior à saída ou à virada, no trabalho cíclico.

Assim como ocorre com as outras qualidades condicionais, a velocidade é influenciada pelo desenvolvimento biológico e pelo crescimento, ainda que seja determinada em grande medida pelo potencial genético do sujeito. Alguns aspectos da velocidade podem ser melhorados desde idades muito precoces, como o tempo de reação e a frequência de movimento, pois estão relacionados à maturação do sistema nervoso, e não a outros aspectos funcionais.

Segundo García Manso, Navarro Valdivieso e Ruiz Caballero (1996), entre os 8 e os 10 anos, alcançam-se valores similares aos dos adultos. A enorme plasticidade que o sistema nervoso central (SNC) tem nessas idades, e também na idade pré-púbere, torna-as especialmente interessante para o treinamento da velocidade. Os tempos de reação e a frequência de movimento alcançam os mesmos valores dos adultos no final da puberdade. Na Tabela 3.20, Grosser e Muller (1992) propõe uma evolução da velocidade.

Tabela 3.20 – Treinamento da velocidade segundo a idade

Idade	Treinamento da velocidade
7 a 9	Aumento da velocidade de reação e da velocidade frequencial, sem variação em função do gênero
9 a 12	Produz-se uma fase sensível da velocidade de reação e da velocidade-frequência e, em parte, também da velocidade de movimento.
12 a 15/17	No início da fase: força-velocidade (H–M) com resistências medianas; ao final da fase: força-velocidade com resistências maiores Melhora da resistência de velocidade máxima
15/17 a 17/19	Elevam-se: velocidade de base (H–M), força-velocidade e resistência da velocidade máxima.

A velocidade de movimentos melhora até os 12 anos, tanto para meninos quanto para meninas. Depois dessa idade, tende a diminuir nas meninas, ao passo que continuam aumentando nos meninos (Ruíz et al., 2001).

Segundo Tschiene (1987), a velocidade deve ser reconhecida como o principal determinante motor, até mesmo em idades pré-púberes. Se buscamos a velocidade, é necessário construir a base para a composição das fibras de contração rápida. A velocidade de reação e a frequência de movimentos cíclicos devem ser desenvolvidas entre 7 e 12 anos; isso porque nas prestações de velocidade os fatores coordenativos são extremamente importantes.

Outros componentes da velocidade, como a velocidade de deslocamento e a capacidade de aceleração, serão desenvolvidos nas idades seguintes. Ruiz et al. (2001) afirmam que o primeiro período favorável para o desenvolvimento dessas qualidades está compreendido entre 9 e 13 anos para meninas e entre 14 e 15 anos para meninos. O aumento considerável da velocidade máxima na natação é condicionado pelo aumento da eficácia da técnica de nado e pelo aperfeiçoamento da regulação nervosa durante a repetição dos movimentos motores.

Na puberdade, ocorre uma regulação hormonal. O desenvolvimento das capacidades de velocidade no fim da puberdade e depois dela é determinado pelo aumento da força máxima e pelo aperfeiçoamento da técnica da natação (Bulgakova, 2000). Na Tabela 3.21 e nos Gráficos 3.21 e 3.22, temos propostas para o treinamento da velocidade segundo a idade.

Tabela 3.21 – O treinamento da velocidade segundo a idade

Idade	**Tipos de velocidade**					
	Velocidade de reação		Velocidade máxima acíclica		Velocidade máxima cíclica	
	Homens	Mulheres	Homens	Mulheres	Homens	Mulheres
8 a 10	*	*	Não	Não	Não	Não
10 a 12	*	*	*	*	Não	*
12 a 14	**	**	*	**	*	**
14 a 16	**	**	**	**	**	**
16 a 18	***	***	***	***	***	***
18 a 20	***	***	***	***	***	***

Gráfico 3.21 – Possibilidades de começo e intensificação do treinamento da velocidade de reação para distintos grupos de idade. Adaptado de Navarro, Oca Gaia e Castañón (2003)

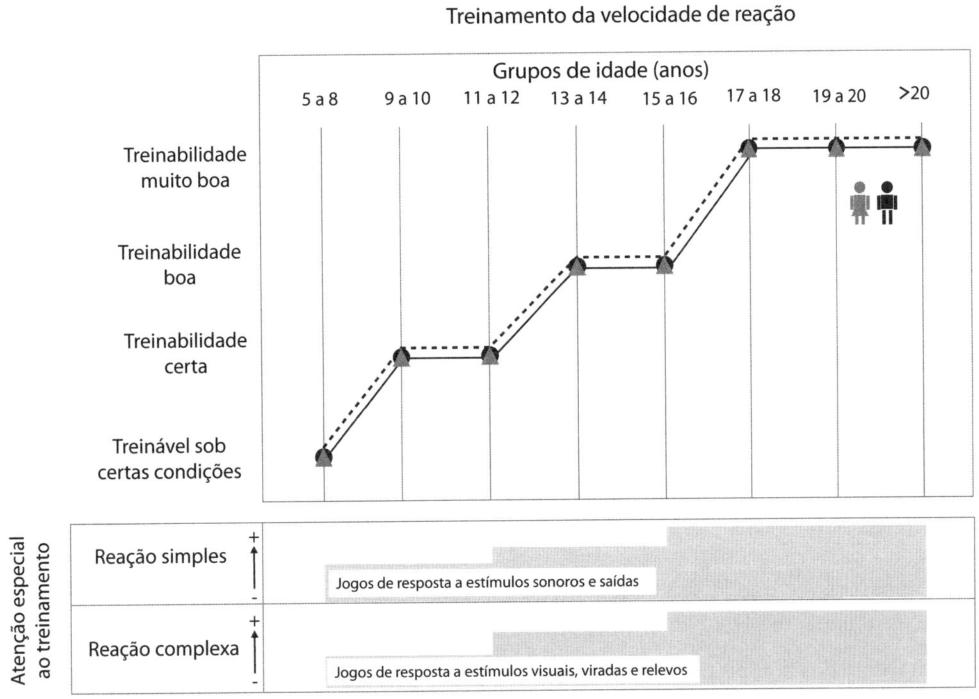

Gráfico 3.22 – Possibilidades de começo e intensificação do treinamento da velocidade máxima para distintos grupos de idade. Adaptado de Navarro, Oca Gaia e Castañón (2003)

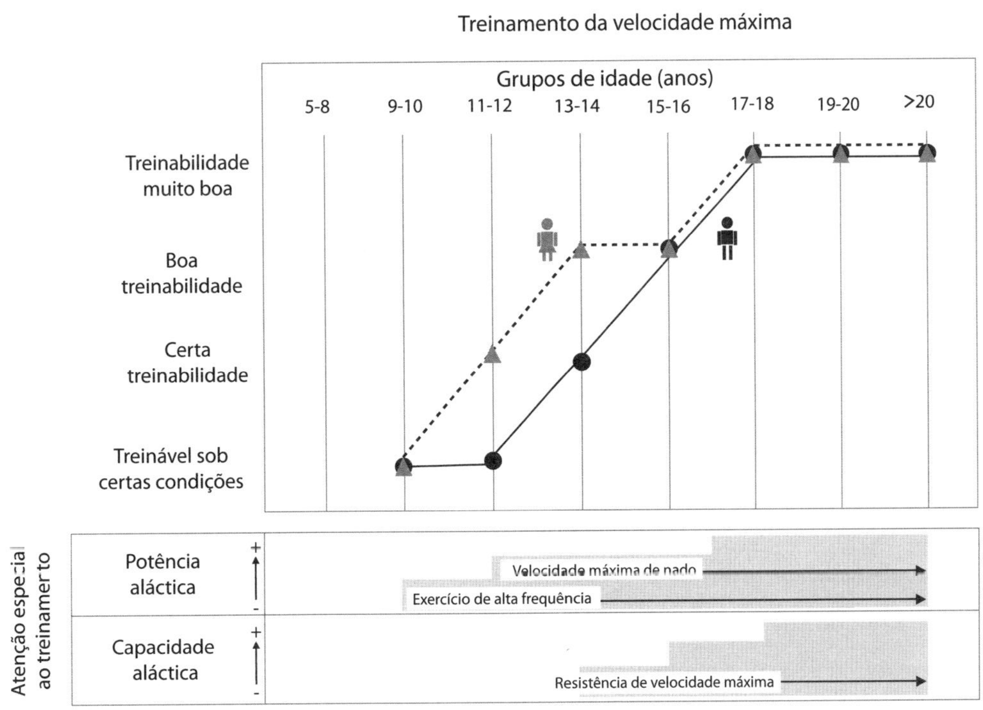

3.5.5 A tática

As habilidades de distribuir as forças em uma distância, de atingir o nível máximo de preparação física e técnica e transformá-lo em resultado esportivo, de tomar decisões em uma competição serão educadas desde o início do treinamento. Em cada sessão de treinamento, é necessário aperfeiçoar a preparação tática e desenvolver a mentalidade tática. Está claro que a preparação tática não será possível sem o conhecimento das regras de competição, pois as alternativas táticas deverão estar de acordo com essas regras.

Até o princípio da década de 1960, a estratégia habitual nas provas de natação era a de lançar-se na frente dos demais e seguir assim até o final. Hoje em dia, os nadadores se mantêm em reserva ou nadam a uma velocidade moderada nas primeiras fases das provas, principalmente naquelas de 400 m ou mais. Embora algumas pessoas ainda pensem que as provas de 100 e 200 m são provas de *sprint*, também nelas é preciso saber nadar em velocidade moderada.

O nado a uma velocidade moderada pretende evitar a prematura acumulação de lactato e a acidose subsequente, que reduz a proporção do metabolismo da energia e, com isso, a velocidade do nadador. Até mesmo o atleta mais bem treinado notará a queda do metabolismo (quase total) depois de 40 ou 45 s de esforço máximo. Pode não parecer necessário que um atleta de classe nacional nade em velocidade moderada em uma prova de 100 m, já que é capaz de cumpri-la em 47 ou 48 s; no entanto, os efeitos da acumulação do lactato podem causar a diminuição da velocidade antes de ocorrer a queda do metabolismo. Na realidade, nadando-se em esforço total, os efeitos da acumulação de lactato podem reduzir a taxa de glicólise entre 20 e 30 s após o começo da prova. Isso porque são necessários de 10 a 15 s para que a glicólise anaeróbica gere acumulação de ácido láctico.

Poupar-se nas primeiras fases da prova retarda a acumulação de lactato, de maneira que o metabolismo anaeróbico não seja tão severamente afetado, e assim podem ser mantidas maiores velocidades até a metade da prova e no *sprint* final. A maior parte dos nadadores acredita que nadar mais depressa no final da prova compensa a velocidade mais baixa no início e que, dessa maneira, obtém-se um tempo total menor e, portanto, melhor.

Embora nadar em alta velocidade na primeira fase da prova geralmente proporciona melhores tempos, às vezes, os nadadores cometem o erro de nadar a primeira metade tão devagar que, na segunda metade, não conseguem mais alcançar os adversários, por mais depressa que avancem. Por isso, é importante ter um plano traçado quanto à velocidade a ser empregada e que impeça esse tipo de erro.

3.5.5.1 Plano da prova

Foram estudados três planos gerais:

- Velocidade regular: a velocidade é constante para cada porção da distância.
- Velocidade rápida-lenta: a velocidade de nado é mais alta nas primeiras

fases da prova do que nas últimas; é o padrão mais empregado pelos nadadores inexperientes.

- Velocidade lenta-rápida: a velocidade de nado é mais alta nas últimas fases da prova do que nas primeiras.

Nos poucos estudos que se realizaram sobre os três planos da velocidade a ser empregada, concluiu-se que o plano rápido-lento é o menos eficiente. Isso se deve, sem dúvida, ao fato de que a velocidade relativamente alta da primeira metade da prova origina uma rápida acumulação de lactato, o que obriga a reduzir a velocidade já no princípio da prova, redução essa que continuará a ocorrer à medida que a prova continua.

Nos planos de velocidade regular e lenta-rápida, a acumulação de lactato se retarda até que a prova esteja mais adiantada, de modo que o nadador pode manter uma média de tempo melhor até a metade da prova e realizar um *sprint* mais intenso no final. A principal diferença entre o plano de velocidade regular e o de velocidade lenta-rápida é a magnitude do atraso, ou demora, na acumulação de lactato. No plano de velocidade regular, os nadadores começam a prova em uma velocidade a qual são capazes de manter ao longo de toda ela; no plano de velocidade lenta-rápida, eles começam em uma velocidade a qual são capazes de intensificar mais adiante.

Diferentemente das distâncias percorridas na pista, a divisão de tempos nas provas de natação não precisa ser em tempos idênticos ou quase idênticos para indicar que os nadadores utilizam uma velocidade constante. Enquanto na pista de terra, os corredores ultrapassam a velocidade da prova logo após a saída, o nadador desacelera, ou freia, depois da entrada na água. Como as provas de natação se iniciam com um salto, o tempo da primeira parte da divisão é habitualmente menor do que o das divisões sucessivas (isso quando o nadador se poupa). Além disso, as últimas fases de uma prova de natação se iniciam com uma virada, que ajuda no tempo de divisão, obrigando-nos a subestimar a velocidade real do nadador.

Com o fim de estabelecer essa divisão do tempo inteligentemente, devemos conhecer a velocidade, em relação ao melhor tempo do nadador na distância, que ele é capaz de imprimir na primeira metade da prova e que proporcione uma queda de tempo adequada no restante dela.

A velocidade de marcha apropriada pode ser determinada também examinando-se as divisões estabelecidas que geraram recordes nacionais e mundiais. Por exemplo, as provas de 200 m estilo livre dos melhores nadadores, têm sido obtidas com tempos muito aproximados do melhor tempo dos 100 m e foram capazes de nadar a segunda metade da prova com não mais do que 2 s de diferença.

Assim, concluímos que os nadadores de 200 m livre, independentemente da idade e do gênero, devem realizar a primeira divisão da prova 2 s mais lentamente do que em seu melhor tempo nos 100 m e que a queda do tempo na segunda metade deve ser de aproximadamente 2 s. Por exemplo: o nadador cujo melhor tempo nos 100 m livre é de 54 s deve conseguir nadar os 200 m livre em 1 min 54 s; os primeiros 100 m devem ser realizados em 56 s, e os restantes, em 58 s (Maglischo, 1999).

3.5.5.1.1 Plano de prova para os 1.500 m

A maior parte dos principais nadadores nada a uma velocidade regular até os 100 m finais, quando aumentam sua velocidade, terminando com um *sprint*. Um método bastante útil para estabelecer a velocidade nos 1.500 m se baseia em um modelo ou padrão de divisões da prova de 100 m.

Os primeiros 100 m são realizados 6 ou 7 s acima do melhor tempo do nadador nessa prova. As sucessivas 14 divisões de 100 m são realizadas aproximadamente 2 ou 3 s mais lentamente do que a primeira. Já os últimos 150 m são realizados em uma velocidade maior, 1 ou 2 s, do que a divisão anterior.

3.5.5.1.2 Plano de prova para os 800 m

O plano preferido dos nadadores na prova de 800 m também determina uma velocidade relativamente regular ao longo de toda a prova e que é intensificada no final. Os primeiros 400 m são realizados aproximadamente 6 ou 8 s acima do melhor tempo do nadador nessa distância. Os sucessivos 400 m são realizados 1 ou 2 s mais lentamente do que os primeiros.

3.5.5.1.3 Plano de prova para os 400 m

Aqui, têm sido utilizados com êxito tanto o plano de velocidade regular como o plano de velocidade lenta-rápida. A maioria dos nadadores de 400 m livre realiza os primeiros 100 m de 4 a 5 s acima de seu melhor tempo nessa distância (na divisão em 200 m, o tempo é geralmente 5 ou 6 s mais lento do que o melhor tempo do atleta na distância). As três divisões seguintes de 100 m são realizadas em uma velocidade relativamente constante, aproximadamente 2 s mais lentamente do que a primeira divisão. Já os últimos 100 m são realizados de 0,5 a 1 s mais rápido do que as três divisões anteriores.

3.5.5.1.4 Plano de prova para os 200 m

A maioria dos nadadores de 200 m realiza a prova em velocidade regular. Eles nadam os primeiros 100 m aproximadamente 2 ou 3 s acima de seu melhor tempo na distância e, durante a segunda divisão, melhoram o tempo em 2 ou 3 s.

Se as divisões são de 50 m, o plano é como segue: os primeiros 50 m são realizados 2 ou 2,5 s acima do melhor tempo do atleta. O segundo e o terceiro trechos de 50 m, em velocidade regular e aproximadamente 1,5 ou 2 s mais lentamente que o primeiro. Já os últimos 50 m são realizados igual ou ligeiramente mais depressa do que as duas divisões anteriores.

3.5.5.1.5 Plano de prova para os 100 m

As análises do ritmo de velocidade nos 100 m livre indicam que os nadadores nadam a uma velocidade regular. Eles não saem tão depressa quanto são capazes, poupando-se ligeiramente durante os primeiros 50 m. A maior parte dos recordes nos 100 m livre foi obtida realizando-se os primeiros 50 m aproximadamente 1 s acima do melhor tempo do atleta na distância. A poupança dos atletas representa de fato 0,5 a 1 s, já que a divisão começa com um impulso dos pés contra a parede, o que não ocorre em uma prova de 50 m. A queda do tempo é de aproximadamente 1,5 a 2 s nos últimos 50 m.

3.5.5.2 Estratégia da prova

Realizar a prova em velocidade moderada geralmente proporciona o tempo mais rápido possível. No entanto, isso pode não ser sempre efetivo. Na disputa entre nadadores com tempos similares, a vitória com frequência se deve à capacidade de um nadador de alterar o plano de prova do outro por meio de um movimento inesperado, realizado em determinado momento da prova. Algumas das táticas mais comuns e exitosas são:

- Saída mais rápida do que o esperado: essa tática funciona bem contra oponentes inexperientes ou que possuam um potente *sprint* final. Os nadadores inexperientes podem ser desmoralizados quando o rival toma rapidamente a frente. Já aqueles que possuem um *sprint* final potente podem não ser capazes de levar a prova a seu favor quando são forçados a sair mais rapidamente do que o planejado.
- Saída mais lenta do que o esperado: essa tática é útil diante de rivais que não são capazes de realizar um final rápido. Quando, normalmente, um nadador tem uma velocidade muito rápida para o oponente, o fato de que o outro nadador nade mais lentamente pode fazê-lo nadar também mais devagar do que pensava. Como resultado, ambos os nadadores chegam à fase final da prova mais descansados do que o esperado e, nesse momento, a velocidade superior da que se empregou nessa tática o permite lançar seu *sprint* a toda velocidade até ganhar a prova, ao final.
- *Sprint* rompedor na metade da prova: é uma boa tática diante de um oponente que tende a se afundar quando é ultrapassado. O *sprint* desmoraliza o oponente, permite recuperar a velocidade prevista e manter a vantagem obtida até o final da prova.

Também há táticas defensivas, que podem ser usadas para neutralizar as anteriores. As mais correntes são:

- Se um oponente começa a prova em velocidade mais rápida do que o esperado, é preciso procurar se manter suficientemente perto para poder alcançá-lo a qualquer momento, ainda que isso signifique nadar mais depressa do que se havia previsto. O oponente terá que trabalhar duro para manter a frente, mais do que o outro terá de fazer para manter-se junto dele. Por isso, se o oponente se cansa primeiro, o outro estará em melhor condição de ganhar a prova.
- Quando um competidor busca estabelecer uma velocidade mais baixa, é preciso tomar a direção e nadar a própria prova. Há nadadores que têm muito apego ao plano lento-rápido e sempre se mantêm atrás nas primeiras fases da prova. Esses nadadores se recusam a tomar a direção da prova, até mesmo se a velocidade do oponente for muito baixa; sem tomar a direção, eles correm o risco de ser superados no *sprint* final da prova ou por um oponente mais rápido e resistente.
- Não se deve deixar escapar o oponente que realiza um *sprint* na metade da prova, embora a velocidade pareça muito alta. O oponente pode se desmoralizar se perceber que seu *sprint* não deixou o outro para trás. Além disso, há a probabilidade de o oponente se cansar em decorrência desse aumento brusco de velocidade.
- Nas piscinas em que se produzem muitas ondas, é vantajoso tomar sempre a direção. Isso vale especialmente para as provas do estilo borboleta. Nadar no rastro dos competidores demanda mais energia para vencer as ondas. Nesse caso, é melhor não se importar com a velocidade nem com a estratégia e buscar manter à frente durante toda a prova. Se a velocidade resulta muito intensa, é preciso tentar, pelo menos, manter-se o mais perto possível do adversário.

Entretanto, essas estratégias raramente proporcionarão a vitória de um nadador sobre outro que possua uma velocidade maior. Elas são mais determinantes quando se enfrentam dois competidores cujas possibilidades são iguais ou quase iguais. No Quadro 3.5 e no Gráfico 3.23, tratamos da preparação tática nas diferentes categorias da natação.

Quadro 3.5 – Preparação tática nas diferentes categorias da natação

Categorias	**Caçula**	**Aprendiz**	**Infantil**	**Júnior**
Preparação táctica	Dosagem do esforço	Manutenção de um ritmo uniforme no decorrer das provas	Conhecimento e experimentação de distintas propostas de nado	Estabelecimento de um plano tático específico para a competição

Gráfico 3.23 – Possibilidades de começo e intensificação do treinamento da tática para distintos grupos de idade. Adaptado de Navarro, Oca Gaia e Castañón (2003)

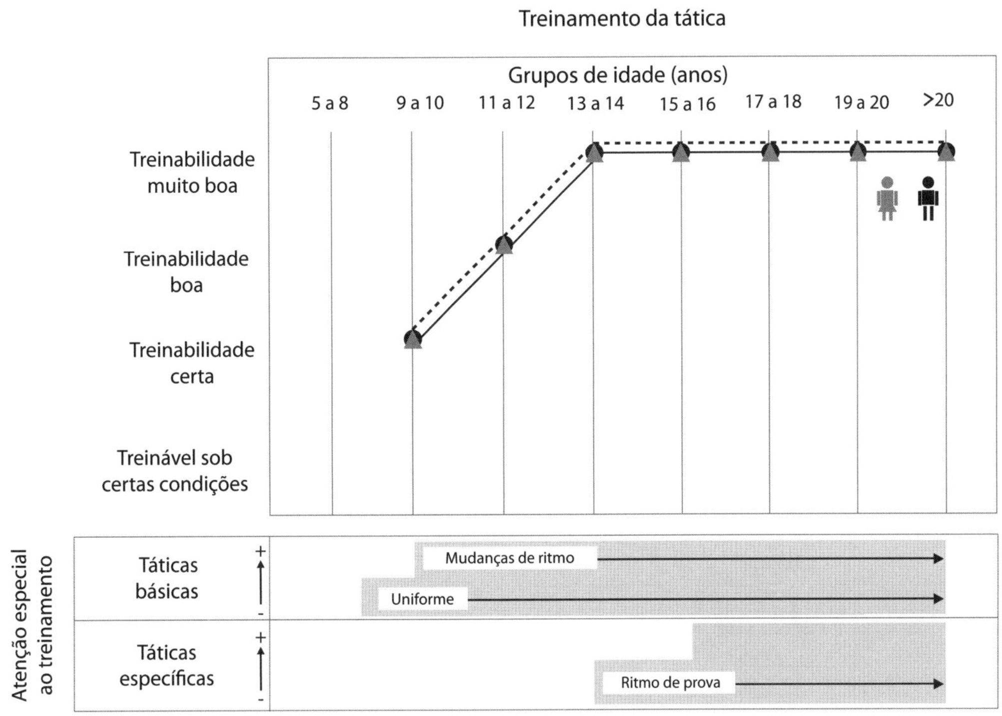

3.5.6 A técnica

A técnica é um sistema racional de movimentos que permite ao atleta realizar da maneira mais completa suas possibilidades motoras e, assim, obter bons resultados competitivos. O conceito da técnica na natação abarca a forma, o caráter, a estrutura interna dos movimentos, assim como a habilidade do nadador de perceber e utilizar todas as forças internas e externas que agem no corpo.

A técnica da natação está em evolução, e variantes surgem em cada estilo. Sobre seu desenvolvimento, exerce grande influência o trabalho criador realizado pelo treinador e pelo esportista no âmbito de aperfeiçoamento da técnica, sempre considerando: os objetivos e as condições das competições, as particularidades morfofuncionais do nadador e as regularidades gerais da biomecânica da natação.

No processo de aperfeiçoamento da técnica, leva-se em consideração a estatura do nadador, as proporções das partes do corpo e sua massa, a flutuabilidade, a longitude das extremidades etc. (Makarenko, 2001). A técnica dos movimentos está intimamente vinculada à preparação física, seu grau de treinamento, seu nível de dotes motores, sua reserva de hábitos motores anteriormente adquiridos e suas particularidades evolutivas.

Durante o processo de crescimento e desenvolvimento das crianças e dos adolescentes, é inevitável a reestruturação gradual de sua técnica. Ao mesmo tempo, é precisamente na idade infantil que são formadas as bases da técnica racional e, quem sabe, da futura mestria.

Quando ensinamos exercícios sem conhecer sobre a maturação das crianças, podemos cometer o erro de realizar determinadas tarefas precocemente, causando nelas frustrações e fazendo que, com isso, acabem deixando a natação. Na Tabela 3.22, há uma proposta de aprendizagem dos estilos segundo a idade.

Tabela 3.22 – Aprendizagem dos estilos segundo a idade

Estilo	Idade
Livre	4 a 6 anos
Costas	4 a 6 anos
Peito	5 a 7 anos
Borboleta	7 a 9 anos

3.5.6.1 Fatores que incidem na técnica

Para estruturar o treinamento da técnica, devemos conhecer os fatores que nela incidem. Realizando um compêndio da opinião de diferentes autores temos o seguinte (Arellano, 1992; Palomino, 1994; Castañón, 1996):

- Idade: para a melhora da técnica, requer-se concentração e atenção ao trabalho realizado; assim, quanto aos nadadores muito jovens, será muito importante conseguir sua atenção, a fim de se obter o domínio básico da técnica (Arellano, 1992; Sánchez Molina, 1995).
- Constituição física: a altura, envergadura, massa muscular etc. também influirão na técnica. Por exemplo, uma maior envergadura pode proporcionar uma maior longitude de ciclo.
- Controle da ação: para controlar uma ação, é necessário conhecê-la. Portanto, é preciso informar o nadador a respeito da técnica buscada e os motivos (princípio da atividade consciente).
- Condição física: os níveis de resistência, velocidade, força e flexibilidade influirão sobre a técnica. Por exemplo: um nadador com escassa flexibilidade da articulação escapuloumeral terá uma trajetória subaquática diminuída.
- Sistema neuromuscular: o cansaço desse sistema influi negativamente na consecução de objetivos técnicos.
- Crescimento: sobretudo nas idades em que há grande crescimento em curtos períodos de tempo (puberdade), o esquema corporal varia, e, portanto, será difícil aprender ou estabilizar movimentos (Arellano, 1992).
- Posição: a posição natural do ser humano é a vertical, que nos permite observar nossos movimento (referência visual); no entanto, nadamos em posição horizontal, o que obriga o estabelecimento de referências táteis, sinestésicas ou vestibulares, com as quais não estamos acostumados a trabalhar. Por exemplo: durante todo o percurso da mão no estilo borboleta, só podemos vê-la por um breve instante, quando

passa diante dos olhos; no restante do tempo, temos somente a informação sinestésica de seu percurso.

3.5.6.2 Premissas para a construção de uma sessão de treinamento da técnica

As premissas apresentadas devem ser consideradas por todos os treinadores no momento de construir uma sessão de treinamento da técnica, independentemente da idade do atleta. São elas:

- O treinamento da técnica deve ser realizado, sempre que possível, no início da sessão (depois do aquecimento ou como parte dele), pois é o momento em que o sistema neuromuscular está mais descansado (Grosser e Neumaier, 1982; Dick, 1993; Sánchez Molina, 1995; Castelo, 1996).
- Primeiro, deve-se buscar a correção do erro mais grave.
- É preciso controlar os objetivos técnicos perseguidos, evitando a repetição deles de uma forma não consciente.
- Os exercícios devem ser realizados primeiro em baixa velocidade e se integrar pouco a pouco no nado contínuo em velocidade de competição. Para isso, são utilizadas estratégias analíticas e globais. A realização de exercícios analíticos somente pode fazer que o nadador veja os exercícios como um todo, e não como uma parte integrada do nado (Matveiev, 1977).
- Será utilizada uma grande gama de exercícios que proporcionem ao nadador ampla bagagem motriz, mas considerando sempre o espaço, o tempo e o material disponíveis, assim como o número de nadadores (Matveiev, 1977; Dick, 1993; Sánchez Molina, 1995, Castañón, 1996).
- É melhor realizar mais repetições de distâncias curtas (20 x 25 m ou 10 x 50 m) do que menos repetições de distâncias longas (1 x 500 m ou 2 x 400 m).
- A princípio, serão propostos exercícios com referência tátil ou visual, passando pouco a pouco aos exercícios de referência sinestésica e vestibular (Matveiev, 1977; Grosser e Neumaier, 1982).

García e González (2001) propõem objetivos para os nadadores de idades jovens em função do estilo de nado, da virada e da saída.

3.5.6.2.1 Livre

O nadador deve ser capaz de:

- realizar a entrada da mão diante do ombro correspondente;
- flexionar o cotovelo no movimento para dentro (Maglischo, 1999);
- realizar uma recuperação de cotovelo alto (Maglischo, 1999);
- realizar uma coordenação entre os membros superior e inferior de seis tempos;

- nadar respirando a cada três braçadas;
- realizar a inspiração quando o membro superior do lado por onde se vai respirar estiver em movimento para cima (Maglischo, 1999) e realizar a expiração quando o membro superior do lado por onde se respira estiver na metade da recuperação.

3.5.6.2.2 Costas

O nadador deve ser capaz de:

- realizar a entrada com o membro superior diante do ombro correspondente, de modo que o primeiro dedo a entrar seja o mínimo;
- flexionar o cotovelo com o primeiro movimento para cima (Maglischo, 1999);
- realizar a recuperação com o membro superior paralelo ao eixo sagital do corpo;
- realizar corretamente o giro no eixo longitudinal;
- realizar uma coordenação de 180 graus entre os membros superiores.

3.5.6.2.3 Peito

O nadador deve ser capaz de:

- realizar a braçada sem que suas mãos ultrapassem a linha perpendicular ao fundo da piscina e que passa pelo ombro;
- realizar corretamente o chute de peito;
- nadar sem que exista a fase de deslizamento depois da recuperação dos membros superiores;
- realizar a inspiração quando os membros superiores estiverem no movimento para fora e a expiração quando os membros superiores estiverem se recuperando.

3.5.6.2.4 Borboleta

O nadador deve ser capaz de:

- realizar a recuperação com os membros superiores próximo da água;
- realizar a batida, sendo essa parte de uma ondulação geral do corpo a qual se inicia nas mãos;
- colocar o rosto na água antes das mãos;
- realizar corretamente duas batidas para cada ciclo do membro superior;
- nadar respirando a cada dois ciclos do membro superior;

3.5.6.2.5 Viradas

O nadador deve ser capaz de:

- executar correta e rapidamente os giros necessários para realizar as viradas;
- adotar uma boa posição hidrodinâmica a qual permita a realização de um bom deslizamento;
- conhecer o momento em que se deve realizar a primeira braçada;

3.5.6.2.6 Saídas

O nadador deve ser capaz de:

- executar correta e rapidamente a mecânica da saída;
- adotar uma boa posição hidrodinâmica a qual permita a realização de um bom deslizamento;
- conhecer o momento em que se deve realizar a primeira braçada.

No Quadro 3.6 e no Gráfico 3.24, temos objetivos para o desenvolvimento da técnica em função da categoria etária da natação e da idade.

Quadro 3.6 – Objetivos para o desenvolvimento da técnica segundo a categoria

Categoria	**Caçula**	**Aprendiz**	**Infantil**	**Júnior**
Preparação técnica	Domínio básico do meio Aprendizagem de técnicas esportivas básicas, saídas, viradas e estilos	Domínio técnico dos estilos Competição em todos os estilos	Prática regular do estilo principal, sem abandonar os demais estilos	Consolidação de padrões de longitude e frequência de braçada

Adaptado de Oca Gaía (2000).

Gráfico 3.24 – Possibilidades de começo e intensificação do treinamento da coordenação técnica para distintos grupos de idade. Adaptado de Navarro, Oca Gaia e Castañón (2003)

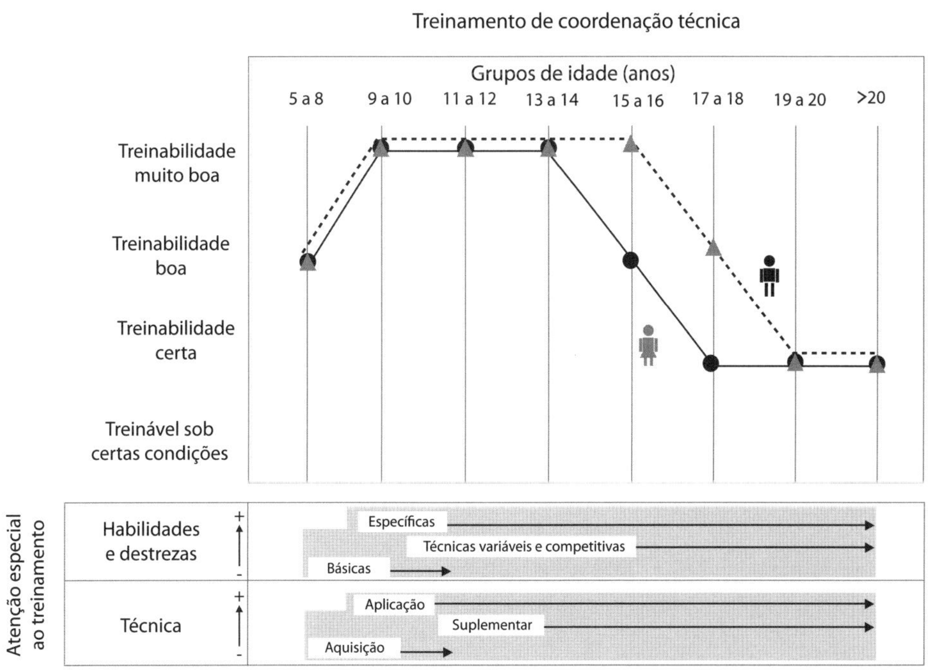

3.5.7 Periodização do treinamento de acordo com a idade

Segundo Platonov (2001), no sistema de preparação do esportista, é preciso destacar a teoria e a metodologia da formação dos seguintes elementos estruturais:

- preparação plurianual do esportista como um conjunto de etapas relativamente independentes, mas ao mesmo tempo inter-relacionadas;
- preparação anual, períodos e macrociclos da preparação;
- ciclos médios (mesociclos);
- ciclos pequenos (microciclos);
- alguns dias de treinamento;
- sessões de treinamento de suas partes.

É interessante apontar as principais razões para o planejamento do treinamento em longo prazo (Añó, 1997):

- Aumenta o rendimento futuro em competição, porque, ao esquecer os objetivos imediatos e em curto prazo, o nadador se concentra nos parâmetros básicos para o desenvolvimento e a aprendizagem esportiva da criança.
- Como sua duração é sabida e controlada, pode ser dividido em diversas etapas, para que se obtenham os objetivos finais.
- A organização de seus meios e métodos é racional, por conta da própria dinâmica da periodização.
- Facilita a avaliação específica e concreta do progresso do esportista ao contribuir com dados de cumprimento do planejamento e dos objetivos. Isso é algo muito mais difícil de obter quando não existe planejamento ou quando ele é feito em prazo muito curto, porque não permite a comparação dos dados ou proporciona apenas poucos dados, o que diminui sua fiabilidade. Ou seja, é necessário tempo para ver o progresso real de um jovem esportista.
- O máximo rendimento somente é obtido quando se estabelecem os meios e as bases corretos ou ótimos na infância e na adolescência.

Bompa (2002) enuncia alguns fatores que influenciam decisivamente o planejamento e o desenvolvimento do treinamento de jovens:

- Os objetivos do rendimento do atleta devem estar relacionados aos fatores específicos do seu esporte.
- À medida que se progride, é preciso aumentar o número de sessões e horas de treinamento anual, assim como o número de competições de que o atleta participa.
- Um plano em longo prazo deve aumentar normalmente o volume e a intensidade.
- O treinador tem que variar os tipos de exercícios que são realizados.

- Um plano de treinamento em longo prazo deve especificar e padronizar os tipos de teste que se utilizam ano a ano.

É preciso planejar com especial cuidado o processo de preparação dos jovens no período da puberdade, quando se observa uma desproporção no desenvolvimento de diferentes órgãos e sistemas e a reestruturação do aparelho endócrino, o que conduz a uma piora dos processos adaptativos, à piora da rentabilidade e ao atraso das reações de recuperação às cargas de treinamento e competição. O talento motor, a mobilidade exclusiva dos principais sistemas funcionais, os ritmos individuais do desenvolvimento permitem a esses atletas avançar rapidamente até o máximo da mestria esportiva, sem alterar a essência do planejamento plurianual, e conseguir resultados excepcionais um ou três anos antes de atingirem os limites da idade. No Quadro 3.7, temos as diferentes etapas de preparação de acordo com as distintas categorias da natação.

Os objetivos específicos dizem respeito ao que se quer obter de cada fator do treinamento, nas distintas etapas que constituem a carreira esportiva. As propostas dos especialistas quanto às etapas formativas do nadador divergem estrutural e terminologicamente (diferença do número de etapas, da sua duração, da sua denominação etc.), o que dificulta sua generalização.

Na Espanha, a estrutura do plano de longo prazo se fundamenta nas categorias estabelecidas pela Real Federación Española de Natación (RFEN), de maneira que as etapas que conformam esse plano recebem a mesma denominação da categoria correspondente. No Quadro 3.8, temos os objetivos específicos propostos para cada uma das distintas etapas da preparação do nadador, desde o início da prática da natação esportiva (categoria Caçula) até o começo da fase de obtenção do máximo rendimento (categoria Júnior). Também está indicado o grau de orientação específica do treinamento em cada etapa, de acordo com as características individuais do nadador e sua disposição para o rendimento em determinada especialidade.

Quadro 3.7 – Diferentes etapas de preparação segundo as categorias da natação

Caçula e Aprendiz	Inicial Preparação básica	Fortalecimento da saúde das crianças, ensino das bases da técnica esportiva, desenvolvimento das qualidades físicas, assimilação das ações motrizes diversas, formação da motivação
Infantil e Júnior I	Preparação específica básica	Desenvolvimento aprofundado das qualidades físicas, aperfeiçoamento técnico, preparação tática e psicológica
Júnior II e Sênior	Máximas possibilidades individuais Manutenção das conquistas	Conquistas do nível máximo de adaptação específica e da preparação das competições, manutenção do nível máximo da adaptação específica e da preparação para competições

Quadro 3.8 – Objetivos propostos para cada etapa da preparação do nadador em longo prazo

Fatores de treinamento	**Categorias**			
	Caçula	Aprendiz	Infantil	Júnior
Preparação física	Desenvolvimento físico geral Fortalecimento da saúde Início do trabalho de resistência	Fortalecimento geral Desenvolvimento das qualidades físicas básicas	Início da preparação específica	Desenvolvimento da preparação física específica
Preparação técnica	Domínio básico do meio Aprendizagem de técnicas esportivas básicas: estilos, saídas e viradas	Domínio técnico dos estilos, das saídas e das viradas Competições em todos os estilos	Prática regular do estilo principal, sem abandonar os demais estilos	Consolidação de padrões de longitude e frequência de braçada
Preparação tática	Dosagem do esforço	Manutenção de um ritmo uniforme no transcurso das provas	Conhecimentos e experimentação de distintas propostas de nado	Estabelecimento de um plano tático específico para a competição
Preparação psicológica	Desfrute do meio aquático Motivação para a prática da natação Adaptação ao entorno do treinamento de natação	Motivação para o treinamento e a competição Desenvolvimento do espírito de equipe	Motivação para o rendimento Desenvolvimento da disposição mental para a competição	Desenvolvimento do autoconceito Desenvolvimento do autocontrole emocional
Preparação teórica	Familiarização com as regras da competição Conhecimento dos aspectos básicos da flutuação, respiração e propulsão Prática regular de um repertório elementar de atividades de higiene e prevenção	Conhecimento da regras da competição Conhecimento dos pontos-chave da coordenação dos estilos Autocontrole sobre o estado físico e o treinamento (diário)	Domínio das regras da competição Conhecimento dos movimentos e trajetórias dos estilos, das saídas e das viradas	Autoavaliação técnica Conhecimento dos princípios fundamentais do treinamento Conhecimento dos princípios fundamentais do planejamento Conhecimento das repercussões pessoais, sociais, profissionais, econômicas da natação de elite

Adaptado de Oca Gaía (2000).

A introdução racional dos distintos modelos de periodização do treinamento ao longo da vida esportiva supõe um estímulo eficaz à progressão do rendimento, mas sua aplicação indiscriminada aos nadadores jovens pode frear essa progressão. Para selecionar o modelo de periodização adequado, é preciso ter em contra alguns aspectos fundamentais:

- a hierarquia de metas parciais e os objetivos específicos para cada categoria;
- as características da adaptação às cargas de treinamento em cada etapa, segundo o estado de maturação do nadador;
- o estado da reserva de treinamento em longo prazo;
- as possibilidades de progressão do rendimento.

No Quadro 3.9, temos uma proposta para a aplicação de modelos de periodização anual em cada etapa.

Quadro 3.9 – Proposta de modelos de planejamento em longo prazo nas diferentes categorias

Etapas do planejamento em longo prazo	**Características do planejamento anual**	**Projetos de treinamento recomendados**
Caçula	Não se busca alcançar o êxito máximo nas competições, e a preparação especial centra-se basicamente no aperfeiçoamento técnico	Não se empregam as estruturas de planejamento convencionais
Aprendiz	Inicia-se a estruturação da temporada em um só macrociclo (fracionamento simples). O período preparatório tem uma duração superior a dois terços do total, dominando aqui a etapa geral sobre a especial. O período de competição é curto	É recomendável o projeto convencional
Infantil e Júnior I	Podem ser estruturados dois macrociclos em uma temporada (fracionamento duplo) Aumenta a proporção do trabalho especial, baseado em uma maior presença das características de treinamento da etapa especial do período preparatório. Não se aconselha a prolongação excessiva do período de competição	É recomendável o projeto convencional

Continua

Continuação

Etapas do planejamento em longo prazo	Características do planejamento anual	Projetos de treinamento recomendados
Júnior II	Aumenta o número de macrociclos em função dos interesses competitivos da temporada Convém a variação de distintos projetos nos macrociclos	Podem somar-se até três macrociclos ao projeto convencional Podem se combinar o projeto convencional com o projeto contemporâneo
Absoluto	Os macrociclos se adaptam aos interesses competitivos, com a máxima intensificação e especialização da carga	Similar à etapa anterior, embora o projeto contemporâneo e suas variantes ofereçam importantes possibilidades de adaptação para o esportista muito experiente

A preparação em longo prazo dos jovens nadadores deve se basear em um sistema pedagógico íntegro e que vá ao encontro do desenvolvimento físico. As exigências a cargas de treinamento e o desenvolvimento físico dos jovens atletas deverão corresponder às leis biológicas de crescimento e maturação. Nesse processo de preparação em longo prazo, é necessário seguir uma metodologia, muitas vezes arbitrariamente posta de lado pelos treinadores. Os erros mais comuns são os seguintes:

- Inobservância das exigências do programa, dos gráficos e dos planos anuais de preparação.
- Aceleração da preparação em prejuízo dos objetivos de desenvolvimento físico e funcional.
- Falta de atenção às questões da preparação física geral na etapa inicial de especialização.
- Restrição artificial do volume de treinamentos nos períodos de crescimento acelerado ou, pelo contrário, superação das cargas de maior preferência. Falta de vontade ou inabilidade de treinadores em utilizar os dados científicos durante o processo de treinamento.

Sobre a restrição artificial do volume de cargas em períodos de crescimento acelerado e desenvolvimento, ela prejudica a realização plena das potências esportivas e obriga os treinadores a aumentar a intensidade. Por isso, a especialização precoce de jovens nadadores (de 8 a 10 anos) é condição indispensável para o estabelecimento racional da preparação em longo prazo. Além disso, é necessário coordenar o conteúdo de todas as etapas de preparação, os objetivos particulares de cada etapa e o objetivo geral.

Capítulo 4

A resistência na natação

4.1 Introdução

O conceito de resistência na atualidade contempla esforços de durações muito variadas, que vão desde 20 s até 6 h ou mais. Na natação, equivale a provas de 50 m até aquelas de 25 km. O principal fator que limita e ao mesmo tempo afeta o rendimento de um esportista é a fadiga. A resistência depende de muitos elementos, tais como a velocidade, a força muscular, as capacidades técnicas de execução eficiente de um movimento, a capacidade de utilizar economicamente os potenciais funcionais, o estado psicológico quando se executa o trabalho etc. Na natação, a resistência é a qualidade física que permite ao atleta manter uma alta velocidade de nado. No Quadro 4.1, podemos ver algumas definições de resistência de diferentes autores.

Quando se fala em resistência, costuma-se pensar em distâncias como 400, 800 ou 1.500 m ou, então, em natação de travessia. No entanto, não devemos esquecer que a resistência é uma qualidade que os nadadores de 100 e 200 m também devem desenvolver (Rodriguez, 2000). Visto que a energia para nadar distâncias de 400 m em diante (equivalentes a 4 min ou mais) provém de oxidar "combustível" nos músculos; muitas vezes identifica-se a resistência como a capacidade de nosso organismo para consumir oxigênio. Entretanto, o nadador com o consumo de oxigênio mais alto não é sempre o melhor nas provas longas. A resistência do nadador não só determina o consumo de oxigênio (fator aeróbico), mas também o funcionamento do sistema anaeróbico.

Quadro 4.1 – Algumas definições de resistência

Autor	**Definição**
Bompa (2002)	Limite de tempo sobre o qual o trabalho — a uma intensidade determinada — pode ser realizado.
Grosser, Brüggemann e Zintl (1989)	Capacidade física e psíquica de suportar o cansaço frente a esforços relativamente longos e/ou a capacidade de recuperação rápida depois dos esforços.
Manno (1991)	Capacidade de resistir à fadiga em trabalhos de duração prolongada.
Weineck (1999)	Capacidade psicofísica do esportista para resistir à fadiga.
Harre (1982)	Capacidade do esportista para resistir à fadiga.
Platonov (2001)	Capacidade para realizar um exercício de maneira eficaz, superando a fadiga que se produz.
Zintl (1991)	Capacidade de resistir psíquica e fisicamente a uma carga durante longo tempo, produzindo-se finalmente um cansaço (perda de rendimento) insuperável (manifesto) em razão da intensidade e da duração da carga e/ou capacidade de recuperar-se depois de esforços físicos e psíquicos.

Na literatura, distinguem-se a resistência de base e a resistência específica. A resistência de base é entendida como: a) a capacidade de executar um tipo de atividade — independente do esporte — que implique muitos grupos musculares e sistemas (sistema nervoso central, sistema cardiovascular e respiratório) durante um tempo prolongado e que afeta tanto o componente aeróbico como o anaeróbico (com predomínio do aeróbico); b) a capacidade de realizar durante um longo tempo qualquer carga que implique muitos grupos musculares e que guarda uma relação ótima com um rendimento específico. A resistência específica é igualmente contemplada sob duas perspectivas: a) como característica relacionada ao esporte/modalidade; b) como adaptação às condições de carga próprias da competição.

Em relação à estrutura de base, a natação está dentro da resistência de base II, que é uma resistência básica a qual se emprega fundamentalmente nos esportes de resistência para criar a adaptação geral do organismo aos esforços específicos de resistência, estabelecendo uma boa base inicial para o treinamento da resistência específica e ativando novas reservas para possibilitar maior aumento de rendimento. Já a resistência especial é a capacidade para executar de forma efetiva um trabalho e superar a fadiga ao se realizarem cargas condicionadas pelos requisitos da atividade competitiva efetiva em uma distância curta, média ou longa (Platonov, 1998).

A estrutura do rendimento é um parâmetro de referência para o treinamento de alto nível, que se caracteriza pelo estado de desenvolvimento das capacidades físicas, técnicas e psicológicas determinantes para a prestação em um período de máximo rendimento (Schnabel, 1981 apud Navarro, 1998). O desenvolvimento das capacidades motoras resistência, velocidade e força é necessário para se alcançar um rendimento específico em atividades de resistência de curta duração (RDC), de resistência de duração média (RDM) ou de distintos tipos de resistência de longa duração (RDL). Desse modo, uma menor duração do tempo de prova (competição) implica uma participação mais elevada da força para a potência propulsiva e também uma frequência de movimentos mais elevada (Navarro, 1998).

O desenvolvimento da capacidade de resistência foi estudado por muitos autores e experimentado em múltiplas disciplinas, com distintos métodos. Para alcançar os objetivos de treinamento de cada um dos tipos de resistência, é necessário conhecer os métodos de treinamento de resistência e seus efeitos. Com isso, poderão ser aplicados os métodos adequados para a melhora do rendimento de cada tipo de resistência. Com a finalidade de melhor entender as distintas possibilidades de treinamento da resistência, é preciso adotar uma classificação de métodos desse treinamento, que abranja as suficientes variações, assim, cobrindo todas as necessidades de desenvolvimento dos distintos fatores que possam afetar as diferentes manifestações de resistência.

4.2 Fisiologia da resistência do nadador

No processo do treinamento plurianual do nadador, e como resultado do desenvolvimento natural e do uso de um sistema de exercícios de orientação especial, vão se aperfeiçoando as funções coadjuvantes da formação das qualidades básicas do nadador. Na formação de um tipo de nadador, um papel importante, junto às particularidades fisiológicas, psicológicas e psicofisiológicas, correspondem às potencialidades energéticas do organismo, que determinam o desenvolvimento das principais qualidades físicas, especialmente da resistência. A resistência baseia-se nas propriedades do organismo que se opõem ao surgimento do cansaço, resultante das mudanças bioquímicas no sistema nervoso central, nos músculos em ação e em outros órgãos e tecidos que participam no asseguramento da atividade muscular. A causa dessas mudanças é a inadequação das possibilidades do sistema de abastecimento energético durante o trabalho das necessidades energéticas do organismo.

O consumo de energia durante a natação depende da temperatura da água, do nível de mestria do nadador, de particularidades de sua constituição, sua técnica e outros fatores (Vneshtorgizdat, 1989). O custo energético na natação é determinado a partir do valor da demanda de oxigênio, isto é, segundo a quantidade de oxigênio que o esportista necessita para percorrer a distância dada. A demanda de oxigênio inclui o consumo de oxigênio durante o trabalho (consumo operativo de oxigênio) e o consumo de oxigênio no período de recuperação (débito de oxigênio) (Vneshtorgizdat, 1989).

4.2.1 Consumo máximo de oxigênio

Para que um nadador chegue a alcançar seu consumo máximo de oxigênio, é necessário que seu sistema de transporte de oxigênio esteja funcionando no máximo. Seria necessário, portanto, que o nadador alcançasse sua frequência cardíaca máxima, pois isso é uma indicação de que está bombeando sangue (e, portanto, oxigênio) em sua capacidade máxima.

A velocidade de nado produzida pelo consumo máximo de oxigênio (VO_2máx) pode ser mantida por um nadador bem treinado durante 4 a 6 minutos (Rodriguez, 2000). Seguindo a informação desse mesmo autor, é por isso que, na natação, os testes de consumo máximo de oxigênio são feitos realizando-se 3 a 4 repetições de 400 m, nado livre, sendo a última próxima ao melhor tempo em 400 m do nadador. Por exemplo: 3 x 400 m livre (com recuperação de 15 min) em ritmos de 1 min 40 s, 1 min 23 s e 1 min 11 s para cada 100 m. Na chegada dos últimos 400 m, mede-se o VO_2 do nadador e calcula-se o VO_2máx por extrapolação. A partir dos 70% da velocidade máxima nos 400 m (ou seja, o ritmo de 1 min 40 s em 100 m para o nadador do exemplo), o sistema anaeróbico do glucogênio colabora em grande parte com a energia necessária para nadar. Nem mesmo durante uma competição de 1.500 m se nada com uma velocidade abaixo dos 70% da melhor velocidade nos 400 m. Portanto, em quase todas as distâncias de competição, utiliza-se a energia do sistema anaeróbico. Isso significa que o treinamento desse sistema melhora a resistência do nadador (Rodriguez, 2000).

Seria equivocado pensar que o trabalho de resistência aeróbica somente desenvolve o componente central; desenvolve também:

- o volume de batidas do coração;
- a capacidade pulmonar;
- a capacidade do sangue para levar oxigênio (hemoglobina).

Além disso, desenvolve os seguintes componentes locais na musculatura:

- mitocôndria nos músculos;
- rede de capilares musculares.
- enzimas aeróbicas e anaeróbicas;
- depósitos energéticos musculares (glucogênio, ATP, FCr).

Por sua vez, o trabalho de resistência anaeróbico dedica-se fundamentalmente a adaptar o componente periférico/sistema muscular à acumulação de lactato (Figura 4.1).

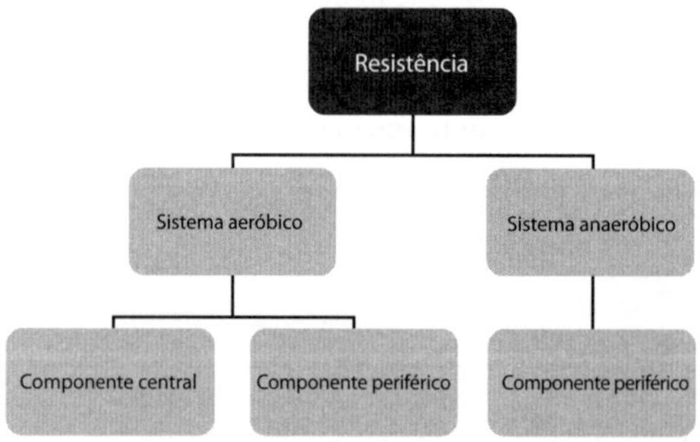

Figura 4.1 – Adaptação do componente periférico/sistema muscular à acumulação de lactato.

A resistência do nadador se desenvolve com um trabalho misto, que implique o sistema aeróbico e o anaeróbico. Não podemos desenvolver o VO_2máx de um nadador se não implicamos o sistema anaeróbico para poder conseguir uma alta intensidade de exercício e, assim, produzir um estímulo de adaptação do sistema aeróbico.

Segundo Maglischo (1999), os esportistas capazes de nadar em uma porcentagem elevada de VO_2máx sem acumular grandes quantidades de ácido lático em seus músculos têm uma vantagem sobre aqueles que simplesmente possuem um VO_2máx alto. Pode ser difícil entender isso, já que, teoricamente, nadadores com uma porcentagem elevada de VO_2máx deveriam ser capazes de consumir mais oxigênio em qualquer porcentagem do máximo, se comparados a esportistas com porcentagens menores. No entanto, na prática, essa relação entre um VO_2máx alto e o desempenho parece não existir. Aparentemente, a capacidade de alguns esportistas ao nadar em uma porcentagem mais alta do máximo supera um grande VO_2máx de outros. Os cálculos que vêm a seguir ilustram como um nadador com um VO_2máx menor pode nadar em ritmo mais rápido do que um companheiro de equipe com VO_2máx maior. Maglischo também faz uma comparação das porcentagens de consumo de oxigênio para nadadores com diferentes valores de VO_2máx.

- Nadador A – VO_2máx = 60 ml/kg/min.
- O nadador A pode nadar a 92% do máximo sem ficar fatigado; portanto, ele consome oxigênio na proporção de 55, 2 ml/kg/min – 60 x 0,92 = 55,20.
- Nadador B – VO_2máx = 65 ml/kg/min.
- O nadador B pode nadar a 75% do máximo sem ficar fatigado; portanto, ele consome oxigênio em uma proporção de 48,75 ml/kg/min – 65 x 0,75 = 48,75.

O problema da valoração do VO_2 na natação tropeçou com uma série de circunstâncias; por exemplo, é o único esporte que se realiza em posição de decúbito, devendo-se levar em conta por isso que: em primeiro lugar, afeta o retorno venoso para o coração do lado direito; e, em segundo lugar, a respiração relaciona-se necessariamente com o padrão motor, à exceção do estilo costas (Lorenzo et al., 2002). Pelo fato de a tecnologia não ter desenvolvido até então ergômetros específicos para a natação, a determinação foi realizada com os ergômetros tradicionais — cinto rotativo e cicloergômetro. A Figura 4.2 mostra o conhecido *swimming flume*. Há outra alternativa para valorar a resposta do nadador, a qual consiste em um sistema de recolhimento do ar expirado que se dispõe sobre uma plataforma fixa, de modo que o nadador não desloque o móvel que o acompanha.

Figura 4.2 – Teste específico para medição do consumo máximo de oxígênio para nadadores.

Os nadadores de elite alcançam um valor de VO_2máx no ergômetro específico significativamente menor (6% a 7%) do que no tapete rotativo, mas de mesma magnitude que no cicloergômetro (Holmer, 1974; McArdle et al., 1978 apud Lorenzo et al., 2002). Esses mesmos autores deduziram que, não dispondo de um *swimming flume*, o ergômetro ideal é o cicloergômetro. Em nadadores destreinados, o VO_2máx ao nadar era mais reduzido (20%) em relação ao valor alcançado ao correr e menor ainda (10%) ao pedalar (Holmer, 1974). A explicação para que esse parâmetro seja menor na natação está nos "elos" que o determinam.

4.2.2 Economia de nado

Economia na natação é uma medida de oxigênio necessária para nadar a certas velocidades submáximas. Os nadadores que utilizam menos oxigênio em certas velocidades são considerados mais econômicos do que outros que utilizam mais oxigênio. A capacidade para alcançar um alto rendimento aeróbico durante a natação obedece consideravelmente à eficácia da técnica. Ao elevar-se o nível da mestria técnica, cresce o componente da via aeróbica do asseguramento do trabalho. Por isso, um componente substancial para a melhora dos resultados na natação é a economia do trabalho, a qual é coadjuvante no treinamento esportivo.

Ao ser executado o mesmo trabalho ordinário, os esportistas de pouco nível consomem mais de 75% do oxigênio máximo, enquanto os esportistas de elite não consomem mais do que 50% (Vneshtorgizdat, 1989). Os esportistas de alto nível adaptam-se melhor às particularidades específicas da natação, sendo sua adaptação resultado de um treinamento de vários anos orientado a um objetivo. Costuma-se estimar que na natação as possibilidades de crescimento da mestria técnica dos esportistas são mais amplas do que, por exemplo, na corrida. O consumo de oxigênio por 1 m percorrido é duas vezes menor nos nadadores de alto nível do que nos não treinados; em relação à corrida, o consumo de oxigênio é 5% maior nos não esportistas do que nos mestres do esporte (Vneshtorgizdat, 1989).

A medida do consumo de oxigênio durante nados submáximos que durem mais do que 4 min (para que a maioria da energia provenha do sistema aeróbico) nos permite calcular a economia de nado.

$$\text{Economia de nado} = \frac{\text{Velocidade de nado}}{\text{Energia aeróbica empregada}}$$

Essa medida relaciona-se diretamente com a técnica de nado e com a mudança dos parâmetros de força e alavancas corporais que se dá com o crescimento dos nadadores. Embora essa medição pudesse ser muito útil e benéfica para se decidir a técnica, durante as velocidades de competição a medição do consumo de oxigênio não nos daria a medida da economia de nado, visto que boa parte da energia para o nado provém do sistema anaeróbico e não é conhecida pela medição do consumo de oxigênio (Rodriguez, 2000).

Além disso, a economia de nado medida durante o nado submáximo pode não ser a mesma durante o nado máximo. De fato, a técnica muda quando se nada ao máximo em comparação a quando se trata de "pegar água".

O oxigênio consumido durante um teste de economia na natação pode ser informado de duas formas: a) como os mililitros de oxigênio consumidos por quilograma de peso corporal para cada metro nadado (ml de O_2/kg/m); e b) como uma porcentagem do VO_2máx para cada velocidade. O primeiro índice considera o custo de energia da natação com relação ao tamanho corporal. O segundo expressa o custo relativo do VO_2máx para cada nadador. Os valores médios para os nadadores de classe mundial estão listados para várias velocidades na Tabela 4.1. Esses resultados provêm de um estudo realizado por Van Handel et al. (1988).

Tabela 4.1 – Medidas de economia na natação para nadadores de classe mundial dos EUA

Velocidade	Medidas de economia			
	Mulheres		Homens	
	Ml de O_2/kg/m	Porcentagem do VO_2máx	Ml de O_2/kg/m	Porcentagem do VO_2máx
1,2 m/s	28	49	36	53
1,4 m/s	52	91	53	77
1,6 m/s	67	118	72	106

Quanto ao grupo de nadadores de classe mundial apresentado na tabela, a necessidade de oxigênio para a natação, expressa como porcentagem de VO_2máx, a 1,2 m/s é de 53% para os homens e 49% para as mulheres; a 1,4 m/s é de 77% para os homens e 91% para as mulheres; e a 1,6 m/s, de 106% para os homens e 118% para as mulheres. Os valores percentuais para as mulheres foram mais altos do que para os homens nas duas maiores velocidades, provavelmente porque as mulheres estavam nadando mais próximo de suas velocidades máximas.

Atualmente, é possível que o melhor uso para as medidas da economia na natação esteja em determinar se as mudanças de braçada são benéficas. É provável que o potencial do esportista para determinado desempenho tenha desenvolvido quando uma mudança na mecânica resultou em menor consumo de oxigênio em velocidades rápidas, mas submáximas.

4.2.3 Limiar anaeróbico

No estado do metabolismo aeróbico podem influenciar os produtos do metabolismo anaeróbico, atuando de um modo depressivo sobre os mecanismos da resistência aeróbica do ATP. Os produtos do metabolismo anaeróbico acumulados retardam os processos de oxidação nas mitocôndrias das fibras musculares e afetam a permeabilidade das membranas no nível da respiração celular, o que conduz ao aumento do cansaço e à diminuição da capacidade de trabalho. Por isso, para a manifestação dos processos aeróbicos, é muito importante o nível de potência do trabalho a partir do qual, junto com o mecanismo aeróbico de abastecimento energético, incorpora-se o glicolítico.

Esse nível de potência do trabalho é comumente chamado de limiar anaeróbico (Uan).[1] À medida que vai aumentando a potência do trabalho, o abastecimento energético glicolítico se intensifica, até o momento em que é alcançada a velocidade crítica. Esse momento corresponderá ao nível mínimo da potência do trabalho com o qual se alcança o consumo máximo de oxigênio. Apesar da polêmica que o cerca, o Uan é amplamente empregado, e muitos estudos indicaram que ele pode ser utilizado para prever de modo preciso rendimentos de resistência, caracterizar os esportistas

[1] Sigla correspondente ao original em espanhol *umbral anaeróbico*. [N. T.]

de resistência, determinar uma intensidade de treinamento relativa e avaliar os efeitos de treinamento (Davies e Thompson 1979; Farrel et al., 1979; Sjodin e Jacobs, 1981; Yoshida et al., 1987; Weltman, 1995).

O limiar anaeróbico, ou limiar de lactato, é a velocidade de nado em que o sangue do nadador começa a se acumular. Como reflete fielmente o rendimento de ressitência do nadador, seria a velocidade de nado que ele alcança quando começa a acumular lactato. Com o treinamento de resistência, o nadador conseguirá ir mais depressa sem acumular tanto lactato, melhorando assim seu limiar de lactato. Lorenzo et al. (2002) falam de duas fases:

- Por baixo do limiar anaeróbico, a relação entre o oxigênio aportado e a atividade metabólica do músculo está próxima à unidade. Em outras palavras, o sistema cardiorrespiratório fornece oxigênio suficiente para as mitocôndrias do tecido muscular, de modo que elas possam oxidar o ácido pirúvico.
- Por cima do limiar anaeróbico, o SAO não contribui com oxigênio suficiente para o músculo, de maneira que parte do pirúvico não pode se oxidar na mitrocôndria e se reduz a ácido lático, evitando que o potencial redox do citosol aumente de forma considerável. Nessas condições, aumenta a produção de CO_2 e H^+.

Portanto, a partir de certa intensidade, o ácido lático produzido pelo organismo — e concretamente o músculo — tem duas alternativas. Em primeiro lugar, esse ácido pode amortecer dentro das próprias células. Em segundo lugar, as células musculares expulsam o sangue, combinando-se com outras moléculas e dando lugar ao amortecimento pelos tampões de plasma. Esses dois mecanismos não são excludentes, e o organismo sempre os utiliza.

Depois de 6 a 10 semanas, há uma redução significativa nos níveis de lactato no sangue quando se realiza um teste em determinada velocidade. Depois dessa rápida melhora inicial, ocorre uma estagnação, com pouca redução na quantidade de ácido lático acumulado (Rodriguez, 2000).

Determina-se o limiar a partir de uma concentração precisa de lactato. As concentrações mais utilizadas são de 2,5, 3 e 4 mM/ℓ. Os primeiros estudos de Mader localizaram o Uan na taxa metabólica de 4 mMol/ℓ, definindo essa zona como a mais idônea para a melhora da resistência aeróbica (Mader et al., 1976).

Na natação, podemos utilizar distintos protocolos para determinar o limiar anaeróbico. Os testes mais conhecidos são:

- teste escalonado progressivo de 8 x 200 m;
- teste escalonado progressivo de 4 x 400 m;
- teste de 8 x 100 m de Maglischo;
- teste de 6 x 400 m de Maglischo;
- teste de duas distâncias de Mader (2 x 400 m);

- teste adaptado de três distâncias (2 x 400 m mais 1 x 100 m);
- método de Griess (*maxlass*).

Como exemplo, na natação utilizou-se profusamente, com as distâncias de 100, 200 e 400 metros, mediante 2 nados sobre algumas das distâncias assinaladas em intensidades máximas (na primeira repetição e máxima ou quase máxima na segunda repetição). No Gráfico 4.1, pode-se observar a aplicação de um teste de duas distâncias (2 x 400 m) a um nadador. A concentração de lactato na primeira repetição é de 4,1 mMol/ℓ com um tempo de nado de 4 min 47 s. Na segunda repetição, o nadador realiza um tempo de 4 min 30 s, e se produz uma concentração de 8,7 mMol/ℓ. O tempo equivalente à intensidade em condições de Uan sobre um valor fixo de 4 mMol/ℓ é de aproximadamente 4 min 48 s para esse nadador.

Para a correta execução do teste, é necessário que a concentração de lactato resultante da primeira repetição esteja próxima ou acima de 4 mMol/ℓ, ou, do contrário, incorreríamos em erros como os assinalados no Gráfico 4.2. O mesmo nadador repete o teste, mas, agora, a primeira repetição é feita em um tempo menor (4 min 56 s), o que origina uma concentração de lactato inferior (2,9 mMol/ℓ). Seguindo o mesmo procedimento para determinar a intensidade (ou o tempo) correspondente a uma concentração de lactato de 4 mMol/ℓ, o nadador realiza um tempo superior com a mesma concentração. O problema surge do fato de se desenhar o gráfico com dois pontos somente, que refletem uma reta, quando o aumento do

Gráfico 4.1 – Exemplo de aplicação do teste de Mader (apud Navarro, 1998) de 400 m a um nadador

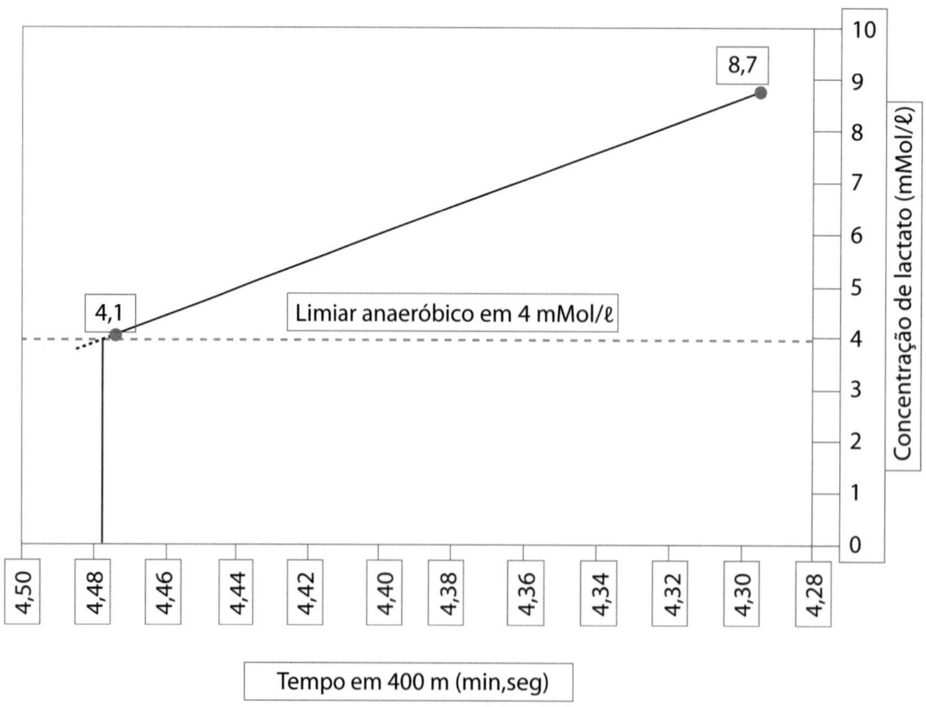

lactato com a intensidade ajusta-se melhor a uma curva exponencial. Dado que a partir dos 4 mMol/ℓ a tendência é mais linear, as determinações no caso A são mais confiáveis do que no caso B (Gráfico 4.2).

Um limiar anaeróbico individual pode ser situado acima ou abaixo das velocidades correspondentes a uma concentração de lactato no sangue de 4 mMol/ℓ; em alguns estudos já foram relatados limiares anaeróbicos individuais variando de 1,3 a 6,8 mMol/ℓ (McLellan e Jacobs, 1989; Stegmann e Kindermann, 1982). Maglischo (1999) afirma que sua experiência de dez anos de testes de sangue demonstrou que o limiar de 4 mMol/ℓ fica próximo ao limiar anaeróbico individual de apenas 50% a 60% dos nadadores. O limiar anaeróbico ocorre em valores significativamente mais baixos para os outros 20% a 30%, e em concentrações de ácido lático superiores aos 4 mMol/ℓ para os 10% a 20% restantes.

Há outras tentativas para elaborar métodos para a determinação do limiar anaeróbico individual, como:

- Limiar de Simon (Simon, Segal e Jaffe, 1987): nesse teste, o limiar anaeróbico individual corresponde a uma velocidade que aumenta o ácido lático do sangue 1,5 mMol/ℓ acima do nível de repouso e que gera um ângulo de inclinação de 45%.
- Limiar do *turnover* do lactato: esse teste baseia-se na velocidade do aumento do ácido lático acima do nível de repouso; é o ponto em que o aumento de 1 mMol/ℓ de lactato

Gráfico 4.2 – Erro na detecção do Uan decorrente da escolha da intensidade do teste de duas distâncias

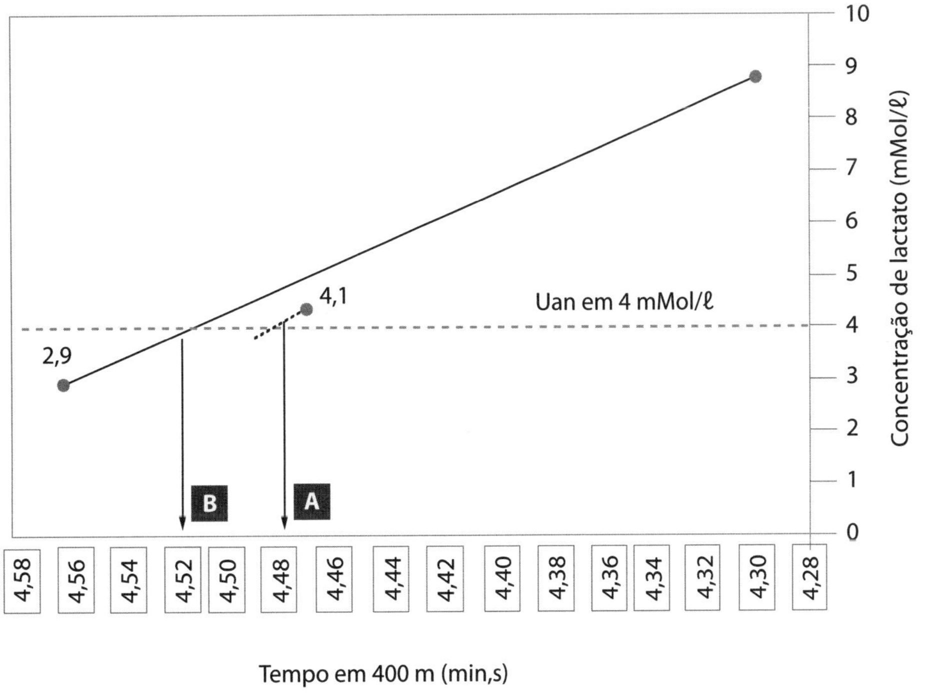

é igual a 1 cm, e 0,10 m/s de aumento na velocidade na natação é igual a 2 cm.

O limiar do *turnover* de lactato correspondeu melhor à velocidade máxima que pode ser mantida durante a prática de 30 min na natação, em um estudo que comparou essa modalidade com o limiar de Simon, e nos 4 mMol/ℓ foram mais rápidas do que o do *turnover* de lactato (Weiss, Bouws e Weicker, 1988). Villanueva (1997) assinala que:

> a escolha da distância do teste é importante porque a reta encontrada é específica para cada distância e, portanto, a V4 encontrada também o é. Qualquer comparação posterior ou utilização para determinar ritmos de treinamento deverá considerar esse aspecto. É evidente que se o que buscamos é uma orientação do treino em categorias aeróbicas, a distância deverá ser predominantemente aeróbica (duração superior aos 120 segundos), ao passo que se o que queremos observar é a zona correspondente ao metabolismo anaeróbico, a distância deverá ser mais anaeróbica lática. O problema de escolher uma distância muito longa (maior de 300 m) é que o primeiro nado deve estar acima de 4 mMol/ℓ, o esforço deverá ser bastante intenso e a recuperação, muito grande, antes de se fazer o segundo nado, com o objetivo de que o nadador possa realizar essa segunda etapa em uma velocidade elevada (máxima) e obtenhamos uma alta taxa de lactato. Se trabalhamos com nadadores muito jovens, esse problema aumenta já que as concentrações de lactato são em geral mais baixas do que para o restante da população.

Infelizmente, esses testes não estão ao alcance de todos. Por isso, alguns autores apresentam meios para a determinaçao do limiar anaeróbico sem a necessidade de se retirar qualquer amostra de sangue, os quais são muito eficazes. Nos testes de campo, não se pode garantir a mesma padronização que nos de laboratório (condições climáticas, temperatura etc.). Portanto, para efetuar comparações temporais, seus resultados servem somente com certas restrições. Com os testes de campo, pode-se, em primeiro lugar, conseguir uma maior afinidade com a modalidade esportiva e, em segundo lugar, eles mesmos supõem um treinamento. Citamos alguns desses testes:

- O teste de T-30: o nadador deve realizar um teste de 30 min em esforço máximo e em ritmo uniforme, do início ao final. Em seguida, os resultados são convertidos para uma velocidade média — 100 m pelo tempo em segundos. O exemplo abaixo reflete esse procedimento. Nesse caso, o nadador completou uma distância de 3.000 m em 35 min (2.100 s), o que significa uma velocidade média de 100 m por 1 min 10 s (2.100/30 = 70 s = 1 min 10 s):

- tempo para nadar 3.000 m = 35 min (2.100 s);
- ritmo por 100 m = 2.100/30 = 1 min 10 s;
- ritmo para outras distâncias de repetições = 1 min 10 s x distância em 100 m (exemplo de tempo para os 400 m: 1 min 10 s x 4 = 4 min 40 s).

- Olbrecht et al. (1985) verificaram que a velocidade média para um nado T-30 correspondia ao ritmo de concentração de lactato de 4 mMol/ℓ, conforme determinado por um teste de sangue típico. A velocidade média para um teste de T-30 provavelmente não diferencia de modo significativo a velocidade do nível de 4 mMol/ℓ, porque, para a maioria dos nadadores, o limiar anaeróbico individual situa-se entre os valores de 3 a 5 mMol/ℓ; consequentemente, o teste T-30 é um método muito efeicaz para a determinação do treinamento de resistência, não fazendo falta o teste de sangue (Maglischo, 1999).
- Nadar 3.000 ou 8 x 500 m com descansos muito curtos, buscando realizar o melhor ritmo possível. Esse ritmo que o nadador é capaz de manter se ajusta bastante ao ritmo de Uan. O tempo médio por 100 m será utilizado como ritmo de treinamento. O nadador deverá realizar o teste periodicamente para reajustar as intensidades de treinamento.
- Nadar 4 x 200 m descansando de 2 a 3 min entre cada repetição. Toma-se o pulso nos primeiros 6 s imediatamente depois de finalizar cada repetição. Para a determinação da velocidade correspondente ao Uan, deve-se nadar cada 200 m aumentando-se a velocidade, mas sempre em intensidades submáximas.

Se um nadador tem um limiar anaeróbico correspondente a uma concentração de lactato de 4 mMol/ℓ, teoricamente deve ser capaz de sustentar essa concentração de lactato (e a velocidade em que esse nível é conseguido) durante 30 min ou mais. As concentrações de ácido lático que podem ser toleradas variam enormemente de nadador a nadador. O treinamento do limiar anaeróbico ou aeróbico médio é um treinamento de alta qualidade aeróbica. Em um nadador bem treinado, a frequência cardíaca está geralmente dentro de 20 e abaixo da frequência cardíaca máxima (Navarro, Oca Gaia e Castañón, 2003).

Se o nadador supera a velocidade que corresponde ao limiar anaeróbico, aproxima-se do ritmo máximo em que o organismo pode transportar e utilizar o oxigênio (VO_2máx). A zona de intensidades de treinamento acima do limiar anaeróbico e do VO_2máx Navarro (1996) denomina *aeróbico intenso* (AEI) (Gráfico 4.3).

Gráfico 4.3 – Dinâmica das curvas lactato-velocidade e frequência cardíaca-velocidade

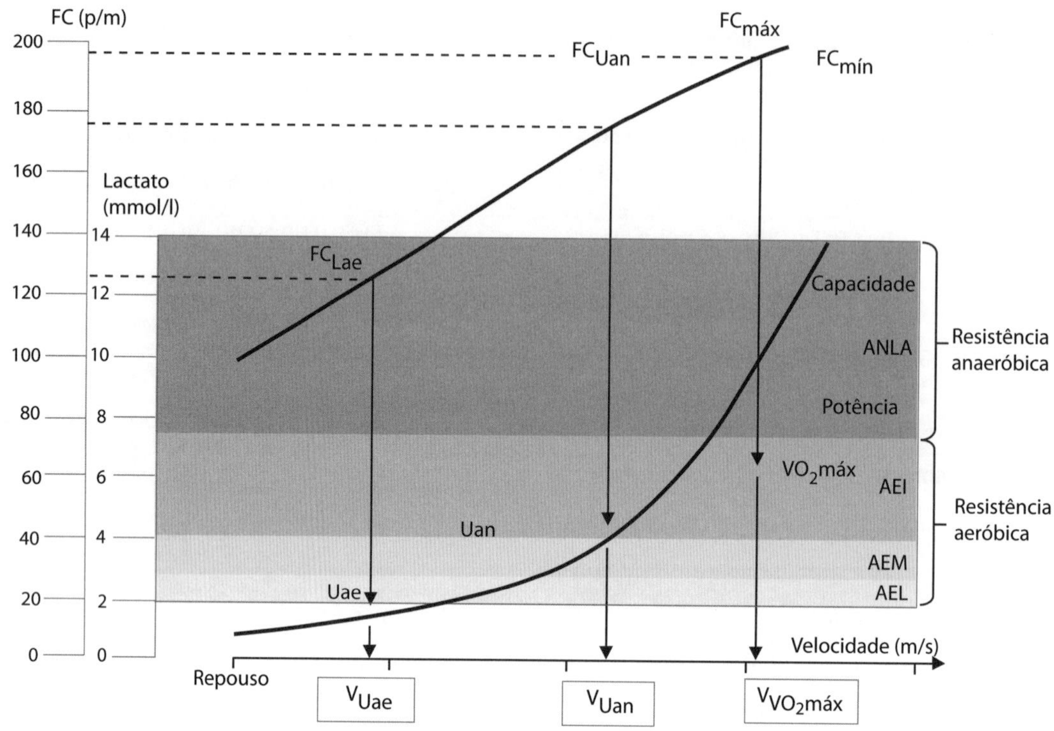

A curva formada pela união de cada um dos pontos que relacionam o tempo com a respectiva frequência cardíaca excede até sua intersecção com o nível de frequência cardíaca máxima do nadador. Desde o ponto de intersecção entre essa linha e o nível da frequência cardíaca máxima, traça-se uma linha vertical até o eixo de abscissas que representa a velocidade. O ponto assinalado será o ritmo de treinamento que deverá ser empregado para o trabalho aeróbico (Navarro, 1996).

4.2.4 Metabolismo na natação

O sucesso ou o fracasso em uma competição de natação depende em grande medida da capacidade dos músculos de gerar a energia necessária para propulsionar o corpo através da água. Embora as fontes de energia não difiram quanto às correspondentes a outros tipos de exercícios físicos (Tabela 4.2) as condições biomecânicas são tão diferentes, que afetam a intensidade metabólica, de modo que a aplicação estrita dos valores da Tabela 4.2 precise ser feita com cautela. De acordo com Lorenzo et al. (2002), a composição corporal contribui para a utilização da energia:

Na Tabela 4.3, acrescenta-se uma explicação dos efeitos fisiológicos induzidos por rendimentos de diferentes durações (Navarro e Arsenio, 1999).

Tabela 4.2 – Porcentagens de contribuição dos metabolismos em função da duração do esforço

Tempo	Anaeróbica em %	Aeróbica em %
0 a 30 s	80	20
30 a 60 s	60	40
60 a 90 s	42	58
90 a 120 s	36	64
120 a 180 s	30	70
Energia expressa com relação ao tempo de esforço acumulado		
0 a 60 s	70	30
0 a 90 s	61	39
0 a 120 s	55	45
0 a 180 s	45	55

Tabela 4.3 – Efeitos fisiológicos que são induzidos por rendimentos de diferentes durações

Objetivos fisiológicos	Duração básica de trabalho	Efeitos fisiológicos
Potência aláctica	10 s	Pico da degradação do fosfato de creatina Alcance de potência metabólica máxima
Capacidade aláctica	20 s	A duração mais longa em que a potência aláctica pode se manter próxima ao máximo
Potência glicolítica	45 s	Pico de obtenção do ritmo máximo de produção de lactato
Capacidade glicolítica	1 min 15 s	A duração mais longa em que a glicólise permanece válida como fonte principal de fornecimento de energia
Potência aeróbica	2 a 3 min	A duração mais curta para se obter o consumo de oxigênio máximo
Capacidade aeróbica	2 a 6 min	A duração de manutenção do consumo máximo de oxigênio
Eficiência aeróbica	10 a 30 min	*Steady State*. Manutenção da velocidade correspondente entre o limiar anaeróbico e o aeróbico
Capacidade da mioglobina	10 a 15 s*	Tempos de diminuição das reservas de mioglobina/O_2 nos músculos
Capacidade circulatória central e mobilidade aeróbica	30 a 70 s**	Aumento do volume de batida e do consumo de oxigênio por batida na fase de recuperação; breve aumento do consumo de oxigênio em cada esforço durante o trabalho fracionado

* A intensidade deve ser mais baixa do que nos exercícios de velocidade.

** A intensidade deve ser mais baixa do que nos exercícios de resistência de velocidade.

Há diversas considerações quanto ao gasto energético:

- Em geral, o gasto energético para uma mesma distância é quatro vezes maior na natação em comparação à corrida (Holmer, 1974; McArdle et al., 1978).
- O gasto energético depende do estilo. Nos estilos borboleta e peito, ele é aproximadamente o dobro do que nos outros dois estilos, livre e costas (Holmer, 1974). Essa diferença é atribuída a questões biomecânicas. Com efeito, a resistência ao avanço em certa velocidade é maior para as técnicas de borboleta e peito. Além disso, contrariamente ao que ocorre na corrida ou no ciclismo, na natação os valores de resistência não são uniformes quando o atleta vai a uma velocidade determinada.
- O domínio da técnica propicia aos nadadores treinados um menor gasto energético em relação aos não treinados (Holmer, 1974). Em outras palavras, os atletas treinados apresentam maior eficiência. Holmer demonstrou, utilizando dois grupos de nadadores os quais realizaram uma prova na mesma velocidade e na mesma frequência de nado, que aqueles melhor treinados tinham um gasto energético menor do que os não treinados. A 0,8 m/s, por exemplo, foram observados valores de VO_2 de 4 ℓ/min para um nadador de nível baixo e de 2,6 ℓ/min para um nadador de nível alto.
- Van Handel et al. (1988) observaram diferenças relacionadas ao gênero entre nadadores de mesmo nível técnico. Comparando atletas de elite dos dois sexos, esses autores observaram que as mulheres tinham um consumo de oxigênio relativo mais baixo do que os homens quando ambos nadavam na mesma velocidade (1,2 m/s). Em porcentagem, a maior eficiência fica em torno dos 30%. Um dos fatores que os autores sustentaram para justificar as diferenças entre os gêneros foi a quantidade e distribuição da gordura corporal, que influiria sobre as condições de flutuação.

É fácil perceber que existem certas características físicas as quais decidem o maior sucesso de um nadador em certa distância ou em certo estilo. No entanto, embora sejam importantes, existem entre elas diferenças fisiológicas, já não tão evidentes, e geralmente são estas que determinam o fato de um mesmo nadador ser capaz de obter uma medalha olímpica nos 1.500 m livre e ser mediano nos 100 m. Essa diferenciação não está precisamente nas características individuais do âmbito celular.

Para que os músculos mantenham sua atividade durante a natação, é necessário fornecer-lhes energia. A forma de energia necessária é conhecida como trifosfato de adenosina (ATP). O ATP não é armazenado em grandes quantidades no músculo, pelo fato de ser produzido por outros porcedimentos químicos que ocorrem no organismo. Tais procedimentos compõem sistemas de produção de energia. Dependendo da intensidade com que o músculo se move para nadar, o ATP será produzido por um sistema ou sistemas concretos de produção de energia, que são três: anaeróbico alático, anaeróbico lático e aeróbico. Para conseguir uma adaptação ou melhora na produção de energia de algum dos três sistemas, é preciso treinar o nadador na intensidade específica em que se modifique cada sistema particularmente.

4.2.4.1 Sistema anaeróbico alático de produção de energia

O ATP é formado rapidamente por meio de outro componente energético que também fica armazenado no músculo, denominado fosfocreatina (CP).

O componente alático se desenvolve ao realizarem-se treinamentos orientados a aumentar a força. É por isso que na preparação dos nadadores, especialmente dos velocistas, dá-se muita importância ao trabalho de força executado em regimes determinados. Convém, portanto, que os exercícios de força e força-velocidade sejam oferecidos no começo do treinamento, já que estimulam reações anaeróbicas, e isso se traduz em aumento da concentração de substâncias estimulantes da oxidação aeróbica no músculo. Os esforços que caracterizam o sistema anaeróbico alático de produção de energia são aqueles executados em intensidade máxima e em um período muito curto (10 s ou menos).

Esse sistema imediato é de grande valor na natação — por exemplo, em *sprints* a distâncias curtas (25 e 50 m). No entanto, é necessário considerar que nos músculos somente podem ser armazenadas pequenas quantidades de ATP e CP, o que faz o fornecimento não durar mais do que 10 s. Não obstante, com o treinamento, pode-se conseguir um armazenamento celular de ATP e CP e o conseguinte aumento da capacidade do nadador.

No sistema anaeróbico alático, a formação de ATP e, portanto, de energia é feita a partir do gasto da fosfocreatina, composto macroenergético que está no músculo como elemento de reserva de quantidades maiores de ATP (de 3 a 5 vezes). O CP pode ceder imediatamente a sua energia ao ressintetizar ATP (Navarro, 1996).

O conjunto dos compostos ATP e CP é conhecido como fosfagênio e forma um *pool* de reserva de energia que se armazena no músculo. Entretanto, se a intensidade de trabalho for muito grande, o esforço só pode ser mantido por, no máximo, 30 s — o equivalente a nadar uma distância de aproximadamente 50 m em intensidade máxima —, já que as fontes de energia se esgotariam.

4.2.4.2 Sistema anaeróbico lático de produção de energia

Em razão de a maioria das provas na natação ser de distâncias superiores a 50 m, devem ser utilizadas outras fontes de energia a fim de suprir as demandas. As provas de 100 e 200 m empregam fundamentalmente as fontes de energia anaeróbica para fornecer o ATP necessário ao exercício.

O nome desse sistema deriva do fato de que o oxigênio não é utilizado por tal processo, mas a partir dos hidratos de carbono. Quando os hidratos de carbono, provenientes de alimentos como cereais, frutas, bolos etc., são ingeridos, transformam-se em açúcares simples, sendo a glicose um dos mais importantes. Ela chega, por meio do sangue, ao cérebro, aos músculos, ao coração, ao fígado e a outros órgãos. Pode ser armazenada nesses órgãos, particularmente no fígado e no músculo esquelético, em forma de longas cadeias de moléculas, a que se dá o nome de glicogênio.

O glicogênio armazenado no músculo é importante para fornecer um fluxo constante de energia em condições difíceis de exercício. Já que o glicogênio que se armazena nos músculos não pode ser transportado pelo sangue a outras partes do corpo quando necessário; os músculos acionados em exercícios pesados devem contar com seu próprio armazenamento de glicogênio, a fim de fornecer a energia requerida para sua contração (Navarro, 1996). Portanto, é importante desenvolver as reservas de glicogênio nos músculos que participam no exercício.

Uma boa dieta de hidratos de carbono compostos (batatas, frutas, cereais, farinhas não refinadas etc.) ocasionará um melhor armazenamento de glicogênio no músculo. Os carboidratos simples, presentes no mel, no açúcar, nas bebidas gaseificadas e nas farinhas refinadas, devem ser evitados. Os treinadores que aconselham os nadadores a eliminar de sua dieta todo tipo de hidratos de carbono, com a finalidade de manterem o peso, estão privando os atletas de uma das principais fontes de energia disponíveis.

4.2.4.3 Sistema aeróbico de produção de energia

Se a duração da prova de natação é maior, a energia produzida pelos sistemas imediato e anaeróbico será insuficiente, e então é necessário recorrer ao sistema aeróbico. Embora esse sistema de energia se faça presente de algum modo em todas as distâncias, torna-se predominante naquelas maiores do que 400 m.

As fontes aeróbicas de energia têm duas características que as distinguem dos demais sistemas de energia e que redundam em uma maior produção de ATP. Em primeiro lugar, necessitam de oxigênio para levar a cabo o metabolismo. Em segundo lugar, seus processos ocorrem em um corpúsculo específico do músculo, a mitocôndria. Essa é a estrutura da célula que forma maior quantidade de ATP em todo o organismo e na qual se utiliza a maior quantidade de oxigênio consumida pelo corpo para a produção de energia. Sem a mitocôndria, a vida cessaria em poucos segundos.

Os alimentos incluidos aqui são os carboidratos, as gorduras e os aminoácidos. Embora certos aminoácidos possam ser uma fonte de energia durante o exercício, os alimentos mais importantes utilizados durante o esforço são os hidratos de carbono e as gorduras.

Embora as fontes primárias dos músculos sejam a glicose e o glicogênio armazenado, as gorduras do corpo podem ser mobilizadas durante o exercício para colaborar nas demandas de energia dos músculos exercitados. As reservas de gordura no corpo são enormes, mesmo em nadadores magros. Nos seres humanos, as gorduras são formadas por longas cadeias de carbono, compostas por 16 a 22 carbonos (Navarro, 1996). Quando essas longas cadeias degradam-se aerobicamente para formar CO e água, dá-se orgiem a uma grande quantidade de energia. Desse modo, o potencial de energia das gorduras é uma fonte importante durante provas longas como as de 400 e 1.500 m.

4.2.4.4 A produção de energia nas provas de natação

Infelizmente, muitos treinadores enfatizam o treinamento de sobredistâncias para velocistas ou nadadores cujas provas duram menos de 2 min 30 s, o qual não aproveitam de forma máxima os sistemas de energia dos quais esses atletas dependem especialmente (Navarro, 1996).

Mark Spitz ganhou sete medalhas nos Jogos Olímpicos de Munich, em 1972. Em todas as provas vencidas por ele, a energia predominante era a do sistema anaeróbico, até mesmo nas de 200 m borboleta e 200 m livre. A energia produzida nos distintos estilos é bastante similar em todos os estilos de natação. O meio mais importante de determinação da fonte de energia em cada uma das diferentes provas é a sua duração em um esforço máximo. Sobre essas bases, pode-se dizer que:

- Nas provas de duração inferior a 30 s, o sistema predominante será o imediato.
- Nas provas de duração entre 30 s e 1 min 30 s, o sistema predominante será o anaeróbico.
- Nas provas de duração superior a 1 min 30 s, o sistema predominante será o aeróbico.

4.2.5 O treinamento do sistema aeróbico

A elevação da capacidade e da potência do metabolismo aeróbico dos músculos acionados, resultante do treinamento, ocorre graças ao aumento do conteúdo e da atividade de elementos específicos do metabolismo aeróbico, ao aumento (1,5 a duas vezes) do conteúdo de mioglobina, do conteúdo de glicogênio muscular e de lipídios e ao incremento da capacidade dos músculos de oxidar os hidratos de carbono e, em especial, as gorduras.

Ao examinar o papel da forma aeróbica de fornecimento energético em diferentes distâncias, não se pode passar por cima de duas qualidades, sem dúvida importantes e infelizmente pouco tratadas na literatura. A primeira delas é o tempo de trabalho dos sistemas responsáveis pelo consumo, pelo transporte e pela utilização do oxigênio, ou seja, a capacidade do organismo do esportista para alcançar magnitudes-limite de consumo de oxigênio em um trabalho determinado. É evidente que, quanto antes sejam alcançadas as elevadas magnitudes de consumo de oxigênio durante a atividade competitiva, maior será a participação da forma aeróbica econômica no fornecimento de energia. A segunda qualidade é a capacidade de manter durante um prolongado espaço de tempo altas magnitudes de consumo de oxigênio para certo tipo de trabalho (Platonov e Fessenko, 1994).

Para o nadador, o treinamento aeróbico tem em vista fundamentalmente (Navarro, 1996):

- Aumentar o consumo máximo de oxigênio (VO_2máx) e a capacidade máxima de trabalho em distâncias não excessivamente grandes, isto é, predominantemente aeróbicas (com duração entre 2 e 10 min). No entanto, as melhoras do VO_2máx são limitadas e geralmente não ultrapassam 30%. Até mesmo um nadador que vem treinando há várias temporadas pode obter melhora de apenas 5% ou nenhuma melhora absolutamente. As diferenças do VO_2máx entre nadadores recebem uma forte influência genética.
- Aumentar a capacidade de resistência (ou seja, sem que haja fadiga) a esforços de longa duração. Esse objetivo relaciona-se à capacidade do atleta de nadar com alta porcentagem de VO_2máx sem o acúmulo de grandes quantidades de lactato. A porcentagem do consumo máximo de oxigênio em que há acúmulo de lactato, e que não pode ser totalmente eliminado pelo sangue denomina-se limiar anaeróbico. A melhora do limiar anaeróbico é mais importante para o benefício da resistência do que para o benefício do VO_2máx, pois proporciona uma menor produção de lactato nos trabalhos musculares e uma maior eliminação deste. O VO_2máx não é o melhor indicador do rendimento de resistência aeróbica, como se considerou há alguns anos. Tem maior importância a porcentagem de VO_2máx que o nadador é capaz de sustentar durante um período prolongado de tempo, sem acumular grandes quantidades de ácido lático nos músculos e no sangue. Evitar esse acúmulo excessivo é crucial para o rendimento, já que os efeitos de acidificação do ácido lático são uma das principais causas da fadiga.
- Estabelecer uma base aeróbica que acelere a recuperação do trabalho, facilitando o treinamento anaeróbico.

Consequentemente, o treinamento aeróbico serve para:

- nadar mais rapidamente as provas longas (mais de 400 m);
- diminuir o ritmo de acumulação de ácido lático;
- aguentar sem fadiga todo o percurso da prova;
- recuperar-se mais rapidamente.

4.2.5.1 Eficiência do sistema aeróbico

Para que o sistema aeróbico seja eficiente para a natação é necessário (Navarro, 1996):

- Desenvolver a capacidade de circulação central (fator central): 1) quantidade de ar que pode ser inspirado pelos pulmões (volume respiratório x minuto); 2) quantidade de oxigênio que passa pelo sangue a partir do ar inspirado nos pulmões; 3) quantidade de sangue que flui para os pulmões por unidade de tempo. Depende do ritmo de fornecimento do coração (volume de batida x frequência = volume do minuto cardíaco).
- Melhorar a capacidade aeróbica dos músculos específicos (fator local): 1) relacionado à eficiência das células musculares; 2) a absorção e utilização das células musculares que trabalham (também denominado respiração interna); 3) melhorar a capacidade de nadar mais rápido em níveis de concentração de lactato no sangue entre 2 e 6 mMol/ℓ.

O nível de concentração de lactato sanguíneo em baixas intensidades de nado é muito próximo ao nível em repouso. Ao se atingir certa intensidade — que varia entre os sujeitos —, a concentração de lactato começa a aumentar. Ao se intensificar o trabalho, o lactato aumenta progressivamente durante todo o período de atividade. O ponto de intensidade em que o lactato começa a se acumular, isto é, o limiar anaeróbico, é situado pela maioria dos especialistas a 4 mMol/ℓ, ainda que, em alguns nadadores, especilamente nos fundistas, pode ser menor.

O Uan define duas regiões. A primeira, inferior a ele, corresponde à combinação entre o sistema aeróbico de produção de energia e o sistema anaeróbico, que gera ácido lático. Nessa primeira zona, a eliminação e aparição de ácido lático no sangue ocorre de modo equivalente, existindo, portanto, um equilíbrio. Na segunda zona, superior ao Uan, observa-se um desequilíbrio entre a produção do lactato, sua aparição na corrente circulatória e sua eliminação.

Muitos pesquisadores escolheram usar a velocidade de nado correspondente a uma concentração de lactato sanguíneo de 4 mMol/ℓ e relacionar esse valor ao rendimento em exercícios de resistência. Quanto a atividades de duração entre 30 e 60 min, os pesquisadores descobriram que podem ser sustentadas concentrações de lactato de 3 e 5 mMol/ℓ. Isso demonstra que provas de resistência mais curtas podem ser executadas acima do nível de Uan.

4.2.5.2 Como desenvolver o sistema aeróbico

O treinamento aeróbico será realizado em três zonas de intensidades diferentes, segundo o nível de concentração de lactato no sangue atingido durante o esforço. Navarro, Oca

Gaya e Castanón (2003) chamam essas zonas de: aeróbica leve (AEL), aeróbica média (AEM) e aeróbica intensa (AEI).

4.2.5.2.1 Treinamento aeróbico leve

O treinamento aeróbico leve abarca intensidades de nado com concentração de lactato no sangue entre 2 e 3 mmol/l. Portanto, nada-se em ritmo moderado e uniforme, abaixo do limiar anaeróbico, evitando mudanças bruscas de ritmo que possam aumentar a concentração de lactato no sangue. É recomendável realizar altos volumes de treinamento aeróbico leve para que os melhores efeitos sejam alcançados. Para um nadador de alta competição, um bom volume estaria além de 30 min de trabalho ininterrupto. Devem ser utilizadas distâncias longas, superiores a 1.000 m, com a frequência cardíaca oscilando entre 120 e 150 pulsações por minuto durante o trabalho.

Esse treinamento proporciona a melhora da capacidade de circulação central (fator central), sendo adequada a utilização de todos os estilos, somente batida ou somente braços. Além disso, é considerado importante na criação dos fundamentos da capacidade aeróbica.

Na Tabela 4.4, resumimos as características do treinamento aeróbico leve.

Tabela 4.4 – Síntese das características do treinamento aeróbico leve

Duração da sobrecarga	Mais de 30 min
Distância de nado aproximada	2.000 a 3.000 m continuamente 800 a 1.500 m de modo fracionado
Repetições	Uma, para distâncias superiores a 2.000 m Duas a cinco, para distâncias entre 800 e 1.500 m
Descanso entre as repetições	10 a 45 s em treinamento fracionado
Volume total	2.000 a 5.000 m
Características diversas	Concentração de lactato = 2 a 3 mmol/l Frequência cardíaca = inferior a 150 ppm Ênfase no fator central Intensidade aproximada = 85% a 90%
Exemplos para nadadores especialistas e fundistas	1 x 4.000 m 3 x 1.500 m/30 s 45 min – 700 m rápido; 300 m lento
Exemplo para nadadores jovens	1 x 2.000 m 3 x 800 m/30 s

4.2.5.2.2 Treinamento aeróbico médio

O treinamento aeróbico médio abarca intensidades de nado com concentrações de lactato no sangue entre 3 e 4 mMol/ℓ. É por isso que também é denominado treinamento de limiar anaeróbico. Em geral, o tipo de treinamento que melhora o limiar anaeróbico é aquele que consiste em nadar distâncias longas com descansos curtos; o problema fundamental está em saber qual é o ritmo adequado. Com a finalidade de conhecer esse ritmo, a cada quatro semanas, os nadadores podem ser submetidos ao seguinte teste progressivo: ao fim de cada repetição, toma-se uma pequena mostra de sangue do dedo ou do lóbulo da orelha para se conhecer a concentração de lactato no sangue após o exercício.

Com esse método, o treinador pode projetar objetivamente o ritmo de treinamento com o intuito de melhorar a capacidade de resistência do nadador. O teste deve ser repetido depois de várias semanas para que se reajuste o ritmo de treinamento baseado nos ganhos que o nadador tenha obtido com o treinamento. Um exemplo do tipo de treinamento seguindo o gráfico seria de 6 x 400 m, saindo cada 4min30s a um ritmo médio de 3min47s a cada 300 m. Um ritmo mais rápido causaria excessiva acumulação de lactato e, como consequência, fadiga também excessiva. Infelizmente, a determinação da concentração de lactato não está facilmente ao alcance, fato pelo qual é necessário recorrer a outros procedimentos para se determinar o ritmo de trabalho adequado ao treinamento do limiar anaeróbico.

Embora as distâncias longas sejam mais recomendáveis para esse tipo de treinamento, pode-se utilizar qualquer distância, desde que a velocidade de nado e os períodos de descanso sejam adequados. As velocidades aqui são mais lentas do que aquelas do treinamento aeróbico intenso. Por conseguinte, os descansos devem ser mais curtos. Em distâncias longas, o descanso raramente excede 2 min, e, nas distâncias curtas — 25, 50 e 100 m —, podem ser utilizados períodos de descanso tão curtos quanto 5 s. O volume total de trabalho é superior ao de um treinamento para o desenvolvimento da potência aeróbica, pois as intensidades não são tão altas e os mecanismos de eliminação de lactato operam imediatamente. Por essa mesma razão, o trabalho é proposto em forma de repetições ininterruptas, e nunca em forma de séries.

Na Tabela 4.5, resumimos as características do treinamento aeróbico médio.

Tabela 4.5 – Síntese das características do treinamento aeróbico médio

Duração da sobrecarga	Muito variável
Distância de nado aproximada	Todas, mas preferencialmente 200 a 400 m
Repetições	Numerosas, dependendo da distância
Descanso entre repetições	Breves, entre 10 e 40 s
Volume total	20 a 30 min (velocistas) 30 a 45 min (fundistas)

Continua

Continuação

Características	Concentração de lactato = 3 a 4 mMol/ℓ Frequência cardíaca = 150 a 170 ppm Ênfase no fator local Intensidade = variável de acordo com a distância Não é conveniente na forma de séries, exceto com grandes volumes
Exemplos para nadadores especialistas e fundistas	1 x 3.000 m 8 x 400 m/40 s 15 x 200/20 s
Exemplo para nadadores jovens	1 x 2.000 5 x 400/45 s 10 x 200/30 s

4.5.2.2.3 Treinamento aeróbico intenso

É um treinamento, sobretudo, aeróbico, mas com um componente anaeróbico significativo. Há autores que o chamam de treinamento de potência aeróbica, enquanto outros o consideram como treinamento de consumo máximo de oxigênio. Essa segunda concepção vai ao encontro da sugestão dos fisiologistas suecos Astrand e Rodhal (1977), que propõem como forma adequada para o desenvolvimento do VO_2máx a realização de trabalhos de duração entre 3 a 5 min e com uma intensidade entre 80% e 90%. Seguindo-se essa sugestão, as distâncias de 300 a 500 m seriam as mais aconselháveis para o desenvolvimento do VO_2máx.

Algumas anotações sobre o treinamento do consumo máximo de oxigênio, segundo Navarro (1996):

- A intensidade e o tempo de descanso devem ser apropriados à distância empregada. No caso de distâncias curtas, um descanso muito prolongado não facilitaria ao nadador alcançar seu máximo consumo de oxigênio, ainda que nadando em intensidade adequada, já que a duração de nado de cada trecho não possibilita isso (possível a partir da duração de 2 min, aproximadamente). Astrand e Rodhal (1977) aconselham que o tempo de descanso para as distâncias curtas deveria ser entre um quarto e metade do tempo de duração de cada repetição.
- O trabalho em forma de séries é mais efetivo quando são empregadas distâncias curtas. Um nadador que o utiliza não alcança o nível de fadiga de um nadador que utiliza outra forma de trabalho, já que o tempo de descanso entre séries é suficiente para manter a velocidade adequada durante um número amplo de repetições, trabalhando-se,

dessa forma, o aumento do consumo máximo de oxigênio, em razão do que o oxigênio pode ser consumido na proporção máxima durante um período mais longo.

Alguns aspectos devem ser considerados na programação do treinamento aeróbico intenso:

- A combinação entre desenvolvimento da capacidade de circulação central e melhora da capacidade aeróbica dos músculos específicos determina uma preparação mais efetiva para o desenvolvimento do sistema aeróbico. Um programa adequado poderia ser constituído por duas fases (Navarro, 1996): 1) utilização predominante de treinamento contínuo e jogos de velocidade, com aumento da duração e manutenção da intensidade; e 2) utilização predominante de treinamento fracionado, com aumento da intensidade e redução do volume.
- São necessárias, no mínimo, oito semanas de treinamento aeróbico para obter efeitos positivos. A extensão de um programa de treinamento é determinada em razão do tempo necessário para que se produzam as mudanças fisiológicas desejadas. O consumo máximo de oxigênio pode aumentar cerca de 20% em dois meses e entre 5% e 10% apenas em indivíduos já bastante treinados. Convém, portanto, determinar se é conveniente prolongar o treinamento do VO_2máx ou treinar outros aspectos que melhorassem o rendimento. Se a intenção é desviar a atenção do treinamento para outros programas, é necessário considerar os efeitos do destreinamento. Assim, deveria manter o já alcançado na ordem de duas a três vezes por semana. Para estimular o componente periférico de extração de oxigênio (fator local), o treinamento aeróbico requer de seis meses a vários anos, já que é a modificação mais importante quanto à melhora da capacidade de nadar em uma porcentagem alta de VO_2máx.
- Com relação à frequência do treinamento: a) para se obter um efeito positivo do treinamento, são necessárias mais três ou quatro sessões semanais; b) para a manutenção dos efeitos, são adequadas duas sessões semanais. Uma sessão por semana resultaria em perda desses efeitos.
- Para evitar sobretreinamento por treinamento aeróbico, devem-se alternar as intensidades. Se forem realizadas sessões diárias de treinamento, recomenda-se o procedimento leve. A razão para isso está na necessidade de reposição das reservas de glicogênio, já que, depois

de um treinamento árduo, são necessárias aproximadamente 48 horas, mesmo realizando-se uma dieta rica em hidratos de carbono.

- O volume total se relaciona com a intensidade, a duração e a frequência de treinamento. Pode ser intensificado mediante o aumeto da duração das séries e do número de sessões, ainda que esse aumento seja sempre feito à custa da intensidade. Por isso, em muitos casos é necessário escolher entre um grande volume e uma alta qualidade ou intensidade. Um grande volume é importante para certas adaptações fisiológicas, tais como a diminuição da frequência cardíaca e a redução do lactato.

Na Tabela 4.6, resumimos as características do treinamento aeróbico intenso.

Na Figura 4.3, podemos ver de forma resumida os objetivos de cada zona de intensidade do treinamento aeróbico.

Tabela 4.6 – Síntese das características do treinamento aeróbico intenso

	Distâncias médias	**Distâncias curtas**
Duração de cada repetição	3 a 10 min	15s a 2 min
Distância de nado aproximada	300 a 800 m	25 a 200 m
Repetições	3 a 6	5 a 12
Descanso entre repetições	2 a 5 min	10 a 60 s
Volume por série		300 a 1.000 m
Descanso/série		3 a 5 min
Características	Concentração de lactato = 5 a 7 mMol/ℓ Intensidade = aproximadamente 90% em distâncias longas e 85% em distâncias curtas Ênfase no fator local Treinamento para nadadores meio-fundistas	
Exemplos	5 x 400 m/3 min 3 x 800 m/5 min	4 x 10 x 50 m/20 s/3 min 3 x 6 x 100 m/30 s/3 min 3 x 4 x 200 m/60 s/5 min

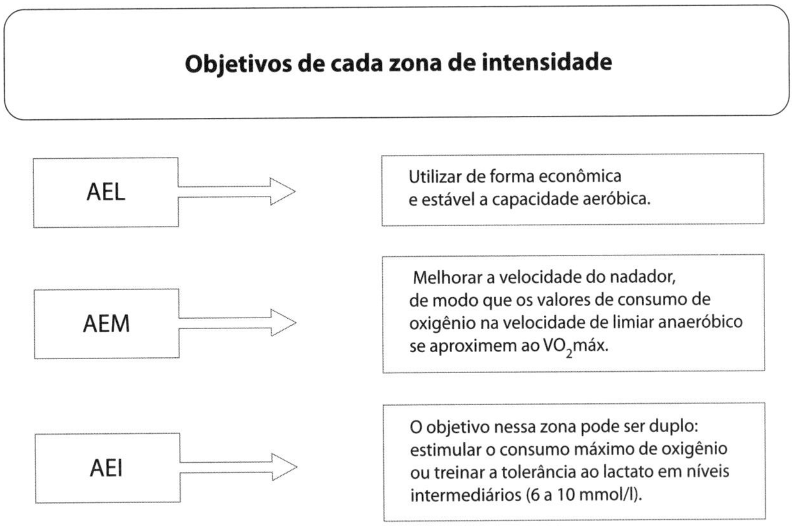

FIGURA 4.3 – Objetivos de cada zona de intensidade do treinamento aeróbico.

4.2.5.3 O treinamento do sistema anaeróbico lático

Grande parte da energia utilizada na natação competitiva deriva da decomposição anaeróbica do glicogênio muscular e das reservas de ATP e de fosfocreatina (PCR) do músculo (Costill, Maglischo e Richardson, 1998). O treinamento anaeróbico é importante para todas as provas de natação, mas traz uma contribuição maior às de 100 e 200 m.

A durações superiores a 25 s e a altas intensidades, produz-se acúmulo de lactato, e a velocidade é reduzida. Se o nadador é capaz de tolerar esse nível de lactato, o rendimento a velocidades mais elevadas pode ser elevado. Essa adaptação ocorre realizando-se um treinamento, em alta intensidade, nas distâncias de 50 a 200 m, pois, como são distâncias curtas e, portanto, de curta duração, não atuam de forma efetiva no sistema aeróbico para fornecer energia, sendo o sistema anaeróbico lático o que opera em maior medida, desenvolvendo-se tolerância ao acúmulo de ácido lático.

O ponto importante a ser lembrado é que o trabalho deve ser suficientemente intenso para que produza altos níveis de lactato — usualmente entre 10 e 25 mMol/ℓ — e que a distância requeira duração de 20 s a 2 min. Astrand e Rhodal (1977) afirmam que o treinamento mais adequado para esse propósito consiste na realização de sessões de 1 min de esforço seguidas por intervalos de descanso de 4 a 5 min.

Além de aumentar a força muscular, o treinamento da velocidade demonstrou melhorar a capacidade amortecedora dos músculos, ou seja, a tolerância ao ácido lático produzido dentro deles. Como a acumulação de lactato e de íons de hidrogênio livres no músculo é a causa da fadiga nos exercícios de velocidade, o aumento da capacidade amortecedora dos músculos retardaria a aparição da fagida durante o exercício anaeróbico. Como resultado do aumento dessa capacidade, os indivíduos que treinam *sprints* acumulam maior quantidade de lactato sanguíneo e muscular durante e depois de um teste de nado em intensidade (velocidade) máxima (Costill, Maglischo e Richardson, 1998). É interessante observar que, em circunstâncias similares (por exemplo, realizando *sprints* até o esgotamento), nadadores treinados para a resistência não acumulam essa mesma quantidade de lactato muscular nem experimentam os valores de pH tão baixos como nadadores que foram treinados utilizando-se *sprint*. É possível que os primeiros tenham um metabolismo anaeróbico com capacidade inferior, em virtude de os músculos treinados aerobicamente possuirem uma quantidade significativamente menor de enzimas glicolíticas (Costill, Maglischo e Richardson, 1998).

Para Navarro (1996), os objetivos do sistema anaeróbico lático são:

- melhorar a capacidade de amortecer o ácido lático;
- ganhar as provas no final;
- melhorar o rendimento em provas de 50, 100 e 200 m.

4.2.5.3.1 Como desenvolver o sistema anaeróbico lático

Segundo Platonov e Fessenko (1993), o aumento das possibilidades anaeróbicas do organismo dos nadadores supõe o aperfeiçoamento de duas formas principais de fornecimento de energia de trabalho em condições anaeróbicas mediante:

- o aumento do número de enlaces macroenergéticos nos músculos (possibilidades aláticas);
- o aumento das possibilidades de glicólise (possibilidades aláticas).

O treinamento anaeróbico lático em forma de série é realizado por séries fracionadas e simuladoras de 50, 100 e 200 m. Nesse tipo de trabalho, as concentrações de lactato no sangue são muito elevadas, aproximando-se do máximo.

Para aumentar as possibilidades anaeróbicas, Platonov e Fessenko (1993) recomendam uma variedade de exercícios:

- Exercícios que permitam, sobretudo, aumentar as possibilidades anaeróbicas aláticas. Duração do trabalho: 5 a 15 s; intensidade: máxima.
- Exercícios que permitam aperfeiçoar de forma paralela as capacidades anaeróbicas lática e alática. Duração do trabalho: 15 a 30 s; intensidade: 95% a 100% da máxima que se pode alcançar.
- Exercícios que permitam aumentar as possibilidades anaeróbicas láticas. Duração do trabalho: 30 a 60 s; intensidade: 85% a 90% da máxima que se pode alcançar.
- Exercícios que permitam aperfeiçoar de forma paralela as possibilidades aeróbicas e anaeróbicas láticas. Duração do trabalho: 1 a 5 min; inten-

sidade: 85% a 95% da máxima que se pode alcançar.

Ao planejar o treinamento orientado para aperfeiçoar diferentes aspectos da produtividade anaeróbica, é muito importante determinar corretamente a duração dos intervalos de descanso entre os exercícios e o número de repetições deles. Aplicando os exercícios a fim de aumentar as possibilidades de glicólise, convém partir da necessidade de se executar o trabalho em condições de grande falta de oxigênio. Para alcançar esse objetivo, contribuem os intervalos de descanso não prolongados, durante os quais as repetições ordinárias são executadas sobre a base de importantes mudanças no organismo do nadador. A duração das pausas entre os exercícios pode ser constante ou ser reduzida à medida que aumenta o volume de trabalho a ser executado. Se entre as repetições incluem-se pausas de pouca duração (5 a 20 s), é oportuno realizar o trabalho em regime constante. Se os intervalos entre as primeiras repetições forem significativamente maiores, será necessário encurtá-los no decorrer do trabalho, o que permite manter grande falta de oxigênio; caso contrário, o trabalho estimulará os processos respiratórios e freará a glicólise (Yakolev, 1983; Volkov, 1990).

A execução de exercícios para aumentar as possibilidades do sistema glicolítico pode ser ininterrupta e em série. Os nadadores bem treinados devem percorrer em uma sessão de vinte a trinta trechos de 50 m ou de dez a vinte trechos de 100 m. Não obstante, à medida que aumenta o volume de trabalho a ser executado, a forma glicolítica de nova síntese de ATP gradualmente muda para aeróbica, e o efeito do regime de treinamento adquire um caráter misto. No planejamento em série dos exercícios, com intervalos de descanso significativos entre elas, isso não ocorre, e o trabalho é realizado sobretudo graças aos fornecedores anaeróbicos de energia (Zatsiorsky, 1980).

Alguns aspectos que devem ser considerados na programação do treinamento anaeróbico lático segundo Navarro (1996):

- Se os tempos pioram em razão da acidose, o trabalho já não é tão efetivo, ainda que continuar com o treinamento possa ser positivo quanto à resistência à dor e à vontade.
- É recomendável começar com as séries fracionadas ou simuladoras três a quantro semanas antes da competição principal.
- Dependendo da distância da prova, o sistema anaeróbico lático necessita de quatro a seis semanas de treinamento, embora um velocista devesse ter um treinamento regular durante todo o ano.
- Quanto à extensão e frequência de treinamento: o tempo de recuperação depois de um treinamento anaeróbico lático é de 12 a 72 h. A frequência e a extensão semanal do treinamento devem ser determinadas individualmente, mas, para a maioria dos nadadores, em um período de quatro a seis semanas, pode-se treinar a cada dois ou três

dias (três treinamentos por semana). Uma frequência maior é capaz de levar ao sobretreinamento.

- Quanto aos microciclos de treinamento para o desenvolvimento do sistema anaeróbico lático: a sequência e a ordenação do treinamento anaeróbico são muito importantes para obter os melhores efeitos no desenvolvimento da capacidade anaeróbica. Convém alternar distintos tipos de treinamento.
- Quanto à especialidade do estilo: o treinamento anaeróbico lático deve ser realizado nas máximas condições possíveis de especificidade. Por isso, é necessário que todo o trabalho seja realizado no estilo principal do nadador.
- Quanto ao descanso: convém que os descansos entre os esforços sejam realizados de forma ativa, isto é, nadando-se em baixa intensidade. Está demonstrado que a eliminação do lactato no sangue se dá com maior rapidez ao nadar aerobicamente do que ao descansar inativamente. No trabalho anaeróbico em forma de séries, o descanso será inativo nas repetições e ativo entre as séries.
- Quanto à incidência do treinamento aeróbico sobre o sistema anaeróbico lático: as adaptações fisiológicas resultantes do treinamento aeróbico e que podem incidir no sistema anaeróbico lático são: a) aumento da armazenagem química de oxigênio no músculo, denominada mioglobina; a mioglobina é um receptor do íon de hidrogênio e, portanto, amortece o efeito ácido da produção de lactato; b) aumento da capilarização e do volume de sangue, o que facilita a eliminação de lactato do tecido muscular; c) melhora da capacidade das fibras de contração lenta para utilizar oxigênio e, desse modo, oxidar o lactato ou utilizá-lo como combustível quando é produzido.

Portanto, o treinamento aeróbico é recomendado para melhorar a capacidade e a produção de energia do sistema anaeróbico lático. Até mesmo os nadadores aerobicamente bem treinados podem nadar em intensidades mais altas antes da acumulação de lactato.

4.2.6 Tipos de resistência

Costuma-se dividir a resistência em: geral e especial; de treinamento e de competição; local, regional e global; aeróbica e anaeróbica; muscular e vegetativa; sensorial e emocional; estática e dinâmica; de velocidade e de força. Essas classificações da resistência permitem, em cada caso real, realizar a análise dos fatores que determinam a manifestação da qualidade concreta e escolher a metodologia mais eficaz, mas não se adaptam plenamente às exigências específicas do treinamento e da competição de uma modalidade esportiva.

Platonov (2001) destaca dois tipos de resistência no processo de preparação dos nadadores:

- Geral: é a capacidade para executar de forma prolongada e efetiva um trabalho que influa positivamente sobre o processo de formação de componentes específicos da mestria esportiva, mediante o aumento da adaptação às cargas e a passagem do nível de treinamento de formas não específicas de atividade para formas específicas.
- Local: é a capacidade para executar de forma efetiva um trabalho e superar a fadiga ao executar cargas requisitadas pela atividade competitiva em distância concreta curta, média ou longa.

Navarro (2002) também faz a distinção entre a resistência de base e a resistência específica. A resistência de base é entendida como: a) a capacidade de executar um tipo de atividade independente do esporte a qual implique muitos grupos musculares e sistemas (sistema nervoso central, sistema cardiovascular e respiratório) durante um tempo prolongado e que afete tanto o componente aeróbico quanto o anaeróbico (com predomínio do aeróbico); b) a capacidade de realizar durante um longo tempo qualquer carga que implique muitos grupos musculares e guarde uma relação excelente com um rendimento específico. A resistência específica é igualmente contemplada sob duas perspectivas diferentes: a) como característica relacionada ao esporte/à modalidade; b) como adaptação às condições de carga próprias da competição. Seguindo a linha de Navarro, os autores Zakharov e Gomez (1992) distinguem vários tipos de resistência de base e de resistência específica (Quadro 4.2).

Quadro 4.2 – Tipos de resistência de base e resistência específica segundo a especialidade esportiva

Tipos de resistência	Conceito	Especialidades esportivas relacionadas
Resistência básica I	Independente da especialidade esportiva (exercícios gerais)	*Especialidades complexas de coordenação*: exigem expressão estética/artística na execução do exercício de competição (ginástica esportiva e artística, natação sincronizada, patinação artística, saltos de natação, ginástica rítmica etc.) *Especialidades de força e velocidade*: exigem um caráter acíclico e misto de exercícios (saltos de atletismo, lançamentos, halterofilismo etc.) *Especialidades de condução*: a atividade motora está preferencialmente ligada à direcção/condução de meios de locomoção (corridas de carros ou motos, vela, hipismo etc.) *Especialidades de tiro*: a atividade motora vem determinada pelas condições de atirar ao alvo (arco, tiro etc.).
Resistência específica I	Prática na própria especialidade	

Continua

Continuação

Tipos de resistência	Conceito	Especialidades esportivas relacionadas
Resistência básica II	Relacionada à especialidade esportiva (exercícios específicos)	*Especialidades cíclicas*: nelas, manifesta-se especialmente a resistência (atletismo, ciclismo, natação, remo, esqui, patinação, triatlo etc.) *Especialidades combinadas* (pentatlo moderno, decatlo etc.)
Resistência específica II	Desenvolvimento das capacidades específicas de forma isolada	
Resistência básica III (relacionada à especialidade esportiva)	Exercícios semiespecíficos	*Especialidades de combate* (luta greco-romana e livre, judô, caratê, boxe, esgrima etc.) *Jogos esportivos* (futebol, vôlei, basquete, tênis, handebol, *hockey* etc.)
Resistência específica III	Desenvolvimento das capacidades específicas de forma combinada e com diversidade de gestos específicos	

(1) Devem ser consideradas as condições de RB I e RE I de determinadas modalidades.

A Tabela 4.7 nos oferece uma nova classificação da resistência:

Tabela 4.7 – Tipos de resistência segundo distintos tipos de classificação

Volume da musculatura implicada	• Resistência local • Resistência geral	• < 1/6 a 1/7 da musculatura • > 1/6 a 1/7 da musculatura
Tipo de via energética	• Resistência aeróbica • Resistência anaeróbica	• Com oxigênio suficiente • Sem oxigênio
Forma de trabalho dos músculos	• Resistência dinâmica • Resistência estática	Diante da mudança contínua entre contração e relaxamento em contrações prolongadas
Duração da carga no caso de máxima intensidade de carga possível	• Resistência de duração: • curta • média • longa I • longa II • longa III • longa IV	• 35 s a 2 min • 2 a 10 min • 10 a 35 min • 35 a 90 min • 90 min a 6 h • mais de 6 h

Continua

Continuação

Relação com outras capacidades de condição física	• Força resistência • Resistência – força explosiva • Velocidade-resistência • Resistência de *sprint* • Resistência de jogo esportivo/luta • Resistência polidisciplinar	• Porcentagem de força máxima: 30% a 80% • Realização explosiva do movimento • Velocidades submáximas • Velocidades máximas • Fases de cargas variáveis • Densidade de carga elevada ou inter-relação mútua
Importância para a capacidade de rendimento específica do esporte praticado	• Resistência de base • Resistência específica	Possibilidades básicas para diferentes atividades motrizes esportivas Adaptação à estrutura de resistência de uma modalidade de resistência

Alguns autores (Harre, 1982; Neuman, 1990; Zintl, 1991) classificam a resistência em função da duração da atividade de competição (Tabela 4.8): resistência de curta duração (RCD), resistência de média duração (RMD) e resistência de longa duração (RLD) (Tabela 4.8). A intensidade de carga deve ser sempre a máxima.

Tabela 4.8 – Limites temporais entre RDC, RDM e RDL segundo diferentes autores

Autor	RDC	RDM	RDL
Harre (1982)	45 s a 2 min	2 a 11 min	I: 11 a 30 min II: 30 a 90 min III: > 90 min
Zintl (1991) e Neuman (1990)	35 s a 2 min	2 a 10 min	I: 10 a 35 min II: 35 a 90 min III: 90 min a 6 h IV: > 6 h

4.2.6.1 Estrutura da resistência

Parece mais apropriado discriminar os tipos de resistência a partir de duas de suas formas fundamentais, as quais se dão em qualquer modalidade esportiva: a resistência de base e a resistência específica.

4.2.6.1.1 Resistência de base

Zint (1991) descreve três tipos de resistência de base:

- resistência de base I (RB I);
- resistência de base II (RB II);
- resistência de base III (RB III).

Resistência de base I

A RBI é uma resistência básica que se emprega fundamentalmente nos esportes que não são de resistência, com o fim de se criar uma boa base para o treinamento de outras capacidades de condição física e coordenação.

Resistência de base II

Dentro da estrutura de base, a natação corresponde à RB II, que é uma resistência básica, empregada fundamentalmente nos esportes de resistência, com o fim de se criar a adpatação geral do organismo aos esforços específicos de resistência, estabelecendo uma ótima base inicial para o treinamento da resistência específica. Além disso, ativa novas reservas e, assim, possibilita aumentos de rendimento mais significativos. A RB II tem um caráter específico (o movimento da especialidade concreta ou exercícios de estrutura parecida), produzindo adaptações musculares (coordenação intermuscular, dinâmica muscular, contribuição energética). Ela não é transferível — ou o é em muito pequena medida — a outras especialidades de resistência.

A RB II baseia-se em uma elevada capacidade aeróbica de nível médio (VO_2máx de cerca de 65 ml/kg/min, no mínimo), sendo considerada uma resistência dinâmica aeróbica geral, de intensidade submáxima (entre 75% e 80% do VO_2máx). Dois fatores que intervêm de forma relevante para o rendimento da RB II são a força e a velocidade.

Objetivos do treinamento da resistência de base II:

- aumentar as reservas de resistência;
- facilitar a passagem para o desenvolvimento da resistência específica;
- técnica mais econômica;
- melhor tolerância psíquica diante do esforço;
- facilitar o treinamento de outras capacidades;
- melhorar a condição aeróbica geral;
- melhorar a coordenação intermuscular;
- melhorar a contribuição energética.

Resistência de base III

A RB III é aquela resistência relacionada aos esportes coletivos (basquete, futebol, *hockey*, judô, luta etc.), a qual pretende criar a base para um amplo treinamento da técnica e da tática e melhorar a capacidade de recuperação durante as fases de baixa intensidade competitiva.

No Quadro 4.3, apresentamos as características dos diferentes tipos de resistência de base.

Quadro 4.3 – Características mais significativas dos três tipos de resistência de base

Resistência de base I	Resistência de base II	Resistência de base acíclica
• Resistência aeróbica geral em um nível de cargas de intensidade média • Capacidade aeróbica média (Vo_2máx de cerca de 45 a 55 ml/kg/min) • Uso econômico dessa capacidade (nível de UAN por volta de 70% a 75% do VO_2máx) • Situação estável do metabolismo aeróbico (valores de LA abaixo de 3 mmol/l) • Exercícios variados e globais	• Resistência aeróbica geral em um nível submáximo • Elevada capacidade aeróbica (Vo_2máx > 60 ml/kg/min) • Aproveitamento ótimo dessa capacidade (75% a 80% de VO_2máx) • Metabolismo misto aeróbico-anaeróbico (LA de 4 a 6 mmol/l) • Emprego de exercícios específicos	• Resistência aeróbica geral com cargas de intensidade média a submáxima e mudança intervalada de cargas • Capacidade majoritariamente aeróbica (VO_2máx entre 55 e 60 ml/kg/min) • Mudança constante de metabolismo misto aeróbico-anaeróbico (LA de 6 a 8 mmol/l) • Alternância das formas de movimento

4.2.6.1.2 Resistência específica

O desenvolvimento da capacidade motora — resistência, velocidade e força — é necessário para se alcançar o rendimento específico em uma atividade de resistência de duração curta (RDC), em uma de resistência de duração média (RDM) ou em atividades de distintos tipos de resistência de duração longa (RDL). A menor duração do tempo de prova (competição) implica uma participação mais acentuada da força para a potência propulsora e uma frequência de movimentos mais elevada.

Os distintos esportes caracterizam-se por uma especificidade precisa de esforço que determina a variabilidade da duração das cargas de trabalho. Grande parte do treinamento da resistência é realizada mediante determinados tipos de deslocamentos, sendo possível, por essa causa, valorar a intensidade por meio da velocidade. As bases para a escala de velocidades deve ser a relação velocidade-tempo. Não obstante, essa relação é específica para os exercícios em terra e/ou água.

Quanto à natação, podemos dizer que se relaciona com a resistência de duração curta (RDC), com a resistência de duração média (RDM) e com a resistência de duração longa I para as provas na piscina e com as resistências de longa duração II, III e IV para as provas como as de travessia (Tabela 4.9).

Tabela 4.9 – Delimitação dos tipos específicos de resistência dinâmica em função do tempo de esforço, da intensidade da carga e das vias energéticas

Variáveis	RDC	RDM	RDL I	RDL II	RDL III	RDL IV
Duração da carga	35 s a 2 min	2 a 10 min	10 a 35 min	35 a 90 min	90 min a 6 h	> 6 h
Intensidade da carga	Máxima	Máxima	Submáxima	Submáxima	Mediana	Leve
FC/min	185 a 200	190 a 210	180 a 190	175 a 190	150 a 180	120 a 170
$\%VO_2$máx	100	100 a 95	95 a 90	95 a 80	90 a 60	60 a 50
Lactato (mMol/ℓ)	10 a 18	12 a 20	10 a 14	6 a 8	4 a 5	< 3
Consumo energético Kcal (Kj/min) Kj total	60 250 380 a 460	45 190 445 a 1680	28 120 1680 a 3150	25 105 3150 a 9660	20 80 9660 a 27000	18 75 > 27000
Via energética	Predomínio anaeróbico	Aeróbico–anaeróbico	Predomínio aeróbico até totalmente aeróbico			
Anaeróbica, aeróbica	65:35 50:50	50:50 20:80	15:85	5:95	2:98	1:99
Alactácida (%)	15 a 30	0 a 5	–	–	–	–
Lactácida (%)	50	40 a 55	20 a 30	5 a 10	< 5	< 1
Aeróbica (HC) (%)	20 a 35	40 a 60	60 a 70	70 a 75	60 a 50	< 40
Aeróbica (gorduras) (%)	–		10	20	40 a 50	> 60 (-75%)
Degradação do glicogênio, % de glicogênio muscular	10	20	40	60	80	95
Lipólise, FFA (mMol/ℓ)	0,50	0,50	0,80	1,0	2,0	2,5
Glicólise, Lactato (mMol/ℓ)	18	20	14	8	4	2
Proteólise, alanina (mMol/ℓ)	500	500	400	350	250	200
Ureia (mMol/ℓ)	0	1	1 a 2	2 a 3	3 a 6	4 a 8
Cortisol (mMol/ℓ)	400	400	350	300	400	500
Substrato energético principal	Glicogênio, fosfatos	Glicogênio muscular	Glicogênio (muscular + hepático)	Glicogênio (muscular + hepático), gorduras	Gorduras + glicogênio	Gordura, proteínas

4.2.6.1.3 A importância dos distintos tipos de resistência na natação

O desenvolvimento da resistência é necessário para alcançar um rendimento específico em qualquer prova de natação, dos 50 m aos 25 km. Para treinar a resistência de acordo com as demandas específicas de cada prova, é preciso cobrir de forma sequencial o treinamento da resistência de base e o treinamento da resistência específica (Navarro, 1985).

O treinamento desses dois tipos de resistência logicamente difere para cada especialidade, não tanto nos conteúdos, mas na magnitude do volume que deve ser aplicado a cada um deles. Por isso, e com o fim de estudar as necessidades de treinamento de resistência em cada prova, Navarro e Arsenio (1999) consideram oportuno classificar o conjunto das provas de natação em quatro grupos:

- grupo I: 50 e 100 m;
- grupo II: 200 e 400 m;
- grupo III: 800 e 1.500 m;
- Grupo IV: 5 e 25 km.

Grupo I (50 e 100 m)

Necessidades do treinamento da resistência básica

O nadador dessas especialidades precisa dispor de uma base que garanta a recuperação e a eliminação mais rápida do lactato, embora para a especialidade de 100 m não se deva descuidar da importância de dispor de uma base suficiente para cobrir aproximadamente 20% da energia total requerida para a realização da prova. Um trabalho aeróbico suficiente permitirá realizar posteriormente uma maior quantidade de treinamento de resistência específica. Por exemplo, a contribuição energética de oxigênio na distância de 50 m é a mesma para nadadores de níveis diferentes; no entanto, na distância de 100 m, o papel do oxigênio consumido aumenta bruscamente, e os nadadores de elite, no que se refere à contribuição do oxigênio ao fornecimento de energia de trabalho, superam de forma contundente os esportistas de pouco nível.

Como objetivos fisiológicos, buscam-se mediante o treinamento: a melhora da velocidade em condições de limiar aeróbico, do limiar anaeróbico e da capacidade aeróbica (capacidade para sustentar o VO_2máx) (Figura 4.4).

Necessidades do treinamento da resistência específica

É necessário melhorar os seguintes aspectos (Figura 4.4):

- Capacidade de dispor de muita energia por unidade de tempo por meio do aumento dos depósitos de fosfatos (capacidade alática), com maior importância nas provas de 50 m do que nas de 100 m.
- Capacidade de dispor de muita energia por unidade de tempo por meio do aumento da atividade e quantidade de enzimas da glicólise anaeróbica (potência glicolítica).
- Capacidade de amortecimento: é a capacidade de retardar a hiperaci-

dez apesar da contínua produção de lactato. Nas provas de 100 m, essa capacidade é mais decisiva.

- Tolerância ao lactato: o nadador de 200 m, especialmente, necessita aumentar sua capacidade para continuar o trabalho muscular apesar da hiperacidez, já que as concentrações de lactato no sangue serão superiores àquelas presentes nas provas de 50 m.
- Potência aeróbica: a contribuição de energia aeróbica é mais relevante quando o esforço se aproxima do minuto de duração.
- Resistência de força lática mista: demanda um alto nível de força quando há intervenção específica de fibras glicolíticas rápidas e fibras oxidativas rápidas. A resistência de força lática nos 50 e 100 m e a resistência de força mista nos 100 m são de especial importância para o rendimento.

Resistência específica

	Provas	
	50 m	100 m
Capacidade alática	+++	++
Potência lática	++	+++
Tolerância lática	+	++
Potência aeróbica	+	++
Res. força lática	+	++
Res. força mista	+	++

Resistência básica

	Provas	
Limiar aeróbico	50 m	100 m
Limiar aeróbico	-	+
Limiar anaeróbico	+	++
Capacidade aeróbica	+	++
Res. força aeróbica	-	-

Figura 4.4 – Conteúdos de treinamento da resistência básica e da resistência específica nas provas de 50 e 100 m. Adaptado de Navarro e Arsenio (1999).

No Gráfico 4.4, vemos a distribuição dos conteúdos de resistência básica e específica para essas duas especialidades.

Grupo II (200 e 400 m)

Necessidades do treinamento de resistência básica

A resistência básica deve criar a adaptação geral do organismo aos esforços de resistência específicos nas provas de 200 e 400 m, com finalidade de estabelecer um ponto de partida mais vantajoso para a transição e para o desenvolvimento da resistência específica, além de ativar novas reservas, possibilitando um aumento de rendimento mais acentuado. Também permite a realização da técnica esportiva em condições mais econômicas, melhora a coordenação intermuscular, aumenta a contribuição energética e desenvolve a tolerância psíquica diante do esforço (Figura 4.5).

Gráfico 4.4 – Periodização dos conteúdos da resistência básica e da resistência específica nas provas de 50 e 100 m livre

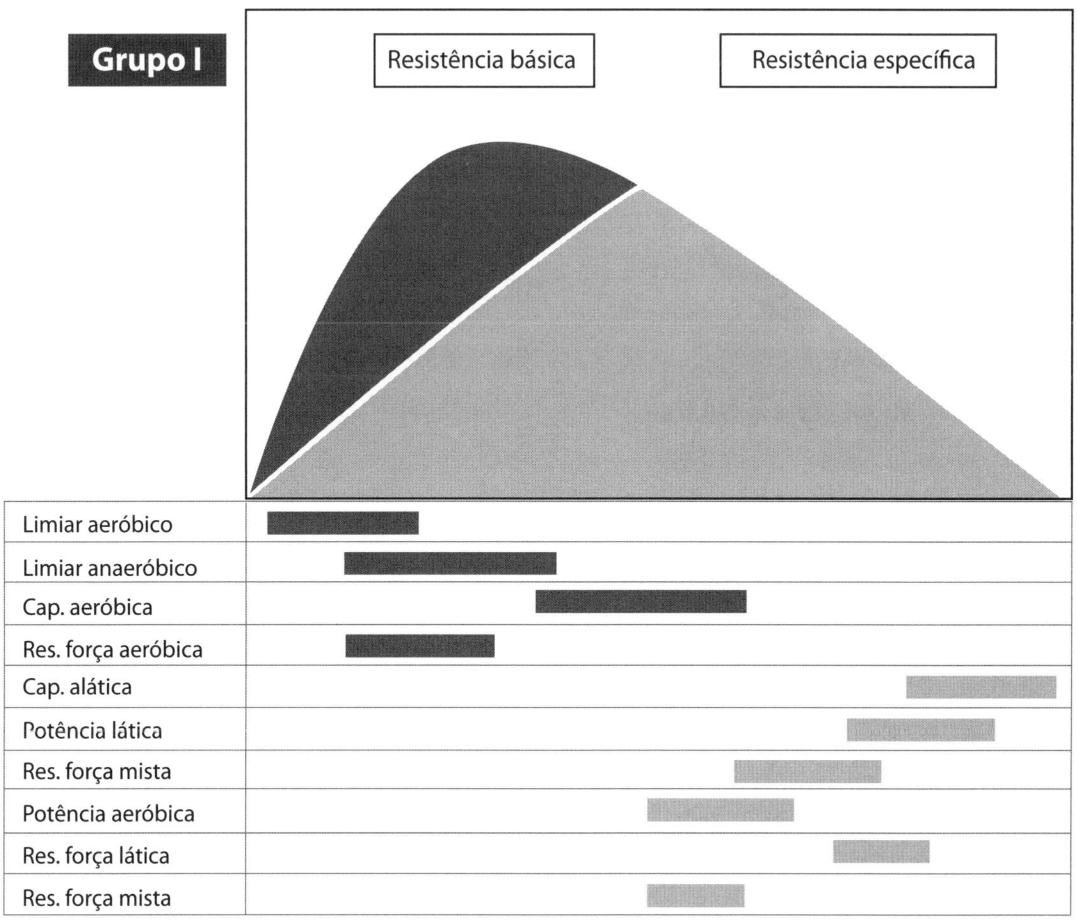

Consideram-se como conteúdos próprios do treinamento da resistência de base nessas modalidades o desenvolvimento dos limiares aeróbico e anaeróbico, o da capacidade aeróbica e o da resistência de força aeróbica.

Necessidades do treinamento da resistência específica

- Capacidade aeróbica e potência aeróbica: o VO_2máx é empregado plenamente, sendo mais significativa a porcentagem de oxigênio (débito cardíaco) do que o aproveitamento de oxigênio nos músculos. Para os nadadores de 200 m, o mais importante é a potência aeróbica, enquanto, para os de 200 m, é a capacidade aeróbica.
- A tolerância ao lactato (capacidade glicolítica) é mais relevante do que a capacidade de produzir muito lactato (potência glicolítica), já que a 100% a glicólise não pode ser mantida por mais de 4 min.

Resistência específica

	Provas	
	200 m	400 m
Potência lática	++	+
Tolerância lática	+++	+++
Potência aeróbica	+++	++
Capacidade aeróbica	++	+++
Res. força lática	++	+
Res. força mista	++	+++

Resistência básica

	Provas	
	200 m	400 m
Limiar aeróbico	+	++
Limiar anaeróbico	++	++
Capacidade aeróbica	++	+
Res. força aeróbica	+	++

Figura 4.5 – Conteúdos de treinamento da resistência básica e da resistência específica nas provas de 200 e 400 m. Adaptado de Navarro e Arsenio (1999).

- Resistência de força mista e de força lática: sua importância é relevante para o grupo II, mas não tanto quanto para o grupo I, diminuindo à medida que aumeta a duração da prova. As manifestações de resistência de força lática (nos 200 m) e de resistência de força mista (nos 400 m) têm especial importância no rendimento.

No Gráfico 4.5, vemos a distribuição dos conteúdos de resistência básica e específica para essas duas especialidades.

Gráfico 4.5 – Periodização dos conteúdos da resistência básica e da resistência específica nas provas de 200 e 400 m livre

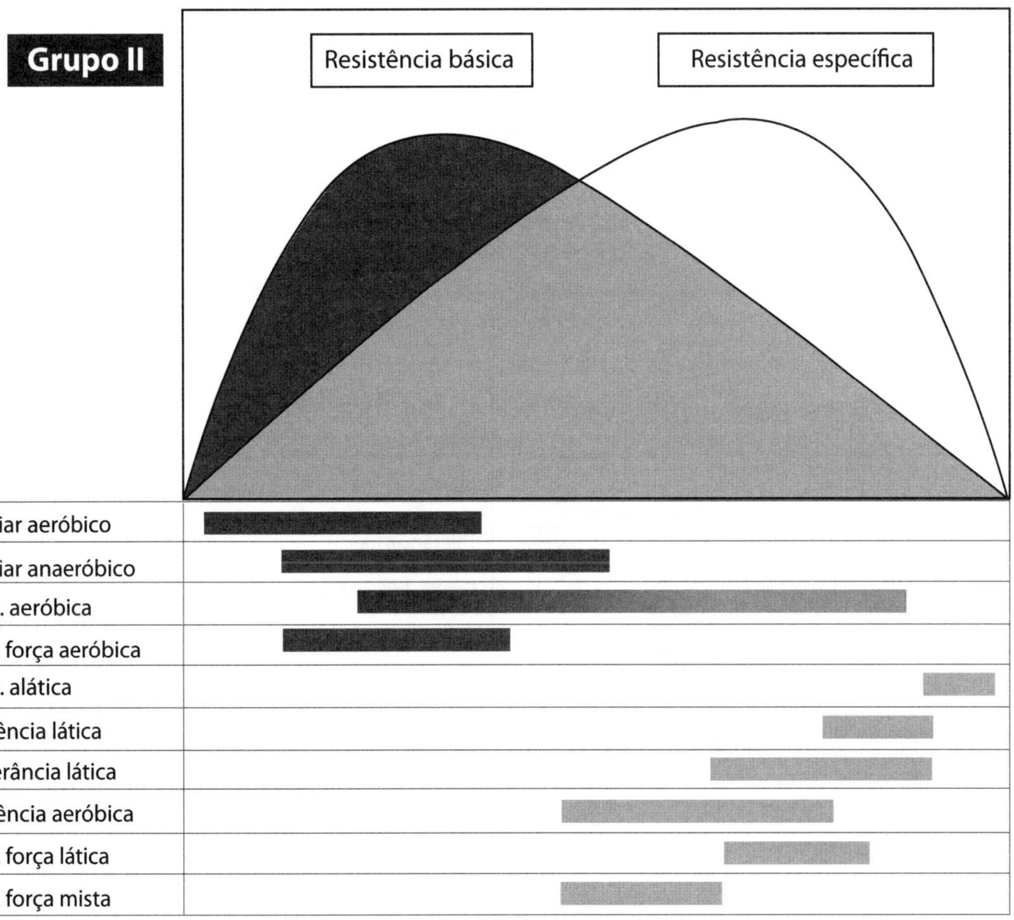

Grupo III (800 e 1.500 m)

Necessidades do treinamento da resistência básica

Os fundamentos do treinamento da resistência básica para as provas de 800 e 1.500 m são os mesmos para provas de 200 e 400 m. Há diferença, no entanto, em relação ao volume de treinamento dos conteúdos (desenvolvimento dos limiares anaeróbico e aeróbico, da potência aeróbica e da resistência de força aeróbica), que será maior para o Grupo III (Figura 4.6).

Necessidades do treinamento da resistência específica

- Capacidade aeróbica: o esforço deve ser mantido a uma elevada porcentagem do VO_2máx (90% a 95%), especialmente nas distâncias mais curtas; portanto, é importante dispor de uma boa capacidade aeróbica. À medida que aumenta a distância e, portanto, a duração, cresce a necessidade de um limiar anaeróbico mais desenvolvido.
- Nível de limiar anaeróbico: principalmente na prova de 1.500 m.
- Tolerância ao lactato (capacidade glicolítica) com valores médios: 12 a 15 mMol/ℓ nos 400 m até 8 a 12 mMol/ℓ nos 1.500 m.
- Resistência de força: tem mais valor nas durações curtas, mas sua importância geral é menor do que para o grupo II. As resistências de força aeróbica (1.500 m) e mista (800 m) têm especial importância no rendimento.

Resistência específica

	Provas	
	800 m	1500 m
Tolerância lática	+ +	+
Capacidade aeróbica	+ + +	+ +
Limiar anaeróbico	+ +	+ + +
Res. força mista	+ +	+
Res. força aeróbica	+	+ +

Resistência básica

	Provas	
	800 m	1500 m
Limiar aeróbico	+ +	+ + +
Limiar anaeróbico	+ +	+ + +
Potência aeróbica	+ +	+ +
Res. força aeróbica	+ +	+ + +

Figura 4.6 – Conteúdos de treinamento da resistência básica e da resistência específica nas provas de 800 e 1.500 m. Adaptado de Navarro e Arsenio (1999).

No Gráfico 4.6, vemos a distribuição dos conteúdos da resistência básica e específica dessas duas especialidades.

Gráfico 4.6 – Periodização dos conteúdos da resistência básica e da resistência específica nas provas de 800 e 1.500 m livre

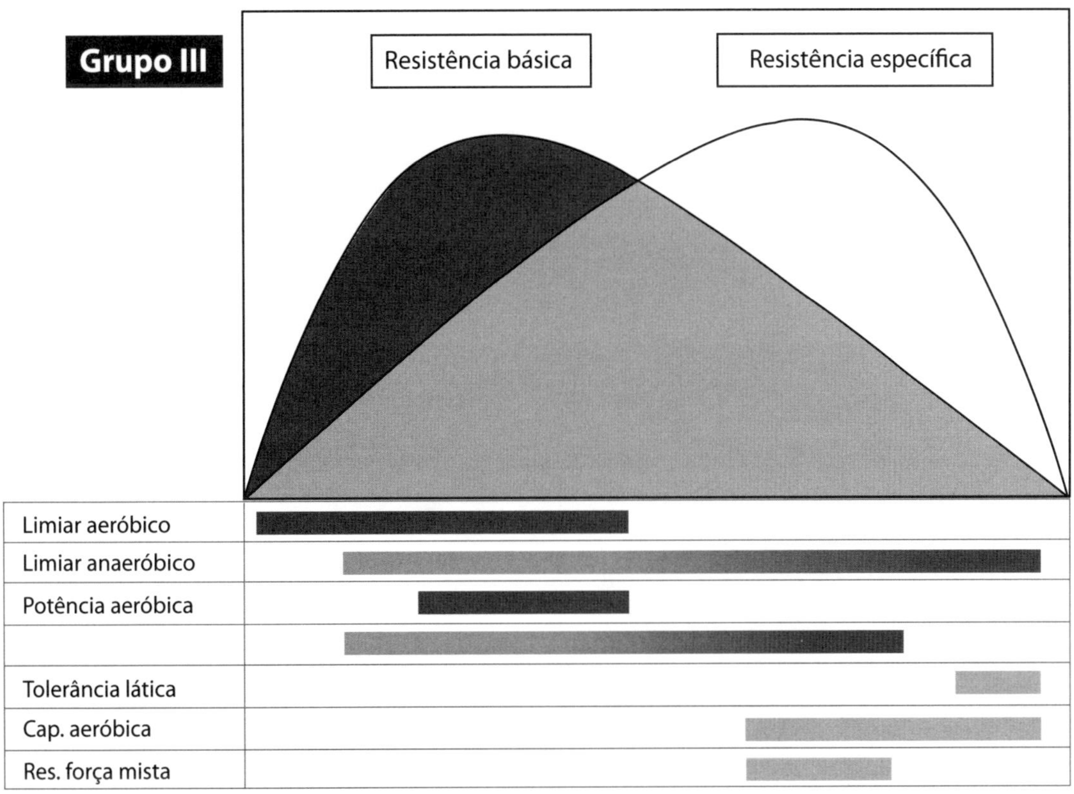

Grupo IV (5 e 25 km)

Necessidades do treinamento da resistência básica

Serão conteúdos fundamentais do treinamento da resistência báscia para as provas de 5 e 25 km: o desenvolvimento dos limiares aeróbico e anaeróbico, da capacidade aeróbica e da resistência de força mista (Figura 4.7).

Necessidades do treinamento da resistência específica

- Nível de limiar anaeróbico: especialmente relevante para manter uma porcentagem elevada de VO_2máx (80% a 85%) sem acúmulo de lactato e sustentar um ritmo elevado de velocidade.
- Capacidade aeróbica: à medida que o VO_2máx se eleva, há uma maior utilização de oxigênio em condição de limiar anaeróbico.
- Mobilização das gorduras: a porcentagem de oxidação das gorduras para produzir energia aeróbica pode chegar a cerca de 20% trabalhando-se a 80% do VO_2máx, com esforços cuja duração ultrapasse 1 h.

No Gráfico 4.7, vemos a distribuição dos conteúdos de resistência básica e específica para essas duas especialidades.

Resistência específica

	Provas	
	5 km	25 km
Limiar aeróbico	+ +	+ + +
Limiar anaeróbico	+ + +	+ + +
Res. força aeróbica	+ +	+

Resistência básica

	Provas	
	5 km	25 km
Limiar aeróbico	+ + +	+ + +
Limiar anaeróbico	+ + +	+ + +
Capacidade aeróbica	+ +	+
Res. força mista	+ +	+

Figura 4.7 – Conteúdos de treinamento da resistência básica e da resistência específica nas provas de 5 e 25 km. Adaptado de Navarro e Arsenio (1999).

Gráfico 4.7 – Periodização dos conteúdos da resistência básica e da resistência específica nas provas de 5 e 25 km livre

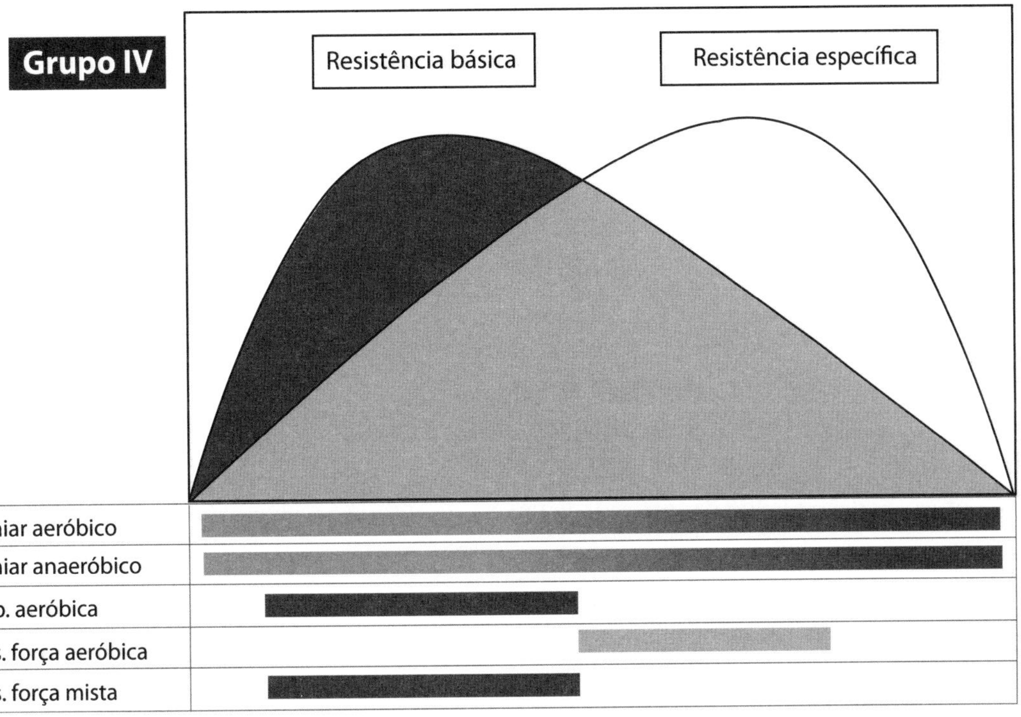

4.2.7 Métodos de treinamento na natação e seus efeitos

Tomaremos como referência os métodos de treinamento aplicados por Navarro, Oca Gaya e Castañón (2003), os quais consideramos bastante completos e de fácil entendimento. Para alcançar os objetivos do treinamento, é necessário conhecer os métodos de treinamento de resistência e seus efeitos. O desenvolvimento da resistência na natação foi estudado por diversos autores, e podemos dividir seus métodos de treinamento em:

- contínuo;
- intervalado;
- de repetições;
- de séries fracionadas e simuladoras.

São características distintivas de cada um:

- No método contínuo, a velocidade pode ser uniforme (método contínuo uniforme) ou variável (método contínuo variável ou *fartlek*).
- No método intervalado, o descanso entre uma repetição e outra não permite uma recuperação total.
- No método de repetições, essa recuperação é completa.
- O método de séries (fracionadas ou simuladoras) é um misto dos dois anteriores. Trata-se de nadar um número estipulado de distâncias sem recuperação total entre uma e outra; depois desse bloco de distâncias, realiza-se uma recuperação longa.

4.2.7.1 Método contínuo

Nesse método, podemos trabalhar com as intensidades do aeróbico leve e do aeróbico médio, ou seja, consiste em nadar a uma velocidade uniforme por mais de 20 min, ininterruptamente e em um ritmo de pulsações inferior a 150 ppm. Dependendo da intensidade podemos nadar a uma distância entre 2.000 e 3.000 metros com uma intensidade de nado sobre o tempo da prova do nadador, que é de aproximadamente 95%. Isso provoca, dependendo da intensidade desenvolvida, maior economia dos movimentos ou um desenvolvimento mais acentuado dos sistemas funcionais do organismo.

O método contínuo pode ser uniforme ou variável. Por sua vez, o método contínuo uniforme pode ser extensivo (quando sua aplicação enfatiza o volume ou a duração) ou intensivo (quando sua aplicação enfatiza a intensidade).

4.2.7.1.1 Método contínuo uniforme

Caracteriza-se por um alto volume de trabalho sem interrupções. Sua utilização efetiva se dá especialmente no período preparatório (dentro de um projeto convencional) ou no mesociclo de acumulação (dentro de um projeto contemporâneo). Seu principal efeito é o desenvolvimento da capacidade aeróbica, decorrente da duração e intensidade da carga empregada.

Método contínuo uniforme extensivo

A duração da carga é longa: 30 min a 2 h, embora possa chegar a ser de várias horas em casos determinados, como, por exemplo, nas travessias. A intensidade da carga está entre o limiar aeróbico e o anaeróbico (1,5 a 3 mMol/ℓ de lactato), o que supõe 60% a 80% da velocidade de competição.

A prática desse método de treinamento proporciona maior economia cardiovascular, melhor aproveitamento do metabolismo lipídico, manutenção/estabilização do nível aeróbico alcançado e melhora do ritmo de recuperação.

Exemplos de tarefas:

- 2.000 (200 cr + 200 ei + 100 pior);
- 2 x (100 ei + 200 ei + 400 ei + 800 ei);
- 45 min, mudando a cada 800 m (pr, br, 200 ei);
- 1 x 2.000 m livre;
- 3 x (400 ei + 400 cr).

Método contínuo uniforme intensivo

Aqui, a intensidade é maior do que no método contínuo uniforme extensivo, correspondendo ao limiar anaeróbico (3 a 4 mMol/ℓ de lactato). Já a duração da carga, apesar de relativamente menor, ainda é longa: 30 min a 1 h, embora possa chegar a 90 min.

Esse método de treinamento proporciona melhora no metabolismo do glicogênio, maior velocidade em condição de limiar anaeróbico, aumento do consumo de oxigênio — decorrente do aumento do número de capilares e do rendimento cardíaco —, melhor compensação lática a intensidades elevadas e melhor sustentação de uma intensidade elevada durante esforços prolongados. Sua utilização é recomendada no desenvolvimento das resistências de duração média e duração longa I, II, III.

Exemplos de tarefas:

- 1.500 (300 C + 300 ei + 300 E + 300 ei + 300 B);
- 1 x 2.000 (600 EP – 400 pr – 400 br – 600 EP);
- 30 min nado livre.

4.2.7.1.2 Método contínuo variável (*fartlek*)

Caracteriza-se pelas mudanças de intensidade durante a realização da carga. A velocidade oscila entre moderada, correspondente ao limiar aeróbico (aproximadamente 2 mMol/ℓ), e submáxima, acima do limiar anaeróbico (5 a 6 mMol/ℓ). A duração da carga de esforço em velocidade maior fica entre 1 e 10 min, alternando-se com os esforços moderados, cuja duração deve permitir uma leve recuperação do organismo antes do aumento seguinte. Na fase de elevada velocidade, a FC chega a 180 ppm, enquanto, na fase de velocidade lenta, é de aproximadamente 140 ppm.

O sistema ondulatório e rítmico de alternância de intensidades proporciona elevado volume de trabalho, e a capacidade cardiocirculatória e o sistema nervoso central se desenvolvem de forma significativa.

Na natação, o método consiste em nadar mais de 20 min a velocidades variadas, alternando tanto distâncias quanto o ritmo. Os trechos rápidos (R) coincidem com as distâncias mais longas (superiores a 300 m), e os lentos (L), com as mais curtas. É recomendado que o exercício de nado seja realizado no estilo principal do atleta.

As tarefas de treinamento podem ser projetadas com base em distâncias ou tempo de nado, com variantes quase ilimitadas de mudanças de distâncias por trechos rápidos e lentos.

Exemplos de tarefas:

- Mudanças de ritmo com as mesmas distâncias nos trechos rápidos e lentos:

2.000 (400 R – 100 L); 24 m (300 R – 100 L);

- Mudanças de ritmo com aumento das distâncias nos trechos rápidos:

1.800 (200 R – 100 L; 300 R – 100 L; 400 R – 100 L – 500 R – 100 L);

- Mudanças de ritmo com diminuição das distâncias nos trechos lentos:

1.800 (500 L – 150 L; 500 R – 100 L; 500 R – 50 L);

- Mudanças de ritmo com diminuição das distâncias nos trechos rápidos e lentos:

1.700 (500 R – 150 L; 400 R – 100 L; 300 R – 50 L – 200 R);

- Mudanças de ritmo com aumento das distâncias nos trechos rápidos e posterior diminuição:

1.800 (200 R – 100 L; 300 R – 100 L; 400 R – 100 L; 300 R – 100 L; 200 R).

No Gráfico 4.8, vemos o comportamento da ventilação e do lactato no sangue durante uma série de trabalho com cargas em "pirâmide" e durante um treino no qual se utiliza somente uma intensidade. O trabalho é mesmo em ambos.

Gráfico 4.8 – Comportamento da ventilação e do lactato no sangue durante uma série de trabalho com cargas em "pirâmide" e durante treino no qual se usa uma intensidade apenas. Adaptado de Rodriguez (2000)

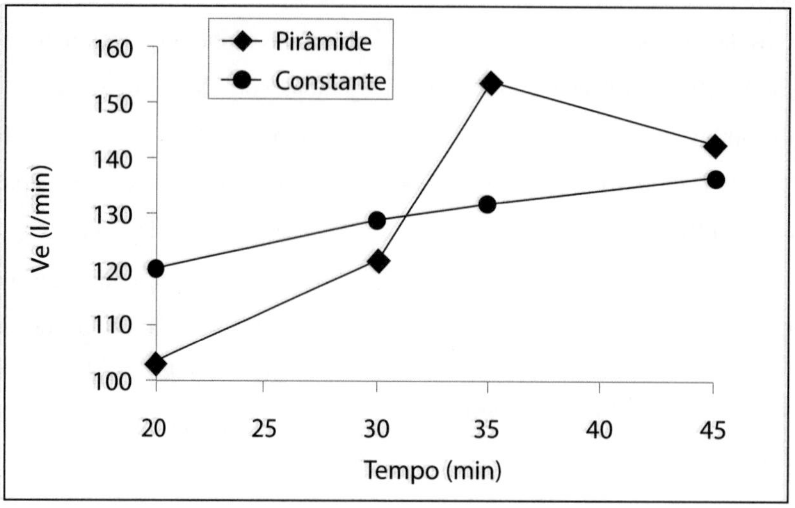

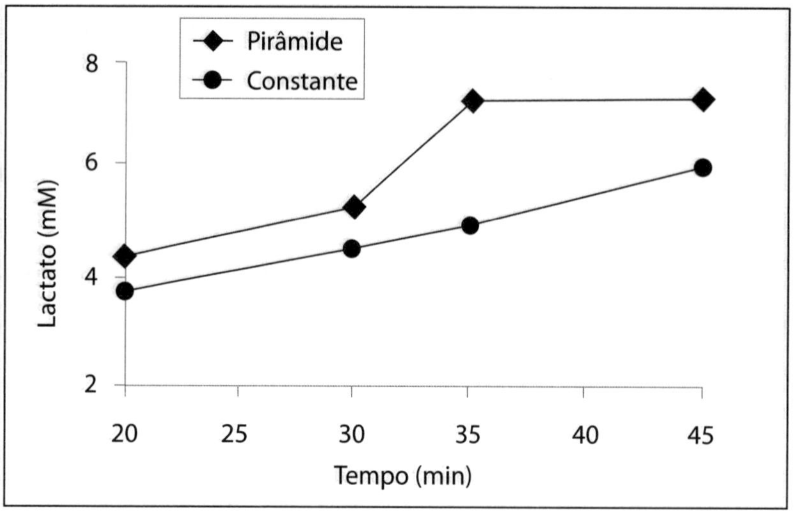

Como se pode observar, o nado *fartlek* com alternância de cargas (pirâmide) implica mais o sistema anaeróbico (maior acumulação de lactato), isso porque, depois de uma carga alta, volta-se a uma carga baixa, sem descanso entre elas. O lactato acumulado não pode ser eliminado; portanto, é um trabalho de resistência aeróbica-anaeróbica.

4.2.7.2 Método intervalado

Esse método abarca todas as variantes de treinamento fracionado em que não se alcança uma recuperação completa entre as fases de carga e descanso. Durante a carga, produz-se um estímulo de hipertrofia no músculo cardíaco, decorrente da maior resistência periférica, e, durante o intervalo de descanso, dá-se o aumento da cavidade, causado pelo maior volume cardíaco, que decorre, por sua vez, da queda da resistência periférica (Navarro, 2002).

A duração do descanso é calculada a partir da frequência cardíaca; o critério básico é: a frequência cardíaca deve recuperar-se até 120 ou 130 ppm. Para Platonov e Fessenko (1993), ao aplicar o método intervalado com o fim de aumentar o nível de produtividade aeróbica, é necessário se guiar pelos seguintes princípios, baseados em um enfoque fisiológico:

- A duração dos exercícios individuais não deve superar 1 ou 2 min.
- Em função da longitude do trecho de treinamento, a duração dos intervalos de descanso é, por regra geral, de 45 e 90 s.
- Ao determinar a intensidade de trabalho das pausas, é preciso tomar como orientação a frequência de contrações cardíacas de 170 a 180 ppm ao final do trabalho e de 120 a 130 ppm ao final da pausa. O aumento da frequência cardíaca para além de 180 ppm durante o trabalho e sua redução abaixo de 120 ppm ao final da pausa não são adequados, já que em ambos os casos observa-se uma redução do volume de batidas do coração, assim como a redução da eficácia do treinamento.

Na Tabela 4.10, Rodriguez (2000) apresenta um estudo que demonstra o efeito dos tipos de repetição (50 a 200 m) e da duração do descanso (10 a 180 s) na velocidade de nado e a acumulação de lactato no sangue. Como se pode observar, os treinamentos apresentados na tabela são todos de 1.000 m, mas foram utilizadas diferentes combinações de trabalho e descanso.

Tabela 4.10 – Efeito dos tipos de repetição (50 a 200 m) e da duração do descanso (10 a 180 s) na velocidade de nado e a acumulação de lactato no sangue

Distância de nado (m)	**Número de repetições**	**Descanso (s)**	**Lactato (mMol/ℓ)**	**PH**	**Velocidade de nado (m,s)**
25	40	10	2,9	7,27	1,56
50	20	10 60	7,2 9,0	7,23 7,23	1,46 1,65
100	10	10 60 180	8,0 10,0 16,4	7,17 7,16 7,05	1,41 1,55 1,61
200	5	10 60 180	3,6 8,7 13,3	7,23 7,16 6,92	1,31 1,42 1,48

Adaptado de Rodriguez (2000).

Dentro de cada distância, observa-se como o tempo de descanso afeta a velocidade de nado escolhida. Quanto maior a velocidade de nado, mais acúmulo de lactato há nas distâncias de 100 e 200 m. As séries de 100 m são as que resultam em um aumento mais acentuado de lactato quando se descansa por 3 min. Em geral, todas as distâncias superiores a 50 m seguidas de descansos longos (1 a 3 min) estimulam o sistema glicolítico (anaeróbico lático), sendo as recomendadas para o trabalho da resistência anaeróbica lática (tolerância ao lactato).

A julgar pelos menores lactatos, as séries de 100 e 200 m seguidas de descanso inferior a 3 min não estimulam tanto o sistema anaeróbico; são mais úteis para o desenvolvimento do sistema aeróbico. Isso é demonstrado no estudo de Beltz et al. (1988) (Gráfico 4.9). Séries de 200 m acompanhadas de 60 s de descanso e de 100 m acompanhadas de 10 s de descanso são as mais adequadas para se trabalhar a 100% do consumo máximo de oxigênio, isto é, quando queremos desenvolver o fator aeróbico. Descansos mais longos ou repetições mais curtas (50 ou 25 m) fazem a intensidade de nado aumentar e o trabalho ficar acima do consumo máximo de oxigênio.

Gráfico 4.9 – Estimulação do sistema aeróbico nos diferentes intervalos de descanso. Adaptado de Beltz et al. (1988)

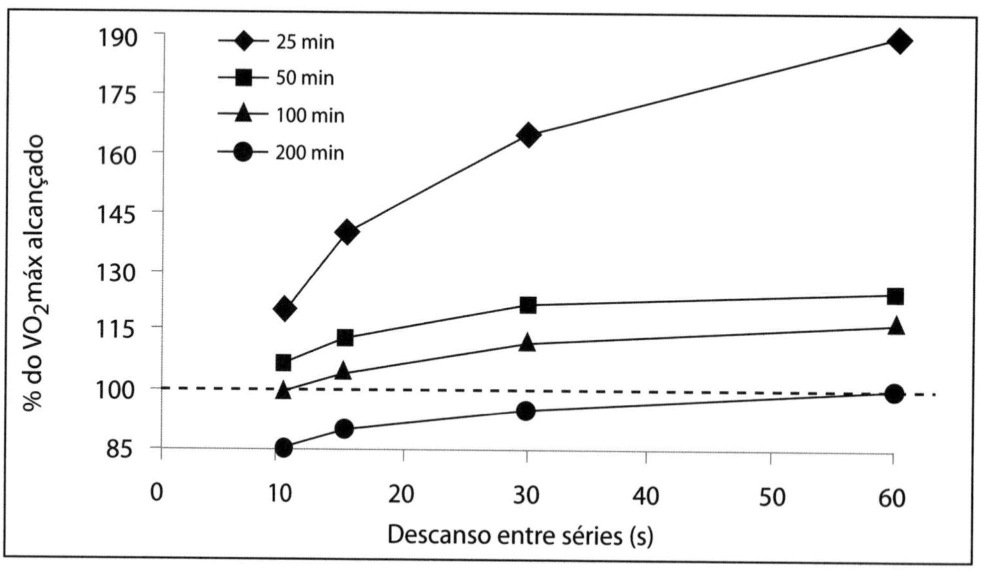

O treinamento intervalado está voltado a aumentar as possibilidades funcionais do coração, as quais constituem o principal fator limitador do nível de produtividade aeróbica. Não obstante, o efeito desses métodos não se vê limitado pelo aumento de volume do músculo cardíaco. Sua aplicação desenvolve a capacidade dos tecidos de utilizar intensamente o oxigênio e tem um efeito positivo sobre o nível de produtividade anaeróbica.

Na Figura 4.8, estão as variantes, dentro do método intervalado, diferenciadas por Navarro, Oca Gaya e Castañón (2003).

4.2.7.2.1 Método intervalado extensivo

Consiste em nadar distâncias longas (800 a 2.000 m), com descansos curtos (até 30 segundos) entre elas.

Para o trabalho aeróbico leve, especificamente o método, denominado, no caso, intervalado extensivo longo, consiste em nadar elevados volumes de treinamento, com repetições de distâncias intercaladas por breves descansos e a níveis de lactato entre 2 e 2,5 mMol/ℓ.

Já para o trabalho aeróbico médio, as condições de aplicação do método, chamado, nesse caso, de intervalado extensivo médio, variam em comparação às do treinamento aeróbico leve, em que o volume total é ligeiramente inferior; no trabalho aeróbico médio, as distâncias de nado variam de 50 a 800 m, e os descansos são um pouco mais prolongados, para que o nadador possa alcançar velocidades de nado que lhes permitam alcançar níveis de lactato de 3 a 4 mMol/ℓ.

São efeitos fisiológicos do trabalho aeróbico leve:

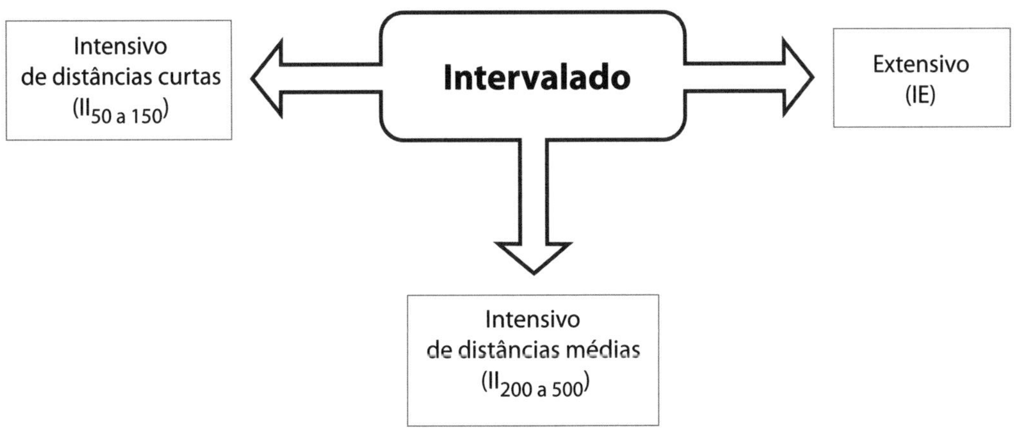

Figura 4.8 – Diferentes métodos intervalados. Adaptado de Navarro, Oca Gaya e Castañón (2003).

- irrigação periférica e capilarização;
- glicólise e aumento dos depóstios nas fibras I;
- aumento do coração.

São efeitos fisiológicos do trabalho aeróbico médio:

- ativação dos processos anaeróbicos;
- aumento do coração;
- produção de lactato nas fibras I.

A seguir, citamos alguns exemplos de treinamentos para a zona aeróbica leve:

- Emprego de distâncias longas seguidas de curta recuperação:
  - 3 x 800 m/40 s (primeira: cr; segunda: br; terceira: ei);
  - 6 x 400 m/30 s (ímpar: cr; par: ei – cada 25 m).
- Emprego de blocos de distâncias iguais com exercícios de nado diferentes:
  - 4 vezes (cada bloco composto por habilidades técnicas de cada estilo);
  - 400 m/15 s cr + 4 x 100 m/5 s habilidades técnicas.

Abaixo, citamos alguns exemplos de treinamento para a zona aeróbica média:

- Séries constantes típicas:
  - 30 x 50 m com 45 s;
  - 20 x 100 m com 1 min 30 s;
  - 12 x 200 m com 2 min 50 s;
  - 6 x 400 m com 5 min 30 s;
  - 3 x 800 m com 10 min 45 s.
- Séries progressivas:
  - 4 x 800 m com 10 min 45 s progressivamente 1 a 4. Exemplo: 10 min 20 s, 10 min 10 s, 9 min 50 s, 9 min 40 s;
  - 8 x 400 m com 5 min 30 s progressivamente 2 a 2. Exemplo: 5 min, 4 min 55 s, 4 min 50 s, 4 min 45 s;
  - 12 x 200 m com 2 min 50 s progressivamente 1 a 3. Exemplo: 2 min 22 s, 2 min 18 s, 2 min 16 s.
- Séries negativas: os mesmo exemplos das anteriores servem nesse caso, em que a primeira metade da distância é nadada mais lentamente do que a segunda, com o objetivo de melhorar a autoconfiança, de romper o ritmo e ir mais forte no final da prova.
- Conjuntos de distâncias com intervalos decrescentes e bem ajustados ao final:
  - 9 x 400 m fazendo: 3 com 5 min 30 s; 3 com 5 min 15 s; 3 com 5 min;
  - 14 x 200 m fazendo: 5 com 2 min 50 s; 4 com 2 min 40 s; 3 com 2 min 30 s; 2 com 2 min 20 s;
  - 28 x 100 m fazendo: 10 com 1 min 20 s; 8 com 1 min 20 s; 6 com 1 min 15 s; 4 com 1 min 10 s.
- Conjuntos de distâncias com intervalos crescentes: permitem combinar treinamentos de várias zonas, de aeróbica leve a aeróbica intensa, graças aos descansos progressivamente maiores, que proporcionam velocidades logicamente mais altas.

- 30 x 50 m fazendo: 10 com 45 s; 10 com 55 s; 10 com 1 min 05 s;
- 9 x 200 m fazendo: 4 com 2 min 50 s; 3 com 3 min 15 s; 2 com 3 min 30 s;
- 9 x 400 m fazendo: 3 com 5 min 30 s; 3 com 6 min; 3 com 6 min 30 s.

- Conjuntos de distâncias variáveis:
  - Escada descendente: 400 m com 40 s (observar o tempo de 300 m; 5 s de descanso a cada 300 m); 300 m com 30 s, mais rapidamente do que os 300 m anteriores (observar o tempo de 200 m); 200 m com 20 s, mais rapidamente do que os 200 m anteriores (observar o tempo de 100 m); 100 m mais rapidamente do que os 100 m anteriores.
  - Escada ascendente: 100 m/10 s + 200 m/20 s (dobrar o tempo anterior) + 400 m/40 s (dobrar o tempo anterior) + 800 m (dobrar o tempo anterior).
  - Escada ascendente-descendente: 4 x 100 m com 1 min 30 s; 2 x 200 m com 2 min 50 s; 1 x 400 m com 5 min 30 s; 2 x 200 m com 2 min 50 s; 4 x 100 m com 1 min 30 s.

4.2.7.2.2 Método intervalado intensivo de distâncias médias

Com esse método, pretende-se estimular a absorção de VO_2máx. Para tanto, são utilizadas distâncias de 200 a 500 m, dispondo-se, assim, de duração de nado que permita alcançar o máximo consumo de oxigênio. Os tempos de descanso aproximam-se do tempo de duração do trabalho (t:d = 1:1).

Seus efeitos fisiológicos principais são: produção e restauração do lactato no sangue, implicação das fibras II (sempre que o VO_2máx seja superior a 90% ou, então, a força ocupar mais do que 30%) e esvaziamento do depósito de glicogênio.

Alguns exemplos de aplicação desse método:

- 4 x 400 m com 9 min;
- 6 x 200 com 6 min;
- 1 x 400 com 9 min; 2 x 300 m com 7 min; 3 x 200 m com 6 min.

4.2.7.2.3 Método intervalado intensivo de distâncias curtas

Também conhecido como treinamento na velocidade crítica, consiste de esforços repetidos sobre distâncias de 50 a 150 m, de modo a totalizar um volume de 2.000 m; a FC deve ser mantida entre 10 e 20 ppm abaixo da máxima durante a maior parte do trabalho, exceção feita aos últimos 200 ou 400 m, nos quais se deve alcançar a FCmáx.

O nadador tem que sustentar uma velocidade bastante elevada, já que nos descansos ocorre significativa recuperação da FC (0,30 a 1,30). Se as pulsações são mantidas no nível adequado, o lactato, ainda que elevado, estará sempre controlado, e o nadador poderá realizar esse tipo de esforço por 10 a 30 min.

Os efeitos fisiológicos do método intervalado intensivo de distâncias curtas são: produção e restauração do lactato no sangue, implicação das fibras II (sempre que o VO_2máx seja superior a 90% ou a força ocupar mais do que 30%) e esvaziamento do depósito de glicogênio.

Alguns exemplos de aplicação do método:

- 24 x 100 m com 1 min 50 s realizando:
  - 12 a 20 m – dez pulsações abaixo da FCmáx;
  - 10 a 10 m – cinco pulsações abaixo da FCmáx;
  - 2 a 5 m – zero pulsação abaixo da FCmáx.
- 10 x 100 m com 1 min 50 s e 20 x 50 m com 55 s realizando:
  - 100 m – dez a vinte pulsações abaixo da FCmáx;
  - 50 m: zero a dez pulsações abaixo da FCmáx.
- 4 x 150 m com 2 min 45 s, 6 x 100 m com 1 min 50 s e 12 x 50 m com 55 s realizando:
  - 150 m: dez a vinte pulsações abaixo da FCmáx;
  - 100 m: cinco a dez pulsações abaixo da FCmáx;
  - 50 m: zero a cinco pulsações abaixo da FCmáx.
- 4 x (duas séries: dez a vinte pulsações abaixo da FCmáx) ou 4 x (duas séries: cinco a dez pulsações abaixo da FCmáx):
  - 50 m com 55 s;
  - 100 m com 1 min 50 s;
  - 150 m com 2 min 45 s;
  - 200 m com 3 min 40 s.

4.2.7.2.4 Método de séries longas

Com esse método, é possível alcançar o VO_2máx em todas as séries. Para tanto, cada uma delas consiste de distâncias curtas (de 50 e 100 m) e descansos também curtos (5 a 20 s), e o volume total é de 600 a 1.000 m. Como os descansos são curtos, a FC não decai muito durante a recuperação, com o que será fácil conseguir o VO_2máx após alguns minutos. O descanso entre cada série é ampliado (5 a 10 min), permitindo uma recuperação quase completa. A intensidade de nado deve ser suficientemente elevada para solicitar ao organismo sua máxima capacidade de utilização de oxigênio.

Exemplos de aplicação do método para um nadador de 1.500 m cuja marca é de 16 min 30 s (1 min 06 s a cada 100 m):

- Conjunto de distâncias iguais:
  - 2 x (8 x 100 m com 1 min 20 s)/
  - 8 m (1 min 06 s);
  - 4 x (3 x 150 m com 2 min 10 s)/6 m (1 min 39 s).
- Conjunto de distâncias variáveis:
  - 3 x (2 x 150 m com 2 min 10 s + 3 x 100 m com 1 min 20 s)/6 m.
- Conjuntos com intervalos decrescentes:
  - 3 x (6 x 100 m – duas séries com 1 min 25 s, duas com 1 min 20 s e duas com 1 min 15 s)/6 m;

- 3 x (6 x 100 m)/6 m – a primeira série com 1 min 25 s; a segunda com 1 min 20 s e a terceira com 1 min 15 s.

Esse tipo de trabalho ensina ao nadador de 800 e/ou 1.500 m o ritmo em que deve nadar a prova. É importante que ele esteja conscientizado acerca da frequência de ciclos a ser mantida, similar à da prova, assim como acerca do número de ciclos por longitude.

4.2.7.3 Métodos de repetições

Na metodologia do treinamento anaeróbico lático, temos que distinguir as orientações a seguir, considerando o treinamento da capacidade e da potência anaeróbica (Figura 4.9).

4.2.7.3.1 Repetições de distâncias médias

Trabalha a capacidade lática; seu objetivo é treinar o nadador em situação de acúmulo de ácido lático, de modo que ele desenvolva as adaptações fisiológicas as quais diminuiam o efeito da acidose. São empregadas distâncias de 50 a 150 m com uma relação de tempo-distância de 1:2. A velocidade é de 90% a 105% da V200.

Seus efeitos fisiológicos são: melhora da via energética anaeróbica lactácida, esvaziamento dos depósitos de glicogênio das fibras FT, aumento da tolerância para o lactato; desenvolvimento da execução de todos os mecanismos reguladores essenciais.

Exemplos de aplicação do método para um nadador de 200 m cuja marca é de 2 min:

- Repetições de distâncias constantes:
  - 8 x 100 m com 3 min a 100% do V200 (1:00);

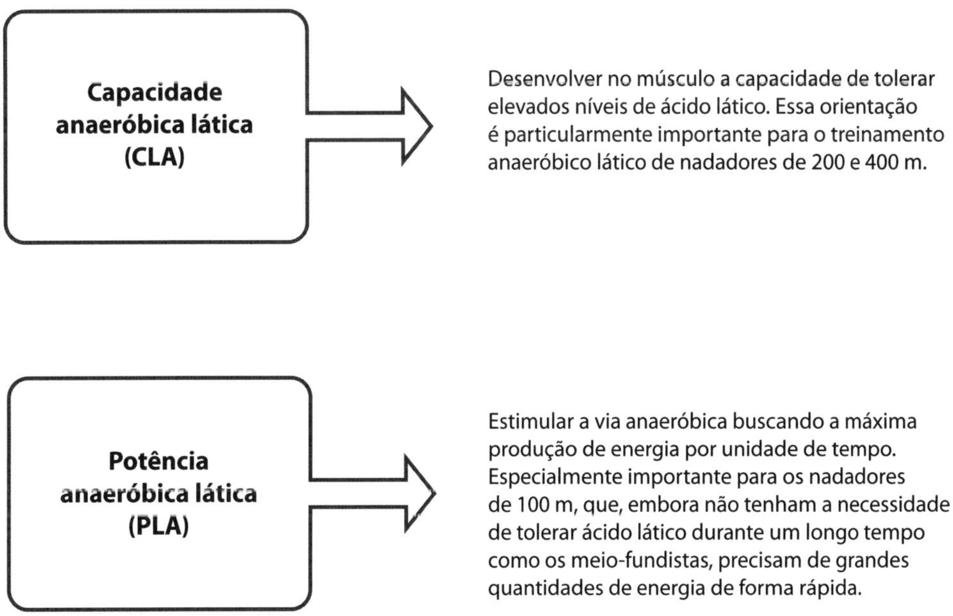

Figura 4.9 – Orientações do treinamento anaeróbico lático.

- 12 x 75 m com 2 min 15 s a 102% do V200 (0:44);
- 18 x 50 m com 1 min 30 s a 104% do V200 (28,5).

- Repetições com intervalos progressivos:
  - 9 x 100 m realizando: três séries com 2 min, três séries com 3 min e três séries com 4 min;
  - 12 x 75 m realizando: três séries com 1 min 45 s, três séries com 2 min, três séries com 2 min 15 s e três séries com 2 min 30 s;
  - 16 x 50 m realizando: quatro séries com 1 min, quatro séries com 1 min 10 s, quatro séries com 1 min 20 s e quatro séries com 1 min 30 s.
- Repetições com diminuição das distâncias:
  - 4 x 100 m com 3 min, 4 x 75 m com 1 min 45 s e 4 x 50 m com 1 min 10 s.

4.2.7.3.2 Repetições de distâncias curtas

Trabalha a potência lática. A máxima produção de energia por unidade de tempo utilizando-se a via anaeróbica lática se dá entre 30 s e 1 min de um esforço de máxima intensidade. Na natação, portanto, se dá nas distâncias de 50 a 100 m. A intensidade é quase máxima (90% a 95%), e a recuperação, completa (pelo menos 4 min para as distâncias mais curtas e 6min para os 100 m). O volume total é de 400 a 800 m. A relação tempo-distância é de 1:4 para os 50 m e de 1:8 para os 100 m.

Seus efeitos fisiológicos são: melhora da via energética aneróbica alactácida, implicação das fibras II e produção rápida de lactato, aumento dos depósitos de fosfato e execução de todos os mecanismos reguladores essenciais.

Exemplos de aplicação do método de repetições de distâncias curtas:

- 12 x 50 m com 2 min;
- 5 x 100 m com 6 min.

4.2.7.4 Séries fracionadas ou simuladoras de 50, 100 e 200 m

Esse tipo de treinamento se caracteriza pelo fracionamento das distâncias de 50, 100 e 200 m — cujo esforço é tipicamente anaeróbico lático — em distâncias menores e com intervalos de descanso muito breves, na forma de séries. Portanto, o volume da série corresponderá a alguma das distâncias assinaladas (50, 100 ou 200 m), enquanto o volume total oscilará entre 400 e 1.200 m.

Na Tabela 4.11, são apresentadas as características das séries fracionadas e exemplos de aplicação.

As séries simuladoras têm características similares às fracionadas, a não ser quanto ao fracionamento (Tabela 4.12).

Tabela 4.11 – Características das séries fracionadas e exemplos de aplicação

Volume por série	50 m	100 m	150 m	200 m
Repetições, distância e descanso por série	2 x 25 m/5 s	4 x 25 m/5 s 2 x 50 m/10 s	6 x 25 m/5 s 3 x 50 m/10 s 2 x 75 m/10 s	8 x 25 m/5 s 4 x 50 m/10 s 2 x 100 m/10 s
Descanso entre séries	3 min	3 a 5 min	3 a 5 min	3 a 6 min
Volume total	400 a 800 m	400 a 800 m	600 a 1.200 m	800 a 1.200 m
Características	Velocidade muito elevada, próxima à de competição			
Exemplos	8 x (2 x 25 m/5 s)/ 3 min	4 x (4 x 25 m/5 s)/ 3 min 5 x (2 x 50 m/10 s)/ 5 min	6 x (3 x 50 m/10 s)/ 3 min 6 x (2 x 75 m/ 10 s)/5 min	4 x (4 x 50 m/ 10 s)/5 min 5 x (2 x 100 m/ 10 s)/6 min

Tabela 4.12 – Características das séries simuladoras e exemplos de aplicação

Volume por série	75 m	100 m	150 m	200 m
Repetições, distância e descanso por série	50 m + 25 m 75 m + 25 m	50 m + 2 x 25 m 25 m + 50 m + 25 m	100 m + 50 m 75 m + 50 m + 25 m 2 x 50 m + 2 x 25 m	100 m + 2 x 50 m 100 m + 4 x 25 m 2 x 50 m + 4 x 25 m
Descanso entre séries	3 min	3 a 5 min	3 a 5 min	3 a 6 min
Volume total	400 a 800 m	400 a 800 m	600 a 1.200 m	800 a 1.200 m
Características	Velocidade muito elevada, próxima à de competição			
Exemplos	8 x (50 m + 25 m)/3 min	4 x (75 m + 25 m)/ 3 min 5 x (50 m + 2 x 25 m)/ 5 min	6 x (100 m + 50 m)/ 4 min 6 x (2 x 50 m + 2 x 25 m)/5 min	4 x (100 m + 2 x 50 m)/5 min 5 x (1 x 50 m/10 s + 2 x 75 m/ 15 s)/6 min

4.2.7.5 O treinamento do ritmo de prova na natação

Com certa frequência, nadadores fracassam nas competições por não serem capazes de distribuir o esforço ao longo de toda a prova. Para que um nadador consiga um excelente rendimento na competição, não é suficiente um bom treinamento dos sistemas de energia e das qualidades físicas específicas que participam na sua prova; é necessário também realizar certos trabalhos que integrem os sistemas de energia, a fim de melhorar a eficiência e a capacidade do atleta de metabolizar a energia o mais economicamente possível. Esses trabalhos constituem o treinamento do ritmo de prova.

Para aplicar corretamente esse treinamento, é necessário responder às seguintes perguntas:

- Como se nada nas distintas provas de natação?
- Como se treina o ritmo das provas de natação?
- Como se planeja o treinamento de ritmo?

4.2.7.5.1 Como se nada nas distintas provas de natação?

Se observarmos as formulações de nado dos bons nadadores, sobressaem-se duas propostas:

- Proposta uniforme: mantém-se a mesma velocidade durante toda a prova, e o tempo parcial da primeira metade é ligeiramente inferior ao da segunda.
- Proposta negativa: a velocidade vai aumentando ligeiramente no decorrer da prova; o tempo parcial da segunda metade é igual ou menor do que o da primeira; a última parcial da prova é similar à primeira ou mais rápida.

O objetivo de ambas as propostas é evitar a acumulação de lactato na primeira parte da prova e, como consequência, diminuir a acidose, que poderia provocar a redução do metabolismo de produção de energia e, assim, a velocidade do nadador. Segundo Maglischo (1999), os efeitos da acumulação de lactato serão produzidos, em esforço máximo, entre 20 e 30 s do começo da prova. Isso significa que o nadador não pode manter sua velocidade máxima nem mesmo em uma prova de 100 m que dure 50 s e que, portanto, será necessário administrar o esforço, de modo que se ajuste a uma velocidade a qual não cause acumulação de lactato na primeira parte (que poderia ser excessiva), e que possa ser mantida pelo atleta e permita a ele nadar mais rapidamente no final da prova. Tanto na proposta uniforme como na negativa, a ideia que prevalece é retardar o acúmulo de lactato ao se evitar uma velocidade alta no começo da prova.

Algumas vezes convém ter como referência o tempo parcial da prova em relação à marca pessoal do nadador na própria distância parcial. As parciais devem servir apenas como orientação para o treinador e para o nadador, já que as características individuais de cada atleta (grau de treinamento, nível de resistência, proposta de nado mais indicada etc.) podem afastá-lo desses valores. Por exemplo, um nadador de 400 m livre poderia "passar" os 100 m em um tempo 4 a 5 s superior a sua marca pessoal nessa distância e entre 5 e 6 s sobre a marca pessoal nos 200 m. Nas Tabelas 4.13 e 4. 14, García et al. (2001) apresentam respectivamente as formulações das provas de 200 m costas e de 200 m borboleta nas Olimpíadas de Sidney.

Tabela 4.13 – Proposta dos nadadores de 200 m costas nas Olimpíadas de Sidney

Colocação	**Nadador**	**País**	**Tempo final**	**Parcial 50 m**	**Parcial 100 m**	**Parcial 150 m**	**Parcial 200 m**	**Dif. x das três parciais**
1ª	Krazelburg	EUA	1min56s76	27s37	29s22	29s46	30s71	
		Dif. 1ª parcial			1s85	2s09	3s34	2s42
2ª	Peirsol	EUA	1min57s35	27s6	29s32	30s11	30s32	
		Dif. 1ª parcial			1s72	2s51	2s72	2s38
3ª	Welsh	Austrália	1min57s59	27s42	29s57	30s21	30s39	
		Dif.1ª parcial			2s15	2s79	2s97	2s63
4ª	Arnanson	Islândia	1min59s0	27s87	29s82	30s56	30s75	
		Dif.1ª parcial			1s95	2s69	2s88	2s5
5ª	Merisi	Itália	1min59s01	28s42	29s99	30s33	30s27	
		Dif.1ª parcial			1s57	1s91	1s85	1s77
6ª	Florea	Romênia	1min59s05	27s49	30s02	30s86	30s68	
		Dif.1ª parcial			2s53	3s37	3s19	3s03

Continua

Continuação

Colocação	Nadador	País	Tempo final	Parcial 50 m	Parcial 100 m	Parcial 150 m	Parcial 200 m	Dif. x das três parciais
7ª	Romero	Brasil	1min59s27	28s24	30s16	30s62	30s25	
		Dif.1ª parcial			1s92	2s38	2s01	2s1
8ª	Kozulj	Croácia	1min59s38	27s89	29s93	30s87	30s69	
		Dif.1ª parcial			2s04	2s98	2s8	2s6

Tabela 4.14 – Proposta dos nadadores de 200 m borboleta nas Olimpíadas de Sidney

Colocação	Nadador	País	Tempo final	Parcial 50 m	Parcial 100 m	Parcial 150 m	Parcial 200 m	Dif. x das três parciais
1ª	Malchow	EUA	1min55s35	26s21	29s54	29s52	30s08	
		Dif. 1ª parcial			3s33	3s31	3s87	3s5
2ª	Sylant'Yev	Ucrânia	1min55s76	25s95	29s91	29s75	30s15	
		Dif. 1ª parcial			3s96	3s8	4s2	3s98
3ª	Norris	Austrália	1min56s17	26s13	29s31	29s79	30s94	
		Dif.1ª parcial			3s18	3s66	4s81	3s88
4ª	Poliakov	Rússia	1min56s34	26s57	29s61	29s85	30s31	
		Dif.1ª parcial			3s04	3s28	3s74	3s35
5ª	Phelps	EUA	1min56s50	26s76	29s68	30s19	29s87	
		Dif.1ª parcial			2s92	3s43	3s11	3s15

Continua

Continuação

Colocação	Nadador	País	Tempo final	Parcial 50 m	Parcial 100 m	Parcial 150 m	Parcial 200 m	Dif. x das três parciais
6ª	Parry	Grã--Bretanha	1min57s01	26s28	29s82	30s36	30s55	
		Dif.1ª parcial			3s54	4s08	4s27	3s96
7ª	Pankratov	Rússia	1min57s97	25s53	29s21	30s95	32s28	
		Dif.1ª parcial			3s68	5s42	6s75	5s28
8ª	Esposito	França	1min58s39	26s18	30s32	30s11	31s78	
		Dif.1ª parcial			4s14	3s93	5s6	4s55

4.2.7.5.2 Como se treina o ritmo das provas de natação?

O treinamento do ritmo de nado busca simular as condições das provas para as quais se prepara o nadador. Entre suas vantagens, Navarro (1996) destaca:

- A atuação dos distintos sistemas de energia nas condições que o nadador encontrará na competição.
- Aprendizagem das formulações de nado próprias da distância de competição.

Essa forma de treinamento é muito intensa. Por isso, não deve ser utilizada com demasiada frequência; duas a quatro vezes por semana são o suficiente. Os sistemas empregados no treinamento da prova do nadador podem ser classificados em três grandes grupos: treinamento de ritmo de resistência, de séries fracionadas e simuladoras e de ritmo de competição.

Treinamento de ritmo de resistência

Distâncias ligeiramente superiores às de competição são fracionadas em distâncias curtas, com descansos breves entre sua execução. Deve-se ter cuidado para que o nadador mantenha a velocidade média de competição.

Treinamento de séries fracionadas e simuladoras

A distância de competição é fracionada em distâncias menores, com descansos muito breves entre elas. O nadador deve tentar realizar a sua marca pessoal em cada série, imitando as parciais da prova para a realização da marca pretendida.

Nas séries fracionadas, as distâncias divididas são todas iguais, ao passo que nas séries simuladoras elas variam. Os descansos são similares em ambas.

Treinamento de ritmo de competição

São utilizadas distâncias inferiores às distâncias de competição, mas com proposta adequada a estas e ao tempo que se deseja alcançar.

Suponhamos um nadador de 200 m livre que deseja fazer o tempo de 1min52s0. Em um projeto de treinamento de ritmo, é necessário determinar previamente a proposta de nado adequada para nadar os 200 m em 1min52s0. Escolhemos uma proposta negativa, o que significa que as parciais do nadador deveriam ser as seguintes (Tabela 4.15):

Tabela 4.15 – Proposta de nado adequada para nadar os 200 m livre em 1min52s0

Proposta	x	x+1	x+1	x
Parcial a cada 50 m	27s5	28s5	28s5	27s5
Parcial acumulada	27s5	56s0	1min24s5	1min52s0

Uma vez conhecidas as parciais sobre as quais o nadador deve trabalhar, podemos sugerir as seguintes possibilidades de treinamento para esse nadador:

- Ritmo de resistência:
  - 3 x (6 x 50 m/15 s)/5 min a 28s0 (ritmo médio pra cada 50 m);
  - 3 x (3 x 100 m/30 s)/5 min a 56s0 (ritmo médio para cada 100 m).

- Séries fracionadas:
  - 4 x (4 x 50 m/10s)/8 min a 27s5 na primeira repetição, a 28s5 na segunda repetição, a 28s5 na terceira repetição e a 27s7 na quarta repetição (parciais segundo a proposta);
  - 3 x (2 x 100 m/15 s)/8 min a 56s0 na primeira repetição e a 56 s na segunda repetição (parciais da proposta).

- Séries simuladoras:
  - 3 x (100 m/15 s + 2 x 50 m/10 s)/
  - 8 min a 56s0 na primeira repetição, a 28s5 na segunda repetição e a 27s5 na terceira repetição.
- Ritmo de competição:
  - 3 x 100 m/10 min a 56s0 (primeira parcial dos 100 m);
  - 2 x 150 m/15 min a 1min24s5 (imitando a corrida até os 150 m);
  - 1 x 50 m/4 min a 27s5 (primeira parcial de 50 m) + 1 x 100 m/8 min a 56s0 (primeira parcial de 100 m) + 1 x 150 m a 1min24s5 (parcial de 150 m).

4.2.7.6 Programa para a melhora da resistência

4.2.7.6.1 Desenvolvimento da resistência aeróbica

A sequência e ordenação do treinamento aeróbico é muito importante para obter os melhores efeitos na capacidade aeróbica. Convém alternar distintos tipos de treinamento, com diferentes intensidades e concentrações de lactato no sangue.

Nos Quadros 4.4 e 4.5, apresentamos microciclos cujo objetivo é o desenvolvimento aeróbico do nadador.

4.2.7.6.2 Desenvolvimento da resistência anaeróbica lática

A sequência e ordenação do treinamento anaeróbico também é muito importante para que se consigam os melhores efeitos na capacidade anaeróbica. Convém alternar distintos tipos de treinamento, com diferentes intensidades e concentrações de lactato.

Nos Quadros 4.6 a 4.8, apresentamos microciclos cujo objetivo é o desenvolvimento anaeróbico do nadador.

Quadro 4.4 – Microciclo com nove sessões aeróbicas

	Segunda	**Terça**	**Quarta**	**Quinta**	**Sexta**	**Sábado**	**Domingo**
A.M.	AEL	AEL		AE	AEL		
P.M.	AEM	AEI	AEM	AEM	AEI		

Quadro 4.5 – Microciclo com cinco sessões aeróbicas

	Segunda	**Terça**	**Quarta**	**Quinta**	**Sexta**	**Sábado**	**Domingo**
A.M							
P.M	AEM	AEL	AEI	AEL	AEM		

Quadro 4.6 – Três sessões semanais de treinamento anaeróbico lático

Segunda	**Terça**	**Quarta**	**Quinta**	**Sexta**	**Sábado**	**Domingo**
Séries fracionadas (10 a 14 mMol/ℓ)		Repetições de distâncias curtas (máximo mMol/ℓ)			Repetições de distâncias curtas (máximo mMol/ℓ)	

Quadro 4.7 – Quatro sessões semanais de treinamento anaeróbico lático

Segunda	Terça	Quarta	Quinta	Sexta	Sábado	Domingo
Repetições de distâncias curtas (máximo mMol/ℓ)		Repetições de distâncias médias (6 a 10 mMol/ℓ)			Simuladoras (10 a 14 mMol/ℓ)	

Quadro 4.8 – Duas sessões semanais de treinamento anaeróbico lático

Segunda	Terça	Quarta	Quinta	Sexta	Sábado	Domingo
	Fracionadas (10 a 14 mMol/ℓ)				Repetições de distâncias curtas (máximo mMol/ℓ)	

Capítulo 5

A força na natação

5.1 Introdução

Neste capítulo, estudaremos a força, que é a quantidade de tensão a qual pode ser produzida por um músculo em uma contração voluntária. As adaptações neuronais, a influência de hormônios, o fluxo bioquímico e a forma de recrutamento das fibras musculares atuam em combinação para controlar a força durante a contração muscular.

A preparação da força em nadadores é realizada considerando-se o desenvolvimento biológico das capacidades de força, as particularidades individuais e as exigências específicas da natação. Os objetivos da preparação em longo prazo dependem das particularidades do desenvolvimento somático, do desenvolvimento dos mecanismos fisiológicos e das capacidades motoras dos esportistas de gêneros e idades diferentes.

De acordo com Badillo e Serna (2002):

> O progresso nos esportes de alto rendimento veio de mãos dadas com os treinamentos da força, especialmente naqueles esportes de curta ou moderada duração. Além disso, demonstrou-se o efeito benéfico do treinamento da força sobre distintas áreas de atividades, desde a reabilitação de algumas doenças à manutenção das qualidades físicas na velhice.

Segundo Maglischo (1999):

> A força e a flexibilidade são consideradas, há muito tempo, como elementos importantes nos programas de treinamento para a natação competitiva. A idéia é que essas melhoras na força muscular dão maior potência, e esta, por sua vez, aumenta a velocidade na natação.

Na natação, os tipos de força empregados pelo nadador para se deslocar na água são condicionados, sobretudo, pelo meio em que se desenvolve a prática esportiva. Com efeito, o meio faz a ação motriz do nadador adaptar-se a ele, por causa do que segue:

- Ao nadar a uma velocidade competitiva, os esforços do nadador não superam os 70% de suas possibilidades máximas de movimento.
- O caráter de aplicação dos esforços será rítmico e relativamente longo.
- Os esforços se desenvolvem de acordo com a estrutura motriz, e, para que sejam mais eficazes, deve-se buscar o aperfeiçoamento dessa estrutura.
- A eficácia das braçadas executadas pelo nadador depende do nível de desenvolvimento da força de resistência muito mais do que do nível de desenvolvimento da força máxima.

A resistência muscular local constitui a base das capacidades de força dos nadadores de elite e é parte integrante da resistência especial do nadador. O caminho mais racional para educar a força de resistência do nadador é o trabalho multilateral. O nível dessa capacidade depende do grau de aperfeiçoamento da coordenação intermuscular e intramuscular (Makarenko, 2001).

A especificidade das qualidades de força necessárias ao nadador é condicionada pela resistência na água, reduzida graças aos seguintes aspectos (Makarenko, 2001):

- Ao nadar com velocidade competitiva, os esforços do nadador não superam os 70% de suas possibilidades máximas.
- A aplicação de esforços é rítmica e relativamente longa.
- Os esforços devem demonstrar hábitos motores e, para que sejam mais eficazes, devem corresponder à estrutura desses hábitos.
- A eficácia das braçadas repetidas múltiplas vezes pelo nadador depende do nível de desenvolvimento da resistência à força, muito mais do que do desenvolvimento da força absoluta. O melhor caminho para a melhora da resistência à força para um nadador é por meio da preparação multilateral da força.

Podemos dizer que as diferentes manifestações ativas da força, e não apenas a força-resistência, condicionam o rendimento do nadador em momentos concretos da prova; assim, por exemplo, o desenvolvimento da força máxima e da força veloz determina em grande medida a magnitude da força de tração que o atleta desenvolve ao nadar, assim como a qualidade do salto ao iniciar a prova e do impulso depois de cada virada. O treinamento dessas duas modalidades de força ativa será de especial relevância nas provas de 50, 100 e 200 m.

Com o aumento da longitude da distância de competição, a influência da força máxima e da veloz diminui, e o papel desempenhado pela força-resistência se torna mais importante, com maior relevância nas distâncias de 800 e 1.500 m (Platonov e Fessenko, 1993). A força-resistência nos esportes cíclicos não deve ter relação apenas com a duração do esforço em competição, mas também com o nível de força aplicado em cada gesto simples (ciclo) (Navarro, 1998). Considerando-se que a braçada (gesto técnico) do nadador permaneça constante durante toda a prova, ele poderá melhorar sua potência aumentando o componente muscular, ou seja, o nadador poderá duplicar sua potência de braçada ao aumentar a força de braçada ou a velocidade de nado. Obviamente, é mais fácil aumentar a força de tração do que a velocidade de nado, já que esta última possui diferentes condicionantes, como o gesto técnico, a posição hidrodinâmica, a resistência de forma etc.

Embora esses dois parâmetros (força e velocidade de nado) não guardem alta correlação nos nadadores iniciantes, nos mais experientes eles possuem um paralelismo destacado. Assim, um estudo realizado por Sharp et al. (1986) demonstrou que a potência desenvolvida durante a tração máxima sobre um banco de natação e a velocidade de nado desenvolvida em uma distância de 22,75 m apresentavam alta correlação. Os resultados sugerem que os valores de força e potência que o nadador obtenha no banco de natação determinarão suas possibilidades de alcançar resultados brilhantes nas provas de velocidade.

Numerosos artigos relativos à força têm sido publicados (aspectos fisiológicos, treinabilidade, considerações teóricas etc.). Aqui, pretendemos fazer um compêndio desses, artigos, a fim de introduzir no tema as pessoas que não possuem formação específica, os curiosos da matéria e os nadadores e também servir de base para estudos posteriores. Antes de entrar na matéria, porém, é necessário conhecer algumas definições prévias e refletir sobre suas carências ou mesmo contrastá-las, para obter um conceito mais detalhado do que é a força e enquadrá-la na natação.

5.2 A força muscular e sua aplicação na natação

Se fizermos uma pesquisa sobre o vocábulo "força", obteremos múltiplos significados, totalmente diferentes. Nosso objetivo é tratar da força dentro do âmbito esportivo; para tanto, apresentamos definições de distintos autores.

Entre as várias acepções do *Dicionário da Real Academia Espanhola*, escolhemos as mais adequadas para nossos objetivos:

- capacidade para suportar um peso ou resistir a um empurrão;
- capacidade de modificar o estado de repouso ou de movimento de um corpo;
- resistência que se opõe ao movimento;
- capacidade de aumentar a velocidade de um movimento.

Segundo Haman (1993), força é:

> A habilidade para gerar tensão sob determinadas condições definidas pela posição do corpo, o movimento em que se aplica a força, tipo de ativação (concêntrica, excêntrica, isométrica, pliométrica) e a velocidade do movimento.

Já de acordo com Goldspink (1992):

> A força no âmbito esportivo entende-se como a capacidade que o músculo tem de produzir tensão ao ser ativado ou, como se entende habitualmente, ao ser contraído. Em nível estrutural, a força está em relação com o número de pontes cruzadas de miosina que podem interatuar com os filamentos de actina.

Verkhoshansky (2002), a partir da teoria do treinamento esportivo, diz que não se devem reduzir as manifestações de força do esportista a um conceito utilitário de força dos músculos, ou seja, somente às características mecânicas de suas propriedades contráteis. Além disso, deve-se considerar o seguinte: em primeiro lugar, a força muscular, por ser um componente dinâmico de qualquer movimento esportivo pode ter diversas características qualitativas em função de sua velocidade, da resistência externa e da duração do trabalho; em segundo lugar, durante a atividade esportiva, o efeito de trabalho dos movimentos é determinado tanto pela magnitude do esforço máximo desenvolvido quanto pelo tempo consumido para tanto. Essa é uma das características mais importantes dos movimentos esportivos. É por isso que o critério de valoração das capacidades de força do atleta deve incluir não somente o esforço máximo de trabalho dos músculos em condições isométricas, mas, sobretudo, a magnitude da potência do esforço de trabalho desenvolvido em um regime dinâmico conta certa resistência (carga) externa (Verkhoshansky, 2002).

Para Badillo e Serna (2002), a força é um componente treinável e pode ser definida sob três pontos de vista: mecânico, fisiológico e esportivo.

Do ponto de vista mecânico, força é tudo aquilo capaz de modificar o estado de repouso ou de movimento de um corpo. A força também é aquilo capaz de deformar os corpos, seja por pressão (compressão ou tentativa de unir as moléculas do corpo) ou por estiramento ou tensão (tentativa de separar as moléculas do corpo), ou seja, é a capacidade de empurrar ou puxar algo ou de empurrar ou puxar por meio de um contato mecânico direto ou por meio da ação da gravidade e que altera ou varia o movimento de um objeto (Luttgens e Wells, 1988).

Seria, então, a capacidade da musculatura de deformar um corpo ou modificar a aceleração dele, iniciar ou deter seu movimento, aumentar ou reduzir sua velocidade ou mudar sua direção. A força é definida basicamente como o produto de uma massa por uma aceleração, e sua unidade de medida internacional é o Newton.

Do ponto de vista fisiológico, a força é entendida como a capacidade do músculo de produzir tensão ao se ativar. Essa capacidade está relacionada ao número de pontes de miosina cruzadas que pode atuar junto com os filamentos de actina, ao número de sarcômeros, à longitude das fibras e do músculo, ao tipo de fibra e aos fatores facilitadores e inibidores da ativação muscular.

Do ponto de vista esportivo, força é, segundo Badillo e Serna (2002), a manifestação externa (força aplicada) a partir da tensão interna gerada no músculo ou grupo de músculos em um tempo determinado.

A ativação do músculo pode ocasionar três ações diferentes:

- Encurtamento ou ação dinâmica concêntrica ou miométrica: superação da carga externa; a força externa atua no sentido contrário ao do movimento, ou seja, o trabalho é positivo.
- Alongamento/estiramento ou ação dinâmica excêntrica ou pliométrica: cessão diante da carga externa; a força externa atua no mesmo sentido do movimento, ou seja, o trabalho é negativo.
- Manutenção de sua longitude ou ação isométrica ou estática: a tensão (força) muscular é equivalente à carga externa; não existe movimento nem trabalho mecânico.

Quando as três ações são produzidas de maneira contínua na seguinte ordem: excêntrica, isométrica, concêntrica, e o tempo de transição entre a fase excêntrica e a concêntrica é muito curto, dá-se uma ação múltipla, denominada ciclo estiramento-encurtamento (CEA).

Existem duas fontes de força em permanente relação: as forças internas, produzidas pelos músculos esqueléticos, e as forças externas, produzidas pelo peso, pela resistência ao deslocamento, pela deformação ou pelo movimento dos corpos externos.

Como resultado da interação entre forças internas e externas, surge um terceiro conceito e valor de força: a força aplicada (Badillo e Serna, 2002). Força aplicada é o resultado da ação muscular sobre as resistências externas, as quais podem ser o peso do corpo do sujeito ou qualquer outra resistência ou artefato alheio a ele. A força aplicada depende, entre outras coisas, da técnica do sujeito durante a execução do gesto. Ela é medida por meio das mudanças da aceleração das resistências externas e por meio da deformação produzida nos dinamômetros, tanto por efeito da tensão como da compressão.

A resistência oferecida pela força externa (carga ou peso) à musculatura agonista não é a mesma durante todo o percurso da articulação ou das articulações que intervêm no movimento. A maior resistência coincide com o momento de máxima força (produto da força externa e da distância perpendicular da linha de ação da força ao eixo de giro da articulação).

Se utilizássemos a carga máxima que se pode deslocar de uma só vez, encontraríamos o valor máximo de força manifestado por um sujeito no exercício concreto. Esse valor de força, que não é mais do que a força produzida ao se realizar 1 RM (máximo peso que um indivíduo pode deslocar de uma só vez em uma série), é o que Zatsiorsky (1999) chama de *maximum maximorum* e utiliza como expressão da força máxima aplicada. Nem sempre o que manifesta mais força diante de uma carga relativa alta é o que manifesta mais força diante de cargas relativas leves.

É importante observar que o esportista não apresenta um único valor de força máxima em cada exercício, mas "infinitos" valores, em função da carga utilizada para medir a força ou, o que é a mesma coisa, em função da velocidade do movimento.

Outro conceito de força é a força útil, ou funcional, que corresponde à força aplicada pelo esportista ao realizar seu gesto específico de competição. Essa força é produzida na velocidade específica e em um tempo específico de competição.

Para que se produza a melhora do rendimento, é preciso reduzir progressivamente o tempo e aumentar a velocidade para superar as mesmas cargas ou cargas levemente superiores, aplicando a força durante a mesma distância, que não varia com o nível esportivo. O valor de força útil ou funcional deve ser medido ou estimado a partir do gesto de competição e é considerado como um valor de FDM relativa.

De todas as definições apresentadas, podemos depreender que a força é um componente fundamental da condição física o qual depende da capacidade funcional do sistema neuromuscular.

5.2.1 Princípios básicos: aspectos fisiológicos e biomecânicos

Segundo Willmore e Costill (1998), o movimento do corpo, assim como a produção de força, se dá por meio da ação dos músculos esqueléticos, sobre os quais temos controle, diferentemente dos músculos liso e cardíaco.

Se seccionássemos os músculos esqueléticos, primeiro encontraríamos o tecido conjuntivo exterior que o recobre, isto é, o epimísio, que rodeia todo o músculo, mantendo-o unido. Se cortamos o epimísio, vemos pequenos feixes de fibras envoltos por uma bainha de tecido conectivo, os quais recebem o nome de fascículos e compõem o perimísio. Por último, cortando o perimísio e usando uma lupa, é possível ver as fibras musculares, que são as células musculares individuais. Cada uma das fibras musculares está coberta por uma bainha de tecido conjuntivo denominada endomísio (Figura 5.1).

Se observarmos de perto uma fibra muscular individual, veremos que ela está rodeada por uma membrana de plasma, denominada sarcolema. No extremo de cada fibra muscular, o sarcolema se funde com o tendão que se insere no osso.

Os tendões são formados por cordas fibrosas de tecido conjuntivo que transmitem a força gerada pelas fibras musculares aos ossos, criando com isso o movimento. Dentro do sarcolema, a fibra muscular contém subunidades

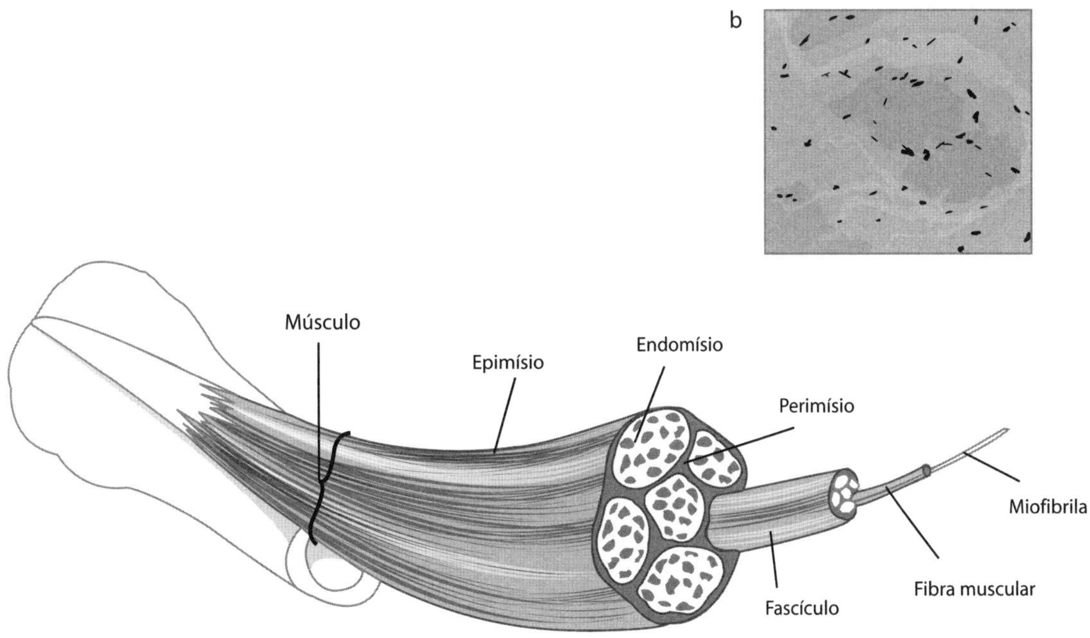

Figura 5.1 – Estrutura do músculo esquelético. Adaptado de Willmore e Costill (1998).

sucessivamente menores. Dessas, as maiores são as miofibrilas. As miofibrilas são unidades similares a cordas e abarcam toda a longitude das fibras musculares. Uma substância que lembra gelatina preenche os espaços existentes entre as miofibrilas: é o sarcoplasma, a parte fluida das fibras musculares (seu citoplasma). O sarcoplasma contém sobretudo proteínas, minerais, glucogênio e gorduras dissolvidas, assim como organelas, e se diferencia dos demais citoplasmas celulares, os quais contêm numerosos depósitos de glucogênio e um composto que se combina com o oxigênio, a mioglobina, muito similar à hemoglobina.

O sarcoplasma contém também uma extensa estrutura de tubos transversais (tubos T), que são extensões do sarcolema (membrana de plasma) que passa lateralmente pela fibra muscular. Esses músculos estão interconectados quando passam por entre as miofibrilas, permitindo que os impulsos nervosos recebidos pelo sarcolema sejam transmitidos rapidamente às miofibrilas individuais. Os tubos proporcionam caminhos até as partes interiores da fibra muscular para as substâncias transportadas nos fluidos extracelulares, tais como a glucose, o oxigênio e os íons.

Na Figura 5.2, observamos que dentro das fibras musculares encontra-se também uma rede longitudinal de tubos, conhecida como retículo sarcoplasmático. Esses canais membranosos correm ao lado das miofibrilas e dão voltas ao redor delas. O retículo sarcoplasmático serve como depósito para o cálcio, essencial para a contração muscular.

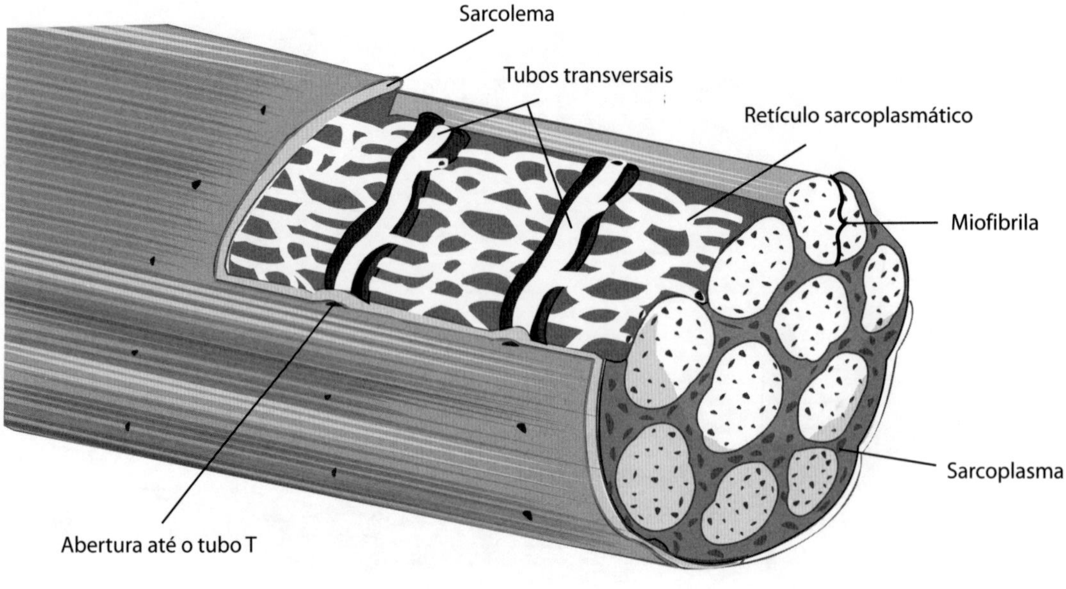

Figura 5.2 – Estrutura da fibra muscular. Adaptado de Willmore e Costill (1998).

Cada fibra muscular individual contém entre várias centenas e vários milhares de miofibrilas, os elementos contráteis dos músculos esqueléticos. As miofibrilas aparecem como longos filamentos de subunidades ainda menores: os sarcômeros. O sarcômero é a unidade funcional básica de uma miofibrila. Cada miofibrila é composta por numerosos sarcômeros unidos de um extremo a outro das linhas Z. Cada sarcômero inclui o que se encontra entre cada par de linhas Z (Figura 5.3).

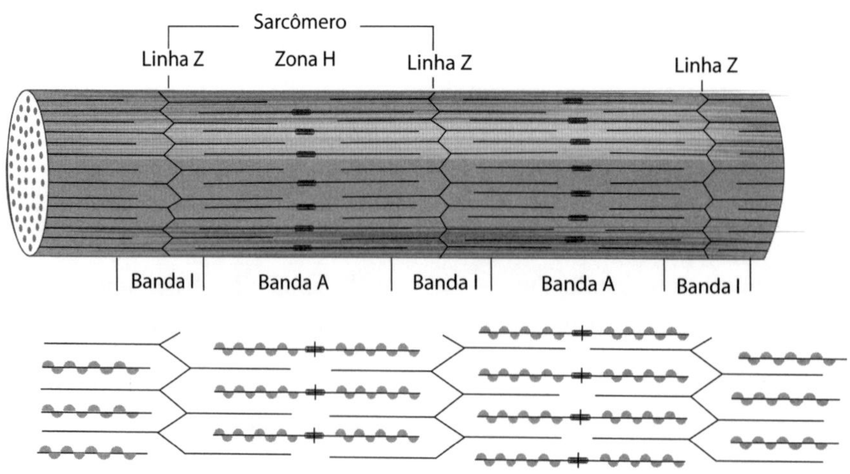

Figura 5.3 – Estrutura do sarcômero. Adaptado de Willmore e Costill (1998).

Cada miofibrila contém filamentos de actina e miosina, que se "prendem" entre si para que a contração muscular ocorra. Esse fenômeno obedece à teoria do filamento deslizante.

Na ação das fibras musculares, cada uma delas está enervada por apenas um nervo motor, finalizando cerca da metade da fibra muscular. O único nervo motor e todas as fibras musculares que ele enerva recebem coletivamente a denominação unidade motora. A sinapse entre um nervo motor e uma fibra muscular é chamada de união neuromuscular.

Na teoria do filamento deslizante, quando uma ponte cruzada de miosina se une a um filamento de actina, os dois filamentos deslizam um ao longo do outro. Acredita-se que as cabeças de miosina e as fontes cruzadas sofrem uma mudança de conformação no instante em que se unem aos pontos ativos dos filamentos de actina. O braço da ponte cruzada e a cabeça de miosina experimentam uma forte atração intermolecular que faz a cabeça se inclinar em direção ao braço e que puxa os filamentos de actina e miosina em direções opostas. Essa inclinação da cabeça é denominada ataque de força. Imediatamente depois da inclinação da cabeça de miosina, ela se separa do ponto ativo, gira novamente até sua posição original e se une a um novo ponto ativo, um pouco mais adiante do filamento de actina. Uniões repetidas e ataques de força fazem os filamentos deslizarem uns ao longo dos outros, e essa é a base da teoria do filamento deslizante.

A energia para esse processo é fornecida pelo ATP, que se combina com a miosina a fim de produzir a contração. O cálcio é um elemento indispensável à contração; sem a sua presença, ela não ocorre. Quando é liberado, o cálcio torna ativos os filamentos de actina, para que se prendam aos filamentos de miosina e assim provoquem a contração. O desenvolvimento e a manifestação da força obedecem a fatores estruturais, nervosos, hormonais e biomecânicos. Os fatores estruturais são relativos às características morfofuncionais do músculo esquelético.

5.2.1.1 Fatores estruturais

5.2.1.1.1 Seção transversal do músculo (hipertrofia)

A hipertrofia é o efeito mais visível do treinamento da força e se dá pelo aumento do tamanho e número de miofibrilas, do tamanho das fibras musculares, da densidade do tecido conjuntivo e da densidade capilar. O aumento das fibras musculares como decorrência do treinamento ainda não foi comprovado. O limite da hipertrofia muscular corresponde ao peso ótimo de cada modalidade esportiva.

5.2.1.1.2 Tipos de fibras

Segundo Willmore e Costill (1998), no tecido muscular podemos encontrar diferentes tipos de fibras musculares, dependendo da enervação motora: fibras de contração lenta, ou *slow-twitch*, e fibras de contração rápida, ou *fast-twitch*. As fibras de contração rápida podem ser divididas em FTa, FTb e FTc; as diferenças entre elas não são totalmente compreendidas, mas acredita-se que as fibras de contração rápida do tipo a se mobilizam com mais frequência do que as demais fibras rápidas. As fibras de contração lenta são as que se mobilizam com maior frequência entre todas. O Quadro 5.1 mostra que as fibras lentas são mais relevantes em termos aeróbicos, ao passo que as fibras de contração rápida são mais importantes para o sistema anaeróbico.

Badillo e Gorostiaga (1995) distinguem três tipos de fibras: tipo I, ou fibras lentas, tipo IIA e tipo IIB, fibras rápidas. As fibras tipo IIA são rápidas, mas possuem componentes das fibras tipo I, e as fibras tipo IIB são as mais rápidas.

A quantidade de fibras de cada tipo que cada indivíduo possui é determinada geneticamente. Entretanto, há estudos que afirmam haver fibras intermediárias (entre os tipos I e IIA e os tipos IIA e tipo IIB), as quais podem ser modificadas por meio do treinamento.

5.2.1.1.3 Orientação espacial das fibras musculares

A variada e peculiar morfologia do músculo esquelético dispõe as fibras musculares em diferentes orientações, paralelas ou oblíquas em relação ao eixo longitudinal. A orientação paralela é própria dos músculos fusiformes, como, o bíceps braquial; já a orientação oblíqua é característica dos músculos periformes, como o flexor longo do polegar.

A disposição oblíqua produz níveis superiores de força — em razão da maior densidade das fibras musculares — e maior eficácia mecânica — decorrente de ângulos de tração mais favoráveis.

Quadro 5.1 – Diferenças entre as fibras musculares

	Fibras tipo I (vermelhas)	**Fibras tipo II (brancas)**	**Fibras tipo II (brancas)**
		Tipo IIA	**Tipo IIB**
Velocidade de contração	Lenta	Média	Rápida
Diâmetro	Médio	Grande	Pequeno
Densidade capilar	Alta	Média	Baixa
Número de mitocôndrias	Elevado	Intermediário	Escasso
Metabolismo	Oxidação	Oxidação e glicólise	Glicólise
Resistência	Alta	Média	Baixa
Frequência de descarga	Baixa	Média	Alta
Número de fibras musculares enervadas para cada motoneurônio	Baixo	Médio	Alto

Adaptado de Willmore e Costill (1998).

5.2.1.1.4 Longitude das fibras musculares

A longitude não intervém na força máxima, mas é proporcional à velocidade de encurtamento. O músculo longo é mais lento do que o músculo curto.

5.2.1.2 Fatores nervosos que determinam a força

5.2.1.2.1 Funcionalidade da unidade motora

Aqui, interessa a frequência de estímulo e recrutamento de unidades motoras (UM). A unidade motora (Sherrington) é o motoneurônio, que, junto com as fibras musculares enervadas, forma o cacho mioneural. Se um motoneurônio enerva muitas fibras, a precisão dos movimentos será pequena, e, do contrário, se enerva poucas fibras, os movimentos serão mais precisos. O aumento de força se dá pelo aumento da frequência de impulso (entre cinco e cinquenta impulsos por segundo) e pelo recrutamento de unidades motoras, que é seletivo de acordo com o critério de velocidade de contração. Segundo Zatsiorski (1999), esse fenômeno ocorre com cargas até 80% da carga máxima que o indivíduo é capaz de suportar.

5.2.1.2.2 Sincronização da unidade motora ou coordenação intramuscular

Por coordenação intramuscular entende-se o funcionamento mais coordenado e eficaz das unidades motoras recrutadas, produzindo a inibição de um circuito nervoso dessincronizador, chamado de circuito de Renshaw. O treinamento dessa capacidade é realizado utilizando-se cargas superiores a 80% da carga máxima (Zatsiorski, 1999).

5.2.1.2.3 Coordenação intermuscular

Por coordenação intermuscular entende-se o funcionamento mais coordenado e eficaz entre os músculos agonistas e antagonistas. Mediante essa capacidade, minimizam-se os requerimentos de força e energia ao reduzirem-se as forças de atrito e oposição; além disso, há um maior aproveitamento da energia elástica e da facilitação produzida pela via reflexa.

5.2.1.3 Fatores biomecânicos que determinam a força

Na análise desses fatores, aplicam-se os conhecimentos e princípios da mecânica, para explicar determinados fenômenos biológicos relacionados ao movimento e a suas causas.

5.2.1.3.1 Propriedades mecânicas do músculo

Aqui, podemos falar da excitabilidade, quando o músculo responde de maneira específica a um estímulo determinado, e da elasticidade, quando o músculo pode se deformar sob a influência de uma força exterior e é capaz de recuperar sua forma inicial quando essa força deixa de atuar.

Os elementos que conferem elasticidade ao músculo estruturam-se, segundo Hill, em três elementos: os contráteis (no nível das miofibrilas); os elásticos em série (pontes cruzadas, tendões e estruturas de inserção); e os elásticos em paralelo (envoltórios fibrosos e coberturas conjuntivas, como o perimísio, o epimísio e o endomísio). As funções mais características das propriedades elásticas do músculo durante o movimento são:

- Amortecimento das modificações estruturais bruscas, resultantes de contrações intensas.
- Proteção das inserções tendinosas durante contrações rápidas.
- Acúmulo de energia elástica, que aumenta uma contração imediata posterior (pliometria).
- Possibilita a tensão muscular sem modificação da longitude muscular (isometria).
- Contractilidade: o mecanismo que explica a capacidade de encurtamento do músculo esquelético denomina-se teoria do filamento deslizante — o músculo nervoso que chega à fibra muscular produz um aumento de cálcio no sarcoplasma. Esse cálcio favorece o estabelecimento de pontos de união entre a actina e a miosina, dando origem às chamadas pontes cruzadas. Em seguida, ocorre o deslizamento e a formação de novas pontes cruzadas por meio de um mecanismo de salto, com o ATP proporcionando a energia necessária.

Segundo Bosco (2000), a força e a velocidade são produzidas pelo músculo esquelético do homem com a ajuda do mesmo mecanismo de controle e guia; além disso, a mecânica muscular e as dimensões da carga externa determinam com que velocidade e força muscular executa o movimento. A contração voluntária do músculo origina-se na área motora do cérebro de onde parte o impulso nervoso que se move pela medula espinhal. Dali, o músculo que produz a força obtém o impulso estimulante.

A contração do músculo propriamente dita é produzida quando os filamentos de actina e miosina — os componentes proteicos que formam o sarcômero, que, por sua vez, é a unidade funcional do músculo — são alcançados pelo impulso. Ao reagirem, forma-se a chamada ponte cruzada, por meio da qual os filamentos deslizam uns sobre os outros. Dessa forma, é produzida uma tensão, a qual é transmitida pelos tendões aos ossos em que estão inseridos. A miofibrila é a parte da estrutura da célula muscular em que a contração ocorre de fato.

5.2.1.3.2 Ângulo de tração

Esse condicionante biomecânico é de origem fundamentalmente genética, relacionando-se às dimensões corporais, às alavancas, aos pontos de inserção, à disposição espacial de fibras musculares etc.

5.2.1.3.3 Temperatura

É um fator físico muito importante, já que modifica a atividade ATP básica da miosina. A velocidade de contração varia notavelmente em função da temperatura; o frio diminui a velocidade de contração, ao passo que o calor a aumenta. Portanto, o aquecimento não se destina somente a provocar adaptações cardiocirculatórias e respiratórias, mas também a elevar a temperatura interna do músculo e, assim, diminuir sua viscosidade.

5.2.1.4 Tipos de contração muscular

- Isométrica: não modifica a longitude do músculo e é produzida diante de resistências que não podem ser superadas e para manter a postura.
- Concêntrica isodinâmica: caracteriza-se por uma diminuição da longitude do músculo afetado. É produzida diante de resistências externas variáveis e que mantêm a força de contração constante em todo o percurso articular (aparelhos especiais).
- Concêntrica alodinâmica: caracteriza-se por uma diminuição da longitude do músculo afetado. É produzida diante de resistências constantes e que causam uma variação da força desenvolvida ao longo do percurso articular. A maioria das contrações produzidas é desse tipo.
- Excêntrica: é produzida no momento em que a tensão muscular causada é incapaz de manter a resistência externa; simultaneamente a ela, ocorrem a tensão e o alongamento do músculo. Nesse tipo de contração, os componentes elásticos do músculo são solicitados de forma significativa, por causa do alongamento ocorrido.

5.2.1.5 Manifestações da força

Segundo Badillo e Gorostiaga (1995), as distintas manifestações da força classificam-se em:

- Força absoluta: capacidade potencial de força, depende da constituição do músculo (seção transversal e tipo de fibra). Esse tipo de força não se manifesta voluntariamente, ou seja, nem em treinamento, nem em competição, mas somente em situações psicológicas extremas, com a ajuda de medicamentos ou por eletroestimulação.
- Força isométrica máxima: é produzida quando o sujeito realiza uma contração voluntária máxima contra uma resistência insuperável. Também pode ser chamada de força máxima estática. Cada valor de força isométrica deve vir acompanhado de sua informação correspondente sobre o ângulo e a posição em que foi conseguida. Se essa manifestação de força é a mais rápida possível, temos a força máxima explosiva.

- Força máxima excêntrica: manifesta-se quando se opõe à capacidade máxima de contração muscular a uma resistência que se desloca em sentido oposto ao do sujeito. A força expressa nesse caso depende da velocidade em que se produz o estiramento ou a contração excêntrica. Por isso, é preciso especificar a velocidade ou a resistência com que se realiza o movimento.
- Força dinâmica máxima: é a expressão da força quando a resistência só pode ser deslocada uma vez ou se desloca levemente ou transcorre, em uma fase do movimento, a velocidade muito baixa. A força máxima expressa nesses casos se refere ao ângulo em que se produz a velocidade mínima de deslocamento. Um exemplo simples de manifestação de força dinâmica máxima seria a realização de uma repetição de agachamento completo com o máximo de peso possível; teríamos um ciclo de estiramento-encurtamento e, portanto, uma ativação pliométrica. Seu efeito sobre o resultado com grandes cargas é desprezível, até mesmo em relação a sujeitos muito especializados.
- Força dinâmica máxima relativa: é a força máxima expressa diante de resistências inferiores às correspondentes à força dinâmica máxima. Equivale ao valor máximo de força que pode ser aplicado com cada porcentagem dessa força ou da força máxima isométrica. Também pode ser definida como a capacidade muscular para imprimir velocidade a uma resistência inferior àquela com a qual se manifesta a força dinâmica máxima. A força dinâmica máxima relativa traz uma base de dados biomecânicos e fisiológicos importantes para a valoração das características da força, tomando-se como referências válidas as mudanças produzidas pelo treinamento.
- Força explosiva: corresponde-se ao maior índice de manifestação de força (IMF), que, por sua vez, relaciona-se à habilidade do sistema neuromuscular de desenvolver alta velocidade de ação ou de criar forte aceleração na expressão de força. Portanto, a força explosiva está presente em todas as manifestações de força.
- Força explosiva elástica: diferencia-se da força explosiva pelo componente elástico que atua por efeito do estiramento prévio. Parece que o reflexo de estiramento não age nesse tipo de ação, a menos que a fase excêntrica do movimento seja muito rápida.
- Força explosiva elástico-reativa: acrescenta à anterior um componente de facilitação neural importante, o efeito do reflexo miotático (de estiramento), que intervém em decorrência do caráter do ciclo esti-

ramento-encurtamento, muito mais rápido e com uma fase de transição muito curta.

Já Silva (2005) classifica a força em:

- Força máxima: corresponde à carga máxima deslocada em um movimento.
- Força-velocidade: corresponde à potência máxima ou à relação ótima entre a força aplicada e a velocidade obtida.
- Força-resistência: corresponde à carga máxima que pode ser deslocada ou suportada durante um tempo prolongado sem que se manifestem sintomas excessivos de fadiga.

5.2.1.6 Fatores que condicionam a força

Entre eles estão os fatores genéticos, assim como aqueles relacionados ao sexo e à idade (Capítulo 3).

5.2.1.6.1 Fatores genéticos

A transmissão de capacidades de pais para filhos fornece informações inportantes sobre as possibilidades de um sujeito. A Tabela 5.1 traz diferentes parâmetros de condição física e sua relação com a hereditariedade.

Tabela 5.1 – Relação entre a hereditariedade e diferentes parâmetros da condição física

Parâmetro	**Hereditariedade**	**Autor**
Consumo de oxigênio	93%	Klissouras (1971)
	79%	Schwartz (1972)
	77%	Venerando (1973)
	73%	Sergienko (1975)
Produção de lactato	81%	–
Frequência cardíaca máxima	86%	–
Potência muscular	97%	–
Composição muscular	99,6%	Karlsson
Tempo de reação	85,7%	–
Endomorfia	69%	Kovar (1980)
Mesomorfia	88%	Kovar (1980)
Ectomorfia	87%	Kovar (1980)
600 m	91%	Schwartz (1972)
4 x 10 m	89%	Kovar (1974)
1.000 m	94%	Klissouras (1973)
Salto com os pés juntos	74%	Sergienko (1975)
Salto vertical	82%	Savateneja (1976)
Flexibilidade	91%	Sergienko (1975)

Adaptado de García Manso (1999).

5.2.1.6.2 Diferenças relacionadas ao sexo

García Manso, Navarro Valdivieso e Ruiz Caballero (1996) dizem o seguinte:

As diferenças na capacidade de rendimento entre o homem e a mulher são um fato facilmente demonstrável, especialmente no que se refere a esforços nos quais a capacidade condicional predominante é a força em seus valores absolutos.

A maior diferença entre homens e mulheres aparece nas disciplinas em que predomina a qualidade força, especialmente a força máxima. A partir do 16 anos, a mulher possui apenas dois terços da força do homem. Mas as diferenças entre os sexos variam em função do grupo muscular de que tratamos e do nível de treinamento dos sujeitos. As maiores diferenças se dão na parte superior do corpo e em suas extremidades superiores.

Essas afirmações poderiam significar diferenças muito notáveis entre homens e mulheres na natação. No entanto, isso não é absolutamente certo, já que a melhor distribuição de gordura da mulher lhe proporciona melhor flutuabilidade (por volta de 10%) e reduz a fricção hidrodinâmica, produzindo menor gasto energético por unidade de distância nadada.

Diferenças corporais estruturais

- O homem é cerca de 6% a 9% mais alto do que a mulher.
- O homem costuma ter maior massa corporal (entre 10% e 20%).
- As mulheres apresentam menor massa muscular depois da puberdade, em razão dos níveis mais baixos de hormônios androgênicos. Elas possuem uma massa muscular de aproximadamente 30%, ao passo que, nos homens, esse valor é por volta de 40%.

Tudo isso predispõe o homem a uma superioridade em relação à força.

Diferenças de tipos de fibras

Na Figura 5.4, observamos como os indivíduos com maior número de fibras rápidas apresentam maiores níveis de força, já que essas fibras produzem uma sacudida muscular mais alta do que as fibras lentas.

Bosco (2000) realizou experimentos na plataforma de forças com dois grupos: um constituído por sujeitos que possuíam mais de 60% de fibras rápidas (no músculo vasto externo) e outro constituído por sujeitos com menos de 40% de fibras rápidas (Gráfico 5.1). Constatou-se que:

- A pressão sobre o solo exercida pelos sujeitos com maior proporção de fibras rápidas é superior.
- A ação é mais concentrada no tempo.

Fibras	Característica geral	Metabolismo	Sacudida muscular	Vascularização	Fadigabilidade	Substratos	
						Glúcidos	Lípidos
I	lentas	aeróbico	tensão 2 g 200 m		100 2 4 6 50 m	+++	+++
II A	rápidas	aeróbico anaeróbico	20 g 100 m		grau de resistência à fadiga 100 2 4 6 50 m	+++	+
II B	rápidas	anaeróbico	50 g 100 m		100 2 4 6 50 m	++++	-

FIGURA 5.4 – Níveis de força nos diferentes tipos de fibras musculares. Adaptado de Cometti (1998).

Gráfico 5.1 – Relação força-tempo registrada em uma plataforma de força durante o salto vertical sem contramovimento prévio (SJ) entre dois grupos de sujeitos: um (n = 10) com mais de 60% e outro (n = 9) com menos de 60% de fibras rápidas no músculo vasto externo. As curvas são significativamente diferentes. Adaptado de Bosco (2000)

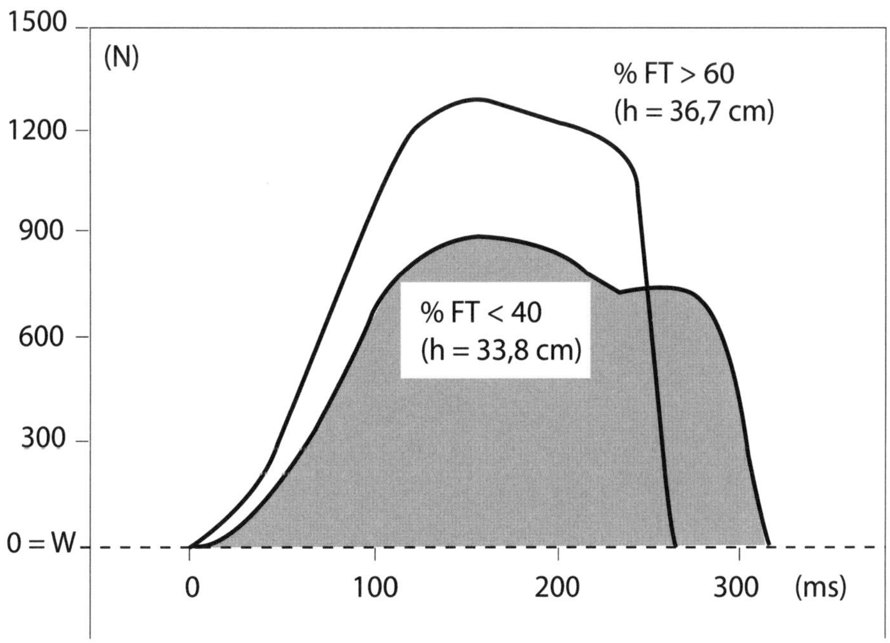

5.2.1.6.3 Treinamento

A força é uma capacidade altamente treinável. Seu aumento se dá graças a uma melhora das coordenações intramuscular e intermuscular. Em princípio, os exercícios devem ser realizados com autocarga, para permitir o aprendizado de uma técnica de execução correta. No treinamento da força, a técnica é de suma importância, assim como a velocidade de execução.

Segundo Maglischo (1999), tratando-se da natação, os exercícios de força devem reproduzir tão fielmente quanto possível as mecânicas do estilo que os nadadores utilizam na competição. Também devem ser realizados nas mesmas velocidades de competição. Devem-se aplicar, como em todos os treinamentos, os princípios da sobrecarga e da progressão. Em outras palavras, a resistência deve ser maior do que a encontrada na competição, e é necessário aumentar essa resistência à medida que a potência aumenta.

Platonov e Fessenko (apud Ramírez e Cancela, 2001) afirmam que, com o aumento da longitude da distância de competição, a influência das forças máxima e veloz diminui, ao mesmo tempo que se torna mais importante o papel desempenhado pela força resistência, cuja maior influência se dá nas distâncias de 800 e 1.500 m.

Também é responsável pela melhora da força o aumento da seção transversal do músculo (hipertrofia). Dentro de um ciclo de treinamento, o papel da hipertrofia na melhora da força começa a ser relevante depois de várias semanas, embora desde as primeiras semanas já ocorram mudanças qualitativas na adaptação das fibras, como é o caso das transformações das fibras IIB em IIA (Staron et al., 1994, apud Badillo e Serna, 2002).

5.2.1.6.4 A fadiga

A fadiga é um sintoma reversível em 24–48 h que surge como consequência da realização de tarefas de treinamento cuja carga é significativa. É um estado que tem lugar depois do esforço e que limita o rendimento físico imediatamente posterior à realização da tarefa. À medida que diminui a fadiga com o tempo de recuperação, aumenta o nível de adaptação ao esforço, e o esportista passa a ter um rendimento superior (Silva, 2005).

É preciso ter muito cuidado com o ajuste das cargas em cada sessão, já que cargas desajustadas podem produzir:

- Falta de adaptação: quando não se alcança o nível mínimo de carga.
- Risco de lesão ou fadiga extrema: quando se ultrapassa o nível máximo de carga.

Silva (2005) trabalha com o conceito de tempo ótimo de recuperação entre sessões de treinamento. O tempo de recuperação ótimo existe em função dos componentes de carga aplicada. Desajustes nos tempos de recuperação entre sessões podem produzir:

- Falta de adaptação às cargas: quando o intervalo de tempo entre as sessões é excessivamente longo.
- Fadiga extrema: quando o tempo transcorrido entre as sessões é demasiado breve e não permite uma recuperação completa.
- Síndrome de treinamento excessivo ou sobretreinamento: quando a situação anterior se repete com frequência e desencadeia uma fadiga crônica, que afeta a saúde do esportista e exige tratamento específico imediato.

Segundo Scherrer (1991), durante um trabalho local intenso que chega ao limiar do esgotamento, vários parâmetros fisiológicos são modificados:

- Ocorre aumento da circulação sanguínea local.
- No sangue venoso procedente do músculo ativo, nota-se ao mesmo tempo uma diminuição do conteúdo de oxigênio e um aumento de dióxido de carbono em comparação aos valores observados no estado de descanso.
- Do ponto de vista mecânico, a força máxima do músculo diminui durante um trabalho dinâmico local intenso.
- Outro fenômeno mecânico é o tremor conhecido como "tremor de fadiga".

Por todos esses fatores, o descanso entre as sessões é muito importante, evitando possíveis enfermidades e as quais poderiam prejudicar o planejamento e, assim, o rendimento e a progressão do nadador.

5.2.2 Importância da força na natação

A atitude sobre o treinamento mudou na natação, pois antes se aconselhava aos nadadores que não levantassem pesos. A crença era de que o treinamento com pesos construiria uma musculatura volumosa e diminuiria a flexibilidade. Hoje em dia, no entanto, os nadadores devem se submeter a esses treinamentos se quiserem alcançar o êxito.

Costill, Maglischo e Richardson (2001) afirmam que, para ser competitivo, um nadador deve possuir um ritmo e uma velocidade de aplicação da força razoáveis, além da capacidade de aplicar força nos movimentos específicos da natação. Quanto a nadar rapidamente, tanto a força aplicada quanto a qualidade de sua aplicação são importantes.

Os nadadores capazes de manter a média mais elevada de produção de potência possuem grande vantagem sobre seus adversários, já que, durante a prova, utilizam parte de sua potência máxima ciclo após ciclo de nado. Na natação, a força aplicada no menor tempo possível (potência) tem importância vital.

Estudo realizado por Sharp et al. (1986 apud Costill, Maglischo e Richardson, 2001) demonstrou uma relação entre a potência gerada durante uma tração máxima sobre um banco de tração e a velocidade natatória desenvolvida em 25 jardas. No Gráfico 5.2, são demonstrados os índices de força dos nadadores nas distintas especialidades.

Gráfico 5.2 – Índices de força de nadadores de alto nível. Adaptado de Bulgakova (2000)

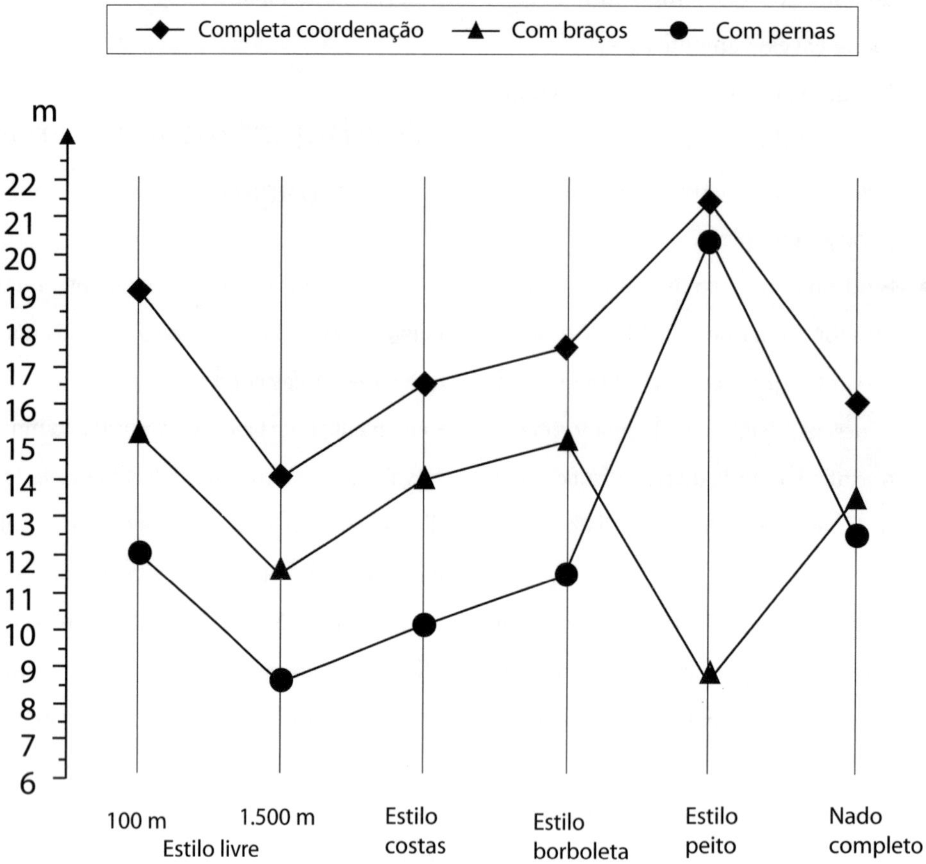

Portanto, o trabalho da força é essencial na natação, e seu treinamento não deve ser descuidado.

A força específica busca a transformação do potencial adquirido de força básica em formas mais específicas, segundo as demandas técnicas de cada especialidade. Os exercícios utilizados para o desenvolvimento da força específica têm caráter de especificidade, imitando a técnica de nado na medida do possível, na água (atado, com resistências etc.) ou em seco (com polias, carros inclinados, borrachas elásticas e aparelhos isocinéticos).

5.2.2.1 Avaliação da força na natação

A avaliação e o controle do treinamento e as capacidades dos esportistas fundamentam o trabalho dos técnicos esportivos e licenciados em Educação Física. A avaliação esportiva busca estimar as aptidões, as capacidades e o rendimento daqueles que se submetem à prática de exercícios físicos, bem como incidir sobre aspectos relacionados à saúde ou ao rendimento esportivo.

Testes são instrumentos utilizados para obter um resultado. Medidas são as informações e os resultados quantificações testes. Avaliação é o julgamento, a interpretação, a correlação, a compreensão, a organização, a classificação e a aplicação dos resultados obtidos; ela orienta e verifica se os propósitos e objetivos do programa estão sendo alcançados. Uma boa avaliação das medidas é muito importante, pois quanto mais informações iniciais referentes ao avaliado possuímos, melhor será a prescrição de seu treinamento.

O avaliador deve ter qualificação profissional em Educação Física. Os instrumentos de medidas de precisão têm de estar sempre calibrados, e o avaliador deve medir e interpretar os dados coletados. A prescrição do treinamento físico deve ser concebida corretamente, respeitando a individualidade do avaliado. O avaliador deve instruir o avaliado nos procedimentos e nas técnicas de execução dos testes, para obter melhores resultados. As avaliações deverão ser periódicas, permitindo assim um acompanhamento global do avaliado.

5.2.2.1.1 Critérios a serem considerados

Os critérios de qualidade informam o grau de eficiência de uma prova; seu componente quantitativo se expressa por meio de três indicadores principais:

- coeficiente de objetividade;
- coeficiente de fiabilidade;
- coeficiente de validade.

É importante garantir que entre as administrações realizadas por um mesmo executante ou por vários examinandos não haja nenhum efeito de treinamento por parte deles, já que isso poderia diminuir a fiabilidade e a objetividade da aplicação da prova.

Também é preciso ter em conta que no teste de campo, núcleo sobre o qual gira todo nosso trabalho, pode ser difícil isolar cada componente individual. Para MacDougall (1993), esse tipo de prova é útil para avaliar ou valorar globalmente uma aptidão; no entanto, as aplicações realizadas em laboratório admitem analisar variações individuais e permitem estudar objetivamente os rendimentos de cada sujeito em relação a cada variável analisada. Esse autor afirma que, embora os testes de campo não sejam tão fidedignos quanto os de laboratório, apresentam maior especificidade.

A objetividade

Por um lado, um teste, ou prova, possui mais objetividade quanto maior for o grau de independência sobre os elementos externos que possam intervir. Por outro lado, a objetividade deve ser analisada isoladamente, já que pode afetar de forma diferente cada fase de uma prova, seja sua execução, sua avaliação ou sua interpretação (López, 2002).

O grau de objetividade de uma prova está diretamente relacionado à aplicação dos registros utilizados durante a própria prova. Assim, qualquer variabilidade na informação dada ao executante pode gerar uma resposta diferente, seja pela ação direta, quando o examinado conhece informação que possa usar correta ou incorretamente, por ação indireta, ao diminuir uma motivação influente durante o período de resposta.

Fetz e Kornexl (1976) aconselham o seguinte quanto ao momento da descrição do teste:

- O examinador deverá ater-se exatamente à prova assinalada.
- Será realizada uma leitura lenta e clara da prova.
- O desenvolvimento do movimento deverá ser demonstrado uma vez.
- Durante a demonstração, será explicado exatamente como deverá ser realizada a prova, evitando qualquer esclarecimento extra, para não criar qualquer tipo de interação entre examinador e examinando.
- A motivação criada pelos diferentes examinadores deve ser homogênea e, dessa forma, convém valer-se de implicações objetivas para potencializar o esforço pessoal do executante.

A fiabilidade

O termo fiabilidade é definido por López (2002) como:

> A probabilidade de que uma peça, dispositivo, circuito hidráulico, elétrico ou eletrônico, ou um equipamento completo possa ser utilizado sem que falhe durante um período de tempo determinado, em dadas condições operacionais; magnitude que caracteriza a segurança de funcionamento do aparelho dispositivo, em condições previamente fixadas; medidas de uma probabilidade de funcionamento segundo normas determinadas.

A fiabilidade deve contemplar três aspectos importantes:

- a qualidade do material utilizado;
- as técnicas e metodologia empregadas;
- o tempo de fiabilidade da prova.

A validade

De forma generalizada, diz-se que a validade de uma prova indica o grau em que esta mede o que deve medir. Por exemplo, pode-se estabelecer a correlação entre o teste de salto vertical e o êxito do bloqueio no voleibol. É possível e razoável definir uma rede de variáveis, com o fim de concretizar a variável hipotética de medição do teste. Nesse caso, a análise deveria ser realizada atendendo a possíveis relações entre o teste e as variáveis definidas. Voltando ao teste de salto vertical, podemos estudar a relação existente entre o salto vertical e outras variáveis relacionadas à variável principal, que poderia ser a massa muscular do membro inferior, a coordenação durante o salto, a altura do sujeito etc.

Outros critérios

Existem outros critérios de qualidade a serem considerados no momento da seleção de provas ou testes de aptidão física. Para Grosser e Starischka (1988), as provas selecionadas devem ser econômicas, normatizadas, comparáveis e úteis.

Uma prova é econômica se:

- pode ser executada em um tempo breve;
- pode ser realizada com pouco material ou aparelhos simples;
- sua descrição e sua demonstração são facilmente realizáveis;
- pode ser aplicada a grupos de sujeitos;
- pode ser facilmente analisada e avaliada.

Uma prova é normatizada se:

- é possível utilizar cada valor obtido como referência;
- seus resultados são especificados segundo parâmetros de idade, sexo, nível de rendimento etc.;
- sua avaliação é realizada com base em análises estatísticas de uma massa de dados, como média, desvio padrão ou tabelas de pontuações existentes.

5.2.2.2 Estimativa da força específica

A melhor forma de melhorar os níveis de força muscular é mediante o trabalho de sobrecarga com pesos livres e/ou aparelhos de musculação, o que, tratando-se da natação, é conhecido como treinamento em seco. Não obstante, melhoras substanciais de força com esse método não garantem melhoras similares no rendimento natatório (Navarro, Oca Gaia e Castañón, 2003; Maglischo, 1999). Por exemplo, a relação entre a força do dorsal largo durante a extensão da articulação do ombro e a capacidade para aplicar essa força na braçada é muito pouco significativa, e não existem dados que nos permitam assegurar sequer se a melhora da primeira acarreta melhora também na segunda (Villanueva, 2004). A razão desse aparente paradoxo reside no fato de que o trabalho em seco não permite reproduzir a biomecânica do gesto técnico do nado, em seu aspecto cinético ou cinemático, o que impede uma correta transferência da força muscular adquirida (força geral, não específica) à força aplicada na água (força propulsora, específica) (Muñoz e Belloch, 2000). Buscou-se a solução dessa problemática, constatada empiricamente, tanto no nível de treinamento quanto no científico, de duas formas:

- Treinamento em seco: projetando-se máquinas de musculação que reproduzem com a maior veracidade possível o gesto técnico.
- Treinamento na água: melhorando o treinamento específico da força propulsora, especialmente mediante o método da natação resistida, utilizando raquetes, borrachas, paraquedas etc.

Outro problema próprio do treinamento moderno da natação de elite reside no controle e na avaliação dos níveis de força dos nadadores. Avaliar esses níveis de força "em seco" é relativamente simples, pois existem metodologias e instrumental altamente confiáveis e de uso habitual em numerosos centros de medicina esportiva (Brizuela e Llana, 1997). No entanto, continua existindo o problema da falta de especificidade desses métodos, inclusive quando se utilizam aparelhos que simulam o gesto técnico. Consequentemente, o nadador aplica durante o nado mais tentativas para medir a força, visto que é uma variável muito mais relacionada ao seu rendimento (Zatsiorsky e Safarian, 1972). Além disso, esses métodos são muito mais complexos e requerem um dispêndio maior, tanto econômico quanto de dedicação por parte do grupo pesquisador.

O estudo direto da força propulsora implica atar o nadador, com um cinto, a um cabo de aço (inextensível) conectado a um sistema de polias ou a um dinamômetro ou uma célula de carga (Magel, 1970; Hoper, 1983; Arellano, 1992; Platonov, 1988). Esse método é aplicado nas situações em que existe continuidade propulsora (nado livre e costas, basicamente, e, quanto a nadadores não capacitados, no caso daqueles que são capazes de aplicar forças de forma contínua), visto que ao puxar um cabo inextensível, há momentos nos quais a tensão do cabo diminui, ocasionando o aparecimento de forças de impacto cada vez que o cabo volta a se tensionar. Essas forças de impacto desvirtuam os registros, e isso não permite valorar corretamente a força aplicada.

Com o objetivo de evitar esses problemas, alguns autores utilizaram borrachas cirúrgicas no lugar de um cabo de aço (Arellano, 1992; Platonov, 1988; Keskinen, Tilli e Komi, 1989; Cancela e Ramirez, 2002). A borracha, ao permitir o avanço do nadador, evita o aparecimento de forças de impacto, o que permite seu uso naquelas situações em que não existe continuidade propulsora, como nos estilos peito e borboleta e no caso de nadadores não capacitados que apresentam amputações ou problemas neurológicos de natureza diversa.

Outra vantagem desse método é a possibilidade de obter os resultados em tempo real, o que adquire grande importância quando se pretende utilizá-lo no processo de treinamento. Além disso, seu custo é relativamente baixo, estando ao alcance da maioria dos centros de pesquisa e até mesmo clubes de competição, e, dado que as borrachas cirúrgicas são um elemento familiar para os nadadores, torna mais rápida a aceitação do método por parte deles. Cancela e Ramirez (2002) estudaram a força de deslocamento por meio da dinamometria, obtida a partir da participação isolada do membro inferior e da participação global, tanto para homens quanto para mulheres, chegando aos resultados mostrados nas Tabelas 5.2 a 5.5.

Tabela 5.2 – Níveis de força de deslocamento, no estilo livre, de sujeitos dos sexos masculino e feminino, com idades compreendidas entre 13 e 23 anos

		Sexo			
		Homem		Mulher	
Idade (anos)		Média (kg)	Desv. tip. (kg)	Média (kg)	Desv. tip. (kg)
13 a 14	Força membro superior	8,11	0,14	6,30	2,32
	Força membro inferior	7,03	2,55	5,60	2,22
	Força global	10,53	2,26	10,01	2,17
15 a 16	Força membro superior	8,83	1,77	7,62	0,74
	Força membro inferior	7,43	1,27	6,31	1,06
	Força global	11,61	1,47	10,31	1,25
17 a 18	Força membro superior	11,87	2,23	8,70	1,08
	Força membro inferior	7,23	1,21	6,25	1,49
	Força global	14,33	1,89	10,25	1,07
19 a 20	Força membro superior	13,45	1,62	8,60	0,89
	Força membro inferior	8,4	1,04	7,00	1,15
	Força global	15,50	1,09	10,00	1,49
21 a 23	Força membro superior	11,85	2,03	9,20	0,91
	Força membro inferior	8,55	1,10	6,60	0,40
	Força global	14,57	1,87	10,55	0,92

Adaptado de Cancela e Ramirez (2002).

Tabela 5.3 – Níveis de força de deslocamento, no estilo costas, de sujeitos dos sexos masculino e feminino, com idades compreendidas entre 13 e 23 anos

		Sexo			
		Homem		Mulher	
Idade (anos)		Média (kg)	Desv. tip. (kg)	Média (kg)	Desv. tip. (kg)
13 a 14	Força membro superior	8,10	0,14	7,20	2,32
	Força membro inferior	6,10	2,55	6,70	2,22
	Força global	9,70	2,26	9,01	2,17
15 a 16	Força membro superior	6,52	1,77	7,72	0,74
	Força membro inferior	5,61	1,27	6,68	1,06
	Força global	9,07	1,47	10,50	1,25

Continua

Continuação

		Sexo			
		Homem		Mulher	
Idade (anos)		Média (kg)	Desv. tip. (kg)	Média (kg)	Desv. tip. (kg)
17 a 18	Força membro superior	11,87	2,23	8,90	1,08
	Força membro inferior	7,25	1,21	5,80	1,49
	Força global	13,33	1,89	10,30	1,07
19 a 20	Força membro superior	11,70	1,62	8,00	0,89
	Força membro inferior	9,30	1,04	6,40	1,15
	Força global	14,40	1,09	10,20	1,49
21 a 23	Força membro superior	10,00	2,03	10,00	0,91
	Força membro inferior	8,40	1,10	7,00	0,40
	Força global	12,80	1,87	10,40	0,92

Adaptado de Cancela e Ramirez (2002).

Tabela 5.4 – Níveis de força de deslocamento, no estilo peito, de sujeitos dos sexos masculino e feminino, com idades compreendidas entre 13 e 23 anos

		Sexo			
		Homem		Mulher	
Idade (anos)		Média (kg)	Desv. tip. (kg)	Média (kg)	Desv. tip. (kg)
13 a 14	Força membro superior	8,10	0,14		
	Força membro inferior	7,03	2,55		
	Força global	10,53	2,26		
15 a 16	Força membro superior	8,35	1,77	6,37	0,74
	Força membro inferior	9,17	1,27	8,34	1,06
	Força global	11,35	1,47	10,67	1,25
17 a 18	Força membro superior	9,05	2,23	7,65	1,08
	Força membro inferior	10,35	1,21	8,05	1,49
	Força global	14,33	1,89	9,45	1,07
19 a 20	Força membro superior	10,05	1,62	7,90	0,89
	Força membro inferior	10,60	1,04	8,20	1,15
	Força global	14,60	1,09	10,60	1,49
21 a 23	Força membro superior	12,17	2,03		
	Força membro inferior	12,60	1,10		
	Força global	16,80	1,87		

Adaptado de Cancela e Ramirez (2002).

Tabela 5.5 – Níveis de força de deslocamento, no estilo borboleta, de sujeitos dos sexos masculino e feminino, com idades compreendidas entre 13 e 23 anos

		Sexo			
		Homem		**Mulher**	
Idade (anos)		**Média (kg)**	**Desv. tip. (kg)**	**Média (kg)**	**Desv. tip. (kg)**
13 a 14	Força membro superior	7,36	0,14		
	Força membro inferior	6,30	2,55		
	Força global	8,30	2,26		
15 a 16	Força membro superior	9,40	1,77	6,65	0,74
	Força membro inferior	8,60	1,27	6,75	1,06
	Força global	12,00	1,47	7,75	1,25
17 a 18	Força membro superior	11,00	2,23	7,40	1,08
	Força membro inferior	9,80	1,21	7,15	1,49
	Força global	14,00	1,89	8,90	1,07
19 a 20	Força membro superior	11,10	1,62		
	Força membro inferior	9,70	1,04		
	Força global	14,80	1,09		
21 a 23	Força membro superior	7,36	0,14		
	Força membro inferior	6,30	2,55		
	Força global	8,30	2,26		

Adaptado de Cancela e Ramirez (2002).

Eles observaram que, com o aumento da idade, os níveis de força dos nadadores também aumentam. Essa evolução não é constante; ao longo da vida do nadador, há momentos nos quais ocorre uma estagnação e até mesmo um desgaste.

Quanto ao comportamento dos três níveis de força analisados em relação a nadadoras, Cancela e Ramirez assinalaram que tanto a força de deslocamento exercida pelo membro superior como a força global de deslocamento apresentaram variações muito pequenas, as quais eram seguidas de prolongados períodos em que os valores permaneciam constantes. A outra variável de força analisada — força de deslocamento do membro inferior — apresentou aumentos progressivos acompanhados de decréscimos.

Na análise conjunta dos nadadores que participaram do estudo, os níveis de força parecem ser similares indistintamente ao estilo pró prio de cada um, mas isso não é verdade. Os nadadores cujo estilo é o livre, costas ou borboleta têm níveis de força semelhantes, sendo a força do membro superior aquela que mais condiciona o deslocamento; isso já não ocorre com os nadadores do estilo peito, visto que, no caso deles, será a força desenvolvida pelas pernas a mais influente no deslocamento. Ainda assim, os níveis de força global são muito semelhantes independentemente do estilo.

As diferenças encontradas entre os níveis de força de deslocamento do membro superior e os do membro inferior relacionadas ao estilo de nado talvez estejam condicionadas pelo modo de intervenção dos distintos grupos musculares e pela função desempenhada em cada estilo (Tabela 5.6).

5.2.3 Diferentes metodologias do treinamento da força na natação

Na natação, os treinadores devem estudar os diferentes métodos de treinamento da força, as vantagens e aplicações de cada um deles. Todos os métodos são diferentes e produzem efeitos significativamente distintos no rendimento neuromuscular (Siff e Verkoshansky, 2000), o que sempre motivou discrepâncias no momento de escolher um ou outro método.

De maneira geral, podemos destacar a existência de duas correntes metodológicas do

Tabela 5.6 – Níveis de força de deslocamento de sujeitos dos sexos masculino e feminino, com idades compreendidas entre 13 e 23 anos, em função do estilo próprio

		Sexo			
		Homem		**Mulher**	
Idade (anos)		**Média (kg)**	**Desv. tip. (kg)**	**Média (kg)**	**Desv. tip. (kg)**
Livre	Força membro superior	10,53	3,11	7,98	1,20
	Força membro inferior	7,36	1,24	6,33	0,52
	Força global	13,07	2,99	10,30	1,27
Costas	Força membro superior	9,05	2,30	7,83	1,28
	Força membro inferior	6,68	1,32	6,31	0,56
	Força global	11,30	2,45	9,92	0,92
Peito	Força membro superior	9,73	2,23	7,62	16,96
	Força membro inferior	10,75	1,80	8,17	0,83
	Força global	13,98	2,85	10,26	1,40
Borboleta	Força membro superior	8,96	2,02	7,04	0,85
	Força membro inferior	7,91	1,98	7,06	0,80
	Força global	11,13	3,32	8,36	0,93

Adaptado de Cancela e Ramirez (2002).

treinamento de força. Uma delas defende a especificidade do treinamento, ou seja, o estímulo dos diferentes gestos esportivos de forma tão parecida quanto possível ao modelo de movimento, velocidade, curva força-tempo, tipo de contração muscular etc. A outra corrente defende que é suficiente treinar os músculos relevantes sem considerar a especificidade do treinamento muscular, ou seja, a prática separada das habilidades técnicas permitiria a transmissão *a posteriori* ao ganho de força obtido no treinamento dos movimentos esportivos específicos.

Os dois métodos de treinamento melhoram o rendimento, mas, atualmente, há na literatura científica uma preferência pelo treinamento específico, baseada em:

- tipo de contração muscular;
- modelo de movimento;
- região do movimento;
- velocidade do movimento;
- força de contração;
- recrutamento das fibras musculares;
- metabolismo;
- adaptação biomecânica;
- flexibilidade;
- fadiga.

A especificidade a que se refere essa corrente metodológica significa que se deve exercitar de maneira muito específica a expressão de todos os fatores listados acima a fim de se obter uma melhora em determinado esporte (Siff e Verkoshansky, 2000).

Em geral, tanto os exercícios de força específicos quanto os gerais podem ser classificados de acordo com o regime de contrações. Assim, teremos:

- Manifestação ativa da força:
  - I. exercícios em regime isométrico (estático);
  - II. exercícios em regime anisométrico:
    - a. exercícios em regime anisométrico concêntrico;
    - b. exercícios em regime anisométrico excêntrico;
  - III. exercícios em regime isocinético.
- Manifestação reativa da força:
  - I. pliometria.

5.2.3.1 Manifestações ativas da força

5.2.3.1.1 Treinamento isométrico

O treinamento isométrico foi muito popular na década de 1950, quando se buscavam métodos econômicos e eficazes para o desenvolvimento da força. A contração estática ou isométrica se define como uma forma de contração muscular que não produz movimento. Esse tipo de treinamento pode ser mais eficaz do que o dinâmico nos casos em que os exercícios específicos requerem contrações musculares de grande magnitude para determinado movimento por um período de tempo ou durante as fases iniciais da reabilitação de uma lesão.

Ao realizar exercícios isométricos, é importante aumentar lentamente a tensão muscular e mantê-la por algum tempo, já que o propósito do treinamento isométrico é desenvolver a força absoluta.

Nesse regime de treinamento, o aumento das qualidades de força é acompanhado de uma redução das possibilidades de rapidez. Tal redução se manifesta ao fim de poucas semanas do treinamento isométrico. Para evitá-la, é necessário combinar o método isométrico com exercícios que desenvolvam a força veloz (Fleck, 1980; Platonov e Vaitzejovski, 1985). Weineck (1999) acrescenta que esse método é altamente eficaz quando combinado com treinamento auxotônico (excêntrico e concêntrico), uma vez que é produzida uma ativação intensa da musculatura (Buhrle e Werner, 1984). Counsilman (1999) justifica e contextualiza esse trabalho:

> Embora as contrações isométricas não preencham o objetivo de um programa de exercícios completo (e pouca gente formulou essa demanda), podem ser empregadas como meio para desenvolver a força. De sua prática deriva um benefício adicional e importante o qual foi passado por alto, especialmente por seus detratores. É a pratica do ensino das mecânicas adequadas às atividades esportivas com os aparelhos de contrações isométricas. Pode ser feito um esclarecimento da aplicação dessa prática, descrevendo sua utilidade no ensino da tração dos braços no nado livre e borboleta. A maior parte dos preparadores sabe o quão difícil é ensinar ao nadador médio a nadar com seu cotovelo para cima durante a primeira parte de sua tração. Ensaiamos o emprego de películas, espelhos, conferências e o trabalho na água. É particularmente difícil ensinar esse princípio aos nadadores dos grupos de adolescentes. Meu interesse pelos isométricos foi conseqüência do esforço que empreguei para melhorar os métodos de como ensinar aos nadadores a nadar com seus cotovelos no alto. Meu raciocínio era: "por que não ensinar que o nadador tente aprender a tracionar corretamente fazendo que impulsione para baixo suas mãos sobre uma barra imóvel, ao mesmo tempo em que tem seus braços na posição desejada com os cotovelos levantados?" Eu tinha a impressão de que desse modo o nadador poderia ser capaz de ver a posição desejada, tanto visível quanto cinestesicamente e provavelmente poderia desenvolver a sensibilidade da posição adequada dos braços.
> [...] O músculo que é contraído isometricamente em uma só posição tenderá a tornar-se mais forte nela. Com o objetivo de desenvolver a força ao longo do movimento completo de um músculo, recomenda-se o emprego de várias séries de contrações isométricas, praticando-as em vários ângulos ao longo do movimento completo. O nome aplicado à série dessas contrações isométricas

é o de "contrações intermediárias". Para desenvolver a força ao longo de todo o movimento do músculo, as contrações intermediárias devem ser efetuadas em três, quatro ou cinco posições, espaçadas em distâncias iguais ao longo do movimento.

O professor de Cinesiologia da Universidade de Tallin (Estônia), dr. Rein Haljand, possui um *site*[1] o qual contém artigos relacionando a propiocepção/cinestesia e a natação; além disso, conta com vídeos de séries de exercícios[2] e uma revisão bibliográfica sobre isometria e propiocepção/cinestesia.

No método isométrico de trabalho, os exercícios são realizados somente de forma elástica, ou seja, a longitude externa do músculo não varia. Desde Hettinger e Muller (1953 apud García Manso, Navarro Valdivieso e Ruiz Caballero, 1996), a isometria foi usada, tanto no esporte quanto na reabilitação, para o desenvolvimento da força por meio de diferentes metodologias e formas de aplicação, com variados tempos de aplicação e número de repetições de contrações isométricas máximas ou submáximas. García Manso, Navarro Valdivieso e Ruiz Caballero (1996) enumeram as formas mais comuns de aplicação do método no mundo do esporte baseando-se nos seguintes padrões e princípios:

- É necessário um mínimo de cinco ou seis contrações.
- A duração adequada de cada contração é de 6 a 8 s, em intensidade máxima. As contrações mais curtas (3 s) têm uma orientação maior para a força explosiva.
- Quanto às contrações submáximas (50% a 90%), sua duração pode ser mantida até o esgotamento (20 s, no máximo). Segundo Mora Vicente (1995) o efeito sobre a hipertrofia parece ser um pouco maior do que no anterior.
- Podem ser aumentadas as tensões fazendo os exercícios com sobrecargas.
- O volume total de trabalho por sessão não deve superar os 10 a 15 min.

Os ganhos observados no trabalho isométrico estão relacionados à forma/angulação em que a tarefa foi desenvolvida. A respeito, Fleck e Kraemer (1987 apud García Manso, Navarro Valdivieso e Ruiz Caballero, 1996) recomendam trabalhar cada músculo em várias angulações. As variantes mais usadas no mundo do esporte são as seguintes:

- isometria sem carga;
- isometria sem carga combinada com trabalho concêntrico;
- isometria com cargas;
    - carga máxima;
    - cargas até o esgotamento;
    - estática-dinâmica;
    - cargas máximas repetidas.

Dessas variantes, talvez a que mais se aproxime das exigências da natação seja a

[1] <www.swim.ee>
[2] <http://www.swim.ee/videos/index.html>

estática-dinâmica de isometria com cargas, a qual entraria nos métodos de "contrastes". Ela é realizada com uma sobrecarga de 60% da força máxima concêntrica, aproximadamente; o executante utiliza o ângulo que desejar, e o exercício é dividido em duas fases: a primeira, em situação isométrica máxima, dura 2 a 3 s, e a outra, imediatamente após, é constituída por uma contração concêntrica explosiva. O número de repetições por série é de quatro a seis, e o número de séries também é de quatro a seis; com isso, busca-se eliminar a redução da rapidez de contração produzida pela isometria.

Para Platonov (1998), quando se utiliza o método isométrico, é observado um aumento da força unicamente com relação àquela parte da trajetória do movimento que corresponde aos exercícios aplicados. É necessário combinar esse método com o trabalho de velocidade (transferência).

Na Tabela 5.7, Slobodian (1973 apud García Manso, Navarro Valdivieso e Ruiz Caballero, 1996) oferece uma proposta para a distribuição do trabalho de força com diferentes regimes de contração muscular.

Tabela 5.7 – Proposta para a distribuição do trabalho de força com diferentes regimes de contração muscular

Trabalho concêntrico	Trabalho excêntrico	Trabalho isométrico
75%	15%	10%

A respeito da contração isométrica, Mora Vicente (1995) afirma que se trata de um tipo de contração que dificilmente se encontra como tal na maioria das modalidades esportivas, motivo pelo qual seu treinamento deve ser sempre acompanhado de outros tipos de contração, aconselhando-se, sobretudo, os exercícios concêntricos com cargas leves e os de tipo pliométrico. No caso da natação, pode-se dizer que as contrações isométricas são inexistentes, sendo determinantes as manifestações de força-velocidade combinadas com a resistência. A princípio, a isometria apresenta alguns inconvenientes:

- pouco efeito sobre a massa muscular;
- capilarização nula;
- efeito negativo sobre a coordenação intermuscular.

Embora caiba destacar sua enorme utilidade para obter um grande efeito sobre a coordenação intramuscular (recrutamento e sincronização das unidades motoras), este, em parte, seria decorrente de uma das "desvantagens" da isometria: o pouco efeito sobre a massa muscular, ou seja, o pouco efeito hipertrófico. Segundo Navarro e Arsenio (1999), a hipertrofia provoca uma ativação precipitada dos complexos de Golgi (estes inibem a contração muscular intensa como mecanismo de proteção), com seus efeitos negativos para os motoneurônios e a formação de pontes de actina-miosina. É preciso lembrar que os nadadores não devem ser sujeitos excessivamente hipertrofiados, evitando-se, assim, sobrepeso desnecessário; além disso, uma excessiva hipertrofia aumentaria a resistência de nado.

Platonov e Fessenko (1993) justificam o emprego do método isométrico, já que o objetivo da preparação dos nadadores exige o desenvolvimento das diferentes manifestações da força aplicadas a fases diferentes do movimento, o que provoca a necessidade de aplicar uma série de exercícios para cada uma dessas fases.

Propiocepção e cinestesia

O *Dicionário da Academia Real da Língua Espanhola* define cinestesia como a percepção do equilíbrio e da posição das partes do corpo. No mundo do esporte e da motricidade, os termos cinestesia e propiocepção (que não aparece no *Dicionário*) são empregados, às vezes, de forma indistinta. Rigal (1987) estabelece a seguinte diferenciação entre propiocepção e cinestesia:

- Propiocepção: é a percepção total que temos do nosso corpo em repouso ou movimento. A atividade dos receptores cinestésicos resulta das variações de longitude e tensão do músculo ou dos tendões e da modificação dos ângulos articulares ou da posição do corpo. Assim, essa atividade permite perceber a posição do movimento de cada parte do corpo, assim como a força desenvolvida durante as contrações musculares.
- Cinestesia: é a sensação de movimento que provém dos mecanorreceptores situados nos músculos e em seus tendões, nas articulações e na pele os quais proporcionam as informações que nos permitem localizar a posição das diferentes partes do corpo e de avaliar seu deslocamento.

A propiocepção se dá a partir das sensações cinestésicas e vestibulares e consiste na capacidade do corpo de detectar o movimento e a posição das articulações. Ela é importante nos movimentos que fazemos diariamente e nas atividades esportivas que requerem coordenação especial.

O sistema propioceptivo se compõe de uma série de receptores nervosos que estão nos músculos, nas articulações e nos ligamentos. Esses receptores se encarregam de detectar o grau de tensão muscular (força exercida) e de estiramento muscular e mandam essa informação ao cérebro para que ele a processe. Depois, o cérebro envia a informação processada aos músculos, para que realizem os ajustes necessários quanto à tensão e ao estiramento e, assim, concretizem o movimento. Esse processo é subconsciente e muito rápido, e nós o realizamos de maneira reflexa. Os propioceptores são:

- o fuso muscular;
- os complexos tendinosos de Golgi;
- os receptores da cápsula articular e dos ligamentos articulares (receptores de Ruffini);
- os receptores da pele.

O treinamento propioceptivo beneficia transferência de ações novas e similares aos exercícios que praticamos. Por meio dele, o atleta aprende a tirar vantagem dos mecanismos reflexos, melhorando os estímulos facilitadores, aumentando o rendimento e diminuindo as inibições que o prejudicam. Reflexos como o de estiramento, que aparecem diante de uma situação inesperada (por exemplo, ao se perder o equilíbrio), podem se manifestar de forma correta (ajudando a recuperar a postura) ou incorreta (provocando um desequilíbrio maior). Com o treinamento propioceptivo, os reflexos básicos incorretos tendem a ser eliminados.

A pesquisa relacionada ao treinamento propioceptivo estudou os efeitos sobre a posição articular, a cinestesia, o equilíbrio e a coordenação, o tempo de reação muscular e a força muscular. Existem evidências científicas das repercussões desse tipo de trabalho na redução do risco de lesão que, em longo prazo, implicará em uma melhora do rendimento durante o treinamento e a competição (Anderson, 2002).

Uma articulação normal depende do correto funcionamento do controle neuromuscular para evitar lesões, já que assim se permite a regulação dinâmica das cargas aplicadas sobre ela (Gómez, 2001 apud Casais Martínez, 2006). Distintos autores ressaltaram o papel da propiocepção na prevenção e no tratamento das lesões esportivas (Lorza, 1998; Gómez et al., 2001; Coarasa et al., 2003; Engelhardt, Reuter e Feiwals, 2003 apud Casais Martínez, 2006). Podemos ressaltar também o seu papel no correto funcionamento dessas articulações quando devem fazer um membro ou uma parte descrever determinada trajetória, ou seja, na realização de certa destreza motora.

Luttgens e Wells (1955), tratando dos princípios anatômicos aplicados às destrezas motoras relativas à função dos sistemas musculares e neuromusculares, afirmam que um fator importante na aprendizagem e no aperfeiçoamento de uma destreza motora é a percepção cinestésica. No entanto, não existem evidências sobre a sensação geral cinestésica; a percepção cinestésica parece ser específica da destreza em questão. Isso nos leva a afirmar que tais percepções seriam treináveis tão somente por meio dessas destrezas ou tarefas que produzam transferência.

Em relação à natação, atividade que se desenvolve em um meio alheio ao homem e na posição horizontal, à qual o atleta deve se adaptar e que elimina os reflexos e as sensações habituais do ser humano, devemos fazer uma série de observações sobre a locomoção aquática. As diferenças fundamentais entre a natação e a locomoção na terra são (Luttgens e Wells, 1955):

- Na água, o corpo está mais envolvido na flutuação do que com a força da gravidade.
- A substância contra a qual se pressiona proporciona menor resistência ao empuxo.
- O meio em que se move proporciona maior resistência ao corpo.
- Como meio de conseguir o máximo benefício da flutuação e de reduzir a resistência proporcionada pela água, é costume manter-se em posição horizontal.

A força de propulsão aumenta com a melhora da técnica e o condicionamento.

Também a esse respeito, Colazo (2000) diz o seguinte:

> O controle dos movimentos na natação, particularmente aqueles realizados debaixo da água, são conseguidos sobretudo pela combinação de informações proporcionadas pelas sensações de tato-pressão, as sensações vestibulares, as sensações cinestésicas que surgem dos músculos, tendões e articulações. As informações sensoriais recebidas nos analisadores correspondentes permitem ao indivíduo ter conhecimento de sua posição na água, a localização dos membros e a relação destes com o meio líquido; condição essencial para poder realizar um controle adequado dos movimentos do tronco, pernas e, especialmente, de seus braços para poder alcançar o deslizamento.

Ademais, a menor resistência ao empuxo oferecida pela água torna a percepção da força diferente de quando se impulsiona contra um sólido ou uma força considerável, já que a informação emitida pelos distintos propioceptores é, em princípio, mais fraca, porquanto as tensões músculo-tendinosas são menores. Surge assim o dilema apontado por Counsilman: se os nadadores têm menos informação sobre onde estão suas articulações em um determinado momento das fases de tração, sobretudo os jovens ou principiantes, que realizam uma menor força aplicada na água, como tornar possível que eles corrijam um defeito relativo à trajetória, posição do cotovelo, posição de início de uma determinada fase de nado?

O próprio Counsilman aponta a possível solução: por que não ensinar o nadador a tentar tracionar corretamente fazendo-o impulsionar as mãos para baixo, sobre uma barra móvel, ao mesmo tempo que tem os braços na posição desejada, com os cotovelos levantados?

A fundamentação dessa solução está em Platonov (1998):

> Quando se produzem as tensões estáticas locais, manifestam-se as sensações cinestésicas mais evidentes dos elementos fundamentais da técnica esportiva, o que permite, além de aumentar a força dos esportistas, aperfeiçoar seus parâmetros isolados.

Em outras palavras, com exercícios isométricos localizados em determinada extremidade e com determinada angulação, podemos produzir uma sensação cinestésica aumentada em comparação ao que se produz nadando, ao mesmo tempo que trabalhamos a força dos nadadores. Esses exercícios obviamente devem coincidir com a evolução concreta das distintas fases de nado, sobretudo as que apresentam maiores problemas e produzem, portanto, os erros mais graves.

Técnica

Verkhoshansky (2002) diz:

> A tarefa motora comum a todas as modalidades esportivas cíclicas (como é a natação) reside em deslocar-se o mais rápido que se possa por uma

> distância, ao mesmo tempo em que isso é feito com a máxima economia possível de esforços musculares e energia.
>
> Nos esportes de resistência geral a técnica intervém especialmente para conseguir economia no movimento. Visto que em numerosos esportes é difícil aumentar ainda mais o volume e a intensidade do treinamento, sobretudo no esporte de alto nível, a intensificação do treinamento técnico provavelmente representará no futuro uma das possibilidades para aumentar o rendimento.

O trecho expõe o que é o atual treinamento de alto nível: a combinação dos níveis de volume e intensidade máximos (quanto à carga que os esportistas devem e podem suportar), mais um trabalho técnico exaustivo em busca da excelência e também um trabalho tático, psicológico, de recuperação nutricional. Em suma, incorpora todos os detalhes que podem intervir na melhora do esportista, e, dentro de todos esses detalhes, entraria a proposta do trabalho. Na Figura 5.5, observamos que a busca de uma técnica ideal passa por uma análise científica da estrutura biomecânica do desenvolvimento gestual de conjunto. Nessa análise biomecânica, podem se distinguir duas características fundamentais.

- As características cinemáticas: determinada articulação espaço-temporal do desenvolvimento do movimento (longitudes e trajetórias):
  - distribuição em fases gestuais;
  - características de tempo (duração das fases gestuais);
  - representação de uma longitude ou trajetória;
  - características de velocidade.
- As características dinâmicas:
  - a trajetória ótima de aceleração;
  - as forças de impulsão e frenagem;
  - a coordenação de impulsões parciais;
  - os momentos de força ou de rotação.

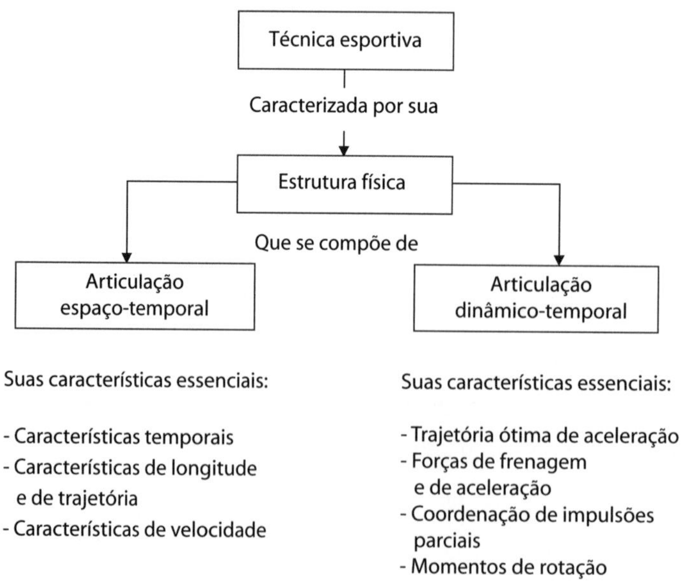

FIGURA 5.5 – Análise científica da estrutura biomecânica do desenvolvimento gestual de conjunto. Adaptado de Weineck (1994).

A proposta aqui apresentada pode ter sua aplicação máxima na distribuição das diversas fases gestuais e de representação de uma longitude ou trajetória, já que, ao influir sobretudo nos pontos iniciais de cada fase da trajetória de braçada, facilitará a compreensão e assimilação das diferentes fases, assim como o desenvolvimento do percurso completo. Do exposto até o momento, podemos concluir as bases do método de trabalho combinado:

- Os exercícios isométricos com orientação ao aumento da força devem se combinar com outros de tipo auxotônico e também com exercícios de nado que garantam a transferência e não provoquem perda de velocidade de contração.
- Os exercícios devem ser trabalhados em distintas angulações articulares, para que seja produzido aumento da força em uma maior categoria articular.
- Ao aumentar a tensão nos mecanorrecpetores (fuso muscular, órgãos tendinosos de Golgi e receptores da cápsula articular e dos ligamentos articulares), aumenta também a sensação cinestésica e, portanto, a percepção da posição dos membros afetados.
- Uma possível sequência de trabalho seria:
    1. realizar os exercícios de cada fase com cada um dos braços (6 s/6 s);
    2. realizar os exercício de forma consecutiva com um braço e depois com o outro;
    3. realizar um ciclo completo com ambos os braços (coordenação própria de cada fase);
    4. trabalho de pernas por fases;
    5. trabalho de pernas e braços;
    6. trabalho na água (transferência).
- Com base em observações de ensino, pode-se concluir que a transferência de exercícios em seco para a água é sensível especialmente na coordenação dos movimentos da natação.

No Quadro 5.2, Weineck (1999) apresenta as vantagens e desvantagens do método de treinamento isométrico.

Quadro 5.2 – Vantagens e desvantagens do treinamento isométrico

Vantagens	**Desvantagens**
Execução simples	Não favorece o desenvolvimento da coordenação. No treinamento das modalidades esportivas dinâmicas, o treinamento isométrico é complementar a outros métodos de desenvolvimento da força
Aumento de força condicionado pela angulação de execução	Exerce influências negativas sobre a elasticidade muscular e sua capacidade de estiramento

Continua

Continuação

Vantagens	**Desvantagens**
Treinamento econômico, ou seja, treinamento de grande eficácia	Com uma única forma de treinamento, há um rápido estancamento do aumento da força; uma vez que se alcança a força, esta é estabilizada rapidamente, formando o que se denomina barreira da força máxima isométrica
Possibilidade de dirigir o treinamento para certo grupo muscular, de acordo com um ângulo de flexão	Monotonia do treinamento
A capacidade dos exercícios de força rápida e de força-explosiva pode ser melhorada; por exemplo, uma carga que seja administrada no início dos movimentos e mantida durante toda a amplitude deles (exemplo: *sprint*)	Propicia rapidamente o desenvolvimento da contração máxima, um aumento rápido do diâmetro transversal, mas não a capilarização dos músculos; não é eficaz para o sistema circulatório
O treinamento isométrico é adequado para a reabilitação	A contração isométrica de grandes grupos musculares leva a uma grande pressão respiratória; deve ser evitado na infância e na idade adulta

Bosco (2000) assinala que o treinamento isométrico obedece à falta de especificidade. Na atualidade, está bem demonstrado que os treinamentos específicos determinam e produzem adaptações específicas tanto em função da velocidade de movimento quanto da amplitude articular utilizada (Duchateau e Hinaut, 1984 apud Bosco, 2000). Do mesmo modo, Platonov e Fessenko (1993) justificam o emprego desse método de treinamento, já que o objetivo da preparação dos nadadores exige o desenvolvimento das diferentes manifestações da força aplicada a fases diferentes do movimento, o que provoca a necessidade de realizar uma série de exercícios afins para cada uma dessas fases.

O conjunto de exercícios estático-isométricos pode ser executado diariamente ou em dias alternados, com uma quantidade relativamente pequena de repetições (dez a quinze), sendo a duração de cada uma delas de 5 ou 6 até 10 ou 12 s — com desenvolvimento da força máxima — e de 10 ou 15 até 30 ou 40 s — com desenvolvimento de resistência de força. A melhor técnica de respiração para executar os exercícios isométricos é a seguinte: inspiração profunda antes do exercício, contenção da respiração durante vários segundos e expiração lenta na parte final do exercício. Counsilman (1999) acrescenta que a contração isométrica deve ficar limitada à metade do percurso do movimento a ser executado em cada exercício ou ao momento em que é necessário realizar o máximo esforço a fim de sustentar firmemente o peso.

5.2.3.1.2 Método anisométrico

Esse método pode ser dividido em função do tipo de contração; assim, temos: o método anisométrico concêntrico, relativo a ações motoras de caráter concêntrico, e o método anisométrico excêntrico, relativo a ações motoras de caráter excêntrico, com resistência às cargas.

O trabalho com pesos na natação é utilizado primordialmente para o desenvolvimento das possibilidades de força aplicadas ao trabalho de velocidade. Ao realizar movimentos com pesos ou algum tipo de aparelho em velocidade rápida, o trabalho torna-se ineficaz, já que a aplicação de esforços máximos no início do movimento acrescenta certa velocidade ao peso/aparelho, o que faz da resistência a que se encontra submetido o músculo não ser real.

A variedade que nos é oferecida pelo tradicional treinamento de força dinâmico faz ele influir de forma multilateral sobre o aparelho muscular e, portanto, contribuir para o aperfeiçoamento das qualidades de força e dos elementos básicos da mestria técnica. Em outras palavras, a combinação dos regimes de trabalho de caráter concêntrico e excêntrico dos músculos cria as condições para a realização de movimentos com amplitude bastante grande, o que constitui um fator positivo para o aparecimento e desenvolvimento das qualidades de força.

Counsilman (1980 apud Platonov e Fessenko, 1993) indica que, se são aplicadas grandes sobrecargas com pequena quantidade de repetições e baixa velocidade de movimentos, a massa muscular e as possibilidades de força aumentam à custa da hipertrofia das fibras musculares de contração lenta, inaptas para o trabalho de velocidade. Isso é negativo para o nadador em todos os sentidos, pois, geralmente, provoca a redução da resistência, ao mesmo tempo que não contribui e ainda cria obstáculos ao aparecimento de qualidades de força durante a execução de um trabalho de velocidade, já que estas se desenvolvem sobretudo graças às fibras de contração rápida.

Platonov e Fessenko, no entanto, consideram que são equivocadas as afirmações feitas por Counsilman, uma vez que já foi demonstrado que a participação das fibras musculares rápidas no trabalho muscular está relacionada não com a velocidade de movimentos, mas sim com a intensidade de trabalho, a magnitude de sobrecargas. Os movimentos realizados em velocidade máxima (de mais de 100 graus em 1 s) mas sem sobrecargas significativas são executados mediante a contração das fibras musculares lentas. Como podemos observar no Gráfico 5.3, as fibras de contração rápida se incorporam ao trabalho à medida que aumentam as sobrecargas, e não à medida que aumenta a velocidade dos movimentos.

Não obstante, devemos destacar que a aplicação de força elevada só será possível se desenvolvermos uma ação motriz em baixa velocidade, já que a resistência a ser mobilizada será muito alta. Seguindo essa linha de raciocínio Maglischo (1999) afirma que o movimento rápido somente será possível quando a resistência ao movimento for mínima. É necessário lembrar que a força e a velocidade são geradas pelas mesmas estruturas musculares. O estímulo nervoso que alcança os músculos ativa as pontes de actiomiosina, que, deslizando uma sobre a outra, provocam a contração; as duas expressões de força, que apresentam fortes coincidências de ativação nervosa, poderiam representar as bases da capacidade de transferência da força máxima sobre a capacidade de força explosiva.

Um elevado número de pesquisas tem buscado saber se existem velocidades específi-

Gráfico 5.3 – Fibras musculares utilizadas em função da intensidade do trabalho e duração do treinamento. Adaptado de Platonov (1988)

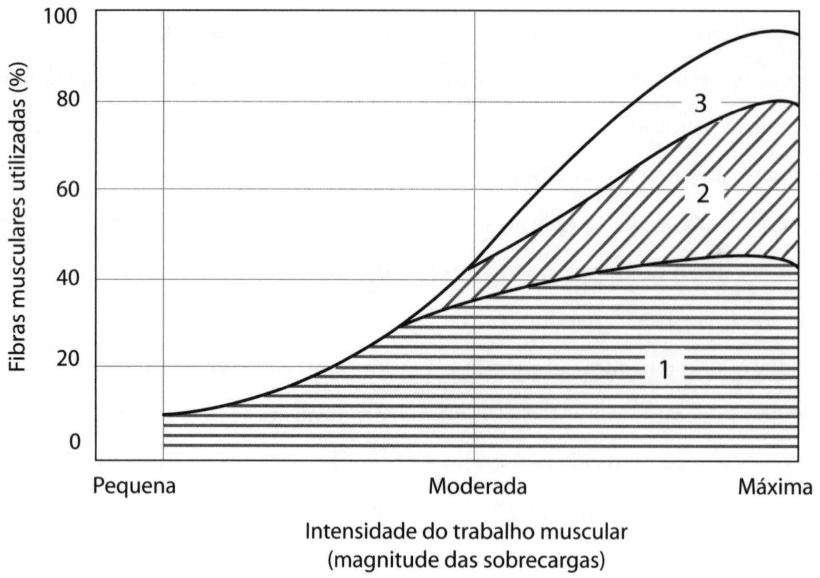

cas para conseguir cada manifestação de força. As principais razões que justificam o uso dessas velocidades são as seguintes (Wescott, 1985):

- O emprego de uma velocidade lenta produz um aumento do tempo de tensão.
- Em velocidades menores podem ser produzidas tensões maiores, e, portanto estimular um maior número de UM.
- Ao fazer o movimento com pouca velocidade, evitamos que o gesto atue de forma que o final dele se veja favorecido pelo impulso realizado na parte inicial, impedindo uma importante participação muscular no último momento da concentração muscular.

De outro lado, diversos autores dizem que é essencial assegurar a igualdade entre a velocidade do exercício de treinamento e de competição (Caiozzo, 1980; Petersen, 1984; Coyle, 1981 apud Badillo e Gorostiaga, 1995). Para eles, treinar em baixa velocidade aumenta a força em baixa velocidade, sem nenhum efeito sobre a força em alta velocidade.

Poliquin (1990) e Fleck e Kraemer (1987) concordam em que mover uma dada carga em velocidade mais rápida aumenta a intensidade do exercício, o que produz maior potência e maior índice de realização de trabalho. Quanto mais próxima à velocidade máxima for a execução do exercício, maiores serão a intensidade e o efeito neuromuscular do treinamento.

A velocidade de execução afeta as características da contração muscular. Influenciam na atividade neural: a frequência de estímulo, as mudanças no modelo de recrutamento e a melhora da sincronização; além disso, se a carga for alta, o recrutamento será maior, mas com clara incidência na estrutura do músculo, já que estimula e hipertrofia seletivamente as fibras de contração rápida, fundamentais para a melhora da manifestação rápida de força. Realizar cargas ótimas mais lentamente do que se é capaz ativará e hipertrofiará as fibras lentas; isso dificulta a concentração rápida concêntrica, provocando a diminuição da força rápida do músculo (Tihany, 1989). Os métodos de desenvolvimento da força deverão considerar e respeitar os mecanismos dela; qualquer que seja o caminho pelo qual se opte, sempre devemos ter em conta que para influir sobre a força é necessário criar no músculo uma tensão máxima. Essa tensão máxima pode ser conseguida de três formas fundamentais, tratando-se de contrações concêntricas:

- Por meio de esforços máximos que permitam a realização de apenas uma a três repetições por série.
- Por meio de esforços máximos com cargas inferiores, mas que permitam apenas realizar cinco a sete repetições.
- Por meio de esforços em grande velocidade, em séries de seis a dez repetições.

Segundo Badillo e Gorostiaga (2001), essas três formas básicas podem apresentar variantes que incidem em maior ou menor medida nos fatores nervosos e de hipertrofia, proporcionando assim efeitos sobre a força máxima e sua manifestação no tempo (Tabela 5.8 e Quadro 5.3).

Tabela 5.8 – Métodos de treinamento para o desenvolvimento da força máxima

Treinamento de força máxima – métodos concêntricos						
	Intensidades máximas I	**Intensidades máximas II**	**Repetições I**	**Repetições II**	**Velocidade**	**Misto**
Intensidade	90% a 100%	85% a 90%	80% a 85%	70% a 80%	30% a 70%	60 a 100%
R/S	1 a 3	3 a 5	5 a 7	6 a 10	6 a 10	1 a 8
Séries	4 a 7	4 a 5	3 a 5	2 a 4	4 a 6	7 a 15
Pausa	2 a 5	3 a 5	3 a 5	3 a 5	3 a 5	3 a 5
Velocidade	Máxima / explosiva	Máxima possível	Média ou alta Máxima possível	Média ou alta Máxima possível	Máxima / explosiva	De média a máxima Máxima possível

Quadro 5.3 – Treinamento de força máxima

Efeitos		Observações	Caráter do esforço
Intensidades máximas I	Força máxima. Força explosiva com cargas máximas (de acordo com o tipo de exercício). Coordenação intramuscular (sincronização). Pouca hipertrofia muscular. Melhora o índice de desenvolvimento de força (pendente da curva força-tempo).	Não empregá-lo em principiantes. Combiná-lo com métodos de cargas médias e leves. Não é útil para o aprendizado da técnica.	Máximo número possível de repetições por série ou uma a menos com 90% em alguns casos.
Intensidades máximas II	Força máxima. Força explosiva com cargas máximas. Coordenação intramuscular. Hipertrofia moderada.	Não utilizá-lo com principiantes. Combiná-lo com cargas médias e leves. Útil para o aprendizado da técnica de exercícios complexos se o número de repetições não for o máximo possível. Nesse caso, melhoraria a coordenação intermuscular e, portanto, a força e a técnica, conjuntamente.	Máximo número possível de repetições por série ou uma a menos.
Repetições I	Força máxima. Hipertrofia média. Influência sobre os fatores nervosos.	Pode-se utilizar com principiantes se o número de repetições não for o máximo possível. O número ótimo de repetições por série para a melhora da força em exercícios simples e para esportistas avançados no treinamento de força é de seis. Entende-se que seis será o número de repetições máximas possíveis. As séries seriam três.	Máximo número possível de repetições por série. Esse método pode ter uma variante se incluirmos repetições com ajuda. Consiste em realizar de uma a três repetições a mais por série com a ajuda de um companheiro, quando o executante já não pode realizá-las sozinho.
Repetições II	Força máxima. Hipertrofia muscular alta. Pouco efeito dos fatores nervosos. Pouco efeito sobre o índice de desenvolvimento da força.	Adequado para os principiantes se o número de repetições não for o máximo possível. Válido como treinamento básico. Não é adequado quando se deseja o aumento do peso corporal. Deve ser combinado com exercícios explosivos e de estiramento.	Máximo número possível de repetições por série. Nesse método não se pode aplicar a mesma variante aplicada no método anterior, embora seja menos frequente.

Continua

Continuação

	Efeitos	Observações	Caráter do esforço
Velocidade	Maior efeito sobre a força velocidade. Melhora da velocidade de contração. Máximo desenvolvimento de potência (além de um efeito, deve ser um objetivo). Coordenação intramuscular. Coordenação intermuscular para exercícios complexos.	Menor efeito sobre a força máxima. Melhora da velocidade de contração. Máximo desenvolvimento de potência (além de um efeito, deve ser um objetivo). Coordenação intramuscular. Coordenação intermuscular para exercícios complexos.	Não se esgotam as possibilidades de repetições por série. A velocidade de execução deve manter-se quase no nível máximo até a última repetição.
Misto	O efeito lógico seria uma combinação de todos os demais, mas é necessário considerar as observações.	O método de pirâmide consiste na realização de séries de mais a menos repetições à medida que aumenta a intensidade. Isso seria uma pirâmide normal e simples. Pode ocorrer que em seguida volte a baixar a intensidade e a aumentar progressivamente o número de repetições. Isso seria uma pirâmide dupla. Portanto, se na pirâmide simples começarmos a realizar cada série com o peso máximo possível, chegaremos aos pesos máximos cansados, e o efeito sobre os fatores nervosos será muito inferior ao previsto. Se, pelo contrário, realizarmos as primeiras séries com pouco peso, com um simples aquecimento para realizar melhor as intensidades altas, só teremos o benefício nervoso. Para que a pirâmide tenha um efeito complexo, seria necessário fazer uma pirâmide dupla em que a subida até os pesos máximos fosse realizada com um aquecimento, e a descida, com as máximas repetições possíveis para cada peso. Assim, conseguiríamos um duplo efeito sobre a força por meio dos mecanismos nervosos e da proliferação de matéria contráctil (hipertrofia).	Máximo número de repetições por série ou alguma a menos com as intensidades mais baixas.

5.2.3.1.3 Método isocinético

O método isocinético (geração de força com velocidade constante do movimento) esteve muito na moda no final da década de 1960 e início dos anos 1970, sobretudo nos Estados Unidos. Esse método compreende essencialmente o emprego de um aparelho especial o qual se ajusta automaticamente à resistência do movimento, controla sua velocidade e assegura que os músculos suportem uma carga máxima em toda a amplitude do trabalho. O aparelho isocinético controla a velocidade do movimento de forma que o esportista possa trabalhar com toda a amplitude de movimento para gerar tensão muscular. A força muscular e a capacidade de trabalho mudam durante o movimento específico; a resistência se acomoda à capacidade dos músculos em cada ângulo dos limites de trabalho. O treinamento isocinético foi escolhido como resposta às deficiências dos métodos de resistência constante e variável, porque os atletas podem chegar à sobrecarga máxima em cada ponto de todas as fases dos movimentos de um exercício e em velocidades que "imitam" as utilizadas em competições (Maglischo, 1999).

A vantagem do método isocinético sobre outros, segundo Counsilman (1971 apud Siff e Verkhoshansky, 2000), é que ele obriga os músculos a trabalhar durante todo o tempo com um esforço máximo e produz um aumento mais acentuado e mais rápido da força em ações concretas, até mesmo entre os esportistas muito fortes. Verkhoshansky (2000), entretanto, diz que isso não é verdadeiro, já que a força isocinética costuma ser menor que a força isométrica ao longo da amplitude de todos os movimentos da articulação, e a produção de força máxima não é possível em condições isocinéticas (Gráfico 5.4).

Gráfico 5.4 – Representação gráfica do momento em função do tipo de contração muscular e do ângulo. Adaptado de Verkhoshansky (2000)

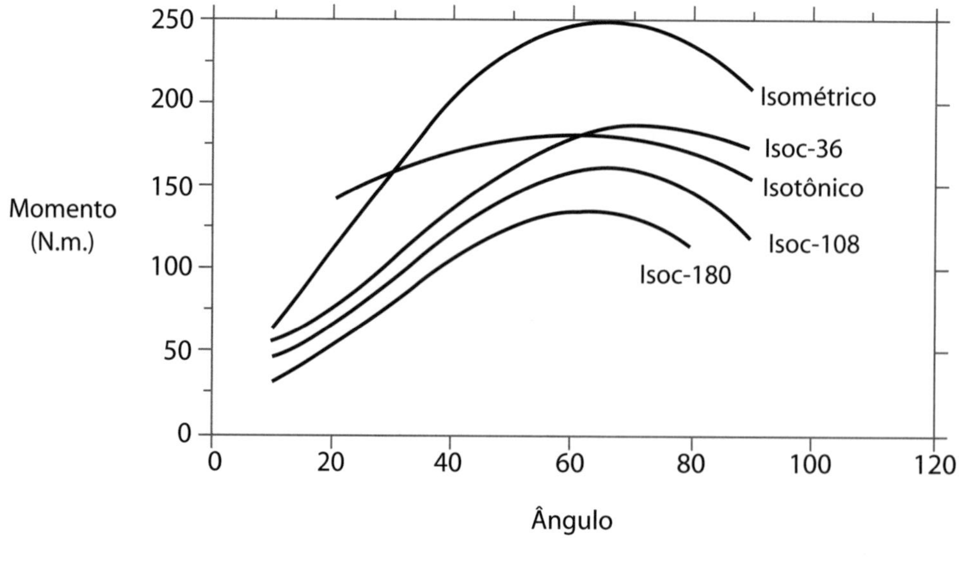

Os estudos de laboratório demonstram que, com o treinamento isocinético, é possível obter um aumento mais significativo da força muscular em um período mais curto, além de encurtar as sessões de treinamento. No entanto, não foi comprovada a transferência de tal efeito à atividade esportiva funcional multidimensional, tampouco sua eficácia em relação a esportistas de distintos níveis (Siff e Verkhoshansky, 2000). No entanto, muitos autores — como Bosco (2000), Platonov e Fessenko (1993), Grosser (1990) e Weineck (1999) — estão de acordo a utilização desse método de treinamento na natação, uma vez que o uso de instrumentos que permitem a realização de contrações em velocidade constante é aconselhável e desejável nesse esporte, pela semelhança com o trabalho muscular desenvolvido na piscina. Resumidamente, algumas vantagens do método isocinético são:

- Redução considerável do tempo a ser empregado para executar os exercícios específicos.
- A semelhança com o trabalho na água.
- A redução da probabilidade de lesões musculares e articulares.
- Não necessita de um aquecimento intenso.
- A rápida recuperação depois dos exercícios e a recuperação efetiva durante o mesmo processo.

Existem poucas contribuições da literatura a respeito do número idôneo de séries ou repetições que deve ser realizado no treinamento isocinético com o fim de melhorar a força.

A Tabela 5.9 mostra uma forma básica de aplicação do treinamento isocinético segundo García Manso (1999).

A Tabela 5.10 contém outra proposta, esta segundo Ehlenz, Grosser e Zimmermann (1990).

Tabela 5.9 – Forma básica de aplicação do treinamento isocinético

Intensidade	**Repetições**	**Pausa**	**Séries**	**Exercícios**	**Velocidade**	**Frequência semanal**
Máxima	1 a 4	3 a 6 s	3 a 5	3 a 5	Específica	1 a 2

Tabela 5.10 – Proposta de treinamento isocinético

Intensidade	**Repetições**	**Séries**	**Frequência semanal**
100%	5	5 a 6	2
70%	50	5 a 6	2
50%	100		2

5.2.3.2 Manifestação reativa da força

A força explosiva é a capacidade de produzir força dentro de uma unidade de tempo. Portanto, em relação à natação, pode-se dizer que o tempo disponível para aplicar força em cada especialidade é o ponto de referência para que se determine o efeito de treinamento na curva força-tempo e de potência. O treinamento da força explosiva está direcionado à melhora da capacidade dos músculos de produzir força a altas velocidades.

Na natação, esse treinamento é especialmente importante para a musculatura extensora das extremidades inferiores, que se empregam nas saídas e nas viradas (força explosiva acíclica), e para a musculatura das extremidades superiores e cintura escapular, empregada na tração aquática dos velocistas (força explosiva cíclica) (Navarro, Gaia e Castañón, 2003).

Quanto às saídas e viradas, interessa produzir a maior quantidade de força em um tempo mínimo (força explosiva acíclica). Para o nado específico, deve-se realizar a maior força possível nas velocidades de execução de competição (força explosiva cíclica).

A força explosiva é considerada uma capacidade específica para o nadador, tanto na saída quanto nas viradas; o nível de força explosiva do nadador marca as diferenças no rendimento. Além disso, no nado das provas de velocidade, quanto maior for a força explosiva do nadador, mais cedo ele poderá aplicar a força máxima de tração e assim aumentar a efetividade da fase de propulsão aquática (Navarro, 1990 apud Navarro, Oca Gaia e Castañón, 2003).

O treinamento da força explosiva na natação pretende melhorar a capacidade de produzir força dentro das unidades de tempo, nas condições específicas de competição: tempo, carga (resistência) e modo de execução (exercício). Essas três condições mostram características claramente distinguíveis entre elas quando se trata das saídas e das viradas, de um lado, ou quando nos referimos ao nado específico (braçada e pernada), de outro. Para diferenciar, Navarro, Oca Gaia e Castañón (2003) chamam um de força explosiva acíclica e outro de força explosiva cíclica.

Segundo esses autores, o treinamento da força explosiva contempla as seguintes características:

- As resistências podem ser altas, médias ou leves sempre que a produção de força seja a máxima possível, e, logicamente, a velocidade de execução (saída) ou a velocidade de deslocamento (nado) devem ser máximas. Quanto ao salto (importante para as saídas e as viradas), observou-se que a utilização de ambos os tipos de cargas conduz a uma melhora maior do que o emprego de um único tipo. Também é preciso considerar que, treinando com cargas altas, o efeito positivo diante de cargas médias ou leves será muito menor. Portanto, no caso do nado, interessa desenvolver a máxima velocidade com cargas médias e leves, ou seja, com resistências que permitam velocidades próximas às de competição.

- O caráter de esforço será determinado pela velocidade específica (de competição). Deve ser máximo ou quase máximo em relação à velocidade máxima de execução e médio ou baixo quanto ao número de repetições possíveis (ou seja, deixa-se uma margem ampla de repetições para se realizarem), a fim de não afetar a velocidade ótima (de competição).
- As repetições por série devem oscilar entre uma e três para cargas elevadas, quatro e cinco para cargas médias e sete e dez para cargas leves.
- A recuperação entre séries será de 3 a 5 min, para que a execução seja realizada na velocidade específica.
- A velocidade de execução será a máxima possível. Tanto com cargas altas quanto com cargas leves, há uma grande ativação neural, o que permite maior força explosiva.
- Frequência semanal: em todas as sessões de treinamento de força pode haver o estímulo de sua melhora.

5.2.3.2.1 Método pliométrico

Esse método se caracteriza por ser uma combinação dos dois tipos de contração auxotônica, ou seja, o músculo sofre primeiro uma prolongação/alongamento para imediatamente depois se contrair de maneira concêntrica. Uma vez acabada a fase excêntrica, e antes de se contrair concêntricamente, a musculatura permanece por milésimos de segundos em um estado de isometria. Isso faz o sistema músculo-tendinoso armazenar a energia cinética da fase excêntrica para depois liberá-la na fase concêntrica.

Zanon (1974) foi o primeiro pesquisador a destacar a importância desse método de desenvolvimento muscular. Posteriormente, diversos treinadores, de diferentes modalidades esportivas, colocaram em prática a proposta de Zanon, obtendo importantes ganhos de força. Na Figura 5.6, são mostrados alguns testes pliométricos.

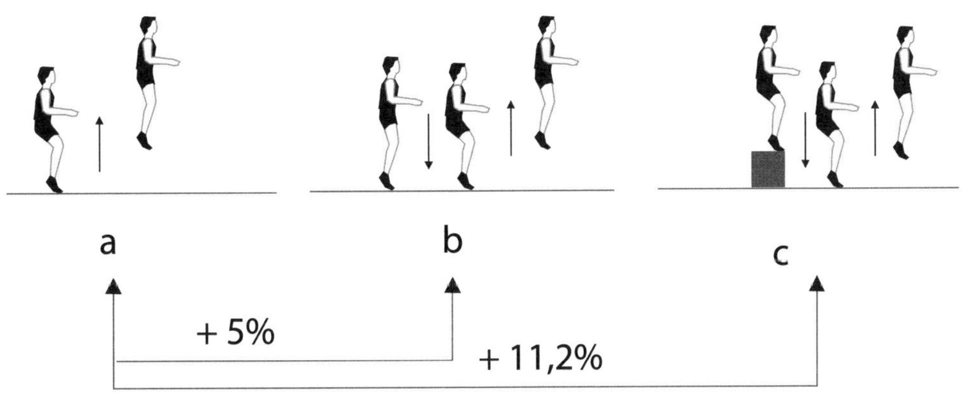

Figura 5.6 – Exemplos de testes pliométricos.

Embora seja importante conhecer uma metodologia de trabalho, não devemos nos esquecer da importância da utilização de métodos de avaliação confiáveis e válidos. Nesse sentido, para avaliar as melhoras musculares, Asmunssen (1974) propõe a utilização de três testes: *squat jump*, contra-movimento *jump* e *drop jump*. O autor demonstrou que, em função do teste utilizado, os sujeitos obtinham diferentes resultados; assim, entre o *squat jump* e o contra-movimento *jump*, havia uma diferença de 5% a favor do contra-movimento *jump*, e entre o *squat jump* e o *drop jump* havia uma diferença de 10% a 15% de força a favor do *drop jump*. Por isso, é aconselhável utilizar sempre os mesmos testes e protocolos nos diferentes momentos de avaliação da temporada, já que uma pequena mudança neles pode alterar os resultados.

A capacidade reativa da musculatura é determinante nas ações esportivas; como dissemos, sem o ciclo de estiramento-encurtamento de alta velocidade de execução, o resultado sofrerá alterações. Os treinamentos orientados à melhora da força reativa são muito eficazes na melhora da velocidade de diversas ações técnicas, em diferentes modalidades esportivas (saltos, lançamentos etc.). Segundo García Manso (1999), esse tipo de contração (ciclo de estiramento-encurtamento) permite, entre outras coisas:

- desenvolver tensões superiores à força máxima voluntária;
- diminuir o umbral de estimulação do reflexo de estiramento (miotático);
- diminuir a ação inibitória do contra-reflexo de estiramento (C. T. Golgi);
- aumentar a rigidez muscular;
- melhorar as cocontrações dos músculos sinergistas;
- aumentar a inibição dos músculos antagonistas.

Weineck (1999) apresenta as vantagens do método pliométrico:

- A melhora da coordenação intramuscular.
- O ganho de força em função da alta intensidade das cargas, mas sem o aumento da massa muscular ou do peso.
- Método de relevância em todas as modalidades esportivas nas quais a força explosiva tenha um papel importante.

Já Verkoshasky (1999) lista as desvantagens do método, desaconselhando sua utilização quando:

- O esportista não estiver completamente restabelecido de lesões nos músculos, articulações, ligamentos e tendões.
- O esportista se cansou com a carga anterior.
- O esportista apresenta um estado crônico de sobretreinamento.
- O esportista sofre de pés planos congênitos. Essa contraindicação afeta, sobretudo, os saltos para baixo.

- O esportista carece de uma técnica racional de execução dos exercícios.
- O esportista não dispõe de um nível suficiente de preparação física.
- Nas primeiras etapas de preparação combinada, nas quais o jovem pode alternar uma ampla quantidade de métodos e meios de treinamento.
- Na etapa inicial do treinamento anual, quando o organismo ainda não está preparado para uma sobrecarga mecânica intensa e necessita de uma potenciação programada.
- Na etapa de aperfeiçoamento profundo da técnica do exercício de competição, sobretudo, quando se centra na modificação de elementos delicados (detalhes) de coordenação.
- Na etapa da preparação da velocidade, na qual se requer um elevado nível de capacidade específica de trabalho do sistema neuromuscular.
- Nas vésperas de uma competição.
- Nos treinamentos que ocorrem à tarde, antes de deitar-se.

O método pliométrico provoca um estado de excitação excessiva do sistema nervoso central; por isso, aqueles esportistas excitáveis correm o risco de ter alterado o seu estado de sonolência. Na Tabela 5.11, estão as pautas de trabalho do treinamento pliométrico estabelecidas por Verkoshansky (1999).

Tabela 5.11 – Pautas de trabalho do treinamento pliométrico

Séries	Número de saltos	Altura do salto
4	10	0,75 a 1,10 m

Subjetivamente, a carga produzida por essas quantidades é suportável, o que pode levar à decisão de elevá-las, seja por meio do aumento da altura de queda, seja por meio do aumento do número de saltos em uma unidade de treinamento. O treinamento de força pliométrico proporciona um considerável aumento da força em relação a esportistas cuja força rápida já é muito bem treinada. Nele, o ciclo estiramento-encurtamento, importante no desempenho de diversas modalidades esportivas, pode ser melhorado por meio de muitos exercícios. Além disso, o método permite ser adaptado a qualquer nível de treinamento ou idade por meio do aumento gradual dos estímulos — pliometria pequena, média ou grande. Na Figura 5.7, podemos observar a progressão da carga em diferentes exercícios de pliometria.

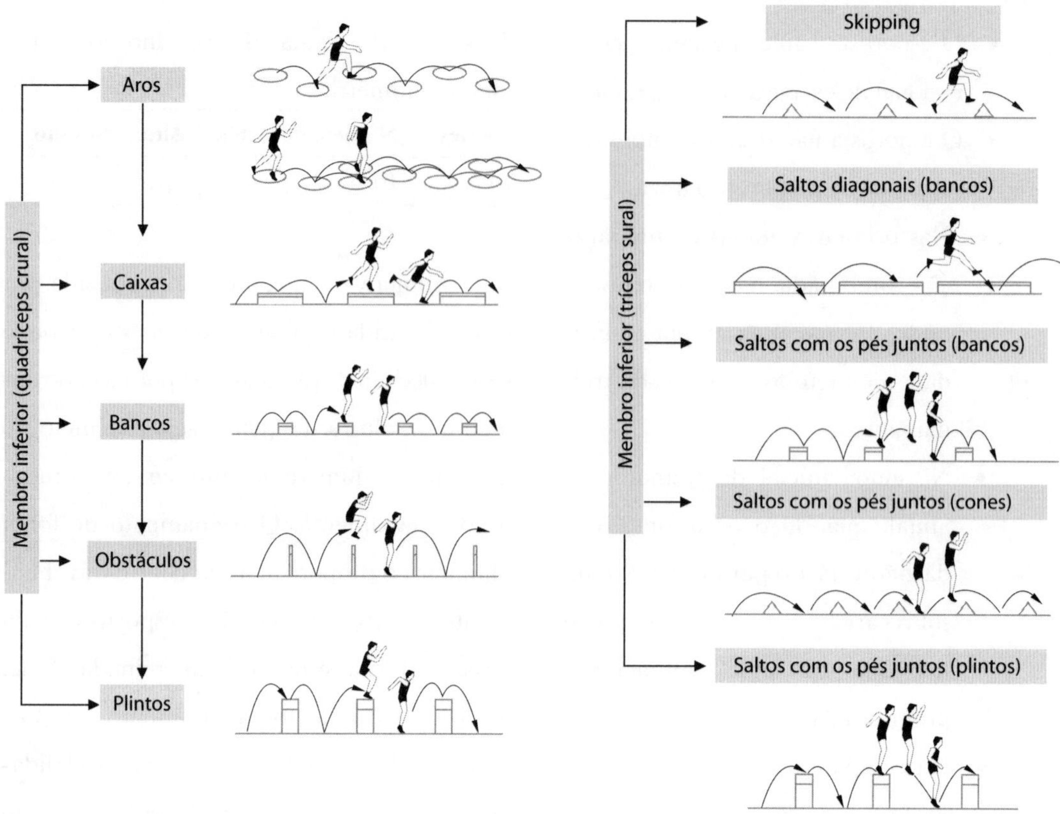

FIGURA 5.7 – Exercícios pliométricos com grau de dificuldade crescente. Adaptado de Cometti (1998).

Em relação aos nadadores, esse método de treinamento é de grande importância para a execução da saída e das voltas. É necessário sempre fazer um intercâmbio entre os exercícios de força e os de relaxamento e estiramento, mediante o que se garante a recuperação, elevando-se a elasticidade dos grupos musculares submetidos a esforços (Lewin, 1985).

5.2.4 O treinamento da força na água

Como resultado do trabalho intenso e do grande volume orientado a desenvolver a força realizada fora da água por meio da utilização de diferentes máquinas e aparelhos, aumenta de forma substancial o nível de força máxima dos nadadores, assim como a resistência de força e a força explosiva. O aumento do nível dessas qualidades se manifesta, sobretudo, nas ações motrizes e nas condições de trabalho que ocorreram no processo de treinamento. A melhora do nível das qualidades de força como resultado do trabalho fora da água nem sempre comporta um aumento do nível das possibilidades de força-velocidade e de resistência ao se executar um trabalho de força-velocidade de caráter especial dentro da água. E, como é sabido, o objetivo final da preparação de força dos nadadores é precisamente conseguir índices elevados de força e potência de movimentos na execução das ações motrizes básicas características da natação: saída, virada, trabalho de caráter cíclico. Por isso, na preparação de força, distingue-se uma seção muito importante, relacionada ao aumento da capacidade dos nadadores de utilizar seu potencial de força ao nadar (Platonov e Fessenko, 1993).

As necessidades de força do nadador estabelecem-se em função da própria natureza da expressão da força, segundo seu estilo e a distância ou duração da prova. Navarro e Arsenio (1999) distinguem três níveis de força nos nadadores: força básica, força específica e força competitiva.

A força básica persegue o aumento do potencial de força do nadador. De modo geral, seu desenvolvimento causa a melhora da força absoluta, de acordo com as necessidades da especialidade do nado.

A força específica busca a transformação do potencial adquirido de força básica em formas mais específicas, segundo as demandas técnicas de cada especialidade. Os exercícios utilizados para seu desenvolvimento têm um caráter maior de especificidade, imitando-se a técnica de nado na medida do possível, tanto na água (atado, com resistências etc.) quanto em seco (polias, carros inclinados, borrachas elásticas e aparelhos isocinéticos).

A força competitiva compreende o modelamento da situação competitiva, unindo ao trabalho o estilo, as condições de tempo e o ritmo de execução (frequência de braçada) próprios de cada especialidade.

5.2.4.1 Os distintos níveis de força e sua relação com as especialidades na natação

É evidente que as necessidades de força não são as mesmas para uma prova de 50 m livre e uma de 1.500 m. Em ambas, o componente resistência de força é fundamental; no entanto, na prova de 50 m, o tipo de resistência de força necessário se une a um nível de força mais elevado e a uma duração muito menor do que na prova de 1.500 m livre. A aplicação energética também é claramente divergente. Nos 50 m livre, a intervenção anaeróbica é decisória, ao passo que nos 1.500 m a intervenção mais relevante é aeróbica. Sendo assim, é necessário distinguir os três níveis de força mencionados de acordo com as especialidades da natação.

As distâncias mais curtas exigem conteúdos de treinamento de força máxima, dentro do nível de força básica, ao passo que as distâncias mais longas pedem maior atenção à resistência à força aeróbica (Gráfico 5.5).

Para o treinamento de força máxima, serão utilizados fundamentalmente os métodos de hipertrofia (métodos de repetições) e de coordenação intramuscular (métodos de intensidades máximas), e, para o treinamento da resistência de força aeróbica, os métodos contínuos e intervalados com sobrecargas (camiseta, malhas, cinturão com resistência, luvas).

Gráfico 5.5 – As necessidades de força básica nas diferentes distâncias de nado.

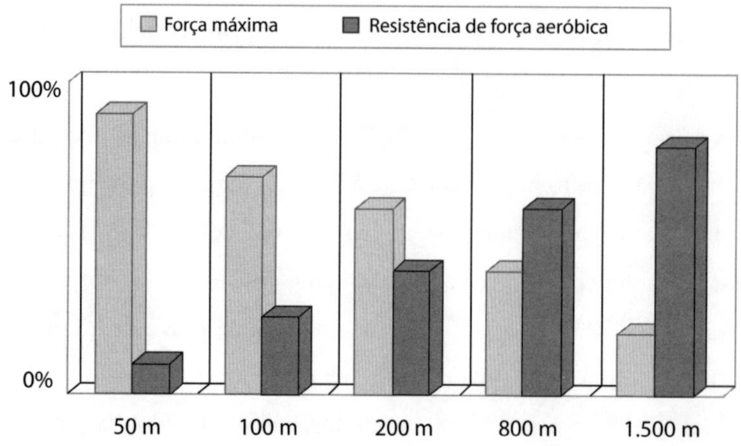

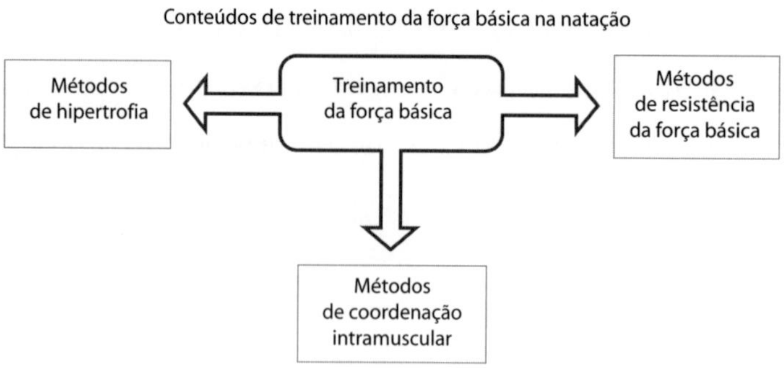

5.2.4.1.1 Treinamento da resistência de força aeróbica

No treinamento de resistência de força aeróbica na água, pretende-se propor condições mais difíceis. No entanto, a dificuldade deve existir somente quando os movimentos (exercícios) não sejam afetados por uma técnica defeituosa ou provoquem reações fisiológicas de outra índole (por exemplo, uma carga prevista como aeróbica se converter em anaeróbica).

As possibilidades de aumento das dificuldades no treinamento são várias. Por exemplo:

- pesos adicionais (2% a 3% do peso na água);
- aumentos de resistência (luvas em natação);
- arrastar resistências (camisetas, malhas etc.).

Como consequência da maior implicação da força na musculatura funcional, produz-se um efeito de treinamento quanto à captação de oxigênio também maior. Navarro e Arsenio (1999) dizem que é importante tornar o nadador consciente da necessidade de realizar o trabalho com um menor número de braçadas ou, o que é o mesmo, com braçadas longas, de maneira que a exigência muscular em cada braçada seja alta. Portanto, é fundamental que o nadador, quando realizar séries de certa distância (por exemplo, 400 m), não se fixe somente no tempo, mas também em nadar a cada 25 ou 50 m com um número de ciclos determinado. Esse tipo de trabalho não só redunda em melhora da resistência de força, como tem uma incidência considerável na técnica, tornando o nadador mais eficiente.

Castañón (1999) sugere os seguintes exemplos de treinamento da resistência de força aeróbica na água:

- 3 x 800 m/45 s braços (ou nado), com luvas, controlando o número de ciclos a cada 25 m e tentando realizar uma braçada a menos a cada 50 m de cada série.
- 16 x 100 m, quatro séries, arrastando uma esponja; duas séries normais, sempre contando os ciclos. Com esse tipo de tarefa, busca-se a transferência do trabalho de força.
- 4 x (6 x 50 m com 50 m pés mais 4 x 30 s/15 s pés, vertical), utilizando pés de pato.
- 30 x 100 m, 10 m com 1min25s, 10 m com 1min30s, 10 m com 1min35s; em cada bloco, tentar realizar uma braçada a menos do que as estipuladas como ideais e aumentar levemente a velocidade.

5.2.4.2 Conteúdos do treinamento da força específica na natação

Os conteúdos de força específica buscam o desenvolvimento da resistência à força de caráter misto (aeróbico-anaeróbico) ou lactácido de acordo com o estilo do nadador, assim como da força explosiva da braçada, da pernada, da saída e das viradas.

5.2.4.2.1 Treinamento da força explosiva

A força explosiva tem uma relevância particular na prova de 50 m (Gráfico 5.6). Como já mencionamos, o treinamento da força explosiva na natação pretende melhorar a capacidade de produzir força dentro de unidades de tempo e nas condições específicas de competição: tempo, carga (resistência) e modo de execução (exercício).

Treinamento da força explosiva cíclica

No método de exercícios com cargas, utilizam-se os próprios exercícios de competição para desenvolver a força explosiva. Esse método pode ser usado tanto fora como dentro da água. Os instrumentos mais utilizados fora da água são as borrachas de diferentes seções, os aparelhos de fricção, os bancos biocinéticos, as polias, o carro inclinado etc. Dentro da água, são várias as possibilidades de exercícios: exercícios com o próprio corpo nos quais exista uma sobrecarga (exemplo: pernada vertical com as mãos fora da água, nadar com um braço etc.), exercícios em deslocamento nos quais seja necessário transportar uma sobrecarga adicional (esponja, câmara de motocicleta, malhas, camiseta), exercícios com sobrecarga exterior sem deslocamento (corda, borrachas elásticas) e exercícios nos quais se aumenta a superfície propulsora (palmar, pés de pato). Para Navarro, Oca Gaia e Castañón (2003), os exercícios específicos simulam em grande medida a estrutura cinemática (trajetória e velocidade) e dinâmica (aplicação da força tal como se manifesta no estilo de nado da especialidade).

São exemplos de tarefa para o trabalho da força explosiva cíclica:

- 4 x (4 x 15 s/2 min)/3 min atado;
- 5 x (5 x 10 s/2 min)/4 min atado;
- 4 x (3 x 25 s/2 min)/3 min com camiseta.

São exemplos de tarefa para o trabalho da força explosiva acíclica:

- 3 x 7 saltos verticais máximos;
- 4 x 4 saltos em profundidade máxima;
- 3 x 7/70% com velocidade máxima.

5.2.4.2.2 Treinamento da resistência de força mista

O desenvolvimento da resistência de força mista é mais importante nas provas de mais de 400 m (Gráfico 5.6). Quando o treinamento da resistência de força mista é realizado na água, o treinador deve atentar para a técnica dos movimentos, particularmente ao que se refere à longitude de braçada. Somente o fato de nadar buscando-se cobrir determinada distância em um tempo determinado e com o menor número de braçadas possível já constitui em si um bom trabalho de resistência de força. Nesse caso, o tempo de referência para o nadador deveria ser marcado quando for realizado um trabalho aeróbico intenso.

São exemplos de tarefa para o treinamento da força mista:

- 5 x 3 min/3 min com borrachas;
- 3 x 4 min/4 min atado;
- 3 x 400 min/4 min com camiseta;
- 4 x (4 x 100 m/30 s)/3 min com camiseta.

5.2.4.2.3 Treinamento da resistência de força lática

A resistência de força láctica é especialmente importante nas provas de 100 e 200 m (Gráfico 5.6). Existem duas variantes: o trabalho para a distância de 200 m, mais enfocado na tolerância lactácida; e o trabalho para a distância de 100 m, mais dirigido à potência láctica.

No treinamento da resistência de força láctica na água, segue-se o mesmo princípio dos demais: o atleta deve nadar a uma velocidade elevada e com o menor número de braçadas. Navarro, Oca Gaia e Castañón (2003) propõem como velocidade base a de 200 m.

São exemplos de tarefas para o treinamento da força lática:

- 12 x 20 s/2 min atado;
- 4 x (4 x 50 m/15 s)/5min com camiseta;
- 4 x (6 x 30 s/2 m)/4 min com camiseta;
- 8 x 1 min/4 min com borrachas.

Gráfico 5.6 – As necessidades de força específica nas distintas diferentes de nado

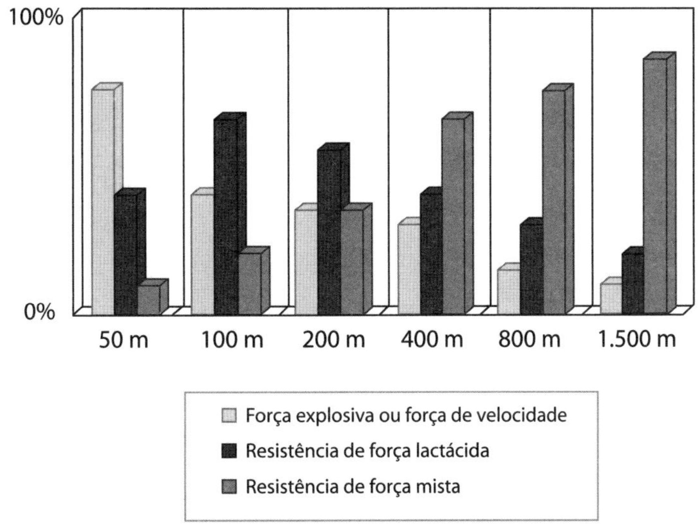

As necessidades de força específica em distintas distâncias de nado

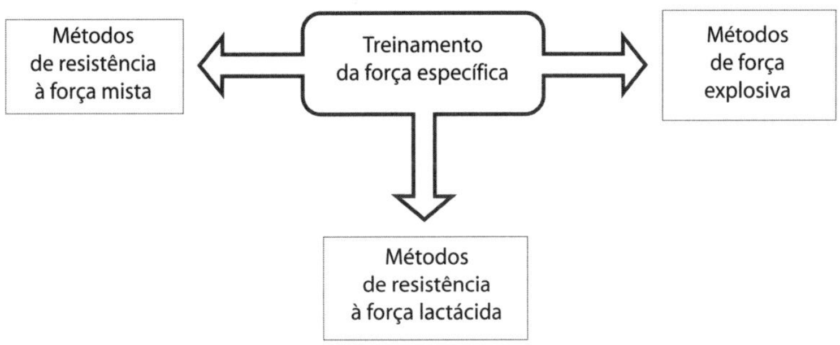

5.2.4.2.4 Treinamento da resistência de força competitiva

O treinamento da resistência de força competitiva é realizado mediante a aplicação das condições que permitem simular, com uma pequena carga adicional, as intensidades parciais ou totais da prova do nadador, junto com suas próprias características técnicas. A distância-base utilizada deve ser a de competição, mas é preciso intercalá-la com leves descansos de recuperação, de modo que o nadador possa manter a velocidade e o número de ciclos previstos. Também podem ser utilizadas distâncias um pouco inferiores, com descansos mais amplos. Em todos os casos, além de tentar imitar a velocidade de competição, apesar da resistência, é fundamental que o número de ciclos por distância seja semelhante. O número de séries depende da distância. Vejamos na Tabela 5.12 alguns exemplos propostos por Navarro, Oca Gaia e Castañón (2003).

Tabela 5.12 – Treinamento da resistência de força de competição

Especialidade (metros)	Séries (número)	Exemplos
100	4 a 5	4 x (4 x 25 m/35 s)/5 min/camiseta
200	3 a 4	3 x (8 x 25 m/30 s)/5 min/esponja pequena 3 x (4 x 50 m/1min15s)/5 min/malhas
400	2 a 3	2 x (8 x 50 m/1 min)/5 min/esponja pequena 2 x (100 m/2 min + 6 x 50 m/1 min)/5 m/malhas
800	1 a 2	2 x (8 x 100 m/1min45s)/camiseta
1.500	1	15 x 100 m/1min45s/malhas

Não se pode desconsiderar a influência relativa que os três conteúdos principais de treinamento da força específica têm para qualquer das distâncias de nado. No treinamento da força específica foram empregados fundamentalmente os métodos para o desenvolvimento da resistência de força mista e/ou lactácida, assim como os métodos para o desenvolvimento da força explosiva e da força-velocidade. No Quadro 5.4, podemos ver as relações entre zonas de treinamento, fatores de carga, siglas e objetivos. Nas Tabelas 5.13, 5.14 e 5.15, observamos as características das condições de trabalho em cada zona de treinamento segundo Navarro e Feal (2001).

Quadro 5.4 – Relações entre zonas de treinamento, fatores de carga, siglas e objetivos

<table>
<tr><td rowspan="3">Força básica</td><td>Condicionamento físico geral</td><td>AFG</td><td>Condicionar a musculatura com fins compensatórios ou preparatórios para outros objetivos de força</td></tr>
<tr><td>Força máxima intramuscular</td><td>FMI</td><td>Aumentar a capacidade para realizar cargas máximas ou quase máximas mediante adaptações intramusculares</td></tr>
<tr><td>Força máxima hipertrofia</td><td>FMH</td><td>Aumentar a capacidade para realizar cargas máximas ou quase máximas mediante adaptações musculares (hipertrofia)</td></tr>
<tr><td rowspan="2">Força explosiva</td><td>Força explosiva cíclica</td><td>FEC</td><td>Aumentar a capacidade para manter um elevado nível de força com alta velocidade em movimentos cíclicos</td></tr>
<tr><td>Força explosiva acíclica</td><td>FEA</td><td>Aumentar a capacidade para manter um elevado nível de força a alta velocidade, com movimentos acíclicos</td></tr>
<tr><td rowspan="3">Resistência de força</td><td>Resistência de força mista I</td><td>RFMIXI</td><td>Capacidade de manter um elevado nível de força em esforços de duração entre 10 e 20 s</td></tr>
<tr><td>Resistência de força lactácida</td><td>RFLA</td><td>Capacidade de manter um elevado nível de força em esforços de duração entre 20 s e 2 min</td></tr>
<tr><td>Resistência de força mista II</td><td>RFMIXII</td><td>Capacidade de manter um elevado nível de força em esforços de duração entre 2 e 5 min</td></tr>
<tr><td></td><td>Resistência de força aeróbica</td><td>RFAE</td><td>Capacidade de manter um elevado nível de força em esforços superiores a 5 min</td></tr>
</table>

Adaptado de Navarro e Feal (2001).

Tabela 5.13 – Características do treinamento da força básica

Força básica	**Repetições**	**Intensidade (%)**	**Descanso**	**Número de séries (repetições)**	**Descanso por série (minutos)**	**Volume total (repetições)**	**Frequência cardíaca**	**Concentração de lactato (mM/ℓ)**	**Exemplo de tarefa**
Força geral	20 a 60	30 a 50	15 a 45s	–	–	> 600	< 180	< 5	Circuito de desenvolvimento geral
Força máxima hipertrofia	6 a 10	70 a 85	–	3 a 5	3 a 5	18 a 50	–	–	3 x 6/80% 10/70 + 8/80 + 6/85
Força máxima intramuscular	1 a 5	85 a 100		3 a 5	3 a 5	3 a 25	–	–	8/85% + 8/80 + 6/85 4 x 3/90%

Tabela 5.14 – Características do treinamento da força explosiva

Força explosiva	**Duração do estímulo (segundos)**	**Repetições**	**Intensidade (%)**	**Descanso (minutos)**	**Volume por série**	**Descanso por série (minutos)**	**Volume total (minutos)**	**Exemplo de tarefa**
Força explosiva cíclica	10 a 20	Máxima possível	Máxima	2 a 3	< 1 min	3 a 5	4 a 8	4 x (4 x 15 s/2 min)/ 3 min atado 5 x (5 x 10 s/2 min)/ 4 min atado 4 x (3 x 25 min)/3 min com camiseta
Força explosiva acíclica	< 10	7 a 10	Máxima 30 a 70	2 a 3	3 a 4	3 a 5	21 a 30	3 x 7 saltos verticais máximos 4 x 4 saltos em profundidade máximo 3 x 7/70% com máxima velocidade

Tabela 5.15 – Características do treinamento da resistência de força

Resistência de força	**Duração do estímulo**	**Distância do estímulo (metros)**	**Intensidade (%)**	**Descanso**	**Volume por série**	**Descanso por série**	**Volume total**	**Frequência cardíaca e lactato**	**Exemplo de tarefa**
Resistência de força mista 1	10 a 20 s	15 a 25	Vsub	1 a 2min 10 a 20s	1 a 3 min 100 a 200 m	2 a 5 min	5 a 10 min 400 a 800 m	> 185 > 6	12 x 10 s/1 min atado 4 x (4 x 25 m/15 s)/3 min com camiseta 4 x (6 x 15 s/20 s)/3 min camiseta 8 x 20 s/2 min com borrachas
Resistência de força lactácida	20 s a 2 min	50 a 150	Valt	1 a 5 min 15 a 30 s	2 a 4 min 150 a 300 m	3 a 5min	10 a 20 min 800 a 1.600 m	170 a 185 > 8	12 x 20 s/2 min atado 4 x (4 x 50 m/15 s)/5 min com camiseta 4 x (6 x 30 s/2 min)/4 min com camiseta 8 x 1 min/4 min com borrachas
Resistência de força mista 2	2 a 5 min 30 s a 2 min	200 a 400 50 a 150	Valt	2 a 4 min 20 s a 1 min	3 a 5 min	–	10 a 20 min 80 a 1.600 m	170 a 185 5 a 10	5 x 3 min/3 min com borrachas 3 x 4 min/4 min atado 3 x 400 m/4 min com camiseta 4 x (4 x 100 m/30 s)/3 min com camiseta
Resistência de força aeróbica	> 5 min 30 s a 2 min	400 a 1.500 50 a 150	Vmed	1 a 3 min 15 a 30 s	–	–	20 a 30 m 1.500 a 2.000 m	< 170 3 a 4	1 x 20 min com camiseta 20 x 30 s/15 s com borrachas 1 x 1.500 m com camiseta

Capítulo 6

A velocidade na natação

6.1 Introdução

A capacidade de velocidade do nadador compreende o conjunto de qualidades funcionais do seu organismo que permite a execução de ações motoras em um tempo mínimo. Distinguem-se formas elementares e formas complexas de manifestação da capacidade de velocidade. As elementares dizem respeito ao tempo das reações motoras complexas e simples, à velocidade de execução de um movimento concreto diante de uma resistência exterior insignificante e à frequência de movimentos. Em diferentes combinações e em conjunto com outros hábitos técnicos e qualidades motoras, as formas elementares possibilitam a manifestação de atos motores complexos, característicos da natação.

Às manifestações das aptidões complexas de velocidade correspondem a capacidade para executar uma saída e uma virada em um tempo mínimo, o nível de velocidade na natação de distância máxima, assim como a velocidade de avanço do nadador ao passar do deslizamento posterior à saída ou à virada, no trabalho cíclico. Na Figura 6.1, podemos ver as manifestações da velocidade segundo Grosser (1992).

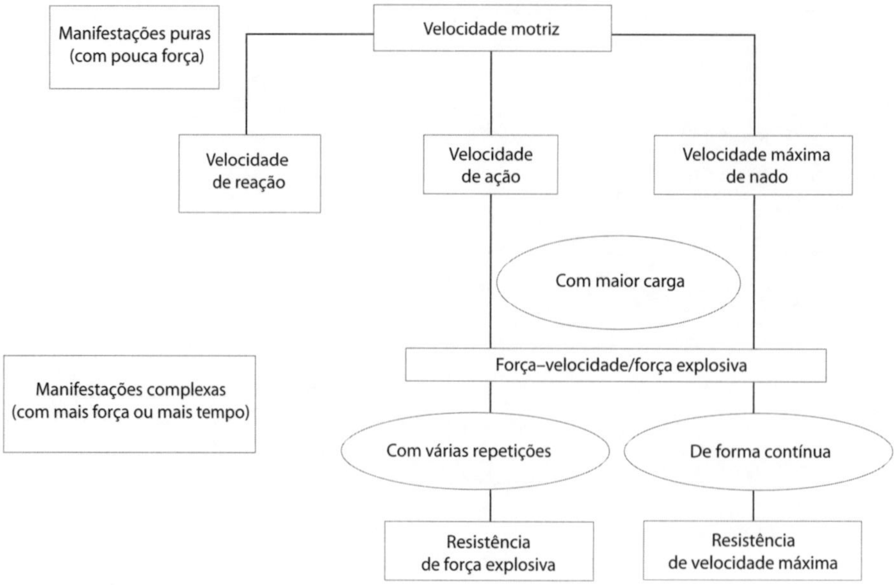

Figura 6.1 – Manifestações da velocidade. Adaptado de Grosser (1992).

As formas puras de manifestação da velocidade são:

- Velocidade de reação: é a capacidade de reagir a um estímulo no menor tempo possível.
- Velocidade de ação: é a capacidade de realizar, diante de resistências baixas, movimentos acíclicos em velocidade máxima.
- Velocidade máxima de nado: é a capacidade de realizar, diante de resistências baixas, movimentos cíclicos de nado em velocidade máxima.

As formas complexas de manifestação da velocidade são:

- Força-velocidade: é a capacidade de realizar o máximo impulso possível de força na saída ou nas viradas.
- Resistência à força-velocidade: é a capacidade de resistência diante da diminuição da velocidade, causada pela fadiga quando as velocidades de contração são máximas em movimentos acíclicos e com resistências maiores.
- Resistência à velocidade máxima: é a capacidade de resistir à diminuição da velocidade causada pela fadiga produzida por velocidades máximas em movimentos cíclicos.
- Velocidade supramáxima: é a velocidade superior à velocidade individual máxima.

A velocidade deve estar rigorosamente vinculada à técnica de natação e à coordenação, e ambas, técnica e coordenação, à natureza do esforço realizado em função da intensidade e duração da prova. As reações ótimas e a capacidade para executar ações motrizes, como nos casos da saída e das viradas, são relevantes na natação. Também nas especialidades longas, as características da velocidade são importantes, especialmente no que diz respeito às mudanças de ritmo e aos momentos finais da prova.

A melhora da velocidade está ligada à melhora da força (Bührle e Schmidtbleicher, 1977, 1981; Karl, 1972). Isso se explica pelo fato de o aumento da seção transversal do músculo permitir uma proliferação do número de pontes de conexão por unidade de tempo entre a actina e a miosina que compõem as fibras musculares e, dessa forma, aumentar a velocidade de interpretação (deslizamento de um dentro do outro) dos filamentos de actina e miosina, aumentando também a velocidade de contração do músculo.

A manifestação das aptidões de velocidade dos nadadores depende muito do nível de desenvolvimento das forças explosiva e máxima, da flexibilidade, das capacidades de coordenação e da perfeição da técnica esportiva. São de grande importância a potência e o volume das fontes alactácidas de fornecimento energético.

Os índices de tempo de reação ao sinal de saída não estão relacionados aos índices de velocidade dos movimentos de execução da saída. A eficácia da saída ou da virada não depende do nível de velocidade de distância. No processo de preparação dos nadadores, deve-se considerar que a velocidade em ações motoras complexas como a saída, a virada e o trabalho cíclico são determinadas por muitos componentes.

As aptidões de velocidade de execução da saída dependem do tempo de reação do nadador ao sinal de saída, da velocidade de execução dos primeiros movimentos, da força do impulso, da trajetória e distância do voo, da posição do corpo ao entrar na água, da eficácia de deslizamento e saída para a superfície e da oportunidade e intensidade de execução dos movimentos de natação. Cada um desses elementos determina em grande medida a eficácia da ação motora íntegra e influi de forma substancial sobre a qualidade da saída.

As aptidões de velocidade na execução da virada são determinadas pela eficácia das reações ao se nadar em direção ao tabuleiro de virada, pela rapidez e precisão dos giros, pela força de impulso, pela velocidade de deslizamento e pela harmonia de execução dos primeiros movimentos da natação depois do deslizamento.

A máxima velocidade de natação depende da longitude e da frequência dos movimentos de braçada, do nível de força desenvolvido ao se executarem braçadas concretas, da perfeição da coordenação intermuscular, da concordância da técnica dos movimentos de braçada e da respiração.

Para o desenvolvimento da velocidade, são utilizados diferentes exercícios, que requerem uma reação rápida, grande velocidade de execução de movimentos concretos e frequência máxima de movimentos e os quais podem ter um caráter analítico ou sintético.

Os exercícios analíticos são orientados ao aperfeiçoamento de componentes relativamente locais das aptidões de velocidade, por exemplo, o tempo de reação ao sinal de saída, a eficácia de repulsão ao se efetuar a saída, a longitude da braçada etc.

Os exercícios de síntese preveem uma série de movimentos simples e de ações que determinam em conjunto as aptidões de força na natação de distância, a execução da saída ou da virada.

Os exercícios fora da água são muito variados. Consistem de jogos esportivos e movimentos com elementos de força e velocidade que requerem rapidez de reação, orientação em situações difíceis e mudanças frequentes de um tipo de ação motora para outra.

Os exercícios de caráter cíclico na água são destinados tanto ao aperfeiçoamento das possibilidades de velocidade quanto a sua integração na natação em distância. Esses exercícios consistem em percorrer trechos e competição por elementos com a ajuda dos braços, das pernas e em coordenação, assim como diferentes combinações de trabalho com braços, pernas e respiração.

Os objetivos do treinamento da velocidade para os nadadores são:

- melhorar a eficiência da liberação da energia por meio de ATP-CP;
- realizar as provas mais rápidas;
- melhorar o rendimento nas provas de 50 m.

6.2 O desenvolvimento da velocidade na natação

A velocidade reativa e especialmente a velocidade cíclica se manifestam em maior medida nas corridas de velocidade. Os principais indicadores biomecânicos do rendimento de *sprint*, longitude de ciclo (comportamento espacial) e frequência de ciclo (comportamento temporal), podem ser melhorados somente pela influência da coordenação, da força, da técnica e das formas específicas de resistência.

A prova de 50 m fez aumentar a importância de um acentuado desenvolvimento da velocidade de rendimento. Para o sucesso nessa prova, é preciso desenvolver a manutenção da velocidade e, principalmente, a velocidade máxima, a qual deve ser medida sobre distâncias curtas, de 15 a 20 m.

O desenvolvimento da técnica na natação passa fundamentalmente pela melhora do tempo de reação na saída, por uma frequência elevada de movimentos mediante a velocidade de contração dos músculos ativados e por um rápido intercâmbio entre contração e relaxamento da musculatura necessária para o movimento de nado. Sob o ponto de vista biomecânico, a execução efetiva do movimento de nado ganha importância quando o corpo se move na direção de nado e em grandes velocidades, pois a resistência da água aumenta desproporcionalmente à velocidade de movimento. Desse modo, uma técnica efetiva é especialmente importante para reduzir a resistência da água na natação em alta velocidade.

A velocidade de nado depende da ativação do músculo específico e das fibras musculares. Portanto, os métodos de treinamento devem atentar ao desenvolvimento da técnica de competição por meio da utilização de pesos adicionais à tração do nado, a favor ou contra sua direção.

Os estudos que relacionam o desenvolvimento da força no seco com as forças de velocidade na água mostram somente correlações baixas no nível de natação de elite. A mobilização do potencial de força disponível depende do número de fibras musculares ativadas (recrutamento) e da velocidade de adaptação (frequência dos impulsos). Quando essa mobilização se dá em movimento específico, deve-se treinar sob condições de competição sempre que possível. Portanto, a aplicabilidade aos nadadores de elite do treinamento de força intermuscular e intramuscular no seco é limitada.

Considerando-se a existência de uma base geral, de uma musculatura bem desenvolvida e de uma resistência aeróbica suficiente, sugere-se a seguinte sequência de métodos para o treinamento da velocidade na natação:

- Treinamento de hipertrofia da musculatura implicada, primeiro no seco e depois na água.
- Treinamento da musculatura implicada contra um aumento da resistência, buscando-se principalmente aumentar o recrutamento das fibras.
- Natação supramáxima, para aumentar a frequência de impulsos.
- Treinamento da resistência de velocidade.

6.3 Metodologia para o desenvolvimento da velocidade

O trabalho para aumentar as capacidades de velocidade do nadador pode ser dividido em duas etapas, que estão inter-relacionadas: a etapa de aperfeiçoamento de distintas aptidões concretas de velocidade (tempo de reação, tempo de um movimento isolado, frequência dos movimentos etc. e etapa de preparação, na qual se produz a unificação das aptidões locais, gerando, assim, atos motrizes íntegros (saída, virada etc.). Existem duas possibilidades de trabalho para o desenvolvimento da velocidade: o trabalho da potência alática (ritmo máximo que o sistema de energia anaeróbico alático utiliza) ou o trabalho da capacidade alática (resistência do sistema de energia). No Quadro 6.1, distinguimos os dois tipos de trabalho.

Quadro 6.1 – Possibilidades de trabalho para o desenvolvimento da velocidade

Fator de carga	**Zona de treinamento**	**Sigla**	**Objetivo**
Velocidade	Capacidade alática	Cala	Aumentar a capacidade de prolongar um esforço de velocidade máxima ou quase máxima
	Potência alática	Pala	Aumentar o ritmo de produção de energia do sistema anaeróbico alático e melhorar a velocidade máxima

A eficácia da preparação da velocidade depende em grande medida da intensidade de execução dos movimentos e da capacidade do nadador de se mobilizar. A execução, durante as sessões de treinamento, de exercícios de velocidade a níveis limites e quase limites, a fim de alcançar, tanto quanto possível, os melhores resultados pessoais, serve de estímulo básico ao aumento do nível de preparação de velocidade do nadador.

O nível de manifestação das qualidades de velocidade no treinamento dos nadadores de elite depende muito da eleição de recursos e métodos os quais contribuem com a manifestação limite das possibilidades de força dos nadadores. Quanto a isso, mostra-se eficaz utilizar diferentes recursos de estimulação prévia da capacidade de trabalho (pedagógicos, físicos e psicológicos). Na Tabela 6.1, são apontadas duas possibilidades de trabalho para o desenvolvimento da velocidade; a partir de sua análise, convém escolher entre o trabalho da potência alática e o da capacidade alática.

Pelo fato de a potência muscular possuir uma alta correlação com a velocidade, nos últimos anos foram desenvolvidos muitos métodos de treinamento para melhorar a força por meio do aumento artificial da resistência contra a qual trabalha o nadador. Essa forma de trabalho é conhecida como treinamento de velocidade resistida e se caracteriza por uma resistência adicional no nado, produzida por borrachas, polias, arrastamento de esponjas, maiôs com lastro, cintos de resistência etc.

Outro tipo de trabalho para o desenvolvimento da velocidade é denominado treinamento de velocidade assistida. Durante sua aplicação, o nadador é capaz de nadar a uma

Tabela 6.1 – Treinamento do sistema anaeróbico alático

Elementos de treinamento	**Potência alática**	**Capacidade aláctica**
Duração do nado (s)	5 a 10	10 a 20
Distâncias de nado (m)	8 a 15	25 a 40
Tempo de descanso (s)*	25 a 90	90 a 180
Relação T/D	1/5 ou 1/6	1/6
Intensidade (% de esforço máximo)	90 a 100	85 a 90
Repetições por série	5 a 6	2 a 4
Volume máximo por série (s)	60	60
Volume máximo por série (m)	50 a 100	75 a 150
Séries	3 a 6	2 a 4
Descanso entre séries (min)	5 a 6	5 a 10
Volume total (min)	2 a 5	4 a 8
Volume total (m)	200 a 300	300 a 400

* Os descansos podem ser menores sempre que se nadar pelo menos 75% das repetições na intensidade apropriada.

velocidade superior a sua própria em circunstâncias normais, graças à ajuda (assistência) de elementos especiais, tais como pés de pato, reboque preso com uma corda ou borracha elástica previamente esticada.

Há maior evidência dos benefícios do treinamento de velocidade assistida tanto no atletismo quanto na natação. Especificamente em relação à natação, embora seja certo que ambos os métodos modifiquem a técnica durante sua aplicação e que, em muitos casos, tal mudança provoque menor eficiência da braçada, observou-se que alguns nadadores melhoraram certo aspectos de seu estilo durante as séries de natação assistida.

Segundo Navarro e Arsenio (1999), são atividades de treinamento que podem ser aplicadas para a melhora da velocidade reativa:

- Treinamento na água:
  - Saídas de fora e de dentro da água a partir de várias posições, com e sem sinal de saída, seguidas de um *sprint* máximo sobre uma distância curta (também com diferentes sinais em intervalos distintos).
  - Jogos aquáticos com bola, com marcação de tempo e em áreas restringidas.
- Treinamento em terra:
  - Treinamento geral de reações, com o emprego dos métodos utilizados no atletismo e em esportes de equipe; por exemplo: jogos de devolver a bola, corrida de imitação, *sprint* ao sinal.

Para as demandas específicas de natação sobre a velocidade não cíclica (ação), Navarro e Arsenio (1999) propõem:

- Treinamento na água:
  - Saídas com observação da "pegada" sobre o bloco de saída (ação rápida).
  - Diversas formas de viradas com impulsos explosivos, partindo-se da parede.
  - Saltos na água.
- Treinamento em terra:
  - Exercícios de salto e velocidade com intensidade máxima.
  - Exercícios de lançamentos e impulsos (com extensão completa do corpo) com peso.
  - Treinamento de força máxima e de força explosiva com máquinas ou pesos livres.

Já para as demandas da velocidade frequencial cíclica, são propostos:

- Treinamento na água:
  - Todas as formas de exercícios para a melhora da técnica.
  - Movimentos simples e complexos em todas as disciplinas de natação (distâncias curtas com frequência de movimento mais elevada).
  - Saídas seguidas de *sprints*.
  - Treinamento de viradas (por exemplo, *sprint*/virada rápida/*sprint*).
  - *Sprints* com variações na frequência.

- Natação com assistências propulsoras ou de freio (por exemplo, métodos de natação atada e semiatada).
- Técnica de *waterpolo* (*dribling*, situações de jogo, acelerações e mudanças de direção ao sinal, com e sem bola).

O método mais apropriado para o desenvolvimento das características da velocidade anterior é o de repetição. O volume de treinamento deve ser pequeno, com a finalidade de prevenir que o nadador entre no metabolismo anaeróbico lático. O número de repetições é alto, mas a distância coberta deve ser curta, e os períodos de descanso são longos. No Gráfico 6.1, temos o tempo de supercompensação em horas de treinamento da velocidade de reação (VR) e da resistência de velocidade máxima (RVmáx).

Os parâmetros de intensidade específica são os seguintes:

- A duração das repetições individuais está entre 6 e 8 s, o que representa uma distância de 15 m (com saída) ou aproximadamente 12 m (com impulso a partir da parede).
- A duração dos períodos de descanso está entre 3 e 5 min.
- O número de repetições por sessão de treinamento é de quatro a vinte.

Exemplos de treinamento anaeróbico alático:

- 3 x (4 x 25 m/45 s)/3 min;
- 4 x (4 x 20 m/45 s)/3 min "assistido";
- 5 x (4 x 10 m/40 s)/3 min "resistido";

Gráfico 6.1 – Tempo de supercompensação em horas de treinamento da velocidade de reação (VR), da velocidade máxima (Vmáx) e da resistência de velocidade máxima (RVmáx)

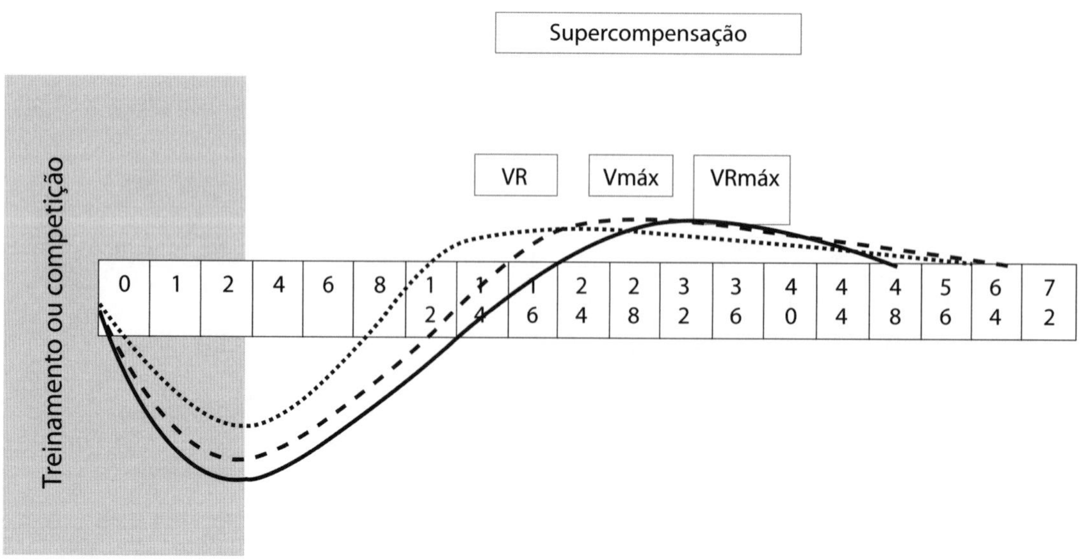

- 300 m, a 100% 5 m antes da virada e 5 m depois da virada;
- 300 m, com 8 m centrais a cada 25 m em velocidade máxima.

6.3.1 Aspectos que devem ser considerados na programação do treinamento da velocidade

São eles:

- O trabalho de velocidade sobre distâncias de 10 a 15 m deve começar em idades iniciais. Não existem argumentos científicos que impeçam sua aplicação no início do treinamento básico do nadador. Pelo contrário, por causa da incidência que todo esforço de velocidade máxima tem no sistema nervoso central, convém que a criança seja submetida a esse tipo de esforço, para "enriquecer" seu sistema nervoso, embora essa não deva ser a prioridade (Navarro, 1996).
- O treinamento de alta velocidade deve ser realizado por toda a temporada, desde o seu início, e não apenas antes de uma competição importante. Essa é a única forma de o sistema nervoso adquirir a capacidade coordenativa necessária para a melhora dos resultados.
- Alguns fatores importantes para a velocidade de natação e que podem sofrer influência do treinamento são:
  - Tempo de reação na saída: é um dos aspectos que devem ser melhorados na busca pelo rendimento máximo em uma distância curta. Para tanto, podem ser utilizadas formas de treinamento como: saídas por números; branco/preto; exercícios de sombra; saída ao sinal, a partir de uma posição determinada; *sprint* ao sinal dado enquanto se nada suavemente etc. Outras técnicas que costumam ser empregadas para melhorar o tempo de reação relacionam-se mais com o campo psicológico, como a preparação mental antes da realização de uma saída (antecipação) ou a mentalização do movimento repetidamente (treinamento mental).
  - A técnica de natação: é evidente que uma boa técnica melhorará a eficácia da propulsão e, portanto, aumentará a velocidade.
  - A força ou potência dos músculos propulsores.
  - A alternância rápida de tensão e relaxamento dos músculos.
  - A frequência de braçada e a longitude de braçada. A frequência de braçada deve ser aumentada somente quando a longitude de braçada é duas vezes maior do que a longitude do braço. Nesse caso, um leve aumento da frequência de braçada será acompanhado

de um aumento da velocidade. A melhor forma de determinar a relação ótima entre frequência e longitude de braçada é nadar *sprints* curtos com diferentes frequências e registrar os tempos.

- A restrição da respiração contribui para uma menor resistência da água, e, com isso, há um melhor posicionamento do corpo. Não se deve respirar durante, pelo menos, dois ou três ciclos depois da saída, das viradas e das chegadas. Em *sprints* de 50 m, a respiração pode ser limitada a duas ocasiões ou mesmo a uma.
- A velocidade se desenvolve melhor no início de uma sessão, depois de um aquecimento prévio.
- A progressão no treinamento de velocidade deve se dar com base no: aumento do volume total de trabalho, realizando-se mais séries; encurtamento do descanso entre as repetições; aumento da intensidade do exercício.
- Microciclos de treinamento para o desenvolvimento da velocidade: sua sequência e ordenação é muito importante para obter os efeitos desejados. Convém alternar distintos tipos de treinamento, com diferentes distâncias, intensidades e concentrações de lactato no sangue. Nos Quadros 6.2 a 6.4, temos exemplos de microciclos de treinamento de velocidade.

Quadro 6.2 – Quatro sessões semanais de treinamento anaeróbico alático

Domingo	Segunda	Terça	Quarta	Quinta	Sexta	Sábado
	Pala	Cala		Pala	Cala	

Quadro 6.3 – Cinco sessões semanais de treinamento anaeróbico alático

Domingo	Segunda	Terça	Quarta	Quinta	Sexta	Sábado
	Cala				Cala	
	Pala		Pala		Pala	

Quadro 6.4 – Duas sessões de treinamento anaeróbico alático

Domingo	Segunda	Terça	Quarta	Quinta	Sexta	Sábado
	Pala			Cala		

- Um aspecto que deve ser considerado nos velocistas é a fadiga neuromuscular. A fadiga experimentada por um velocista não se deve somente a fatores metabólicos (redução do armazenamento de energia), mas também ao rápido processamento de impulsos sensoriais implicados na facilitação e inibição da contração e do relaxamento. Um excesso de trabalho de velocidade pode levar a uma fadiga do sistema nervoso central e, consequentemente, diminuir o rendimento do velocista. O relaxamento e uma boa técnica são importantes para retardar a perda da efetividade neuromuscular e da velocidade (Navarro, 1996).
- O treinamento da velocidade deve ser específico para o estilo do nadador. A velocidade está intimamente relacionada à técnica. O nadador deve experimentar a sua técnica em altas velocidades para conseguir uma adaptação perfeita. A velocidade deve ser treinada com uma técnica eficiente. O treinamento de flexibilidade (ombros, tornozelos, quadris) é benéfico para a velocidade.
- A principal característica do treinamento é o desenvolvimento da alta velocidade. Um nadador especialista em 50 ou 100 m não deve realizar um treinamento de velocidade que exija uma velocidade inferior à desenvolvida em sua prova. Por isso, convém ter como referência inicial a velocidade do nadador na prova da sua especialidade (Tabela 6.2).

Tabela 6.2 – Cálculo da velocidade por distância

Velocidade (m/s)	**Tempo 25 m**	**Tempo 50 m**	**Tempo 100 m**
1,2	20s83	41s67	83s33
1,3	19s23	38s46	76s92
1,4	17s86	35s71	71s43
1,5	16s67	33s33	66s67
1,6	15s63	31s25	62s50
1,7	14s71	29s41	58s82
1,8	13s89	27s78	55s56
1,9	13s16	26s32	52s63
2,0	12s50	25s00	50s00
2,1	11s90	23s83	47s62
2,2	11s36	22s73	45s45

- Na análise dos nadadores de elite, observa-se como é possível, graças a uma boa saída e a boas viradas, conseguir os mesmos resultados em competição possuindo uma vantagem de 0,5 a 1 s sobre 100 m e como outros nadadores, sem essas características, podem manter uma velocidade de nado mais elevada. No entanto, na prática enfatiza-se mais a melhora da velocidade absoluta, ao passo que a melhora dos demais componentes da velocidade é considerada parte complementar e com frequência é treinada livremente, sem maiores atenções. Isso explica o fracasso de alguns nadadores que têm grandes qualidades de velocidade. É preciso treinar cada um dos componentes de velocidade e sua integração nas ações técnicas (saídas, viradas) próprias das provas rápidas da natação.
- Os descansos devem assegurar o restabelecimento total da capacidade de trabalho. Pausas muito curtas podem ocasionar a melhora das condições anaeróbicas láticas, mas não das qualidades de velocidade. Segundo Platonov (1998), respeitar a duração ótima das pausas permite assegurar um volume elevado de trabalho, com séries da ordem de 5 a 10 s (cinco a seis vezes), 15 a 20 s (três a quatro vezes) e 25 a 30 s (duas a três vezes). A duração das pausas entre as séries varia de 2 a 5 min, de acordo com a natureza do exercício.

6.4 Controle das aptidões de velocidade

A avaliação das qualidades de velocidade pode ser realizada por meio do nível de velocidade máxima obtido pelo nadador em um trecho de longitude tal que, durante seu percurso, não se observe diminuição da capacidade de trabalho como consequência da fadiga progressiva.

Para avaliar a velocidade absoluta, utilizam-se com frequência percursos de 10 a 25 m, sendo a saída lançada, o que permite evitar a influência da saída sobre o nível de velocidade. As possibilidades de velocidade nesse caso são avaliadas pelo nível de velocidade (em metros por segundo) ou pelo tempo de percurso.

A avaliação das possibilidades de velocidade também pode ser realizada pela distância que o esportista é capaz de superar em um tempo estabelecido, que costuma ser de 10 s.

Ao avaliar as possibilidades de velocidade, é importante determinar a efetividade da saída. Para isso, registra-se, a partir da saída, o tempo de percurso de um trecho determinado, em geral de 7,5 ou 10 m.

A avaliação integral das aptidões de velocidade, incluindo a efetividade da saída, os primeiros movimentos e o nível de velocidade absoluta, costuma ser realizada, sobretudo, mediante a determinação do tempo que se leva para percorrer trechos de 25 ou 50 m. Ao avaliar as aptidões de velocidade, não devemos nos limitar a uma medição somente; convém realizar três ou quatro medições, com pausas que permitam a total recuperação da capacidade de trabalho e a preparação psíquica para executar de forma efetiva os exercícios, geralmente de 2 a 4 min.

Para avaliar as aptidões locais de velocidade, podem ser utilizados diferentes índices. Entre os principais, cabe citar:

- O tempo (em segundos) transcorrido desde o sinal de saída até os primeiros movimentos de preparação.
- O tempo (em segundos) desde os primeiros movimentos de preparação da saída até o desprendimento das pernas da plataforma de saída.
- O tempo (em segundos) que se leva para percorrer os primeiros 5 m de distância e que demonstra a efetividade do voo do corpo, da entrada na água e do deslocamento.
- O tempo (em segundos) que se leva para percorrer os próximos 5 m de distância e que demonstra a efetividade da passagem do deslocamento aos primeiros movimentos de natação.
- O nível de velocidade máxima de natação (em metros por segundo), o ritmo dos movimentos (em minutos), o "passo" (em centímetros) das braçadas e a velocidade do movimento da mão na parte básica da braçada ao nadar a uma velocidade máxima (em metros por segundo).

O registro dos índices propostos permite realizar uma análise completa das aptidões de velocidade específicas, assim como determinar as reservas para seu aperfeiçoamento posterior.

Capítulo 7

A flexibilidade na natação

7.1 Introdução

A flexibilidade está entre as principais qualidades que determinam os resultados na natação. Baseia-se na mobilidade articular e na extensibilidade e elasticidade muscular que permitem a dimensão máxima das articulações (Álvarez del Villar, 2001).

Possuir um nível insuficiente de flexibilidade limita a amplitude dos movimentos, não permite o desenvolvimento de uma técnica de natação efetiva, condiciona o grau de força muscular que o nadador pode aplicar, impossibilita uma alta velocidade de nado, altera a capacidade técnico-coordenativa, provoca economia de trabalho menos eficiente e, com frequência, causa alterações morfofuncionais na estrutura dos músculos e dos ligamentos.

Além disso, não permite ao nadador trabalhar de forma eficaz o desenvolvimento das qualidades físicas (força, resistência etc.), dado que o resultado da preparação física melhora de maneira substancial quando se aumenta a amplitude dos movimentos (Platonov e Fessenko, 1993).

A execução de exercícios que impliquem elevada amplitude da articulação, executados com uma sobrecarga muscular, permite ao nadador exercer um esforço muscular à custa da utilização das propriedades elásticas dos músculos e ligamentos nos primeiros trechos do movimento. A melhora obtida com o trabalho de flexibilidade resulta da interação das propriedades elásticas de músculos, tendões e ligamentos, da força necessária para se conseguir a maior amplitude de movimento possível, de uma boa coordenação intramuscular e intermuscular, do projeto do programa de exercícios a ser desenvolvido e da amplitude funcional das articulações (Martín et al., 2001).

O treinamento da flexibilidade tem, portanto, a missão de aperfeiçoar as qualidades elásticas dos músculos, desenvolver a força necessária à realização de um objetivo concreto, aumentar a amplitude de movimentos que a anatomia (articulação) permite e melhorar o rendimento de coordenação muscular, mediante a potencialização dos reflexos.

A flexibilidade é uma qualidade física condicionante tanto da quantidade como da qualidade da execução dos movimentos técnicos, e seu insuficiente desenvolvimento leva às seguintes dificuldades e deficiências, segundo Harre (1983):

- Torna-se impossível o aprendizado de determinadas habilidades motrizes ou prolonga-se o tempo para sua assimilação e seu aperfeiçoamento.
- Aumenta a ocorrência de lesões decorrentes da prática esportiva.
- Criam-se obstáculos ao desenvolvimento das capacidades de força, velocidade, resistência e agilidade, já que a amplitude de movimento é reduzida e a implicação das distintas estruturas morfofuncionais é menor.
- Limita-se a amplitude do movimento. Isso afeta a velocidade de execução do gesto técnico, e os nadadores têm que fazer com frequência um esforço maior, o que produz fadiga prematura.
- A execução do movimento não se vê afetada apenas nas disciplinas em que a qualidade é o objetivo primeiro da avaliação do rendimento (esportes técnicos), mas também nas demais disciplinas. Se o nadador tiver uma reserva de flexibilidade, poderá realizar seus exercícios com maior força, rapidez, facilidade e menor custo energético.

7.2 Estruturação e manifestações da flexibilidade

A metodologia do treinamento tradicionalmente distingue as exigências ou os tipos de flexibilidade com dualidades conceituais, como flexibilidade geral-especial, ativa-passiva, estática-dinâmica, a fim de sistematizar a complexidade dessa capacidade.

A *flexibilidade geral* designa um nível médio de flexibilidade dos sistemas articulares mais importantes. Essa medida do que se considera "normal" tem, no entanto, pouca importância para o rendimento esportivo e deve ser superada pelo atleta que quiser chegar aos limites de sua condição física e coordenação. Uma flexibilidade geral superior a média é, portanto, um objetivo permanente do trabalho físico quando se treina qualquer modalidade esportiva.

A *flexibilidade especial* é necessária em todos os esportes e aponta para as exigências de flexibilidade "particulares". Para obtê-la, as modalidades esportivas que possuem um perfil de exigência nesse campo desenvolvem um *programa de flexibilidade* e alguns *exercícios de controle* próprios (Counsilman, 1980; Schmidt, 1987 apud Martín et al., 2001), que se cristalizam em um treinamento técnico suplementar.

A *flexibilidade ativa (dinâmica)* é definida como a maior amplitude de movimento de cada articulação capaz de ser produzida independentemente, sem ajuda ou mediante rendimento muscular ativo. As restrições são apresentadas pela capacidade de estiramento e pela força da musculatura agonista (Maehl, 1986 apud Martín et al., 2001).

A *flexibilidade passiva (estática)* designa qualquer forma de flexibilidade de uma articulação capaz de ser obtida pela atuação de forças externas (colegas, aparelhos, o próprio peso corporal). A flexibilidade passiva é, em regra, maior do que a ativa.

A diferença entre a flexibilidade passiva é chamada de *reserva de movimentos* (Frey, 1977 apud Weineck, 1999). Ela fornece informação sobre a possibilidade de melhora da flexibilidade ativa por meio do fortalecimento dirigido aos agonistas e do aumento da capacidade de estiramento dos antagonistas.

Para Alter (1999), as flexibilidades estática e dinâmica não estão necessariamente ligadas. Iashvili (apud García Manso, Navarro Valdivieso e Ruiz Caballero, 1996) demonstrou em seus estudos que a flexibilidade ativa é sempre menor do que a passiva e tem uma maior correlação com o nível dos êxitos esportivos. Quanto maior a diferença entre a amplitude de movimentos passivos e ativos, maior o risco de provocar uma lesão no esportista.

Matveiev (1982) estabelece uma classificação da flexibilidade condizente com a prática esportiva, adaptando-a à execução eficaz de qualquer gesto esportivo. Ele apresenta as seguintes distinções:

- Mobilidade absoluta: refere-se à capacidade máxima de alongamento das estruturas musculotendinosas e ligamentosas. Costuma ser alcançada nos movimentos passivos e forçados de cada uma das articulações. Essa mobilidade nem sempre é a mais eficaz na atividade esportiva, e seu excesso pode afetar a força contrátil da musculatura implicada na articulação.
- Mobilidade de trabalho: refere-se ao grau de movimento que se alcança durante a execução real de uma ação esportiva; é, portanto, o grau de mobilidade que se alcança nos movimentos ativos. Por exemplo: para a passagem de um obstáculo, é necessária determinada mobilidade da articulação do quadril — a mobilidade exata para a execução relaxada e eficaz do movimento —, sem que a amplitude de movimento seja necessariamente igual à máxima dimensão dessa articulação.

- Mobilidade residual: é a capacidade de movimento, sempre superior ao trabalho que o esportista deve desenvolver para evitar limitações as quais possam afetar a coordenação do movimento ou o nível técnico do atleta. Costuma ser treinada como medida preventiva contra lesões decorrentes da prática esportiva.

De acordo com Matveiev, a mobilidade deve ser desenvolvida somente na medida em que for necessária para se obter uma técnica gestual ótima e uma utilização eficaz das capacidades condicionais de cada esporte. Portanto, na maioria das especialidades esportivas, interessa chegar apenas aos níveis correspondentes à mobilidade residual e, dessa forma, proporcionar uma margem de segurança suficiente para evitar o risco de lesões durante a execução real do movimento.

7.3 Os fatores que afetam a flexibilidade

A pesquisa nesse campo se concentra em determinar em quais períodos da vida a flexibilidade alcança seus valores mais altos. Corbin e Noble (1980 apud Elliott e Mester, 2000) sugerem que a flexibilidade aumenta durante a infância, até a adolescência, chegando nesta ao pico máximo, a partir do qual se inicia uma queda.

Entretanto, nem sempre foi claro o comportamento da flexibilidade em relação à idade; os estudos de Phillips e Kirchner e Glines (apud Elliott e Mester, 2000) assinalam que as crianças no período escolar tornam-se menos flexíveis, alcançando seu nível mais baixo de flexibilidade entre os 10 e 12 anos de idade.

Se há controvérsia em relação ao período em que se alcança a flexibilidade máxima, existe consenso quanto à queda que sofre a flexibilidade a partir dos 25 a 30 anos. Não obstante, essa queda, própria da involução do ser humano, pode ser retardada por meio de programas de exercício físico bem planejados e que se adaptem às necessidades de cada sujeito.

7.3.1 Períodos de treinamento crítico

Como se observou, a bibliografia é bastante confusa no momento de determinar os períodos críticos do treinamento da flexibilidade. A maioria dos pesquisadores sustenta que a infância e o início da adolescência são os períodos em que se pode alcançar a flexibilidade ótima, mas outros estudiosos assinalam que o treinamento da flexibilidade pode ser levado em conta em qualquer momento da vida do atleta, desde que sejam realizados o planejamento e a seleção dos exercícios.

Os profissionais da Educação Física devem ter consciência desse período vital do esportista para não sobrecarregar excessivamente o sistema esquelético. Na infância, os ossos não estão totalmente formados e os processos de modelação ocorrem com rapidez. Isso significa que a cartilagem está sendo substituída por matéria óssea, o que a torna muito vulnerável ao excesso de carga.

Os treinamentos de força e flexibilidade bem planejados não têm por que provocar lesões, ao contrário do sobretreinamento. Durante o período de acentuado crescimento, em que o sistema ósseo se desenvolve mais rapidamente do que o muscular, a flexibilidade sofre uma involução (Bloomfield e Wilson, 1994 apud Elliot e Mester, 2000), e, consequentemente, é necessário que as crianças realizem com frequência exercícios de estiramento, de modo a manter graus de flexibilidade adequados.

Com o aumento da idade, os músculos, os tendões e o tecido conjuntivo se encurtam, e ocorre a calcificação de algumas cartilagens, provocando uma significativa redução da flexibilidade. Isso comumente aparece primeiro na região lombar, para depois afetar a articulação dos joelhos e outras articulações. Tal fenômeno, próprio do envelhecimento das estruturas morfofuncionais, pode ser minimizado por meio de estiramentos adequados e programas de treinamento de força e flexibilidade adaptados a cada indivíduo (Bloomfield et al., 1994).

7.3.2 Sexo

Phillips e Kirchner e Gliner (apud Elliot e Mester, 2000) realizaram diferentes estudos nos quais comparavam a flexibilidade de meninos e meninas de diferentes idades. Seus resultados demonstram que as meninas são mais flexíveis do que os meninos desde os 6 a 7 anos até os 14 a 15 anos. Já os resultados obtidos por esses e outros pesquisadores com jovens a partir de 15 anos não são conclusivos, já que divergem muito.

7.3.3 Condições ambientais

Uma sessão de flexibilidade deve ser sempre precedida pelo aquecimento. Quando o tecido ligamentoso, particularmente a unidade músculo-tendão, adquire uma temperatura adequada, há um relaxamento muscular, o que permite o treinamento da flexibilidade com segurança.

De Vries (1986) afirma que a flexibilidade pode ser melhorada em cerca de 20% se provocado um esfriamento a 18°C. Asmussen et al. (1976) realizaram um estudo para determinar como a temperatura muscular influía no desenvolvimento da força máxima, e os resultados mostraram que a altura do salto vertical é reduzida de 42 a 30 cm quando os membros inferiores são submersos em água fria.

7.4 Vantagens e desvantagens de uma boa flexibilidade

O emprego das técnicas de trabalho orientadas para melhorar a mobilidade articular apresenta benefícios em diversas áreas relacionadas ao rendimento esportivo ou à qualidade de vida. Podemos destacar os seguintes, segundo García Manso, Navarro Valdivieso e Ruiz Caballero (1996):

- diminuição do estresse e da tensão;
- relaxamento muscular;
- alívio da dor muscular;
- prevenção de lesões;
- é indicador de saúde.

No entanto, não há apenas benefícios. Em algumas ocasiões, excessivos graus de mobilidade, especialmente os derivados da capacidade de alongamento muscular, traduzem-se em prejuízo para a atividade física. As causas que determinam um excesso de mobilidade dependem dos seguintes fatores, segundo García Manso, Navarro Valdivieso e Ruiz Caballero (1996):

- a quantidade ou intensidade do movimento;
- a duração;
- a velocidade de execução;
- a natureza do exercício.

7.5 Métodos de treinamento da flexibilidade

Durante os últimos anos, houve grandes confusões sobre como deveria ser realizado o trabalho de estiramento e/ou mobilidade articular. Habitualmente, os exercícios que devem ser empregados para cada tipo de mobilidade são confundidos; até mesmo não se tem claro na direção de qual componente articular se orienta cada um deles (músculos, tendões, ligamentos etc.).

7.5.1 Estiramentos balísticos

Tradicionalmente, os exercícios de estiramento utilizados no esporte são os de natureza balística (Figura 7.1). Eles são utilizados há cinquenta anos, mas têm sido questionados, desde que especialistas do Esporte e da medicina esportiva começaram a relatar que o estiramento balístico pode ocasionar lesões musculares e ligamentosas.

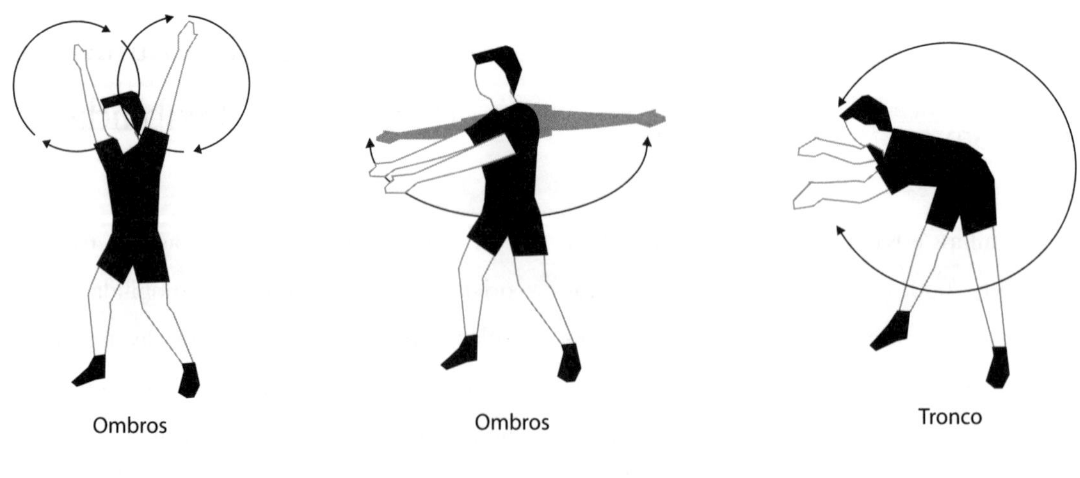

Figura 7.1 – Exercícios de estiramentos com o método balístico.

7.5.2 Exercícios passivos

Correspondem aos movimentos produzidos por uma força externa. A contração muscular, se existe, é involuntária. Os exercícios passivos podem ser divididos em:

- Relaxados: quando o movimento é realizado dentro dos limites articulares normais (Figura 7.2).
- Forçados: quando se ultrapassam os limites normais de trabalho da articulação (Figura 7.3).

Figura 7.2 – Exercícios com o método passivo relaxado.

Figura 7.3 – Exercícios com o método passivo forçado.

7.5.3 Exercícios ativos

Correspondem aos movimentos produzidos fundamentalmente pela ação de uma contração voluntária da própria musculatura. Podem ser divididos em:

- Livres: a força da contração muscular é suficiente para realizar o movimento.
- Assistidos: além da própria força, a realização do movimento requer uma força externa. O estiramento é realizado pela contração inicial dos grupos musculares opostos (agonistas) aos que se pretende alongar. Uma vez que o individuo tenha alcançado o limite da sua capacidade por meio do movimento ativo, a amplitude do movimento é completada com a colaboração do companheiro (Figura 7.4).
- Resistidos: a contração muscular se realiza contra uma resistência de magnitude igual, maior ou menor do que a tensão realizada nessa contração (Figura 7.5).
- Combinados: consistem em intercalar diferentes tipos de exercícios ativos (assistido-resistido).

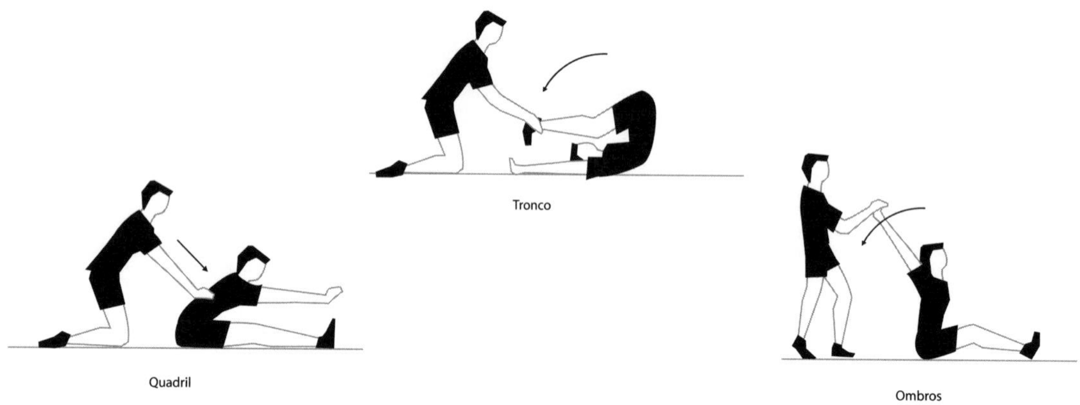

FIGURA 7.4 – Exercícios com o método ativo assistido.

FIGURA 7.5 – Exercícios com o método ativo resistido.

Qualquer um desses exercícios pode ser utilizado nas sessões de flexibilidade de duas formas: por meio de técnicas em que se mantêm continuamente posições forçadas na articulação ou por meio de técnicas de rebote dos seguimentos corporais que configuram a articulação.

7.5.4 A facilitação neuromuscular proprioceptiva (FNP)

Tem suas origens nos trabalhos do professor Kabat e do centro de reabilitação da fundação Kaiser de Vallejo, durante a década de 1940. Esses estudos, unidos aos trabalhos sobre métodos de reeducação de pacientes de poliomielite realizados pela religiosa australiana E. Kenny, proporcionaram o desenvolvimento da técnica de facilitação neuromuscular proprioceptiva. Sua aplicação à prática esportiva — efetiva apenas a partir da década de 1970 — é feita em pares que alternam o trabalho. Resumidamente, García Manso, Navarro Valdivieso e Ruiz Caballero (1996) assinalam que a forma de trabalho possui as seguintes fases em cada ação (Figura 7.6):

- Estiramento não forçado mediante um movimento passivo, que leva um dos seguimentos até os limites da articulação, sem provocar dor.
- Contração muscular isométrica, mantendo-se o músculo alongado durante 6 a 8 min (50% a 100% da intensidade máxima).
- Relaxamento.
- Estiramento forçado, com um estiramento da musculatura afetada maior do que o anterior.
- Repetição dessas ações de três a seis vezes por exercício.

Os adeptos da facilitação neuromuscular proprioceptiva sustentam que ela aumenta a flexibilidade em um tempo menor do que as outras técnicas. Wallin et al. (1985 apud Elliott e Mester, 2000) afirmam que o método aumenta a flexibilidade em maior proporção. Outra vantagem é o leve aumento da força simultaneamente ao da flexibilidade. No entanto, a técnica de facilitação neuromuscular proprioceptiva sofre críticas as quais sugerem que ela aumenta a probabilidade de lesões.

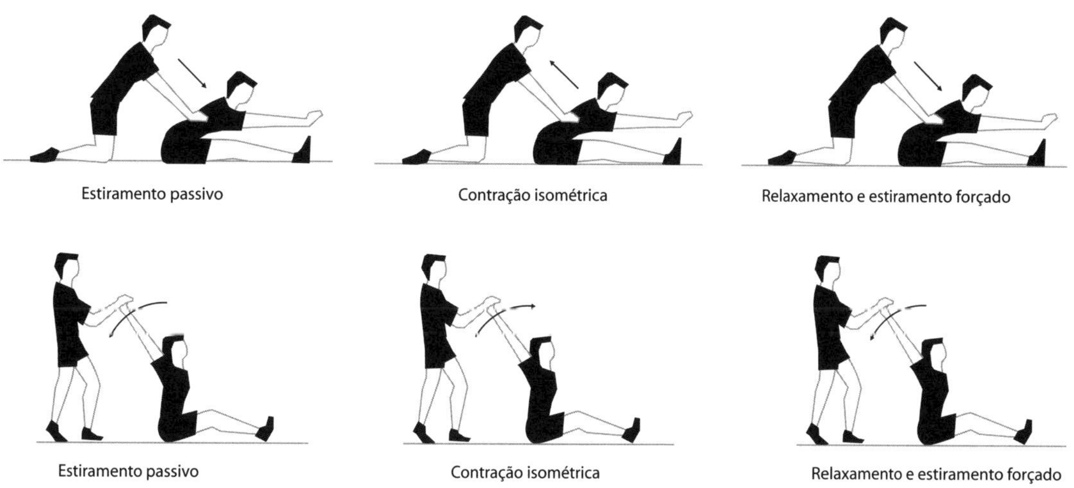

FIGURA 7.6 – Exercícios com o método de facilitação neuromuscular propioceptiva.

7.5.5 Métodos específicos de treinamento da flexibilidade e suas características

Os métodos que apresentaremos de forma resumida a seguir se caracterizam por combinar momentos de contração, de relaxamento e de estiramento de duração variável.

7.5.5.1 Método de Sölveborn (*streching*)

Suas características são:

- tensão de 10 a 30 s;
- relaxamento de 2 a 3 s;
- estiramento de 10 a 30 s.

7.5.5.2 Método do grupo de Linköping (*ekottkstrand*) (*streking*)

Suas características são:

- tensão de 4 a 6 s;
- relaxamento de 2 a 3 s;
- estiramento de 8 s.

7.5.5.3 Método de Anderson (*streching*)

Suas características são:

- estiramento não forçado de 10 a 30 s;
- relaxamento de 2 a 3 s;
- estiramento forçado de 10 a 30 s.

7.6 A avaliação da flexibilidade

Os procedimentos de avaliação devem incluir uma medição da amplitude de movimento em uma articulação ou série de articulações a qual indique a capacidade de alongamento do músculo dentro das limitações estruturais da articulação. O deslocamento angular da articulação tem sido considerado como uma medida direta da flexibilidade, apesar de a utilização de uma medida simples como esta para refletir um fato complexo implicar em certas limitações.

Os pesquisadores têm tentado encontrar diferenças entre as limitações estruturais dos ossos, dos ligamentos e da unidade músculo-tendinosa; no entanto, ainda não se chegou a nenhum acordo quanto ao que realmente está sendo medido (Brodie et al., 1982).

7.6.1 Métodos indiretos mais utilizados

Os métodos indiretos costumam implicar a medição linear das distâncias entre os segmentos a partir de um objeto externo. A técnica mais usada é tocar as pontas dos pés estando sentado (Cureton, 1941; Wells e Dillon, 1952). Apesar de sua execução ser muito fácil, esses métodos apresentam problemas inerentes com relação à interpretação dos resultados e às comparações entre os sujeitos.

7.6.1.1 Prova de Cureton para o nível mínimo de flexibilidade

- Tocar o solo: o sujeito, de pé e com as mãos ao lado do corpo, inclina-se para frente lentamente e toca o solo com as pontas dos dedos das mãos, sem dobrar os joelhos. Para superar a prova, os homens devem tocar o solo com as gemas dos dedos, e as mulheres, com as palmas das mãos.
- Flexão de tronco para frente: o sujeito senta-se sobre uma mesa, com as pernas estiradas, e se inclina para frente tanto quanto possível. Mede-se a distância dos braços que ultrapassa os pés.
- Extensão de tronco: o sujeito, deitado de bruços sobre uma mesa, com os pés juntos e presos, tenta levantar a cabeça e o peito. Mede-se a distância vertical entre a testa do sujeito e a mesa.

7.6.1.2 Prova de Wells e Dillon

As provas a seguir são consideradas como métodos de medição da flexibilidade das pernas e das costas:

- Flexões para frente: o sujeito, de pé sobre um banco sueco, deixa os braços e o tronco para frente, relaxados. Então, ele se inclina à frente quatro vezes e mantém a posição de estiramento máximo. Mede-se a distância entre o banco e as gemas dos dedos; por cima do banco é negativo, por baixo é positivo.
- *Sit and reach*: o sujeito se senta sobre o solo, com as pernas ao lado de um banco sueco ou uma caixa *sit and reach*. Inclina-se para frente quatro vezes e mantém a posição de máximo estiramento. Mede-se a distância entre as gemas dos dedos e uma marca colocada no banco sueco.

Essas provas não trazem medidas válidas de flexibilidade porque há muitas variáveis que não são controladas. Os movimentos são compostos por combinações de ações de várias articulações, o que torna difícil determinar o que se está medindo. Léger e Cantin (1983) demonstraram que a prova de *sit and reach* de Wells e Dillon e a prova de Cureton não eram equivalentes e, portanto, não estavam medindo as mesmas variáveis.

Além disso, as características antropométricas dos indivíduos podem afetar a medição, dificultando as comparações entre sujeitos. É evidente que esses tipos de provas não devem ser utilizados para detectar mudanças nos grupos de esportistas de elite. Em todo caso, podem ser usados para cálculos gerais de flexibilidade.

7.6.2 Métodos diretos mais utilizados

Os métodos diretos para avaliar a flexibilidade medem (em graus) os deslocamentos angulares entre segmentos adjacentes (ângulo relativo) ou a partir de uma referência externa (ângulo absoluto). Eles têm sido recomendados porque não são afetados pelas proporções dos segmentos corporais e permitem comparações intersujeitos e intrassujeitos.

7.6.2.1 Goniômetro

O goniômetro costuma ser utilizado para medir a amplitude de movimento de uma articulação. O centro do goniômetro é colocado no eixo de rotação da articulação, e seus braços são alinhados com os eixos longos dos ossos dos segmentos adjacentes ou com uma referência externa.

Esse instrumento tem sido criticado, e sua confiabilidade foi posta em julgamento (Markos, 1979; Speakman e Kung, 1978 apud Dougall, Wenger e Green, 2000), em razão do fato de apresentar dois problemas importantes. Em primeiro lugar, é difícil identificar o eixo do movimento para ações complexas, como a flexão e a extensão do pulso, que envolvem mais de duas articulações ósseas. Em segundo lugar, é complicado posicionar os braços do goniômetro ao longo dos ossos dos segmentos e mantê-los nessa posição durante toda a medição. Colocar o braço era mais importante do que o eixo correto; consequentemente, uma parte desse problema está no próprio instrumento, e a outra, no procedimento de sua utilização. Além disso, podem ser utilizados dispositivos de medição mais exatos, como o goniômetro de gravidade e compasso, o flexímetro e o flexímetro Leighton.

7.6.2.2 Fotografia estática

A fotografia estática tem sido utilizada para medir as amplitudes de movimentos estáticos. O aspecto positivo dessa técnica é que ela oferece um registro permanente. Os aspectos negativos são o tempo necessário para revelar e avaliar as fotografias e o custo da película.

7.6.2.3 Radiografia

Alguns pesquisadores consideram a radiografia o meio mais válido para medir a amplitude de movimento (Kottke e Mundale, 1959). Apesar disso valer para alguns movimentos, os problemas associados à exposição à radioatividade, a acessibilidade ao equipamento e o treinamento do pessoal que o opera constituem sérios obstáculos.

Os procedimentos realizados até o fim para medir a flexibilidade de cada articulação variam de uma articulação a outra:

- *Ombro*: o sujeito deve levantar o cotovelo até a vertical, com o braço flexionado e a mão direcionada para o centro das costas, enquanto o braço contrário se mantém em flexão, com o cotovelo na vertical, em direção ao solo, o dorso da mão fica no centro das costas. Deve-se medir a distância entre os dedos anulares das mãos.
- *Quadril* (teste de Thomas ou teste do iliopsoas): o sujeito se posiciona em decúbito dorsal, com o quadril na beirada de uma mesa e uma perna

flexionada pelo joelho. A perna contrária se coloca dobrada pelo quadril e pelo joelho, enquanto o joelho é flexionado suavemente em direção ao peito até que a coxa forme um ângulo de 120 graus em relação à outra perna. Se o quadril se flexiona, isso indica o encurtamento do psoas ilíaco, e, se a perna se estende, é sinal de um reto anterior encurtado.

- *Tendão posterior da perna*: coloca-se o sujeito em decúbito dorsal, com uma perna estendida e a outra flexionada pelo quadril, formando um ângulo de 90 graus. Nessa posição, o sujeito estende a perna elevada, evitando que o quadril e as costas se separem do apoio. Esse teste permite ver o estado dos flexores e dos extensores do quadril. Uma boa flexibilidade permite a total extensão da perna elevada.
- *Teste de quadríceps ou teste de Ely*: coloca-se o sujeito deitado de bruços. Flexiona-se a perna de forma assistida, levando o calcanhar até o glúteo e mantendo o quadril completamente estendido. Mede-se o ângulo de flexão (135 graus).
- *Teste da região iliotibial ou teste de Ober*: o sujeito deve estar em decúbito lateral, com a perna sobre a qual se apoia, com flexão de 90 graus do quadril e do joelho. A perna contrária se manterá estendida e flexionada em 90 graus pelo joelho. A mão do braço mais separado do solo deve tocar o joelho contrário. O examinador, estando atrás do sujeito, manterá o quadril do indivíduo estendido com uma mão, enquanto, com a outra, puxará a perna separada do solo para trás. O normal é que, mantendo o quadril estendido, a coxa desloque-se cerca de 15 graus por trás da linha horizontal.
- *Gêmeos*: o sujeito, em decúbito dorsal e com a perna totalmente estendida e elevada a 45 graus, faz uma flexão dorsal de pé. Sujeitos normais podem obter 20 graus de flexão dorsal. A flexão plantar normal é de 50 graus.
- *Adutores do quadril*: com o sujeito a ser avaliado em decúbito dorsal: a) com as pernas estendidas, separar e medir o ângulo entre o eixo central do corpo e o eixo central de uma das pernas (a separação não deve ser inferior a 30 graus); b) flexionar as pernas em 90 graus pelo quadril e pelo joelho e medir a separação.

7.7 O planejamento do treinamento da flexibilidade

Ao planejar o processo de desenvolvimento da flexibilidade, convém considerar que a relação entre a flexibilidade ativa e a passiva, assim como a relação entre a mobilidade de diferentes articulações, é pouco significativa. É possível apresentar um alto nível de flexibilidade ativa e um desenvolvimento insuficiente da passiva, e vice-versa. A flexibilidade passiva é a base para o desenvolvimento da ativa; no entanto, o aumento desta última requer um trabalho com objetivo específico (Platonov e Fessenko, 1993). O elevado nível da flexibilidade das articulações umerais não garante em absoluto a mobilidade suficiente das articulações dos joelhos ou tibiotarsianas, o que requer um trabalho multilateral sobre o desenvolvimento da flexibilidade de todas as articulações, cuja mobilidade influi de forma significativa sobre os resultados da natação.

Os melhores nadadores do mundo realizam 120 a 160 h ao ano de exercícios fora da água para aperfeiçoar a mobilidade das articulações e distribuem esse trabalho de forma irregular nos diferentes períodos de treinamento. Grande parte desses exercícios costuma ser executada na primeira etapa do período de preparação, quando não temos como objetivo aumentar de forma notável a mobilidade das articulações. Na segunda etapa do período de preparação e na de competição, o volume de trabalho costuma diminuir um pouco e adquire um objetivo mais específico: manter o nível obtido no desenvolvimento dessa capacidade física, aperfeiçoar a mobilidade das articulações que predeterminam a amplitude e a efetividade dos principais movimentos em um ou outro estilo.

Os benefícios de uma boa flexibilidade para nadadores são:

- Maior economia de movimentos ao aumentar a amplitude dos movimentos natatórios. O nadador com uma grande mobilidade articular realizará com maior facilidade e eficiência a recuperação dos braços e das pernas no estilo nado de peito, conseguindo uma melhor execução técnica nos estilos.
- Aumenta o metabolismo nas articulações e nos músculos circundantes e, dessa forma, retarda o aparecimento da fadiga.

Os exercícios orientados a desenvolver a flexibilidade podem constituir sessões específicas de treinamento, embora sejam comumente executadas sessões complexas fora da água, nas quais se combinam a força e o desenvolvimento da flexibilidade. Os exercícios para a melhora da flexibilidade incluem-se com muita frequência no aquecimento prévio das sessões de treinamento e também constituem parte importante da ginástica matinal dos nadadores. De todas as formas, no momento de realizar a programação da melhora da flexibilidade, devemos considerar que a flexibilidade ativa se desenvolve de uma e meia a duas vezes mais lentamente do que a passiva (Platonov e Fessenko, 1993).

O tempo investido a cada dia no desenvolvimento da flexibilidade pode variar amplamente: de 15 a 20 e 45 a 60 min. Esse trabalho pode ser distribuído de forma diferente ao longo do dia: cerca de 20% a 30% do volume total costuma ser incluído na ginástica matinal e no aquecimento que antecede as sessões de treinamento, e o restante será incluído na parte principal das sessões de treinamento (Platonov e Fessenko, 1993).

Maglischo (1999) assinala a importância da melhora da flexibilidade tanto para os nadadores jovens quanto para os adultos em razão do seguinte:

- Permite uma aplicação maior de força propulsora durante mais tempo.
- Facilita a recuperação dos braços e dos movimentos das pernas, ajudando o alinhamento horizontal e lateral do corpo.
- Diminui a energia utilizada e aumenta a velocidade de nado ao reduzir a resistência intramuscular.

Tabela 7.1 – Pautas do treinamento da flexibilidade em nadador

Frequência	Diária
Séries	3 a 6
Repetições	10 a 15
Tempo de parada	6 a 10 s
Tipo	Estiramento estático para os tornozelos, estiramentos
Séries	Estiramentos lento-dinâmicos para todas as outras articulações

Os princípios gerais para a melhora da flexibilidade são:

- Todas as modalidades exigem boa mobilidade articular e capacidade de estiramento geral, e muitas delas, uma flexibilidade especial, cuja dimensão, às vezes, ultrapassa em muito o habitual. A flexibilidade é um fator influente e decisivo para o rendimento em qualquer modalidade esportiva.
- O desenvolvimento e a estabilização de uma boa flexibilidade geral e especial exigem um treinamento sistemático e continuado da flexibilidade.
- Toda sessão de treinamento se inicia, a princípio, com um trabalho de flexibilidade de 15 a 20 min; é um componente integrante do aquecimento. No contexto desse aquecimento, é necessário conseguir uma mobilidade articular e uma capacidade de estiramento muscular ótimas para o treinamento que se seguirá.
- A sistematização e a duração do treinamento da flexibilidade são estabelecidas de acordo com o momento do dia (pela manhã, uma pessoa está mais rígida do que ao meio-dia) e o objetivo principal da sessão de treinamento. Se a sessão de treinamento está pensada para o trabalho da velocidade, força rápida ou força máxima, será necessário ter, além de uma boa mobilidade articular, uma musculatura em ótimo estado de estiramento prévio; se o objetivo for trabalhar a técnica, será necessária uma preparação especial da flexibilidade.
- O trabalho da flexibilidade geral e da especial se combina de acordo com cada grupo de treinamento e sua modalidade particular e enfa-

tiza alguns conteúdos em relação a outros, de acordo com a sessão de treinamento que se segue.

- O treinamento da flexibilidade é utilizado também para aliviar a fadiga e impedir a rigidez das articulações depois de uma carga pesada e volumosa. Aqui, as técnicas de estiramentos têm demonstrado um grau de eficácia notável.
- Os exercícios de flexibilidade combinados a banhos quentes (termais) e sauna têm demonstrado alto grau de eficácia (Martín et al., 2001).

As articulações mais importantes e que devem ser trabalhadas mais intensamente nos nadadores são:

- Tornozelos:
    - Flexão plantar: importante nos estilos costas e borboleta.
    - Flexão dorsal: importante no estilo peito. Quanto maior for a amplitude de flexão do tornozelo, mais rápido o nadador poderá empurrar a água.
- Articulação do quadril:
    - Abdução das pernas: é importante no estilo peito, mas é necessário tomar cuidado para evitar lesões.
- Coluna vertebral: frequentemente, a importância da flexibilidade da coluna vertebral para o desenvolvimento de uma técnica ótima de natação é subestimada. Mas ela representa um fator determinante, já que é preciso adaptar o tronco do nadador às condições variáveis durante o ciclo de movimentos de cada estilo, de forma que se reduzam as resistências conforme o avanço do corpo, aumentando, assim, a eficiência do deslizamento. A flexibilidade da coluna vertebral no plano sagital é muito importante para os estilos peito e borboleta. A flexibilidade no plano frontal é importante nos estilos livre e costas (rotação do tronco). A flexibilidade cervical é importante para a respiração, evitando movimentos de descoordenação no tronco e nas extremidades.
- Articulação dos ombros: uma boa amplitude articular nos ombros proporciona fácil recuperação dos braços nos estilos costas, livre e borboleta.

Capítulo 8

Estruturação e planejamento do treinamento na natação

8.1 Introdução

Desde há muito tempo repetimos que o planejamento do treinamento esportivo é, antes de tudo, o resultado do pensamento do treinador. Isso significa que ele deve se distanciar o máximo possível de toda improvisação e integrar os conhecimentos em um sistema estrutural e organizado. O planejamento é um processo para determinar onde se estabelecerão os requisitos com o intuito de chegar a esse ponto da maneira mais eficiente possível.

Para Sancho (1997), os preceitos do planejamento são os seguintes:

- O planejamento não é intuitivo, não pode ser deixado ao azar. Pelo contrário, deve seguir um processo.
- Os fins, sobretudo, e também os objetivos devem estar em concordância com os problemas e as necessidades e ser estabelecidos e determinados claramente. Do contrário, corre-se o risco de planejar um processo direcionado para algo diferente do que realmente se necessita e sem saber para quê.
- As metas, os objetivos e, em última instância, os fins, devem ser atingíveis, realistas (o que não exclui certa ousadia e certo nível de risco).
- O planejamento é um processo sequencial e logicamente ordenado. Não se desenvolve todo ele nem simultânea nem voluntariosamente.

- O planejamento está imerso no meio ambiente, não podendo nem se desprender nem ser trabalhado à margem dele.
- Todo planejamento pressupõe uma mudança efetiva em relação à situação da qual se parte.
- Planeja-se para a execução. Não se pode chamar de planejamento verdadeiro o trabalho exclusivamente teórico, sem intenção de ser posto posteriormente em prática; deve, portanto, existir a vontade de realizá-lo efetivamente.

Consideramos que o planejamento do treinamento esportivo é a organização de tudo o que ocorre nas etapas da preparação do atleta. É o sistema que inter-relaciona os momentos de preparação e competição.

Nessa definição, está implícito o problema atual do planejamento esportivo: estrutura e planejamento são inseparáveis no processo de preparação, mas significam coisas diferentes.

A estrutura é a organização que compreende o período de tempo tanto de treinamento quanto de competições. Possui um caráter temporal, pelo que considera um início e um fim do processo de preparação e de competições, e está determinada fundamentalmente pelo seguinte:

- O calendário competitivo, que considera o número de competições, sua frequência, seu caráter e a dispersão ou concentração delas em um dado período de tempo.
- A organização e a dosagem das cargas, que consideram se estas serão diluídas ou concentradas e a concepção a qual será adotada no caráter da carga, ou seja, a proporcionalidade entre as cargas gerais e as especiais.
- As direções do treinamento e os objetos de preparação, que consideram as direções determinantes do rendimento e as direções condicionantes do rendimento.

A estruturação do treinamento esportivo é uma das principais condições para que se obtenha o objetivo em qualquer esporte. Forteza (1999) diz:

> uma perfeita estruturação do treinamento garante não somente a obtenção de resultados no âmbito mundial, mas, além disso, procura assegurar a longevidade esportiva de nossos atletas.

A paternidade de uma teoria científica — ainda válida, embora com profundas modificações — sobre a estrutura e o planejamento do rendimento devemos ao russo Matveiev. Atualmente, existem diferentes concepções da estrutura do treinamento e divergências sobre qual é a melhor, mas todas elas partem da periodização do treinamento esportivo proposta pelo russo nos anos 1960. Também é preciso mencionar seus precursores: Kotov, Grantyn e Letunov.

Então, para analisar qualquer estrutura atual do treinamento, é necessário partir da formulada por Matveiev, conhecida como periodização do treinamento. Antes, contudo, é preciso diferenciar os conceitos periodização e planejamento: a periodização é a estrutura temporal, e o planejamento é a integração do processo para se obter rendimento.

O plano da temporada, também chamado de plano de treinamento anual, deve integrar todos os aspectos da preparação, incluindo os projetos dos mesociclos, dos microciclos e das sessões, assim como os sistemas próprios do projeto de uma temporada.

Do ponto de vista de Navarro e Feal (2001), o planejamento e a estruturação de uma temporada devem propor os seguintes requisitos:

- O plano deve assegurar a plena manifestação das capacidades do esportista e o alcance dos melhores resultados nas competições principais.
- O plano deve considerar que o esportista tem que atuar em sua plena capacidade durante toda a temporada, já que, do contrário, não conseguirá ser selecionado para as competições principais; no entanto, deve atuar nessas condições sem detrimento de sua preparação geral e sem prejuízo a sua saúde.
- O plano deve criar os fundamentos para que a preparação e os resultados do esportista continuem evoluindo nas temporadas posteriores e, por conseguinte, para que suas capacidades sejam desenvolvidas de modo integrado e sua saúde seja fortalecida.

O conceito de planejamento da temporada está baseado nos seguintes condicionantes:

- A distribuição das competições dentro de um período de preparação de 12 meses.
- A estratégia de preparação em longo prazo.
- As peculiaridades do processo de adaptação.

8.2 Condicionantes do plano da temporada

Os condicionantes fundamentais de um ciclo anual de treinamento são as competições, a estratégia da preparação em longo prazo e as peculiaridades da adaptação.

Para Navarro e Feal (2001), uma das características do esporte hoje em dia é o número elevado de competições. Não há dúvida de que, até mesmo para os esportistas de classe mundial, não é possível obter os melhores resultados e uma preparação "pico" para cada competição; os rendimentos são alcançados somente nas competições principais, e estas deveriam representar o resultado final da preparação de toda uma temporada. Portanto, a preparação deve ser dirigida com clareza para um número limitado de competições, com o alcance do "pico" imediatamente antes da prova principal.

A preparação da temporada pode ser projetada no formato de um pico, dois picos e polipicos. O tipo de esporte é determinante para a distribuição de competições dentro do ciclo anual. O sistema mais comum para o planejamento da temporada estabelece que os picos de preparação podem ser conseguidos por meio do treinamento completo dentro de um macrociclo; assim, seriam empregados planos de temporada de um ciclo, dois ciclos e três ciclos. Para Navarro e Feal (2001), como alternativa, o sistema contemporâneo facilita obter três, quatro ou mais picos de preparação dentro da estrutura de uma temporada (macrociclo).

Segundo os mesmos autores, outro fator do treinamento dentro da temporada a ser considerado é a estratégia de preparação em longo prazo. Existe consenso de que a preparação dos jovens esportistas deve ser mais generalizada e multilateral e contar com menor número de competições do que a dos esportistas de elite. O planejamento e a distribuição da carga devem ser baseados nas tendências de longo prazo do progresso individual. Atualmente, a preparação dos esportistas jovens, nos primeiros dois ou três anos de treinamento, é realizada utilizando-se ciclos de treinamento mais prolongados.

Um aspecto concreto de estratégia de preparação em longo prazo é o plano quadrienal olímpico, em que são estabelecidas características especiais de treinamento para cada temporada e o qual pode até mesmo determinar as proporções relativas de vários períodos dentro de um ciclo anual.

Por último, o desenvolvimento do planejamento da temporada também se baseia nas peculiaridades, nas fases e nos períodos de preparação. As principais peculiaridades do desenvolvimento da preparação dentro de uma temporada estão relacionadas à lei de adaptação. Para o treinamento dessa lei, considera-se que:

- Os esportistas não podem executar continuamente o mesmo programa de treinamento, em razão do fato de a treinabilidade diminuir depois da adaptação a cargas habituais. Assim, o treinamento deve ser mudado, seja por meio da magnitude dos estímulos e/ou do conteúdo dos exercícios.
- As exigências de treinamento aumentam durante a temporada e alcançam seu ponto máximo na última e, frequentemente, mais importante competição. Esse ponto normalmente corresponde à fase crítica de adaptação, e uma elevação posterior da carga de trabalho pode ser perigosa e destrutiva. Deve ser o ponto de referência a marcar o objetivo da temporada seguinte.
- O efeito de treinamento máximo nos esportes é alcançado com a ajuda de exercícios específicos. No entanto, a sensibilidade dos atletas para esses exercícios será mais baixa durante o treinamento anual em longo prazo; a utilização desses exercícios deveria ser feita com a correta dosagem antes das competições principais. A renovação do potencial motor e psicológico necessita do uso de exercícios generalizados e parcialmente não específicos. Essa é a razão pela qual os períodos inicial e posterior de uma

temporada devem ser qualitativamente diferentes.

A primeira tentativa de projetar um sistema válido de treinamento anual esteve baseada na experiência esportiva das décadas de 1920 e 1930. Esse sistema defendia o trabalho geral no inverno — para o desenvolvimento da força e da resistência — e o trabalho especial na primavera e no verão, incluindo a competição.

O papel da preparação física, fisiológica, psicológica e coordenativa era extensivo, e, por isso, foram recomendados alguns períodos prolongados de preparação geral para uma temporada. No entanto, mais tarde, o sistema foi adaptado à necessidade de se conseguirem dois ou três picos de preparação no ano. Como resultado das variáveis de periodização, defendeu-se na prática o seguinte (Navarro e Feal, 2001):

- periodização de um ciclo: um macrociclo em um ano;
- periodização de dois ciclos: dois macrociclos em um ano;
- periodização de três ciclos: três macrociclos em um ano.

8.2.1 Como realizar o projeto de uma temporada

O esquema da Figura 8.1 assinala os passos que convém seguir para a realização do processo completo de planejamento do treinamento de uma temporada.

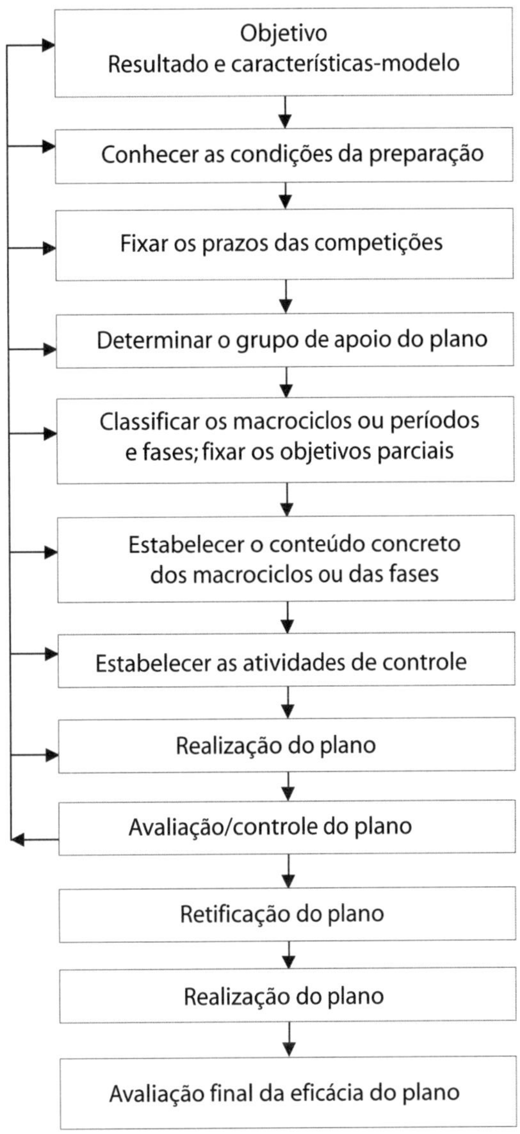

Figura 8.1 – Esquema de planejamento do processo de treinamento. Adaptado de Navarro e Feal (2001).

O ponto de referência para o planejamento é determinar os objetivos que se pretendem alcançar na temporada. Esses objetivos devem ser concretos e realistas. A escolha dos objetivos leva em consideração os resultados anteriores, as marcas de referência obtidas nos testes, o ritmo de melhora das destrezas e do rendimento no esporte e as datas das competições principais. Também são importantes o fator dominante de treinamento e os fatores de debilitação de cada esportista (Navarro e Feal, 2001). Desse modo, as prioridades de treinamento podem ser estabelecidas com base no que foi considerado como fatores limitantes (por exemplo: a preparação física é o fator limitador?, ou: a preparação é técnica ou psicológica?).

No entanto, não é necessário atender à sequência concreta dos objetivos assinalados. O importante é dar maior prioridade àqueles fatores pouco desenvolvidos e àqueles mais importantes no esporte.

Uma vez estabelecidos os objetivos, devem ser analisadas as condições possíveis para levar o plano adiante, ou seja, as possibilidades de participação em concentrações para treinamentos, a existência de recursos materiais e equipamento, o local ou os locais de treinamento etc. É óbvio que, se essas condições não forem as ideias, será difícil elaborar um plano concreto e, mais ainda, incitar os esportistas a cumpri-lo.

A terceira operação é fixar as competições principais. Na maioria das vezes, elas já são impostas pelo calendário aprovado de competições e pelas indicações das direções técnicas. Em todo caso, as competições devem ser eleitas em função dos objetivos principais. É muito útil que nos gráficos do plano da temporada sejam diferenciadas as competições principais, as importantes e as preparatórias.

Depois, é preciso determinar quem são os executores do plano (chefe de equipe, treinadores, especialista em metodologia, médico, massagista etc.).

Navarro e Feal (2001) classificam os períodos e as fases do ciclo anual e a proposição dos objetivos em cada um deles:

- Estabelecer o conteúdo concreto de cada fase (meios fundamentais, métodos, procedimentos metodológicos, volumes das cargas, tempo dedicado durante a semana e o mês e, em alguns casos, o plano de cada treinamento). É necessário determinar o projeto que vai ser seguido (um, dois, três ciclos etc.; projeto convencional ou contemporâneo), para depois fixar os períodos com a duração precisa de cada fase. O mesmo processo continua especificando os mesociclos e estabelecendo seu número e tipo, seus objetivos e os métodos empregados para alcançar esses objetivos.
- Fixar as atividades para controlar e comprovar a eficácia com que a preparação é realizada em cada fase (eleger os testes e as normas de controle, acordar o conteúdo e os prazos para os controles médico e bioquímico etc.). As marcas — referência de cada teste, especialmente os físicos e os térmicos — devem ser estabelecidas durante a realização do projeto do plano da temporada. A progressão é dosada, tendo em vista o alcance de cada marca — a referência deveria refletir a adaptação do esportista a um programa, assim como seu ritmo de melhora. No entanto, é preciso ter cuidado com o plane-

jamento das marcas/referências em razão de apresentarem um incentivo tanto para o progresso como para a preparação. Quanto ao esportista de elite, suas marcas/referências podem ser comparadas às de outros esportistas de alto nível.

Com isso, conclui-se a elaboração do plano de treinamento da temporada; suas linhas mestras são explicadas aos esportistas, e passa-se a sua realização. Durante esse processo, dá-se o planejamento pontual da preparação nos mesociclos e microciclos, o que se apoia sobre a base das posições de partida da temporada, mas também leva em consideração o estado real do esportista, os dados de controle pontuais e por fases e as mudanças nas condições de preparação. As retificações pontuais são necessárias para obter os objetivos fundamentais do plano.

8.2.2 A periodização do treinamento esportivo

A forma mais concentrada da preparação dos esportistas é a organização do treinamento em períodos e etapas. Essa forma de estruturar o treinamento esportivo, como já assinalamos, foi idealizada por Matveiev, na década de 1960.

Baseado nos ciclos da supercompensação, criados pelo austríaco Hans Seyle e modificado pelo grande bioquímico esportivo Yakolev, Matveiev idealizou a periodização do treinamento apoiado em avaliações estatísticas do comportamento de atletas de diversas modalidades esportivas da ex-União Soviética nas décadas de 1950 e 1960. Essa periodização fundamentava-se na premissa de que o atleta tem que construir, manter e depois perder relativamente a forma esportiva ao longo dos grandes ciclos anuais de treinamento (Mateveiev, 1982).

Assim, a periodização do treinamento esportivo pode ser entendida como uma divisão organizada do treinamento anual ou semestral dos atletas, buscando prepará-los para alcançar certos objetivos estabelecidos previamente e obter um grande resultado competitivo em determinado ponto culminante da temporada, ou seja, obter a forma esportiva por meio da dinâmica das cargas de treinamento ajustadas em seu ponto máximo nesse momento.

Essas três fases — aquisição, manutenção e perda temporal da forma esportiva — se transformam, em um âmbito mais geral, nos três grandes períodos do treinamento esportivo, a saber: preparatório, competitivo e transitório (Ozolín, 1989):

- Período preparatório: relativo à aquisição da forma esportiva.
- Período competitivo: relativo à manutenção da forma esportiva.
- Período transitório: responsável pela perda temporal da forma esportiva.

Tem-se demonstrado que o esquema de Matveiev é demasiado rígido no que se refere às diversas fases da preparação esportiva, considerando-se que são as mesmas para diferentes modalidades e atletas, além de possuírem relativamente a mesma duração (Tschiene, 1985).

Foram realizados vários estudos de forma complementar e com o intuito de aperfeiçoar a periodização de Matveiev (Platonov, 1988; Harre, 1988; Ozolin, 1989; Forteza, 1999 e Viru, 1991). Também foram feitos outros que buscavam o rompimento com essa forma tradicional de estruturação do treinamento (Verkoshansky, 1990 e Tschiene, 1987).

No Quadro 8.1, temos um resumo das características fundamentais da periodização de Matveiev (Forteza, 1999).

Quadro 8.1 – Quadro sinótico, síntese das particularidades dos períodos

Particularidades	**Períodos**			
	Preparatório		Competitivo	Transitório
	Etapa de preparação geral	Etapa de preparação especial		
Orientação do treinamento	Criar a base para a preparação especial e competitiva. Desenvolvimento das capacidades motrizes gerais.	Aplicada a todos os componentes da preparação esportiva.	Preparação funcional imediata para as competições.	Alívio da preparação.
Preparação física		Desenvolvimento das capacidades motrizes especiais e manutenção do nível geral. Aperfeiçoamento das ações técnicas e táticas que são objeto da especialidade.	Manutenção do nível de preparação geral e especial alcançado.	Descanso ativo por meio de jogos e atividades aquáticas.
Preparação técnico-táctica	Reestruturação de habilidades motrizes. Aprendizagem de novas ações técnicas.		Revisão e asseguramento da variabilidade na execução das ações motrizes escolhidas. Elevação do pensamento tático ao maior nível.	Eliminação parcial das deficiências técnicas detectadas nas competições. Proposição das tarefas para o aperfeiçoamento no próximo ciclo.

Continua

Continuação

Particularidades	Períodos			
Preparação psicológica	Desenvolvimento das qualidades volitivas da personalidade.	Preparação psicológica especial para as cargas de grande intensidade e a participação em competições. Maior conteúdo da preparação especial sobre a preparação geral.	Garantir a predisposição especial para as competições. Modelação do treinamento.	Garantir o estado emocional positivo diante das vitórias e possíveis derrotas.
Relação entre a preparação geral e a especial do esportista	Maior conteúdo da preparação geral sobre a preparação especial.		Aumento ainda mais acentuado da preparação especial sobre a preparação geral.	Desaparecimento da preparação especial e predominância em todo o período da preparação geral.
Dinâmica das cargas	A quantidade de exercícios é muito mais acentuada do que a qualidade de execução. Predomínio do treinamento aeróbico na maioria dos esportes.	O ritmo de execução e a qualidade dos exercícios aumentam, e diminui a quantidade. Parcialmente, o treinamento aeróbico é feito na zona mista (anaeróbico--aeróbico).	Aumento considerável da qualidade de execução; a quantidade de exercícios continua diminuindo. Maior utilização de treinamentos anaeróbicos.	Diminuem a qualidade e a quantidade de exercícios. Treinamentos aeróbicos e variáveis.

A essência da periodização de Matveiev é a relação temporal entre as fases da forma esportiva e a estruturação dos períodos de treinamento (Forteza, 1999).

Segundo Dilson (1992), a periodização do treinamento fundamenta-se justamente na transferência positiva dos grandes volumes de cargas gerais de trabalho nas primeiras fases do treinamento para uma maior especificidade nas fases posteriores.

8.2.2.1 Críticas à periodização de Matveiev

Várias críticas à periodização de Matveiev e seus seguidores.

Weineck (1989) afirma que a preparação geral tem sentido apenas para elevar o estado geral de preparação do atleta, o qual já está elevado por conta dos anos de treinamento realizado. Por essa razão, segundo o autor, não se desencadeiam nos atletas os processos adaptativos para uma aumentada capacidade de resultados.

Para Gambetta (1990), o modelo de Matveiev é válido somente para as primeiras fases do treinamento, considerando-se que, ao aumentar o nível de rendimento dos atletas, deve-se aumentar também a porcentagem de utilização dos meios de preparação física.

Já Bompa (1983) argumenta que, com os calendários competitivos atuais, não existe tempo disponível para a utilização de meios de preparação geral os quais não correspondam às especificidades concretas do esporte em questão.

Um dos autores que mais discutiu a periodização do treinamento esportivo, Tschiene (1992) realça a importância de uma preparação individualizada e específica, com altos índices de intensidade durante o treinamento. Ele assinala que o esquema de Matveiev é demasiado rígido no que se refere às diversas fases da preparação esportiva, as quais são as mesmas para diferentes esportes e esportistas e possuem a mesma duração. Tschiene também chama a atenção para a importância de novas formas alternativas de estruturação do treinamento esportivo surgidas nos últimos anos.

Por sua vez, Verkoshansky (1990) diz que a periodização do treinamento esportivo, quando foi concebida por Matveiev, tinha como base resultados competitivos e um nível de exigência muito menor do que os atuais. Por isso, ela deve ser concebida unicamente para atletas de nível médio, e não para atletas de elite.

Tschiene (1992) afirma que não há transferência positiva da preparação geral para a preparação específica no esporte de alto nível.

Por último, Navarro e Feal (2001) levantam os seguintes pontos sobre a periodização convencional e sua utilização no esporte de alto rendimento:

- Desenvolvimento complexo de muitas capacidades ao mesmo tempo. O sistema tradicional defende o desenvolvimento complexo de muitas capacidades por meio da orientação geral do treinamento em várias direções. Por exemplo, na natação, o treinamento no período preparatório é dirigido às resistências aeróbica e aeróbica-anaeróbica, à força máxima, à força resistência, ao acondicionamento físico geral. Como é usual, esse tipo de treinamento é utilizado dentro de cada mesociclo em proporções distintas. A mesma situação é típica no período competitivo de acordo com outra série de objetivos, que inclui capacidades anaeróbicas aláticas, resistência anaeróbica, força-resistência específica, técnica e tática competitivas etc. A formulação complexa de um programa de treinamento que, simultaneamente, desenvolva muitas capacidades motoras produz uma superposição negativa do efeito de treinamento. Mais ainda, para obter um ganho real de alguma capacidade nos esportistas de elite, é necessário facilitar uma concentração suficiente e enfatizar sobrecargas de treinamento concretas, e um programa complexo restringe essa possibilidade.

- Períodos prolongados de treinamento de forma monótona e pouco atraente. Essa posição baseia-se no emprego rotineiro de períodos prolongados de treinamento envolvendo tarefas e/ou conteúdos de exercícios monótonos. Usualmente, os períodos duram de dois a três meses. A principal consequência desse treinamento é que a adaptação ao estímulo habitual reduz os ganhos na preparação. Ao lado disso, o período prolongado de trabalho extensivo nos períodos preparatórios leva ao destreinamento da velocidade e à alteração da técnica segundo o estilo extensivo.
- Poucas oportunidades para realizar capacidades específicas durante o período preparatório (rapidez, potência anaeróbica alática, técnica competitiva etc.) e reter capacidades básicas mais generalizadas durante o período competitivo (resistência aeróbica, capacidades de força). A prolongação de um trabalho determinado com características concretas durante os distintos períodos pode provocar efeitos negativos. É bem conhecido o fato de que a capacidade para desenvolver velocidade máxima e potência pode diminuir com o alto volume de treinamento, por causa adaptação morfológica e biomecânica dos músculos. Por essa razão, pode-se chegar a uma perda muito estável de rapidez e capacidade anaeróbica alática. Um efeito negativo adicional pode ser a alteração da técnica de movimento. Sob condições contínuas de trabalho extensivo, a técnica muda para um modelo de coordenação predominante — por exemplo, movimentos lentos por excesso de trabalho aeróbico —, podendo essa transformação chegar a ser também muito estável. Como ponto a ser acrescentado a este item, a prolongação do período competitivo não permite ao esportista sustentar o nível das capacidades básicas, como a resistência aeróbica e a força máxima. Até mesmo a massa muscular é diminuída com frequência alguns dias antes das competições principais.
- Limitações para participar nas competições durante a principal parte da temporada. É comum no esporte contemporâneo de alto rendimento participar de competições não somente durante o período competitivo, mas também durante o período preparató-

rio. A estrutura convencional de preparação não oferece a oportunidade para isso em razão da escassez de situações competitivas durante o período preparatório de treinamento. O acúmulo de carga e a baixa motivação para participar da competição (por conta da falta de preparação) fazem a competição nesse tempo ser pouco factível.

Matveiev (1990) respondeu a algumas das críticas ao modelo criado por ele, especialmente no que se refere à utilização das cargas gerais e aos altos volumes de trabalho nas fases básicas do treinamento, considerando que esse é um fator que não pode ser contestado e, muito menos, eliminado. Para ele, os conteúdos gerais dependem dos conteúdos específicos, e vice-versa. No Gráfico 8.1, podemos ver a periodização clássica de Matveiev.

Os principais problemas encontrados na prática concreta do treinamento esportivo estão relacionados, sem dúvida alguma, com os variados calendários dos ciclos competitivos ao longo dos anos e com o grande número de competições que existem durante um ano.

A partir desse problema, surgiram novas formas de estruturar o treinamento esportivo para atletas de alto nível, e a tendência é que cada vez mais se recorra à utilização de uns ou outros sistemas (Raposo, 1989).

As formas que mostraremos a seguir, tendem a aperfeiçoar a periodização de Matveiev ou romper com ela, evidentemente não esgotam as múltiplas possibilidades de estruturação do treinamento esportivo, mas são, atualmente, as mais discutidas na literatura internacional especializada no tema. No Gráfico 8.2, temos um macrociclo tradicional aplicado a nadadores.

Gráfico 8.1 – Periodização tradicional

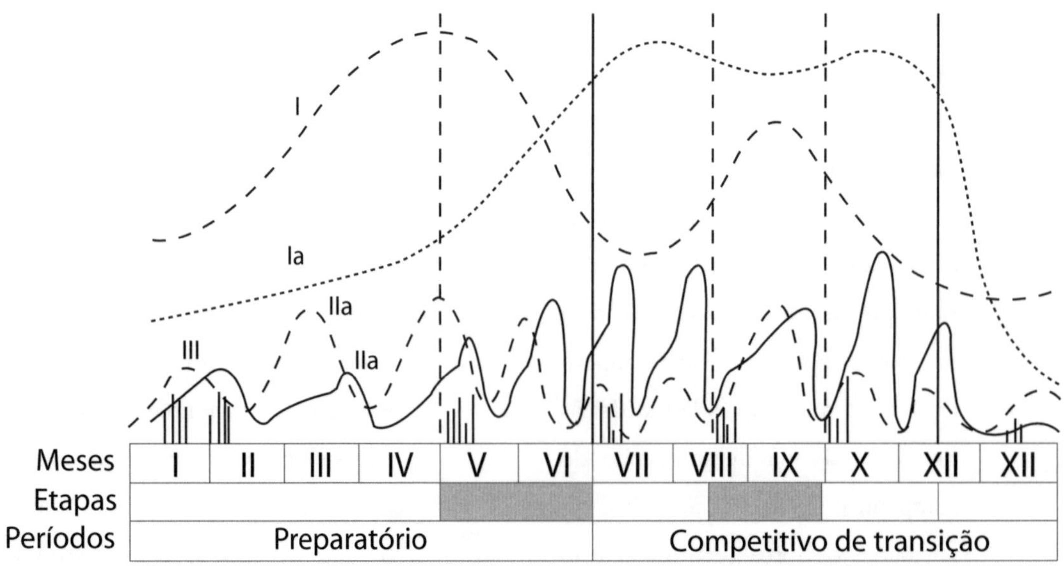

Gráfico 8.2 – Exemplo de macrociclo para nadadores

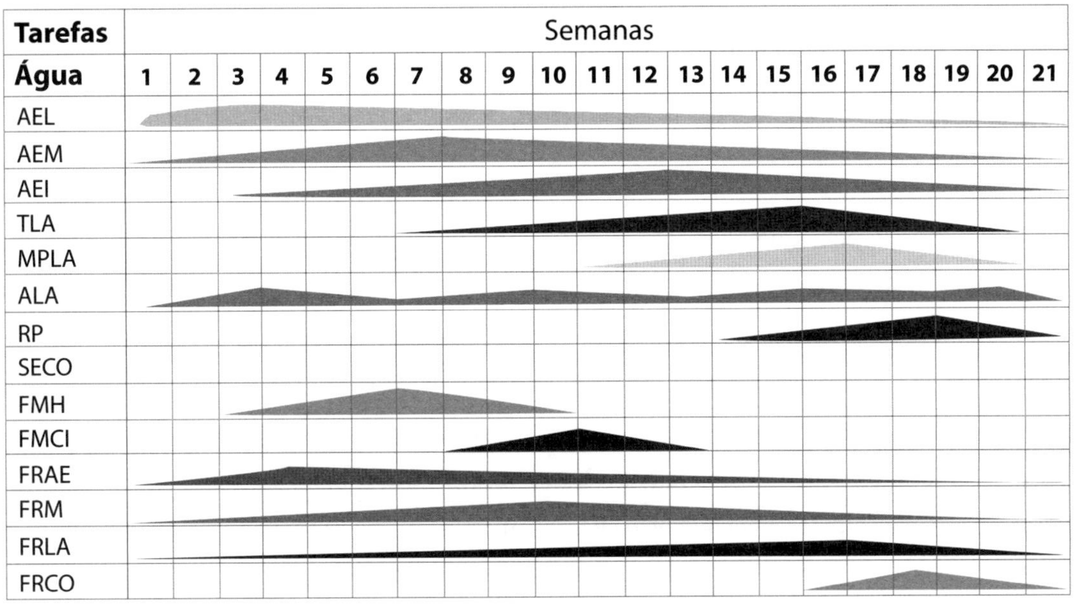

8.2.2.2 O caráter cíclico do treinamento esportivo

Os ciclos do treinamento constituem outra forma estrutural e foram igualmente formulados por Matveiev nos primeiros anos da década de 1960. Eles rapidamente se unificaram à estrutura periódica, estabelecendo uma estrutura híbrida em ambas as formas temporais e distintas de organizar.

Os ciclos se definem em dois níveis fundamentais:

- nível de microestrutura, conhecido como microciclo;
- nível de mesoestrutura, conhecido como mesociclo.

8.2.2.2.1 A estrutura dos microciclos no treinamento

A estrutura do treinamento possui uma ordem relativamente estável de elementos, os quais são correlacionados (Figura 8.2).

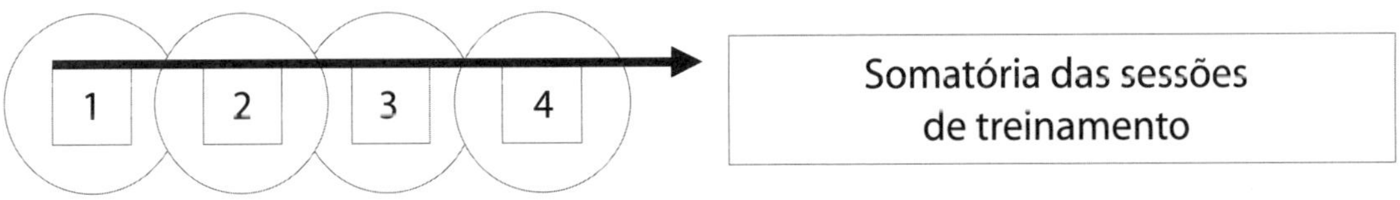

Figura 8.2 – Somatória das sessões de treinamento.

Se variarmos os lugares das sessões de treinamento, o efeito também diferirá. Atualmente, a construção dos treinamentos por meio dos diferentes ciclos tem uma importância vital para o êxito do planejamento e para se obter resultados em competição.

O microciclo possui no mínimo duas fases: a acumulativa, que está relacionada em um ou outro grau com o esgotamento, e a de restabelecimento, que está relacionada ao descanso necessário pelas cargas realizadas.

Na prática, por questões de organização do calendário, utiliza-se frequentemente o ciclo semanal de cinco a nove dias (7 ± 2); no entanto, pode haver microciclos desde dois até vinte dias. A duração mínima é de dois dias, embora seja pouco utilizada, pois não confere muitas possibilidades para a resolução das tarefas de treinamento.

O tipo de esporte não determina a duração do microciclo; ela depende das tarefas da preparação no processo de treinamento (metas a serem cumpridas). Pretende-se buscar a duração ótima do microciclo de acordo com o nível de qualificação do esportista, as metas a serem cumpridas e o momento de preparação.

Os microciclos de treinamento permitem concentrar as tarefas nas distintas sessões, assim como o volume necessário de influências para a sua solução e são mantidos tanto quanto necessário para o cumprimento das tarefas traçadas na preparação.

Apesar da grande influência de sessões de treinamento, a construção racional do microciclo permite evitar a uniformidade e a monotonia.

8.2.2.3 Fatores que influem na construção dos microciclos

O primeiro fator a ser destacado é o regime geral da atividade vital do esportista, que influi na atividade de estudo ou de trabalho e a dinâmica condicionada da capacidade de trabalho. Não é por acaso que, com frequência, os microciclos de treinamento são construídos nos marcos do calendário semanal. Isso nem sempre responde completamente aos requisitos da estrutura ótima do processo de treinamento, mas facilita a coordenação entre o regime de treinamento e os principais momentos do regime geral da vida dos esportistas.

Depois, é preciso destacar um grupo de fatores: o conteúdo, a quantidade de sessões de treinamento e a magnitude somatória das cargas do microciclo, condicionados, a princípio, pelas particularidades da especialização e pelo nível de preparação do esportista.

A ordem de alternância das magnitudes das cargas e do descanso depende, em grande medida, da interação dos processos de esgotamento e restabelecimento. Segundo Platonov (1994), existem alguns tipos de magnitudes das cargas:

- carga pequena: 20% da máxima;
- carga média: 50% da máxima;
- carga considerável: 70% a 80% da máxima;
- carga grande: mais de 80% da máxima.

A questão é determinar qual é a carga máxima, algo muito discutido. Se em cada microciclo são cumpridas várias direções de preparação, em geral cada direção tem, de um lado, magnitudes diferentes de valoração e, de outro, níveis diferentes de intensidades de influências (potenciais de treinamento), assim como tendências diversas.

A adaptação funcional do organismo que tem início no processo de treinamento se encontra estreitamente relacionada ao caráter e à tendência dele. O treinamento multifacetado e complexo leva à adaptação multilateral; similarmente, à tendência unilateral do treinamento provoca uma adaptação profunda e mais unilateral.

Nos esportes em que são requisitadas diversas capacidade físicas, não é possível esperar um restabelecimento completo se as sessões de treinamento não se alternarem umas com as outras, com as tarefas, com os meios e com a dosagem diversa dos exercícios. Nesse caso, cada vez se carregam outros sistemas de órgãos e funções.

Uma mudança semelhante e a construção racional das sessões de treinamento permitem realizar uma carga grande sem que haja qualquer índice de sobretensão dos sistemas funcionais do organismo. Exemplificando, podemos tomar a seguinte alternância da tendência predominante durante as sessões de treinamento na semana:

1. preparação técnica e desenvolvimento das capacidades de velocidade;
2. treinamento complementar com caráter de restabelecimento;
3. preparação técnica e desenvolvimento das capacidades de velocidade e força;
4. desenvolvimento da resistência da velocidade (anaeróbica lactácida);
5. desenvolvimento da resistência aeróbica.

Esse exemplo é típico dos primeiros momentos da preparação em esportes de velocidade e força. Nos esportes que requerem resistência muito especial, pode ser realizada a seguinte alternância das sessões de treinamento nos momentos de preparação especial:

1. aperfeiçoamento da técnica dos movimentos de acordo com o desenvolvimento das capacidades de velocidade;
2. desenvolvimento da resistência especial (de força, de velocidade, de técnica, de tática etc.) com influência principal sobre seus distintos componentes;
3. desenvolvimento da resistência especial (de força, de velocidade, de técnica, de tática etc.) com influência principal sobre seus componentes condicionais;
4. treinamento complementar com caráter de restabelecimento;
5. desenvolvimento da resistência especial (de força, de velocidade, de técnica, de tática etc.), conforme as condições da competição;
6. desenvolvimento da resistência aeróbica.

Até o momento, não há fórmulas precisas para a construção dos microciclos, que se apoia na lógica de translação das sessões de treinamento, dependendo das tarefas do processo de treinamento e do momento de preparação.

Por exemplo, são necessários não menos do que três dias no microciclo semanal para influir de forma dirigida sobre a capacidade requerida. Agora, se essa capacidade atinge a condição necessária, bastando mantê-la, então serão necessárias duas sessões por semana, já que, do contrário, seus índices começarão a reduzir. Para manter qualquer capacidade, não é conveniente passar para o desenvolvimento de outra por mais de três dias por semana.

Na maioria dos casos, o ciclo semanal não se inicia com grandes cargas. Se no ciclo semanal apresentam-se dois treinamentos com grandes cargas, é conveniente distribuí-las no tempo. Por sua vez, se são mais de dois, é possível realizá-los de forma seguida dois a dois, a cada três dias.

Como se sabe, as cargas são menos efetivas quando existe um cansaço forte (no efeito somatório) do que em estado de ótima capacidade de trabalho. É possível acelerar os processos de restabelecimento se forem incluídas distintas sessões compostas por exercícios de desenvolvimento geral, os quais atuarão como mecanismo de descanso ativo.

Com o objetivo de construir corretamente os microciclos, é necessário saber que influência as cargas exercem sobre o esportista, as quais são diferentes por sua magnitude e tendência, assim como pela dinâmica e duração dos processos de restabelecimento depois de sua aplicação. Nesse sentido, são importantes as informações sobre o efeito acumulativo de algumas cargas, diferentes por sua magnitude e tendência, e sobre as possibilidades de utilização de cargas médias e pequenas, com o objetivo de intensificar os processos de restabelecimento, depois de tensões físicas consideráveis. Também convém conhecer as regularidades da oscilação e da capacidade de trabalho durante o dia e seus mecanismos condicionantes.

São várias as pesquisas que demonstraram o caráter das fases dos processos de restabelecimento (Folbert, 1948; Vinogradov, 1958; Chagovet, 1964; Yakolev, 1969). De modo geral, seus resultados se baseiam no seguinte: durante e depois do processo de trabalho muscular, originam-se diversas fases relacionadas à capacidade de trabalho dos distintos órgãos e sistemas: gasto, restabelecimento, super-restabelecimento e regresso ao início.

O restabelecimento depois das cargas físicas não significa somente o regresso ao nível inicial das funções do organismo; o aparecimento de "pegadas" não se elimina completamente, mas se mantém e se firma. As variações das diferentes funções do organismo que surgem no período de restabelecimento servem de base para elevar o nível de treinamento.

No período de trabalho, geralmente distinguem-se duas fases:

- A fase das funções somáticas e vegetativas variáveis (antes do período de restabelecimento), que pode durar desde alguns minutos até várias horas e sobre cuja base se encontra o restabelecimento da homeostase do organismo.

- A fase construtiva (período de restabelecimento), na qual se formam as variações funcionais e estruturais do organismo. Nos esportistas qualificados, essa fase ocorre somente durante a utilização de cargas suficientemente grandes no que diz respeito a seu volume.

O aumento do nível de treinamento depende em grande medida da quantidade de sessões do microciclo que possuem grandes cargas e do correspondente descanso entre elas, durante o qual se realiza a homeostase do organismo e a formação das variações morfofuncionais. A alternância das cargas e do descanso no microciclo pode levar a três tipos de reações:

- crescimento máximo do nível de treinamento;
- efeito insignificante do treinamento ou carência total dele;
- sobre-esgotamento dos esportistas.

As reações do primeiro tipo são observadas quando no microciclo se alternam otimamente as sessões com grandes cargas e o descanso, ou sessões com cargas pequenas. O segundo tipo de reação se manifesta quando são utilizadas cargas pequenas. No terceiro tipo, observa-se a inadequada utilização das sessões de treinamento com grandes cargas.

A concepção de Folbert se baseia na alternância das cargas e no descanso, e consiste no fato de que, se a carga imediata for realizada na fase de supercompensação, provocará um efeito de treinamento maior, e, se for produzida posteriormente a ela, provocará um efeito insignificante.

Na fase de restabelecimento insuficiente, observa-se esgotamento do organismo e excesso de treinamento. Tudo isso é bastante complexo, já que o restabelecimento e a supercompensação das diferentes funções do organismo ocorrem de maneira heterogênea.

8.2.2.4 Estrutura dos mesociclos e suas condições

Os mesociclos do treinamento esportivo representam a combinação de alguns microciclos (no mínimo dois). Frequentemente, os mesociclos incluem de três a seis microciclos e duram aproximadamente um mês, representando etapas relativamente terminadas no processo de treinamento. A ordem de combinação dos microciclos e sua variabilidade depende da formação geral do processo de treinamento e das tarefas de uma ou outra sessão.

Na estrutura do mesociclo, influem especialmente os seguintes fatores:

- o regime de atividade do esportista;
- o conteúdo e a qualidade das sessões e a magnitude das cargas;
- as particularidades individuais de reação do esportista diante das cargas de treinamento;
- os fatores biorrítmicos;
- o lugar do mesociclo no sistema geral do processo de treinamento.

Em relação à formação da estrutura dos mesociclos, é preciso considerar:

- A necessidade dos mesociclos surge fundamentalmente porque eles permitem dirigir racionalmente os efeitos acumulativos do treinamento da série de microciclos, garantindo elevados ritmos de desenvolvimento do nível de treinamento e prevendo as alternâncias nos processos de adaptação que se originam no organismo do esportista sob a influência das cargas de treinamento acumuladas. As mudanças de adaptação surgem no organismo de forma heterogênea e, em uma ou outra medida, atrasam-se em relação à dinâmica das cargas de treinamento.
- No caráter e na duração dos mesociclos, influem as oscilações biorrítmicas (próximas a um mês) da atividade vital do organismo do esportista. Por exemplo, os biociclos físicos, com uma duração de 23 dias, possuem duas fases relacionadas ao aumento e à diminuição das possibilidades funcionais do organismo. Embora os resultados de pesquisa a respeito não forneçam confirmações precisas sobre esses dados, a própria existência dos biorritmos de quase um mês não permite que sejam negados.
- O lugar do mesociclo no sistema geral de construção do treinamento influi sobre a estrutura do macrociclo. O conteúdo do mesociclo, a magnitude dos intervalos entre um e outro e as condições de restabelecimento dependem desse fator.

8.2.2.5 A estruturação pendular do treinamento esportivo

Arosiev e Kalinin, em artigo publicado em 1971, foram os primeiros autores a propor a estruturação pendular do treinamento esportivo. Posteriormente, alguns seguidores, como Forteza e Goberna (1987) fariam considerações a respeito dessa forma de estruturar o treinamento.

A proposta de estruturação pendular se baseia, em primeiro lugar, no fato de os atletas terem de entrar e sair de sua melhor forma competitiva várias vezes no decorrer do ano esportivo. Torna-se importante, portanto, a alternância sistemática de cargas gerais, para uma primeira fase de treinamento, e de cargas específicas, para uma segunda fase.

Essa alternância sistemática constitui o que se chama de pêndulo de treinamento, já que as cargas específicas crescem em cada ciclo, ao contrário das cargas gerais, que decrescem em cada ciclo até praticamente desaparecer, na busca por uma melhor transferência dos efeitos das cargas gerais para as específicas e de competição.

O pêndulo de treinamento é responsável pelas alternâncias sistemáticas exigidas no processo de treinamento de forma generalizada e que tornam possível aos atletas participar de várias competições ao longo de grandes ciclos anuais de treinamento.

Quanto menores são os pêndulos durante o processo de treinamento, maior será o número de vezes que o atleta estará em condições de competir em bom nível; mas, se os pêndulos forem maiores, maior também será a possibilidade de sustentar a forma esportiva por um tempo mais prolongado.

A estruturação do treinamento esportivo sob essa forma utiliza os ciclos de treinamento propostos por Matveiev que é seguido, posteriormente, por vários autores (Berger e Minow, 1984; Forteza e Ribas, 1988; Ushiko e Volbov 1991; Viru, 1991), para a formação dos pêndulos do treinamento, o que se torna ainda dependente dos ciclos gerais de trabalho que servem de base para os ciclos específicos e competitivos formulados por Matveiev.

Pode-se notar que, na estruturação pendular, dá-se importância às cargas gerais de treinamento e existe a separação relativa — igual, mas em menor escala do que na periodização de Matveiev — entre a preparação geral e a preparação específica. Tal separação ainda é pouco problemática no que diz respeito à obrigatoriedade ou não das cargas gerais de treinamento, assunto que vem sendo tratado por diversos autores (Márques, 1989, 1990; Tschiene, 1985; Satori e Tschiene, 1987; Forteza, 1993). No Gráfico 8.3, temos o esquema estrutural de pêndulo.

Gráfico 8.3 – Esquema estrutural de pêndulo

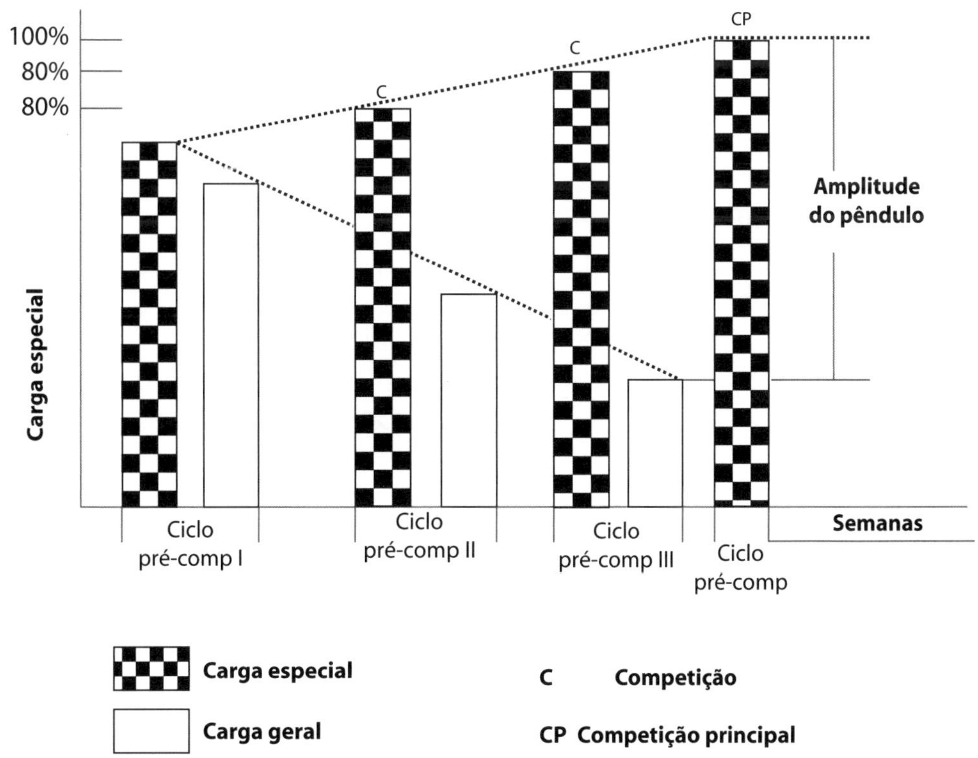

8.2.2.6 A estruturação do treinamento em blocos

A estruturação do treinamento em blocos, apresentada pelo russo Verkoshanski no início dos anos 1980, propõe grandes alterações na periodização do treinamento esportivo. Ela foi proposta especialmente para os esportes característicos de força.

Essa forma de estruturação do treinamento de atletas de alto nível também é chamada pelo autor de estruturação de sucessões interconexas. Fundamenta-se basicamente no fato de que o trabalho de força deve ser "concentrado" em um bloco de treinamento, para criar condições de melhoria posterior nos conteúdos do treinamento relacionado com o desenvolvimento técnico e das qualidades de velocidade do atleta. Essas condições são dadas pelo efeito de acumulação retardada do treinamento.

Esse conceito é fundamental para essa teoria, pois se constitui no que concerne à estruturação do treinamento "em blocos". O efeito do treinamento retardado em longo prazo apresenta a respeito que os efeitos obtidos depois de sucessivas sessões de aplicação de cargas de força em um bloco concentrado pode durar várias semanas e criar as bases condicionantes para o treinamento das demais capacidades dos esportistas e para o aperfeiçoamento da técnica.

A linha geral da estratégia do processo de treinamento representa o conceito metodológico central que determina o objetivo principal, o qual afeta cada fase do processo de treinamento (Gráfico 8.4). É elaborada sobre a base do objetivo principal e deve, antes de tudo, estabelecer um progresso racional na preparação do esportista. Tal progresso deveria ser obtido por meio da melhora planejada da capacidade específica de trabalho do organismo, baseada no desenvolvimento coordenado da preparação física especial do esportista e de sua mestria técnica e tática, e determina todas as decisões do treinador com relação à organização de cada fase do processo de treinamento.

Gráfico 8.4 – Exemplos da linha geral da estratégia em um ciclo anual. Adaptado de Verkoshansky (1998 apud Navarro, 2000)

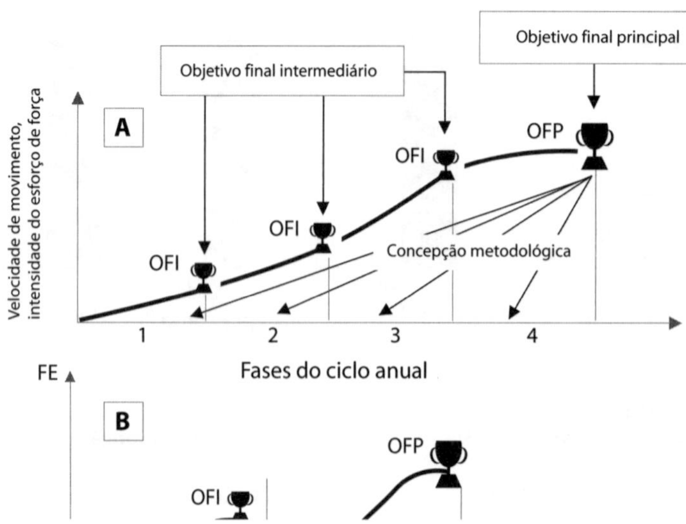

A linha geral da estratégia que conduz à consecução do objetivo principal — um dado rendimento em um tempo determinado — poderia ser representada em um ciclo anual, por exemplo, a tendência no aumento da velocidade de corrida ou o aumento da intensidade de força no exercício específico de competição (Gráfico 8.4, *A*). O principal objetivo que reflete a metodologia geral influi em cada uma das fases do ciclo anual e atua como guia para a organização de seus conteúdos. Além disso, em cada fase, o resultado planejado (velocidade ou intensidade) determina o conteúdo e a organização dessa fase e é seu objetivo final, considerado como um objetivo intermediário diante do objetivo principal do processo de treinamento (Navarro, 2000).

A linha geral da estratégia também pode ser representada como a dinâmica do estado funcional do esportista durante o ciclo anual como, a tendência ideal na variação dos parâmetros funcionais da capacidade específica de trabalho. O Gráfico 8.4 (*B*) mostra o modelo da tendência da capacidade de força explosiva em disciplinas de atletismo que requerem força-velocidade. O ponto mais elevado da ordenada força explosiva assinala a fase de competição na segunda fase do segundo ciclo. É o objetivo principal da preparação e tem influência sobre todas as fases do segundo ciclo e sobre o objetivo intermediário do primeiro ciclo.

A organização do processo de treinamento incorpora tudo o que sabemos sobre ele. Baseia-se nos princípios de treinamento e no objetivo final e implica a utilização sistemática e racional das cargas de trabalho, de tal modo combinadas, que garantam o efeito ótimo de treinamento e o gasto de energia ideal por parte do esportista. Essa organização tem dois objetivos:

- a utilização sistemática dos meios selecionados;
- a otimização dos conteúdos da carga de trabalho.

Os métodos e os meios de treinamento podem ser empregados simultaneamente ou em uma ordem determinada. O termo utilização sistemática indica aquilo que garantirá o máximo efeito de treinamento e o tempo e gasto de energia ideais por parte do esportista. A utilização sistemática concerne às cargas com prioridades similares (por exemplo, a melhora da resistência, força explosiva, habilidade técnica ou velocidade de execução) e às cargas de trabalho com diferentes prioridades.

Uma aproximação sistemática implica continuidade, consistência e interdependência dos efeitos dos estímulos de treinamento sobre o organismo do esportista. A continuidade significa que o trabalho e os períodos de descanso devem ser proporcionados adequadamente, a fim de garantir a atividade funcional constante do organismo nas condições determinadas pelo estímulo de treinamento. O intervalo de descanso entre uma unidade de trabalho e a seguinte é conhecido como descanso e recuperação, mas diz respeito ao lapso de tempo durante o qual são desenvolvidos os processos de biossíntese induzidos pela atividade muscular. Tais processos determinam o estado funcional do organismo, sendo, portanto, a base para a carga de trabalho seguinte e para a influência mais acentuada de seu efeito de treinamento.

A consistência do estímulo de treinamento requer a combinação e a distribuição precisa das cargas de trabalho no tempo, de modo que elas garantam o efeito desejado.

A interdependência dos efeitos de treinamento exige que a combinação e a distribuição das cargas de trabalho sejam formuladas de modo que o efeito de uma carga favoreça a realização da seguinte. Cada uma das cargas de trabalho programadas também determina as condições que devem ser satisfeitas pelas cargas precedentes.

Uma utilização sistemática dos meios de treinamento deve se basear nos seguintes conceitos:

- O efeito de treinamento de uma determinada carga diminui quando o nível de preparação especial do esportista aumenta em razão do efeito dessa carga.
- A reação funcional do organismo a uma determinada carga de trabalho e, portanto, seu efeito de treinamento são influenciados pela consecução da carga precedente.
- O efeito de treinamento das cargas de trabalho selecionadas é determinado não tanto pela soma de todos os seus respectivos efeitos, mas, principalmente, pela forma como se combinam sua sucessão e o lapso de tempo que separa uma da outra.
- Uma variação na ordem cronológica das cargas de trabalho influi de maneira significativa sobre seu efeito de treinamento.

Segundo Navarro (2000), a aplicação sistematizada do estímulo de treinamento implica:

- Uma combinação cuidadosa dos meios que têm o potencial de treinamento requerido, ou seja, aqueles que comumente estimulam as relações adaptativas desejadas.
- Uma adequada organização da interação das cargas de treinamento com diferentes prioridades.
- Uma introdução progressiva dos meios de treinamento com maior potencial, a fim de manter a tendência do desenvolvimento desejado.
- Uma combinação racional de todos os meios cujo efeito de treinamento é elevado (método intensivo) e ótimo (método extensivo).
- Uma duração adequada dos meios selecionados, suficiente para induzir uma adaptação estável.

Com o fim de obter o máximo aproveitamento das vantagens do emprego sistematizado das cargas de trabalho de diferentes prioridades, utilizam-se na atualidade dois métodos: o paralelo-complexo e o sucessivo-contíguo. O Gráfico 8.5 mostra as diferenças entre um e outro.

Gráfico 8.5 – Comparação do método paralelo-complexo (I) com o método sucessivo-contíguo (II). Adaptado de Verkhoshansky (1998 apud Navarro, 2000)

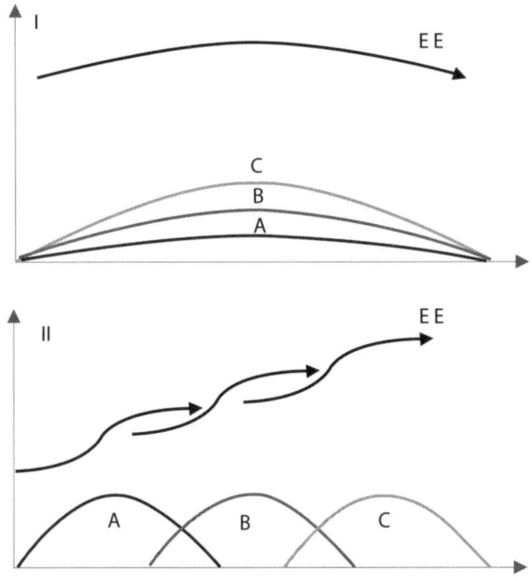

Com o método paralelo-complexo (*I*), ao longo de uma fase de treinamento, as cargas de trabalho têm prioridades diferentes (*A*, *B* e *C*) e um efeito quantitativo monótono, apesar do aumento do volume e da intensidade. Ao mesmo tempo, as reações do corpo aos componentes específicos da carga são insignificantes, em virtude de as mudanças adaptativas serem generalizadas. Como consequência, o efeito de treinamento (*EE*) das cargas de trabalho se esgota muito rapidamente, o processo de adaptação é lento e a capacidade de trabalho especial do esportista chega a um platô, ou, algumas vezes, até decresce (Navarro, 2000).

No método sucessivo-contíguo, a organização complexa das cargas de trabalho (*A*, *B* e *C*) é a mesma durante períodos prolongados. A organização é sucessiva, existindo uma ordem cronológica muito exata para a introdução das cargas de trabalho, com um aumento gradual de sua intensidade e da especificidade de seus efeitos de treinamento. Por ser contígua, sua sucessão racional no tempo se dá de modo que a carga *A* induz adaptações morfológicas as quais favorecerão a consecução dos efeitos desejados das cargas *B* e *C*.

A característica distintiva do método sucessivo-contínuo é que as cargas de trabalho de prioridades iguais são concentradas dentro de períodos limitados de tempo, de modo que enfatizam seus efeitos de especialização, e aquelas de diferentes prioridades são separadas e ordenadas cronologicamente, de modo que cada carga possa induzir transformações adaptativas estáveis.

Do mesmo modo, é importante notar que a separação das cargas de trabalho com diferentes prioridades (*A*, *B* e *C*) não se dá bruscamente; uma carga nunca é completamente abandonada antes de a seguinte ter início. Durante o processo de treinamento, uma carga — por exemplo, a carga *B* — substitui gradualmente a carga precedente — a carga *A*. Todas as cargas de trabalho (*A* e *B*) criam as bases funcionais e morfológicas que enfatizarão o efeito de treinamento das cargas seguintes. Estas, por sua vez, favorecerão uma melhora posterior das transformações adaptativas induzidas pelas cargas *A* e *B* em um nível mais elevado de intensidade. Isso garante o aumento gradual da intensidade dos efeitos de treinamento (*EE*) sobre o organismo do esportista.

Quanto à otimização dos conteúdos da carga de trabalho, é importante prestar atenção ao fato de que uma determinada carga de trabalho deve abarcar um tempo específico e ser organizada em relação ao dele. O tempo é o melhor instrumento para controlar a eficiência do estímulo de treinamento, determinando sua duração e sua repetição cíclica. Também é necessário certo tempo para a organização dos conteúdos do processo de treinamento requerido a fim de se alcançar o objetivo final da preparação do esportista. Além disso, se consideradas as condições reais e o calendário de competições, o tempo representa um fator condicionante da organização do treinamento e, desse modo, influi em sua organização. A qualidade de um treinador profissional reside em sua capacidade de elaborar e implementar uma organização racional adaptada às situações reais (Navarro, 2000).

Existem seis estruturas principais relacionadas ao fator tempo: o ciclo anual, o ciclo de adaptação principal, o microciclo, a unidade de treinamento, o dia de treinamento e a sessão de treinamento. Estas duas últimas estruturas necessitam de uma explicação mais detalhada.

O dia de treinamento inclui duas ou três unidades de treinamento. O conteúdo e a organização são determinados segundo as prioridades da carga de trabalho realizadas no dia anterior e o que foi planejado para o dia seguinte.

A sessão de treinamento é o tempo para se conseguir, sem interrupção, os meios de treinamento (usualmente com as mesmas prioridades), escolhidos sobre a base das reações do organismo em curto prazo, de modo que a repetição de uma atividade muscular determinada conduzirá ao efeito de treinamento desejado. Uma sessão de treinamento pode ser parte de uma unidade de treinamento ou de uma unidade de treinamento completa, a qual faz parte do dia de treinamento, e é planejada sobre as bases das reações adaptativas fisiológicas do organismo a cargas de trabalho continuadas em curto prazo e de acordo com os requerimentos metodológicos (a seleção e a magnitude dos exercícios, suas variações e respectivas sequências, a duração e o tipo de pausas de recuperação entre as repetições) (Viru, 1992). O objetivo é garantir um estímulo de treinamento significativo por meio de um volume de trabalho relativamente baixo, envolvendo o mínimo de tempo e gasto de energia para o esportista.

Na prática, esse método de estruturar o treinamento toma forma ao concentrar em diferentes blocos os aspectos físicos e técnico-táticos. Em um primeiro bloco, trabalham-se determinadamente as capacidades físicas, predominantemente a força, assim como em um segundo bloco; e, em um terceiro bloco, trabalham-se as questões técnicas e táticas.

Esse modelo de estruturação causa uma divisão relativa do treinamento quanto às capacidades físicas e à técnica esportiva. No entanto, Verkoshanski deixa claro que existe em cada bloco uma predominância de vários conteúdos, mas sem que a separação seja estática ou absoluta.

Segundo Tschiene (1985) e Satori e Tschiene (1987), o modelo de dinâmica em blocos deverá ser precedido por uma dinâmica de alto nível, sobretudo pela importância de uma unilateralidade das cargas específicas de trabalho, o que constitui um avanço significativo na teoria do treinamento esportivo. No Gráfico 8.6, temos o esquema estrutural de blocos.

Gráfico 8.6 – Esquema estrutural de blocos

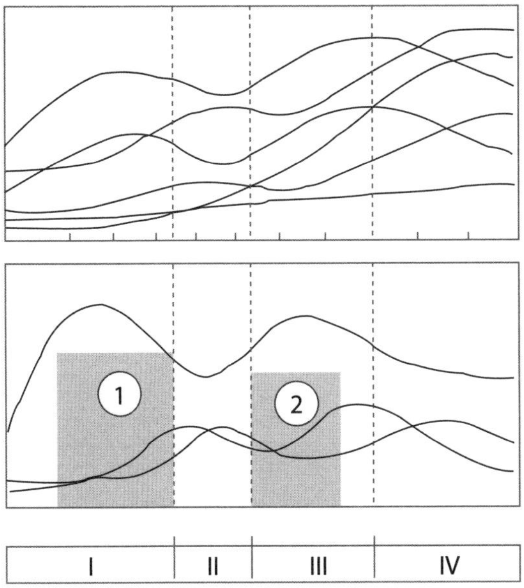

8.2.2.7 Esquema estrutural de Tschiene

Com o objetivo de fazer que o atleta mantenha um alto nível de rendimento durante todo o ciclo anual de competições, o autor alemão Peter Tschiene organizou o que ele denomina esquema estrutural de treinamento de altos rendimentos. Neste modelo, tanto o volume de trabalho como sua intensidade são altos durante o ano todo.

Baseado na experiência com atletas alemães, o autor sistematizou a estruturação do treinamento esportivo com uma acentuada forma ondulatória das cargas de treinamento em fases breves, com mudanças quantitativas e qualitativas dos conteúdos de preparação. Ao contrário das variações de volume e intensidade das cargas, tal como o proposto por Matveiev, Tschiene buscou estabelecer um esquema estrutural no qual esses parâmetros estivessem sempre em altos níveis de graduação e o princípio da globalidade dos esportistas se integrasse perfeitamente, algo incompatível com a periodização proposta pelo autor russo.

A existência de várias competições durante o processo de treinamento é para Tschiene um fator fundamental para obter um alto rendimento. A elevada intensidade das cargas de trabalho em uma unidade de treinamento relativamente breve e o caráter dominantemente específico, objetivado pelas competições mais importantes de que o atleta participará, são pontos a serem destacados nessa forma de organizar o treinamento de alto nível.

Ela se baseia, então, em que o atleta deve manter, ao longo do ano esportivo, uma alta capacidade de rendimento, e não construí-la para depois mantê-la e mais tarde perdê-la, conforme a teoria de Matveiev.

Por seu esquema gerar bastante desgaste, Tschiene introduziu a necessidade de intervalos profiláticos entre as altas intensidades de trabalho, como meio de recuperação ativa e de manutenção das capacidades de rendimento aumentadas durante todo o processo de treinamento.

É possível perceber um avanço dessa teoria, sobretudo quanto à eliminação relativa de fases gerais do treinamento, nas quais os resultados não se constituem em objetivos específicos; pelo contrário, estabelece-se que o atleta deve estar apto o ano inteiro para competir em boas condições para o melhor rendimento (Gráfico 8.7).

Gráfico 8.7 – Esquema estrutural de Tschiene

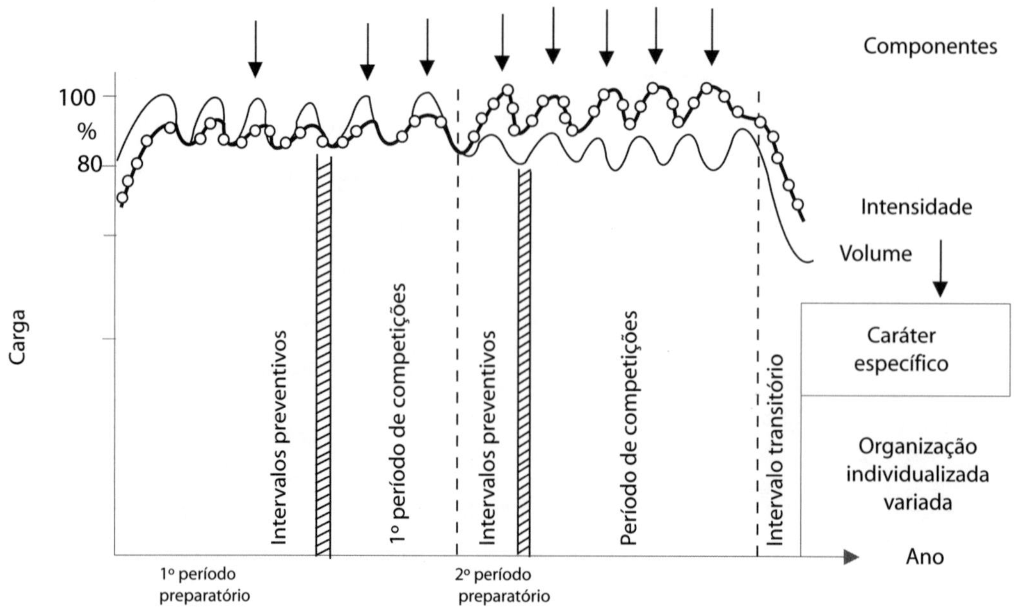

8.2.2.8 Os sinos estruturais de Forteza

No início do capítulo apresentamos uma síntese das atuais tendências do planejamento do treinamento esportivo, explicando as estruturas do treinamento que como recurso tecnológico é necessário conhecer para solucionar as mudanças que ocorreram na dinâmica competitiva mundial, baseadas fundamentalmente na quantidade de competições de nível das quais os esportistas devem participar.

Essa situação competitiva tem grande significação para as estruturas do treinamento. Até a década passada, os esportistas dispunham de um tempo relativamente suficiente para se preparar, como um pré-temporada competitiva, pois as competições mais importantes da macroestrutura se encontravam concentradas dentro de um período de tempo – para a maioria dos países, nos meses de junho a setembro, a temporada de verão. Atualmente, não somente cresceu o número dessas competições, como elas também estão dispersas por toda a macroestrutura.

Diante dessa mudança, inicialmente continuou-se estruturando o treinamento esportivo da forma tradicional ou ortodoxa, ou seja, com base na periodização (estrutura clássica de Matveiev); posteriormente, a essa estrutura periódica uniram-se os ciclos estruturais, sempre procurando uma solução para a quantidade cada vez maior de competições cuja participação é compromissiva (em razão de uma série de interesses), o que significou um híbrido estrutural dado pela união dos períodos (preparatório, etapa de preparação geral e etapa de preparação especial, competitivo e transitório) com os ciclos (micro, meso e macro). Isso fez os treinadores forçarem as estruturas metodológicas, dando origem a muitos planos de treinamento que não eram reais.

Ilustremos com um exemplo: a estrutura periódica se inicia, como todos sabem, com o período preparatório e, dentro dele, com a etapa de preparação geral, tendo esta etapa uma duração mínima de aproximadamente seis semanas; portanto, se a partir da terceira semana de início do plano, considerando-se os dias atuais no que diz respeito aos calendários competitivos, tivermos que enfrentar a primeira competição, o que deve ser feito?

A etapa de preparação geral demanda um conteúdo de preparação, de acordo com o seu próprio enunciado, isto é, uma orientação destinada a criar uma base sólida, com cargas de treinamento de caráter geral, volume das cargas superior a sua intensidade, meios de preparação de orientação imediata etc.

Então, irremediavelmente, não poderemos cumprir a demanda da etapa, o que trará como consequência a realização de um trabalho não planejado no plano prescrito, ou seja, o trabalho será prejudicado.

Tudo o que foi mencionado anteriormente obrigou os autores que se dedicam aos aspectos teóricos e metodológicos da metodologia do treinamento esportivo a buscar novas soluções para esse problema estrutural que define em grande medida o planejamento do treinamento, assim:

> uma perfeita estruturação do treinamento garante, não somente a obtenção de resultados em nível mundial, mas também procura assegurar a longevidade esportiva de nossos atletas. (Forteza, 1988; Borges e Minos, 1990)

Nós consideramos que o esquema o qual cada vez mais se ajusta à dispersão das competições na macroestrutura do esporte de alta competição seja constituido pelo esquema estrutural de pêndulo. O russo Arosiev conjuntamente com Kalinin, em um artigo publicado em 1971, foram os primeiros autores a propor a "estruturação pendular" do treinamento esportivo, posteriormente outros seguidores realizaram algumas considerações e contribuições a esse esquema pendular.

Essa proposta, que identificamos como recurso tecnológico para o planejamento do treinamento esportivo, baseia-se, em primeiro lugar, no caso de que os esportistas tenham que competir de forma reiterada em quase toda a macroestrutura, demonstrando nessas competições um rendimento grande e às vezes máximo. Isso significa que a alternância entre as cargas gerais e especiais seguem sendo um aspecto fundamental na estruturação do treinamento, nesse caso não pode existir uma preponderância das cargas gerais sobre as especiais, nesse caso não pode existir uma preponderância das cargas gerais sobre as especiais em uma etapa e o contrário em etapa posterior. No caso dessa estrutura pendular, as cargas especiais de preparação sempre estarão por cima das cargas gerais. Precisamente a separação entre as correlações de cargas gerais e especiais farão o pêndulo do treinamento, pois as cargas especiais crescerão constantemente na medida em que avança a macroestrutura, diferentemente das cargas gerais que diminuirão na mesma medida, podendo chegar estas últimas a desaparecer nos ciclos de competição mais evidentes.

A diferença entre as cargas gerais e especiais determina a amplitude pendular, pêndulos muito abertos caracterizam uma grande diferença entre as cargas de orientação geral e especial, o que significa que o esportista estará submetido a um regime de competição limitado, pelo alto nível de preparação a que é submetido. Pelo contrário, se o pêndulo se fecha, a diferença entre as cargas gerais e especiais é pequena, a participação competitiva será maior e o nível de preparação irá aumentando na medida em avança a estrutura do plano.

Essa estrutura utiliza os ciclos de Matveiev em sua organização, aspecto que foi seguido por outros autores (Berger e Minow, 1984, Forteza, 1988, Ushko e Volkiv, 1991, Viru 1991) para a formação dos pêndulos de treinamento.

Queremos notar que nessa forma de estruturação do treinamento, ainda é dada certa importância à preparação geral do esportista, embora em menor consideração do que a proposta por Matveiev (Periodização).

A obrigatoriedade ou não da utilização das cargas gerais do treinamento, é um tema que muitos autores estão tratando, e constitui ainda um ponto problemático nessa estruturação (Marquez, 1989 e 1990, Tschienie, 1985, Satori com Tschienie 1987 e Forteza, 1993).

Um aspecto que observamos em algumas tentativas práticas sobre esse tipo de estruturação é que durante a mesma os pêndulos se cruzam, ou seja, em um ciclo determinado (mesociclo) a preparação geral aumenta sobre a especial, isso constitui um erro na estruturação pendular, pois rompe com sua própria essência. No entanto, no nosso modo de ver, a estrutura pendular original é muito rígida quanto à diferenciação progressiva da preparação geral e especial e, por isso, trazemos a definição da estrutura de sino, tomando como base para ela o esquema pendular de Arosiev e Kalinin (1971).

Os sinos estruturais seguem o mesmo princípio da diferenciação entre as cargas gerais e especiais, ou seja, sempre e em todo momento da macroestrutura as cargas de preparação especial estarão por cima das cargas gerais sobre a especial, e isso tem como consequência a ruptura do processo de qualificação esportiva para as competições que ocorrerão.

Durante um ano de treinamento, é possível identificar vários sinos estruturais, dependendo do calendário competitivo. Se associarmos cada sino estrutural a um macrociclo, então é admissível termos vários macrociclos em um ano. No Gráficos 8.8, temos um exemplo disso.

Gráfico 8.8 – Exemplos da essência dos sinos estruturais

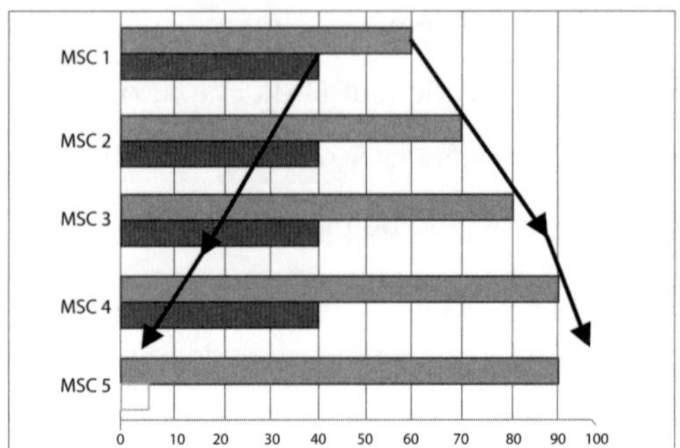

	MSC 5	MSC 4	MSC 3	MSC 2	MSC 1
Preparação especial	96	90	80	70	60
Preparação geral	5	10	20	30	40

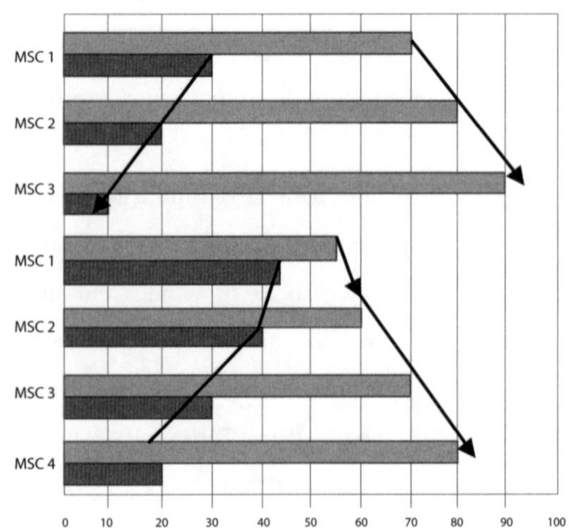

No Gráfico 8.8, *A*, observamos um macrociclo de cinco mesociclos, nessa estrutura, cada mesociclo, a correlação entre a preparação geral e na medida em que o processo avança, vão se diferenciando mais ambos os tipos de preparação. Assim, temos que a relação primária parte de uma proporção de 40% da preparação geral para 60% da especial, sendo que a primeira continua diminuindo, enquanto a segunda continua aumentando até chegar ao mesociclo 5, quando a relação é de 5% (carga geral) e 95% (carga especial). A estrutura propicia ao esportista participar das atividades competitivas quase ao começar seu ciclo, desde a terceira semana aproximadamente; isso resolve o problema do pouco tempo de concentração preliminar para a temporada competitiva de que dispõem os atletas.

Ao olharmos o Gráfico 8.8 (*B*), constatamos um sino duplo e contínuo, o que se deve ao fato de que o esportista, depois de finalizar uma temporada competitiva, tem de iniciar outra quase que imediatamente. É importante observar que, ainda que unamos os dois sinos, o pêndulo não cruza a fronteira de diferenciação, ou seja, a preparação geral não ultrapassa a preparação especial quanto à relação de carga percentual. O alívio está em que, depois de terminado um macrociclo — o primeiro de três — com uma relação de 10% (carga geral) e 90% (carga especial), inicia-se um novo sino estrutural, agora com uma relação de 45% (carga geral) e 55% (carga específica). Nesse caso, cabe também a possibilidade de inverter a ordem dos sinos, o primeiro de cinco mesociclos e o segundo de três, o que dependerá basicamente do calendário de competições e das possibilidades do esportista de suportar um alto regime de preparação especial.

Os aspectos a serem considerados no planejamento dos sinos estruturais são os seguintes:

- No planejamento dos sinos estruturais por direções do treinamento, as direções tornam mais concreto o trabalho em cada mesoestrutura e microestrutura, pelo que o planejamento e o controle do trabalho são mais efetivos.
- Ao consignar porcentagens de trabalho na preparação geral e na preparação especial, é preciso determinar a quais direções de treinamento corresponde — isso depende do tipo de esporte — cada tipo de preparação. Por exemplo, em relação à natação, em um mesociclo temos 30% do trabalho destinado à preparação geral e 70% à preparação especial; quanto à preparação geral, especificamente, devemos considerar para o trabalho em terra (direção): aeróbico: 40%; força máxima: 30%; rapidez: 20%; flexibilidade: 10% (as porcentagens têm por base os 30% destinados ao trabalho geral).

Os sinos estruturais são, no momento, apenas uma tentativa de solução para o problema atual decorrente da dinâmica competitiva mundial. Em nosso entender, as formas estruturais clássicas de Matveiev (periodização do treinamento) continuam sendo as básicas para o planejamento da preparação dos esportistas escolares, pois suas metas de alto rendimento competitivo têm um caráter de perspectiva. Assim, os sinos estruturais constituem uma proposta que deverá ser mais estudada, sobretudo para estabelecer o ângulo determinante na amplitude pendular (parte larga do sino). A diferença fundamental entre os sinos e o pêndulo é precisamente que este não se cruza em nenhum momento da macroestrutura. A amplitude poderá estreitar ou alargar de um ponto a outro do ciclo anual, mas de forma nenhuma a preparação geral aumentará sua porcentagem em relação ao mínimo estabelecido para a preparação especial em qualquer mesociclo (Gráfico 8.9).

Uma das últimas questões tratadas sobre a atual estrutura de sinos se refere à intensidade dos mesociclos, considerados os ciclos principais, nos quais se concentram os objetivos de preparação e competição. Isto é, durante todo o processo — tanto de planejamento como de realização — da preparação do esportista, os mesociclos ocupam um lugar cardeal pela posição estrutural que ocupam.

É amplamente conhecida a dependência multifatorial do rendimento esportivo, determinado por vários fatores condicionantes, que, na teoria dos sinos, são denominados direções de treinamento. As direções de treinamento que constituem definitivamente os conteúdos básicos e específicos de preparação são planejadas em toda a macroestrutura do treinamento (diluídas ou concentradas), mas vão sendo cumpridas parcialmente em cada mesoestrutura do plano. Essa é a razão fundamental por que o mesociclo cumpre as tarefas parciais da preparação do esportista.

A teoria e metodologia do treinamento reconhece isso e, a partir daí, argumenta sobre todas as condições estruturais desses mesociclos. É aí que identificamos um problema que precisa ser investigado: a condicionalidade dos mesociclos não pode ser baseada unicamente em fatores estruturais de temporalidade ou de vida do esportista.

Nossa análise do problema levou à formulação da seguinte indagação: se a condicionalidade dos mesociclos depende de fatores de temporalidade e de vida do esportista, que posição ocupa o conteúdo do treinamento esportivo (cargas de treinamento, direções determinantes e condicionantes etc.), sabendo que ele vai sendo adquirido

Gráfico 8.9 – A amplitude poderá estreitar ou alargar de um ponto a outro do ciclo anual, mas de forma nenhuma a preparação geral aumentará sua porcentagem em relação ao mínimo estabelecido para a preparação especial em qualquer mesociclo

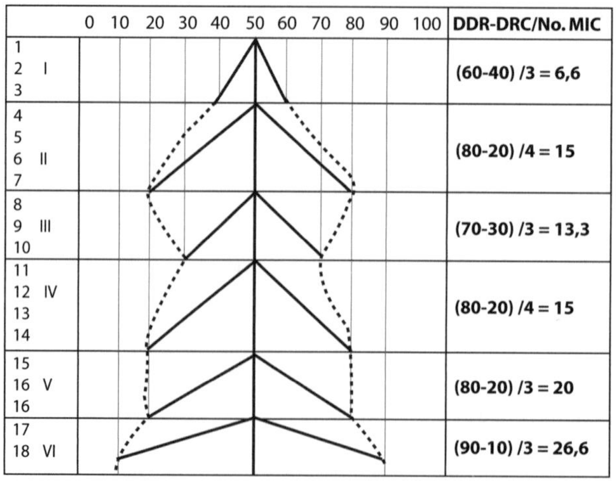

parcialmente em cada mesoestrutura do macrociclo de preparação? A partir disso, faremos algumas considerações como ponto de partida para estudos de maior alcance e profundidade.

A temporalidade dos mesociclos se refere basicamente à quantidade de microestruturas relacionadas, sendo que a teoria tradicional (Matveiev) preconiza um número entre dois e seis ou sete microciclos. Os argumentos para isso são, do nosso ponto de vista, convencionais, pois encontramos mesoestruturas de treinamento, em um amplo calendário competitivo, que contêm até 24 microciclos, sendo essas estruturas muito efetivas para a preparação do esportista, dentro da concepção geral do macrociclo. É por isso que analisar a temporalidade do mesociclo unicamente pela quantidade de microciclos sistematizada seria pouco racional quando da organização de um plano de treinamento macroestrutural. É nesse ponto que iniciamos o estudo da proporcionalidade que deve existir entre a temporalidade e a relação de cargas (conteúdos de preparação) (Figura 8.3).

Da Figura 8.3, depreendemos que:

$$MSC = \sum MIC$$

Em que:

MSC: mesociclos;

MIC: microciclos.

Portanto, se o mesociclo é a resultante da soma dos microciclos, o conteúdo de treinamento será o preenchido por essas estruturas.

A proporcionalidade a que nos referimos considera a relação que se estabelece entre os tipos de preparação: determinante e condicionante, segundo nossa teoria (direções do treinamento esportivo), e especial e geral, segundo a teoria de Matveiev. Ambas relacionam uma proporção percentual (100%) ao caráter dos conteúdos. Por exemplo, se temos 60% de conteúdo determinante, teríamos então 40% de conteúdo condicionante.

Esse é o volume de conteúdo que aplicaríamos em uma mesoestrutura, mas tal volume, que se refere a uma quantidade de conteúdo de preparação, realmente adquire sua significação ou seu grau de influência ou intensidade em dependência fora do tempo disponível para desenvolvê-lo segundo o planejamento. Portanto, a proporcionalidade de conteúdo e estrutura é diferente se 60% e 40% de conteúdo são aplicados em uma mesoestrutura com três, quatro, seis ou sete microciclos.

Surge então a seguinte fórmula, que expressa o índice de intensidade da mesoestrutura:

$$\frac{DDR - DCR}{n^o\ MIC} = \textit{índice de MSC}$$

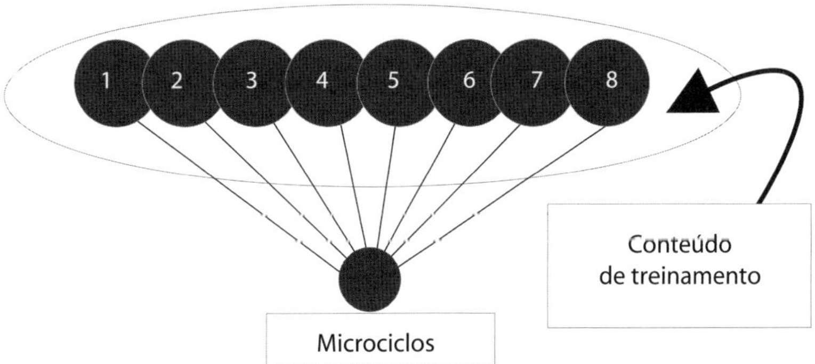

Figura 8.3 – Conteúdos de preparação: temporalidade e relação de carga.

Em que:

DDR: conteúdo determinante;

DCR: conteúdo condicionante.

Devemos lembrar que a teoria sobre as direções de treinamento propõe que, ao longo de toda a macroestrutura do treinamento e, por consequência, em cada macroestrutura, as direções determinantes do rendimento serão superiores, em sua relação percentual, às direções condicionantes do rendimento. Isso constituiu o ponto de maior conflito com a teoria de Matveiev.

Analisemos com um exemplo de uma macroestrutura. Na macroestrutura de preparação e competição mostrada na Tabela 8.1, apresentamos um total de quatro mesociclos, com suas correspondentes microestruturas e porcentagens de preparação por direções determinantes e condicionantes.

Jogando em um gráfico refletido os índices de intensidade obtidos, teríamos tal como demonstrado no Gráfico 8.10.

Um gráfico normal de variação do índice de intensidade dos mecanismos deverá corresponder ao demonstrado anteriormente, ou seja, à medida que avançamos pela macroestrutura de preparação e competição, o índice de intensidade do mesociclo aumentará.

Com tudo isso, pretendemos estabelecer os índices ótimos de intensidade dos mesociclos segundo os objetivos de preparação e de competição.

Gráfico 8.10 – Índice dos mesociclos no macrociclo.

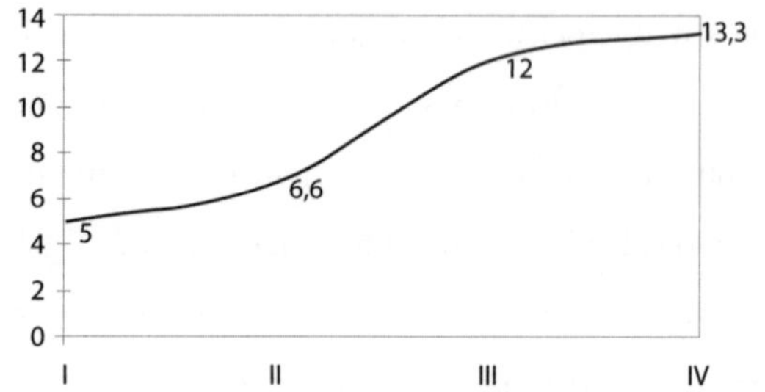

8.2.2.9 Estrutura ATR

Um conceito alternativo e mais simples dos mesociclos se baseia no recolhimento de dados da equipe nacional de caiaque e canoa da União Soviética (Issurin e Kaverin, 1985). Sua essência reside na periodicidade e na permutação da orientação preferencial do treinamento. Tal permutação é obtida alternando-se três tipos de mesociclos: de acumulação, de transformação e de realização (ATR) (Quadro 8.2).

Tabela 8.1 – Macrociclo de preparação e competição

Mesociclo I		**Mesociclo II**		**Mesociclo III**		**Mesociclo IV**	
4 MIC		6 MIC		5 MIC		6 MIC	
% DDR	**% DCR**	**% DDR**	**% DCR**	**% DDR**	**% DCR**	**% DDR**	**% DCR**
60	40	70	30	80	20	90	10
Índice MSC		**Índice MSC**		**Índice MSC**		**Índice MSC**	
$\frac{60 - 40}{4} = 5$		$\frac{70 - 30}{6} = 6{,}6$		$\frac{70 - 20}{5} = 12$		$\frac{90 - 10}{6} = 13{,}3$	

Quadro 8.2 – Características dos mesociclos dentro da estrutura ATR

Tipo	Objetivos e principais tarefas	Conteúdos
Acumulação	Elevação do potencial técnico e motor Acumular as capacidades técnicas e motoras que devem ser básicas para a preparação específica Ampliar o repertório de elementos técnicos etc.	Treinamento com volumes relativamente elevados e intensidade moderada para capacidades de força, resistência aeróbica, preparação técnica e tática básica, correção de erros
Transformação	Transformação do potencial das capacidades motoras e técnicas na preparação específica Transferir as capacidades motoras mais generalizadas em formas específicas segundo as demandas técnicas e táticas Enfatizar a tolerância à fadiga e a estabilidade da técnica	Treinamento com volume ótimo e intensidade aumentada para capacidades de resistência, força, velocidade específica, exercícios concentrados de força dentro da estrutura da técnica básica
Realização	Consecução dos melhores resultados dentro da margem disponível de preparação Utilizar de forma tão completa quanto possível as capacidades motoras e técnicas dentro da atividade competitiva específica Obter a disposição para a competição	Modelação da atividade competitiva, exercícios competitivos (ritmo de prova), emprego ótimo de exercícios com intensidade máxima (força competitiva, resistência competitiva, velocidade competitiva), treinamento em estado bem descansado, competições

Adaptado de Navarro (2000).

O mesociclo de acumulação é realizado com a finalidade de aumentar o potencial motor do esportista e criar uma reserva de qualidades básicas; é, em outras palavras, todo o mesociclo preparatório em miniatura.

No mesociclo de transformação, esse potencial se converte em preparação especial; sobre a base da força desenvolvida, aumenta-se a resistência de força, e, sobre a base do desenvolvimento aeróbico, aperfeiçoa-se o abastecimento energético aeróbico-anaeróbico e aumentam-se as resistências especial e de velocidade.

Por último, o mesociclo de realização cria premissas para que os potenciais motores acumulados e transformados sejam cristalizados nas competições. Certamente, a cristalização é distinta no começo e ao final do ciclo anual, em razão do próprio período de competições. Por exemplo, Kaverin e Issurin (1986) assinalam que, para os remadores, o programa de treinamento no período preparatório exige que se trabalhe praticamente a resistência geral, as qualidades de força e a resistência especial em uma distância alongada de remo e, no período competitivo, todo o conjunto de qualidades e hábitos técnicos do remador, incluindo sua preparação especial e a regulagem para competições concretas.

Por conta das diferenças entre as classificações convencionais e contemporâneas, é preciso considerar algumas particularidades essenciais da estrutura ATR:

- Renúncia ao treinamento simultâneo de muitas qualidades, concretização do efeito de treinamento e orientação definida a um menor número de capacidades.
- Como unidade estrutural de treinamento, os mesociclos devem possuir uma duração suficientemente longa para alcançar as mudanças morfológicas energéticas e coordenativas que sejam necessárias. Os mesociclos duram de 14 a 28 dias. Nesse prazo, a realização dessas mudanças em esportistas altamente treinados exige uma atenção preferencial ao treinamento de determinadas capacidades. A elevada concentração de cargas de treinamento requer a redução do número de capacidades, para seu desenvolvimento simultâneo.
- O treinamento consecutivo de acumulação, transformação e realização é a melhor forma para se obter uma concentração mais elevada de cargas de treinamento. Esse projeto de treinamento ainda torna mais fácil planejar e interpretar a preparação para o repertório de exercícios, o programa de avaliação, o emprego dos meios de recuperação e as condições de nutrição.
- Alternam-se com mais frequência a orientação do treinamento e seus conteúdos, o que torna a preparação mais interessante, motivadora e atrativa para os esportistas.
- Aumenta a eficácia do controle do treinamento, visto que o objetivo sobre o qual atua o treinamento é restringido em cada mesociclo, registrando as mudanças justamente nas capacidades sobre as quais atua preferencialmente.

Entretanto, podem-se constatar certos problemas na estrutura ATR. Ao elaborar o plano anual, por regra geral, deve-se adaptá-lo ao calendário das competições, com pequenos intervalos entre elas; no entanto, o tempo entre uma e outra competição não é suficiente para comportar três mesociclos, embora sofram um encurtamento. Por conta disso, é preciso programar a participação em competições como mesociclos de transformação ou variar a mesoestrutura no período competitivo.

8.2.2.9.1 A seleção e ordenação dos diferentes mesociclos

Uma característica notável em relação à preparação de esportistas de elite contemporâneos é a variedade de sistemas de projetos de treinamento dentro dos mesociclos. O conceito moderno de mesociclo ajuda a definir as intenções básicas de um programa de treinamento. No Quadro 8.3, temos os pontos de referência básicos para a elaboração dos mesociclos de um treinamento especializado (Navarro e Feal, 2001).

Quadro 8.3 – Pontos de referência básicos para a elaboração dos mesociclos de um treinamento especializado

Realização		
Velocidade	Preparação integrada	Técnica/tática competitiva
Transformação		
Força específica	Resistência específica	Técnica/tática específica
Acumulação		
Força básica	Resistência básica	Técnica/tática básica

Mesociclo de acumulação

Navarro e Feal (2001) afirmam que os exercícios de força máxima são a base do programa de treinamento especializado posterior (melhora da força explosiva e da força-resistência). Além disso, servem para estimular a hipertrofia muscular, como, às vezes, é necessário.

No entanto, o programa de força deve ser suplementado pelo trabalho aeróbico, com o que o treinamento acumulativo melhoraria os potenciais oxidantes e contráteis do músculo. O trabalho simultâneo é compatível com períodos de aperfeiçoamento técnico, eliminação de erros etc. Desse modo, o programa de treinamento completo em um mesociclo acumulativo inclui uma quantidade substancial de trabalho aeróbico e técnico. Pelo contrário, o programa de força deve utilizar exercícios de alta carga, para afetar os mecanismos nervosos e hipertróficos de melhora da força.

Mesociclo de transformação

Os mesmos autores entendem que a maioria das competições de natação requer ou envolve as resistências aeróbica e aeróbica-anaeróbica, assim como força e resistência específicas. Desse modo, o melhor formato de treinamento combina dentro de um mesociclo o desenvolvimento simultâneo dessas capacidades.

No entanto, esse treinamento de grande demanda e intensidade necessariamente afeta a estabilidade e causa fadiga, que, por sua vez, atrapalha a técnica. O mesociclo aqui se caracteriza, então, por carga máxima de acumulação de fadiga, e uma parte essencial do treinamento seria executada em um estado de cansaço.

Mesociclo de realização

O principal objetivo neste mesociclo é a condição física integrada, que tipicamente inclui trabalho de velocidade e táticas competitivas. De acordo com isso, a maior parte do treinamento compreende a modelação da atividade competitiva com as correspondentes referências táticas e técnicas. Adicionalmente, inclui os exercícios anaeróbicos alactácidos.

A experiência com esportistas de elite demonstrou que a modelação da atividade competitiva e o trabalho anaeróbico alactácido são formas muito efetivas e compatíveis para se alcançar a preparação especifica para as próximas competições.

A fim de estimular as capacidades de velocidade e de condição física integrada, os nadadores deveriam treinar em um estado bem descansado (Navarro e Feal, 2001).

8.2.2.9.2 O desenvolvimento consecutivo de certas capacidades objetivas

O treinamento convencional propõe uma alteração das direções de treinamento de fase a fase e no período preparatório competitivo, sendo predominantemente complexo. O sistema contemporâneo requer uma formulação mais dinâmica de treinamento de um mesociclo a outro, dentro de cada fase. Já o projeto de programa consecutivo tem as seguintes características (Navarro, 2000):

- A ordenação dos mesociclos, baseada nos efeitos residuais de treinamento do trabalho precedente. É óbvio que a ordenação ótima dos mesociclos deve se basear nos termos e efeitos da superposição dos efeitos residuais de treinamento. Como o treinamento aeróbico e o de força máxima possuem maior efeito residual, devem ser a base para uma posterior intensificação. Sendo assim, o treinamento deve começar com o trabalho que desenvolva as capacidades cujo efeito residual é maior (força máxima, resistência aeróbica). O mesociclo seguinte deve centrar-se nas capacidades, ou objetivos, cujos efeitos residuais são médios (força-resistência e capacidade glicolítica anaeróbica). O mesociclo final, anterior à competição, deve utilizar os exercícios cujos efeitos residuais são pequenos (anaeróbico alático, modelação de treinamento de situações competitivas, táticas concretas etc.).
- A conjunção de distintos mesociclos nos diversos macrociclos. No sistema contemporâneo, o macrociclo, como unidade de treinamento, tem muito mais importância do que no sistema tradicional. O macrociclo não tradicional afeta todos os aspectos fundamentais da preparação esportiva. De fato, é similar ao ciclo anual, mas em versão miniatura. Não obstante, a estrutura e os conteúdos do treinamento variam dependendo: da posição das fases competitivas dentro da temporada; da qualificação dos esportistas; da especificidade das distintas especialidades.

Dependendo da localização do macrociclo no ciclo anual, a estrutura e o conteúdo podem ser diferentes. Na Figura 8.4, são apresentadas duas variações de projetos para uma temporada, com diversas durações e estruturas dos ciclos competitivos. A primeira variação se caracteriza pela combinação de três mesociclos diferentes dentro de cada ciclo de treinamento. Isso proporciona mesociclos mais longos e uma combinação padrão entre eles de ciclo em ciclo de treinamento. A duração do ciclo permite conseguir: mais picos de preparação e bons resultados nas competições; maior variação no treinamento, já que os mesociclos mudam frequentemente.

A segunda variação compreende a reunião de quatro ou cinco mesociclos. Como consequência, as fases de treinamento são mais longas e são utilizadas sobretudo por esportistas de classe média, embora possam ser apropriadas também para o período preparatório de treinamento dos esportistas de elite. O emprego dos mesociclos duplos de acumulação e transformação pode ser justificado pelo aumento da influência de certos tipos de treinamento. No entanto, em razão dos possíveis efeitos sobre as reservas de adaptação, esse programa de treinamento deve ser meticulosamente preparado, com o fim de prevenir a diminuição de algumas capacidades. Como resultado, a ênfase sobre cargas de treinamento pode envolver uma ou duas capacidades somente, e o nível de concentração será mais baixo (Navarro, 2000).

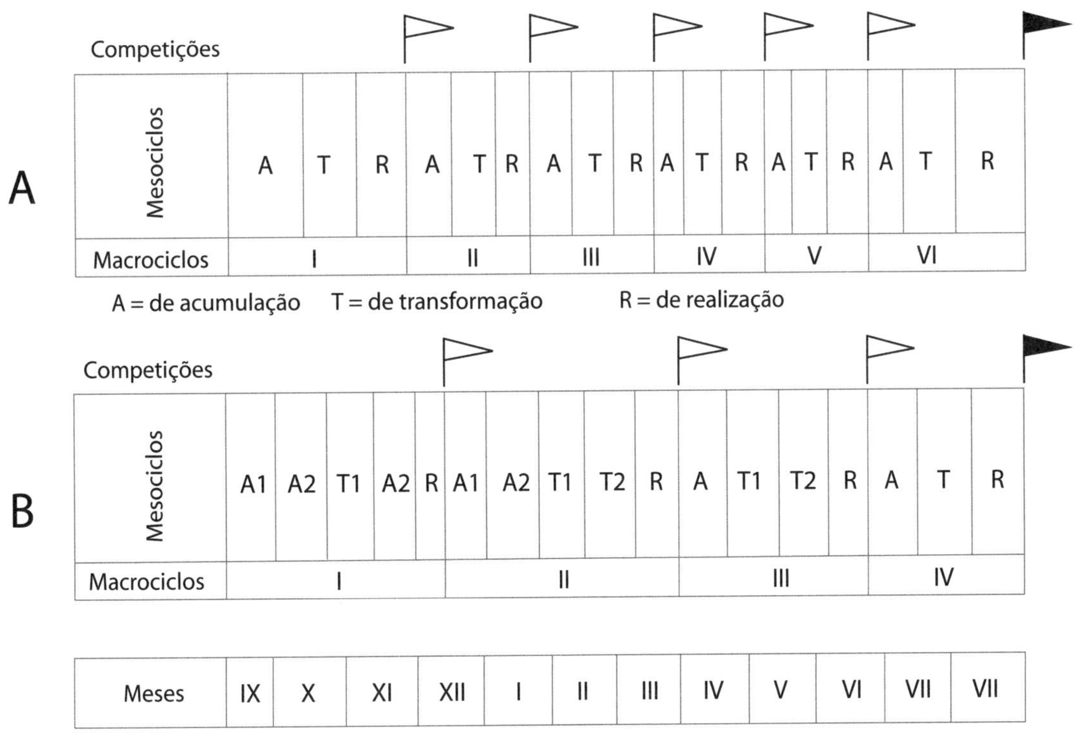

Figura 8.4 – Variações no planejamento da temporada com diferentes formulações dos ciclos de treinamento: formulação com três mesociclos diferentes (*A*); e formulação com cinco, quatro e três mesociclos (*B*).

Tratando-se de atletas de elite, a concentração em uma capacidade, ou um objetivo, normalmente é assegurada quando a ela se dedica 40%, no mínimo, da duração total do treinamento. O restante deve ser distribuído entre outras capacidades, prestando-se atenção especial aos efeitos residuais do trabalho precedente. Na Figura 8.5, temos o modelo para a construção de um macrociclo contemporâneo típico (Navarro, 2000).

Na prática contemporânea, a distribuição especial dos macrociclos dentro do ciclo anual depende do momento e da importância das competições, do nível de qualificação do nadador e da especificidade de sua especialidade.

De acordo com o senso comum, o momento ideal para competir corresponde ao final do macrociclo; por isso, sua distribuição dentro da temporada deve ser feita com a atenção voltada à época e à importância das competições. Portanto, os macrociclos devem ser planejados de modo que as principais competições se situem no final dos mesociclos de realização. As competições adicionais podem ser distribuídas dentro dos mesociclos de realização e também dos mesociclos de transformação. No entanto, a possibilidade de levar até o fim a preparação e de obter resultados máximos não será tão grande. Não obstante, essas competições são de grande importância para se verificar de vários pontos técnicos e táticos, ao mesmo tempo em que proporcionam o aumento da intensidade e da motivação. Em virtude de o número de competições no período preparatório ser muito menor e de o treinamento ser relativamente multilateral, a duração do ciclo de treinamento no período preparatório deve ser maior que no competitivo (três a quatro meses contra um mês e meio a dois meses).

Mesociclos

Concentração de conteúdos	**Acumulação**	**Transformação**	**Realização**
	Resistência básica	Resistência específica	Resistência competitiva
	Força básica	Força específica	Capacidade de velocidade
	Técnica básica	Técnica específica	Técnica competitiva

Figura 8.5 – Modelo para a construção de um típico macrociclo contemporâneo.

Gráfico 8.11 – Distribuição de dois macrociclos ATR em um ciclo de treinamento de 21 semanas

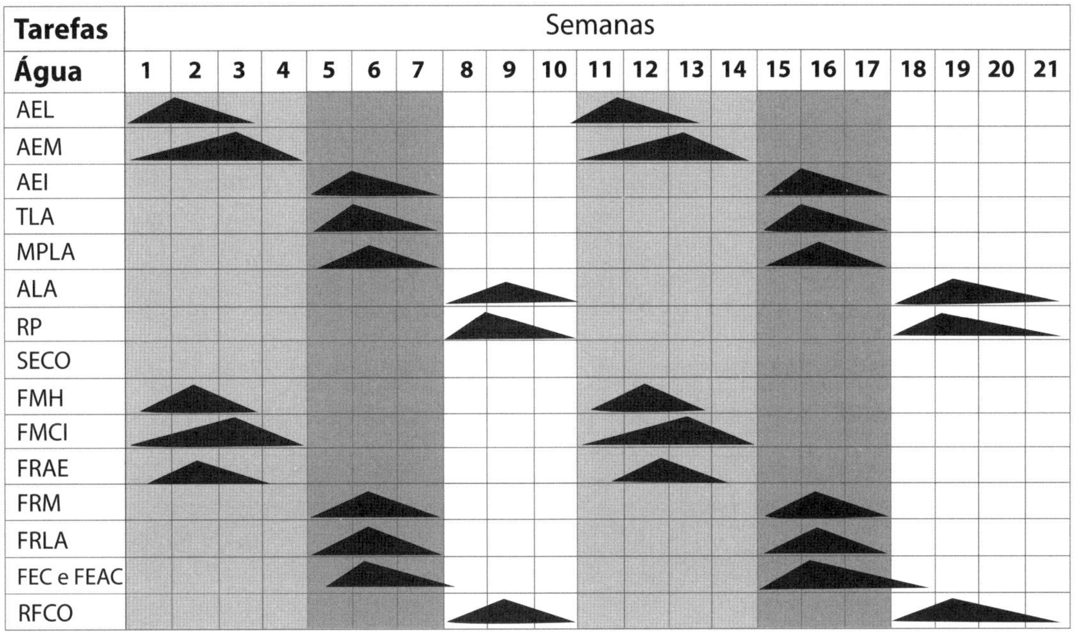

Dependendo do nível de qualificação do atleta, a distribuição dos mesociclos também pode ser diferente. Uma característica particular do esporte de elite moderno é a participação em muitas competições durante grande parte da temporada. Essa é uma das razões pelas quais o treinamento de esportistas de classe mundial normalmente possui mais macrociclos que o de esportistas de classe média. Outra razão é que os esportistas de classe média e baixa realizam um treinamento mais generalizado e menos concentrado, o qual requer períodos mais prolongados de adaptação. Consequentemente, seus macrociclos são mais longos e menos frequentes. No Gráfico 8.11, vemos a distribuição de dois macrociclos ATR em um ciclo de treinamento de 21 semanas.

8.2.2.9.3 Ordenação dos microciclos dentro do mesociclo

O programa e o treinamento dos mesociclos devem contar com a ajuda de diferentes microciclos. A sequência do microciclo determina tanto a dinâmica da carga de trabalho quanto o efeito acumulativo de treinamento (Gráfico 8.12). As combinações podem ser muito diversas, dependendo de como for a ordem e o tipo dos microciclos: ajuste, carga, impacto, recuperação. Os mesociclos que incluem microciclos de impacto são os mais comuns nos modelos de planejamento contemporâneo.

O conhecimento e a experiência modernos facilitam o manejo dos microciclos, sem deixar de prestar atenção à especificidade de cada mesociclo. Devemos considerar o seguinte:

- O microciclo inicial se baseia na acumulação de carga de treinamento precedente e no nível de rendimento dos esportistas. Assim, ele é determinado pelo seguinte: recuperação, se o esportista estiver esgotado do trabalho prévio; ajuste, quando se parte de um estado normal de recuperação para entrar em um estágio de maior carga; carga, se os esportistas estiverem preparados para começar um novo mesociclo com uma carga significativa.
- A parte média de um mesociclo deve conter microciclos de carga e de impacto. Assim, a maior carga de trabalho de um mesociclo tem de ser concentrada em um tempo relativamente curto (aproximadamente duas semanas), para facilitar a ocorrência de um estímulo suficiente de treinamento acumulativo.
- Durante os mesociclos acumulativos e de transformação, a carga deve ser reduzida nas últimas fases para: facilitar a adaptação; ajudar na reabili-

Gráfico 8.12 – Ordenação dos microciclos dentro do mesociclo

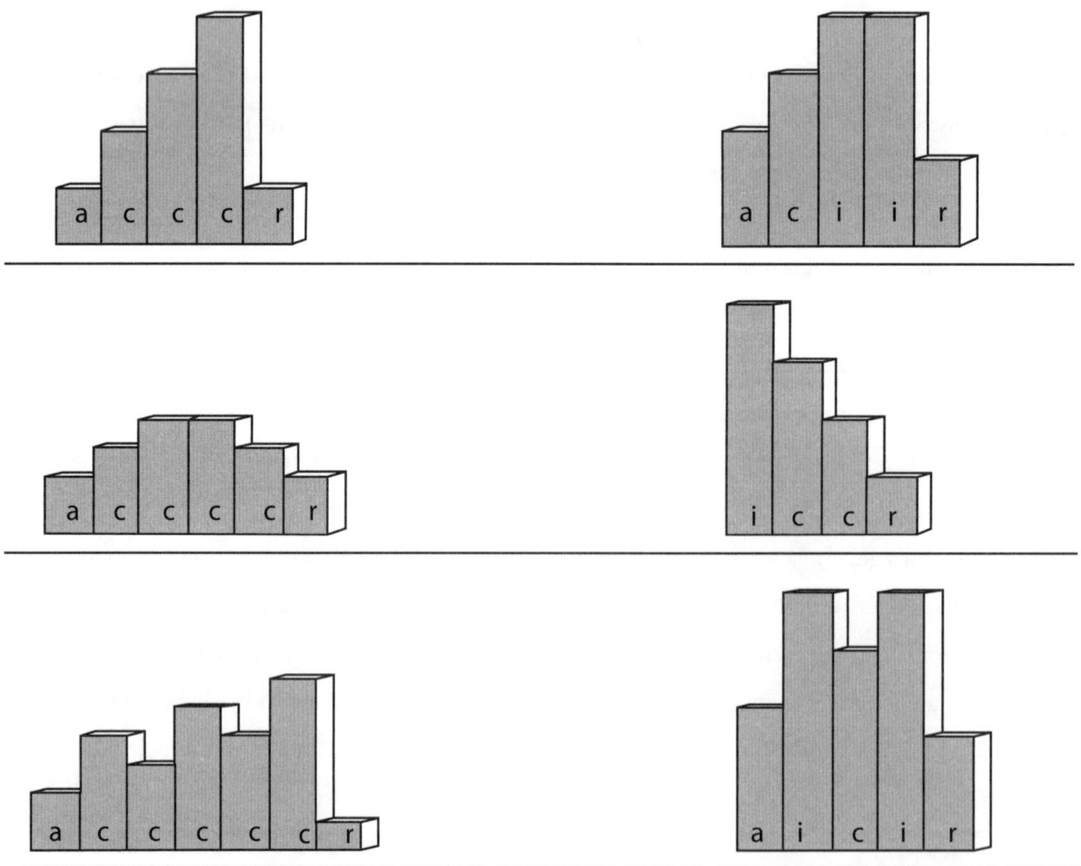

tação do dia anterior ao mesociclo; e melhorar as condições de controle ao final do mesociclo.

- As exceções podem ser feitas durante os períodos competitivos, quando a duração do mesociclo é usualmente mais curta e é possível realizar o microciclo de impacto na última semana.
- No mesociclo de realização, a carga de trabalho deve ser sempre reduzida durante o microciclo de ativação e atingir o pico durante o microciclo competitivo.

8.2.2.10 Tipos, estrutura e projetos dos microciclos

8.2.2.10.1 Classificação dos microciclos

Dependendo da fonte, são identificados de 2 a 11 tipos de microciclos (Berger e Minow, 1984; Bompa, 1975; Harre, 1987; Manno, 1991; Matveiev, 1965; Ozolín, 1983; Platonov, 1988; Viru, 1991). A Tabela 8.2 mostra, de maneira resumida, os tipos de microciclo mais utilizados hoje em dia e suas características.

Tabela 8.2 – Tipos e características básicas dos microciclos de treinamento

Tipos de microciclo	Características de conteúdo	Duração
Ajuste	Carga de trabalho de nível médio, com diminuição da intensidade; grau de dificuldade técnica médio	4 a 7 dias
Carga	Carga total de trabalho de nível importante	1 semana
Impacto	Carga total de trabalho de nível grande e extremo A magnitude da carga de treinamento se ajusta aos limites extremos	1 semana
Ativação	Carga total baixa e média Baixo volume de treinamento, intensidade de treinamento elevada, modelação das condições competitivas	3 a 7 dias
Competitivo	Todos os programas de competição, sessões suplementares e procedimentos de recuperação	3 a 9 dias
Recuperação	Carga total de nível baixo Volume e intensidade de treinamento baixos; utilização de meios variados de recuperação	3 a 7 dias

Normalmente, a duração de um microciclo é de uma semana, embora os esportistas que treinam duas ou três vezes por dia planejem com frequência microciclos levemente mais curtos. Em geral, um microciclo é concluído com um ou dois dias de recuperação. As variantes mais comuns são:

- seis dias de treinamento consecutivo mais um dia de recuperação;
- cinco dias de treinamento consecutivo mais dois dias de recuperação;
- três dias de treinamento consecutivo mais um dia de recuperação;
- dois dias de treinamento consecutivo mais um dia de recuperação.

Para conseguir maior efetividade na aplicação de um microciclo de treinamento, é fundamental prestar atenção especial a seu projeto e distribuir habilmente as sessões em função dos objetivos perseguidos e do nível de carga. É preciso tentar "ler" o que acontece no organismo do nadador e observar as respostas funcionais que podem ser produzidas.

Microciclo de ajuste

É projetado com o fim de preparar o esportista para o estado seguinte de treinamento, ou mesociclo. A magnitude da carga de treinamento deve ser reduzida de modo que corresponda:

- ao começo de um novo estado, depois de uma interrupção do treinamento;
- à alteração das características de treinamento.

A duração do microciclo depende do tempo necessário para preparar um esportista ao treinamento forçado e varia de quatro a sete dias, utilizando fundamentalmente sessões de desenvolvimento médias e importantes.

Microciclo de carga

É o tipo mais comum, e seu projeto requer que:

- O volume total de treinamento seja suficiente para estimular uma melhora na preparação, o que pode ser avaliado por meio de testes complexos ou elementares.
- O programa do microciclo corresponda a um nível médio de reservas adaptativas do esportista, sem chegar a esgotá-las totalmente.

A duração do microciclo de carga normalmente é de uma semana. Utilizam-se principalmente sessões de desenvolvimento importantes e grandes.

Microciclo de impacto

É utilizado para estimular o nível mais alto de adaptação de um esportista a novas cargas de treinamento. Seu projeto se caracteriza por:

- Concentração máxima de sessões de desenvolvimento.
- Acumulação máxima de fadiga e ausência de recuperação total durante o microciclo.
- Cargas de treinamento máximas em condições ideais de preparação (meios de recuperação, facilidades de treinamento, equipamento) e bom estado de preparação dos esportistas.

A duração total dos microciclos de impacto é relativamente moderada, embora possa variar, em menor ou maior medida, segundo os modelos de planejamento do treinamento aplicados (aproximadamente 56 a 70 dias em um ciclo anual). Eles utilizam, principalmente, cargas de grande desenvolvimento e de impacto.

Microciclo de ativação

Facilita a preparação imediata do esportista para a competição. Esse tipo de microciclo é situado antes da competição e deve assegurar a recuperação total dos esportistas depois de microciclos de impacto e de carga. Em razão de a preparação moderna pautar-se por um programa policompetitivo, um número limitado de competições (as mais importantes) poderia ser precedido por um microciclo de ativação.

A principal característica dos seus treinamentos é a modelação dos diferentes componentes que intervêm no rendimento da competição; por exemplo, o começo, o regime de ritmo de prova e o final nos esportes de resistência; algumas combinações de ataque e defesa em esportes de equipe etc. Com frequência, o microciclo de ativação pode ser utilizado como simulação de preparação imediata para uma competição muito importante, tal qual um campeonato mundial ou os Jogos Olímpicos.

Microciclo de competição

Tem como objetivo organizar atividades imediatamente antes ou depois de uma competição. Isso implica atividades um dia antes da competição, no dia da competição e durante os dias de recuperação.

A organização dos microciclos de competição é individual e depende de quanto durar a competição, da quantidade de provas, da frequência de competições e do nível de rendimento dos adversários etc. Eles incluem, por norma, sessões suplementares, programas de ativação (aquecimento, treinamento mental, preparação de equipamentos etc.) e meios de recuperação.

O conteúdo e as características dos microciclos de competição estão muito relacionados às características da competição e também se refletem na duração do microciclo.

Microciclo de recuperação

Promove a regeneração psicofisiológica do esportista e sucede a duros períodos de treinamento e competição, os quais se caracterizam por alta concentração de carga de trabalho; portanto, pretende criar as melhores condições possíveis para a recuperação. Usualmente, inclui:

- Uma modificação na rotina com a ajuda de meios de recuperação e atividades tais como excursões, caminhadas etc.
- O uso de meios como sauna, massagem, fisioterapia etc.
- O emprego de sessões de recuperação.
- O uso de fatores e ambientes naturais, como sol, mar, lagos, montanhas, bosques etc.

Os microciclos de recuperação são melhor realizados na preparação em casa (não em concentrações de treinamento) e são especialmente importantes durante o período inicial de preparação para outra competição.

Sua duração depende do grau de esgotamento, dos programas seguintes de preparação e das características individuais dos esportistas, oscilando entre três e sete dias. São utilizadas fundamentalmente sessões de recuperação.

8.2.2.10.2 A ordem de utilização dos microciclos

O ordenamento dos microciclos pode ser muito variável, dependendo dos objetivos e do projeto de treinamento adotado. Apesar dessa variabilidade, há um esquema bastante difundido, mostrado na Figura 8.6. Depois de um microciclo de ajuste, normalmente são realizados vários microciclos de carga e/ou impacto. Os microciclos de ativação seriam introduzidos na preparação para a competição, com o microciclo de competição se formando nos dois ou três dias anteriores e posteriores à competição. Por último, o microciclo de recuperação buscaria o recobramento psicofisiológico do atleta.

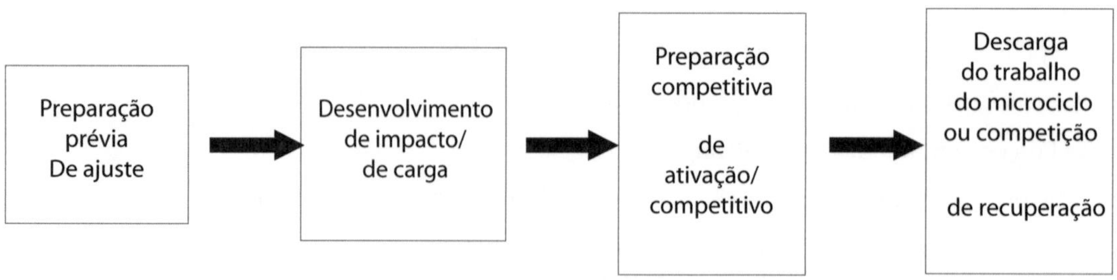

Figura 8.6 – A ordem dos microciclos dentro dos mesociclos.

8.2.2.10.3 A contribuição dos distintos microciclos no programa da temporada

No programa de treinamento de uma temporada (plano anual), tal como já mencionamos, a participação dos diferentes tipos de microciclo estará condicionada por muitos fatores (número de competições principais, nível e idade do esportista etc.). Por isso, é útil pensar a participação dos tipos de microciclos segundo seu número e sua duração total. Para nadadores, os valores característicos são os expostos na Tabela 8.3.

Quanto à proporção dos vários tipos de microciclos, é preciso considerar:

- A maior porcentagem do programa completo de treinamento é formada por microciclos de carga.
- O número de microciclos de competição, ativação e recuperação é similar; para o treinamento de alta competição, uma combinação típica é: microciclo de ativação, microciclo de competição e microciclo de recuperação.
- A contribuição dos microciclos de ajuste depende da concepção de treinamento: o sistema contemporâneo preconiza seu uso quando o programa de treinamento muda essencialmente, como, por exemplo, no novo ciclo de treinamento.
- A contribuição e a importância dos microciclos de impacto não são as mesmas dentro do programa de treinamento; já a influência dos microciclos de impacto sobre a capacidade de adaptação do esportista é máxima, e a possibilidade de aumento do número desses microciclos fica limitada pelas reservas de adaptação do esportista.

Tabela 8.3 – Contribuição dos distintos microciclos no programa de treinamento da temporada

Tipo de microciclo	Número de microciclos	Número de dias	Porcentagem de dias
Ajuste	5 a 7	23 a 35	8 a 10
Carga	19 a 21	133 a 147	40 a 46
Impacto	7 a 10	49 a 70	15 a 21
Ativação	5 a 7	25 a 35	8 a 12
Competição	7 a 8	30 a 38	9 a 13
Recuperação	4 a 6	20 a 28	8 a 12
Total	52 a 56	315 a 335	100

Adaptado de Navarro e Feal (2001).

8.2.2.10.4 A estrutura do microciclo

A estrutura do microciclo está determinada pelos seguintes fatores:

- O número de sessões de treinamento e a carga total de trabalho.
- O ordenamento das sessões com diferentes cargas de treinamento: desenvolvimento, manutenção e recuperação.
- A utilização e o ordenamento de sessões complexas, seletivas e suplementares.
- A ordenação das sessões segundo diferentes tipos de treinamento.

8.2.2.11 A estrutura da sessão de treinamento

O treinamento é um processo pedagógico que desenvolverá as capacidades táticas, físicas e psicológicas do nadador e/ou da equipe no marco específico das situações competitivas, por meio da prática sistemática e planejada do exercício, orientada por princípios e regras devidamente fundamentados no conhecimento científico. Com o treinamento, obtém-se aumento dos limites de adaptação do indivíduo, a fim de se alcançar, com um rendimento máximo ou sob um regime de economia de esforço e de resistência à fadiga, um resultado pré-estabelecido.

A sessão de treinamento constitui o tempo necessário para a realização, sem interrupção, dos meios de treinamento (usualmente com as mesmas prioridades), escolhidos sobre a base de reações do organismo em curto prazo, de modo que a repetição de determinada atividade muscular conduzirá ao efeito de treinamento desejado. Uma sessão de treinamento pode ser parte de uma unidade de treinamento ou de uma unidade de treinamento completa, que, por sua vez, é parte do dia de treinamento. Seu planejamento, além de ter base nas reações adaptativas do organismo a cargas de trabalho continuadas em curto prazo, se faz de acordo com as exigências metodológicas (a seleção e a magnitude dos exercícios, suas variações e sequências respectivas, a duração e o tipo de pausas de recuperação entre as repetições) (Viru, 1991). O objetivo é garantir um estímulo de treinamento significativo por meio de um volume de trabalho relativamente baixo, envolvendo o mínimo de tempo e gasto de energia.

O dia de treinamento inclui duas ou três unidades de treinamento. O conteúdo e a organização são determinados segundo as prioridades da carga de trabalho realizadas no dia anterior e o que foi planejado para o dia seguinte.

8.2.2.11.1 Classificação das sessões de treinamento

A sessão é a menor estrutura do planejamento do treinamento, na qual ele é realmente realizado e executado; é o treinamento propriamente dito e, por isso, o elemento mais determinante de todo o processo (Anó, 1997). Metodologicamente, a sessão de treinamento é a principal ferramenta a ser utilizada. Sua estrutura é condicionada por muitos fatores, entre os quais estão o fim e os objetivos da sessão, as oscilações regulares da atividade funcional do organismo do esportista durante uma atividade muscular mais ou menos duradoura, a magnitude da carga de uma sessão, as particularidades da seleção e combinação dos exercícios de treinamento, o regime de trabalho etc.

As sessões podem ser classificadas segundo os tipos de tarefas, as formas de organização, a magnitude da carga e a orientação dos conteúdos (Quadro 8.4).

Classificação das sessões segundo o tipo de tarefa

De acordo com a variedade das tarefas dentro de uma unidade de treinamento, distinguem-se os distintos tipos de sessões:

- de aprendizagem e aperfeiçoamento;
- treinamento ou acondicionamento;
- de avaliação.

Para Navarro e Feal (2001), no esporte de alto rendimento, as tarefas de aprendizagem compreendem a aquisição de novos elementos técnicos. Nos esportes técnicos, existe grande variedade de elementos técnicos, que se torna constantemente maior por causa da criatividade dos esportistas, cientistas e treinadores. Por exemplo, na ginástica, atletas inventam novos elementos, os quais acabam por receber seu nome. Em outros esportes, as razões para o aprendizado técnico podem estar na necessidade de utilizar novos materiais, tais como novos modelos de dardos, no atletismo, de remo, na canoagem etc.; também podem estar na necessidade de alterar a técnica esportiva de acordo com o ambiente de jogo, como ocorre no tênis, praticado em diferentes tipos de piso.

Em esportes táticos, as tarefas de aprendizagem se associam fundamentalmente com a preparação de novas combinações táticas e/ou alterações ou modificações dos regulamentos de competição.

O aperfeiçoamento da técnica é a tarefa mais necessária no esporte de alto rendimento. No entanto, é pouco frequente a utilização de sessões especiais somente para o aperfeiçoamento da técnica, sendo mais usual que tal aperfei-

Quadro 8.4 – Classificação das sessões

Segundo o tipo de tarefa	**Segundo a forma de organização**	**Segundo a magnitude da carga**	**Segundo a orientação do conteúdo**
Aprendizagem e aperfeiçoamento técnico	Grupos	Desenvolvimento	Seletiva
Treinamento	Individual	Manutenção	Complexa
Valoração	Mistas	Recuperação	Suplementar

Adaptado de Navarro e Feal (2001).

çoamento se dê simultaneamente à melhora das capacidades físicas correspondentes.

As sessões de treinamento de condicionamento contemplam o desenvolvimento ou a melhora de uma ou várias capacidades físicas.

As sessões de valoração se caracterizam pela utilização de tarefas que determinam o estado de preparação do esportista. Essas sessões exigem bastante tempo de preparação e assistência e são absolutamente necessárias para se obter um *feedback* válido ao controle do treinamento.

Classificação das sessões segundo a forma de organização

Para Platonov (2001) e Bompa (2000), no esporte de elite, as sessões são organizadas para um grupo de esportistas (sessões de grupo) ou para um esportista determinado (sessões individuais).

Uma sessão de treinamento em grupo é organizada de maneira a criar um microclima de competição durante a realização das sessões e a proporcionar ajuda mútua entre os atletas. No entanto, dificulta o controle da qualidade das tarefas e não permite tratar individualmente os esportistas.

Nas sessões individuais, os esportistas recebem sua tarefa e a realizam individualmente. Entre as vantagens dessa forma de sessão, cabe indicar as condições ótimas para dosar adequadamente e corrigir a carga, educar a independência e a criatividade, a segurança nas próprias forças, a possibilidade de realizar as sessões com *deficit* de tempo e em distintas condições. Suas inconveniências são a ausência de esforços de competição, de ajuda e de influência estimulante por parte de outros esportistas.

A sessão de grupo pode enfocar um plano mais individualizado ao trazer referências razoáveis para cada esportista, de modo que alguns exercícios sejam executados sem o grupo, mas com a assistência do treinador. Uma sessão como essa, denominada sessão mista, é de especial utilidade no período competitivo. A contribuição ao trabalho individual aumenta com o maior domínio no esporte.

Classificação segundo a magnitude da carga

Do ponto de vista metodológico, a carga de treinamento é de grande importância para o correto estímulo à adaptação. Por isso, para o projeto do treinamento, é interessante a classificação das sessões segundo a magnitude da carga aplicada. Na Tabela 8.4, podemos ver que essa classificação se baseia na quantificação das cargas das sessões de acordo com o tempo de recuperação.

Tabela 8.4 – Classificação da sessão segundo sua carga de treinamento

Tipo de sessão	Magnitude de carga de treinamento	Tempo de recuperação total depois da sessão (horas)
Desenvolvimento	Extrema	> 72
	Grande	48 a 72
	Importante	24 a 48
Manutenção	Média	12 a 24
Recuperação	Pequena	< 12

As sessões de desenvolvimento com cargas extremas se ajustam aos limites naturais do organismo humano. Esses limites podem ser avaliados por meio de algumas medidas (ou de todas as medidas conjuntamente):

- Análise das respostas fisiológicas dos esportistas (acumulação de lactato sanguíneo, valor do pH, respostas cardiorrespiratórias, nível de testosterona etc.).
- Cálculo e comparação retrospectiva de volumes de treinamento total e parcial segundo as zonas de treinamento e outros critérios.
- A experiência, o sentido comum e o controle imediato durante as sessões.

Esse tipo de sessão submete o esportista ao risco de sobretreinamento. A melhor forma de desenvolver um programa intensivo de treinamento é utilizar tanto os sistemas práticos como os científicos para o controle da preparação.

As sessões de treinamento de manutenção se caracterizam pelo uso de uma carga média, sendo que não são necessárias mais de 24 h para a recuperação total. Em regra, esse tipo de sessão segue a sessão de desenvolvimento, integrando o efeito imediato de treinamento.

As sessões de recuperação se caracterizam por seu pequeno volume de trabalho, por sua diversificação, pelo caráter emocional e pela utilização do método de jogo. São realizados exercícios específicos e não específicos em combinação com outros meios de regeneração psicológica, nutricionais, fisioterapêuticos e farmacológicos. Os exercícios mais empregados proporcionam um trabalho contínuo (aeróbico extensivo), por meio de jogos esportivos, exercícios de autocarga leves, estiramentos e relaxamento. Os esportistas que executam sua atividade na terra podem conseguir um efeito de regeneração adicional com exercícios na água. O meio aquático oferece a oportunidade para um relaxamento mais profundo, uma termorregulação mais ativa, mediante movimentos variados e jogos atrativos.

As sessões de desenvolvimento geralmente se alternam com sessões de manutenção e de recuperação. O ordenamento das sessões dependerá do tempo entre uma e outra. No caso de uma sessão por dia, algumas opções típicas de ordenamento segundo a magnitude da carga são:

- Sessão de desenvolvimento extremo sucedida por sessão de recuperação.
- Sessão de desenvolvimento grande sucedida por sessão importante de recuperação.
- Sessão de desenvolvimento importante sucedida por sessão de desenvolvimento importante, manutenção e recuperação.

No caso de duas sessões por dia, o ordenamento poderia ser como segue:

- Sessão de desenvolvimento extremo sucedida por sessão de recuperação.
- Sessão de desenvolvimento grande sucedida por sessão de manutenção e recuperação.

- Sessão de desenvolvimento importante sucedida por sessão de desenvolvimento importante e recuperação.

Classificação segundo a orientação dos conteúdos

Dentro de uma sessão, a carga, como elemento central do sistema de treinamento, compreende em sentido amplo o processo de confrontação do praticante com as exigências que lhe são apresentadas durante o treinamento com o objetivo de melhorar o rendimento esportivo. A carga é definida por quatro vertentes fundamentais: a natureza, a magnitude, a orientação e a organização, e pode ser valorada de acordo com dois tipos de índices: externos e internos. Os índices externos da carga (ou, simplesmente, carga externa) traduzem-se nas tarefas que o praticante deverá cumprir e são determinados sobretudo pela magnitude da carga (volume, intensidade e duração) e sua orientação para o desenvolvimento de determinada capacidade. Os índices internos (ou carga interna) correspondem à repercussão dos diferentes recursos do praticante (informacionais, energéticos e afetivos, sendo altamente individualizados) que provoca a aplicação da carga externa. A carga interna é a reação biológica dos sistemas orgânicos frente à carga externa e pode refletir-se mediante parâmetros fisiológicos e bioquímicos (frequência ventilatória, consumo de oxigênio, atividade elétrica do músculo etc.) ou certas características dos movimentos (velocidade, amplitude, frequência etc.).

8.2.2.11.2 A orientação do conteúdo da sessão

A orientação do conteúdo da sessão é definida pela qualidade ou capacidade a qual é potencializada (no plano físico, técnico, tático ou psicológico) e pela fonte energética predominantemente solicitada (processos aeróbicos ou anaeróbicos). Ela pode ser classificada em seletiva e complexa.

O programa das sessões de orientação seletiva é planejado de modo que o volume principal dos exercícios assegure a resolução predominante de um ou outro objetivo (por exemplo, o desenvolvimento da resistência especial). Já a sessão complexa utiliza meios de treinamento que ajudam na consecução de vários objetivos (Platonov, 2001).

Sessão seletiva

A sessão é seletiva quando privilegia determinada capacidade e, concomitantemente, determinado sistema funcional. Na prática, utilizam-se amplamente as sessões que ajudam no desenvolvimento de algumas qualidades e capacidades as quais determinam o nível da preparação especial dos esportistas: suas qualidades de velocidade ou força, a produtividade aeróbica ou anaeróbica, a resistência especial etc. Existem distintas variantes de organização das sessões da orientação seletiva. Por exemplo, com frequência são utilizados os meios análogos, mais populares. Às vezes, as sessões seguem o mesmo princípio que a variante anterior, mas, em diferentes etapas de treinamento das sessões de mesma orientação, utilizam-se outros meios e métodos. Uma outra variante pressupõe a utilização, em cada sessão, de um complexo de diversos meios de orientação distinta, utilizados em regimes de variados métodos.

As sessões que utilizam durante muito tempo os mesmos meios são menos eficazes, pois provocam rápida adaptação do organismo do esportista aos meios utilizados e diminuição do grau de preparação, até sua consequente estagnação (Platonov, 2001).

As sessões seletiva podem ser aplicadas de duas formas:

- Com um programa de meios uniformes (iguais). Por exemplo, o desenvolvimento do sistema aeróbico mediante determinado método intervalado.
- Com um programa de meios diversificados. Por exemplo, o desenvolvimento do sistema aeróbico mediante diversos métodos de treinamento (contínuo extensivo e intensivo, intervalado extensivo e intensivo).

Para que as sessões seletivas com programa diversificado sejam eficientes, é necessário cuidar para que o volume de trabalho aplicado seja claramente superior ao que poderiam realizar os mesmos esportistas em uma sessão com um programa uniforme, antes de manifestar sinais de fadiga evidente. Foi constatado que as sessões seletivas diversificadas são mais eficazes em alguns esportes.

As sessões seletivas de programa uniforme são aconselhadas quando um esportista dedica uma quantidade de trabalho limitada à melhora de certa qualidade e para reafirmar a disposição mental a ser conseguida em um longo período de trabalho monótono da especialidade. Essa disposição é um dos elementos fundamentais da resistência específica no trabalho sobre distâncias longas (Navarro e Feal, 2001). É evidente que uma carga não pode ser seletiva no sentido estrito do termo, já que toda atividade física promove uma série de mecanismos reguladores. Não obstante, a escolha da orientação das cargas permite solicitar determinadas funções de forma máxima, mobilizando as demais de modo muito débil. Portanto, talvez seja mais adequado, como assinala Platonov (1988), falar em "orientação privilegiada ao invés de orientação seletiva". No desenvolvimento das tarefas, é mais factível aplicar cargas seletivas nas sessões e nos microciclos de treinamento, destinadas a intervir sobre um ponto muito especial da preparação, do que em unidades maiores de organização do treinamento (mesociclos ou macrociclos).

Sessão complexa

Uma carga é complexa quando são solicitadas diferentes capacidades e diferentes sistemas funcionais. Ao combinar os meios de diferente orientação dentro das sessões complexas, deve-se considerar a interação dos exercícios, que pode ser positiva, quando a carga subsequente acentua as mudanças provocadas pela carga anterior, ou negativa, quando a carga, pelo contrário, desacentuar as transformações proporcionadas pela ação anterior.

Volkov (1981) sugere algumas alternativas de combinação de cargas com o fim de produzir interação positiva entre cargas dirigidas ao desenvolvimento da resistência:

- Cargas aeróbicas depois de cargas de tipo anaeróbico-alactácido.
- Cargas aeróbicas depois de cargas anaeróbico-glicolíticas (com baixo volume).
- Cargas anaeróbico-glicolíticas depois de cargas anaeróbico-alactácidas.

Nessas condições, a carga de treinamento anterior cria condições favoráveis para a carga sucessiva e para o aumento do efeito de toda a sessão de treinamento.

Já interações negativas são observadas nos seguintes casos (Volkov, 1981):

- Cargas anaeróbico-alactácidas depois de um trabalho notável de orientação glicolítica.
- Cargas de orientação glicolítica depois de grandes volumes de trabalho aeróbico.

Dentro das sessões complexas, distinguem-se duas variantes, dependendo de como o exercício for projetado: consecutivas e simultâneas. A variante consecutiva é utilizada quando se treinam somente capacidades físicas. A variante simultânea é mais típica do treinamento integrado de capacidades físicas e técnicas. Na Tabela 8.5, são mostradas as características e exemplos de cada uma das duas variantes em um projeto de treinamento complexo que pretende melhorar das capacidades de velocidade e resistência aeróbica.

Tabela 8.5 – Variantes da sessão complexa

Projeto consecutivo	**Projeto simultâneo**
Facilita uma influência acentuada sobre cada objetivo. Requer mais tempo e cuidado	Requer menos tempo e é mais adaptável para treinamentos no exterior, com o clima frio. Esse projeto também é típico do período preparatório de treinamento
Exemplos	**Exemplos**
6 x 20 m em velocidade máxima/3 min de descanso 6 x 40 m em velocidade submáxima/2 min de descanso 2 x 30 min em velocidade média/5 min de descanso	6 x (20 m em velocidade máxima + 300 m em velocidade média)/6 min 6 x (40 m em velocidade submáxima + 500 m velocidade média)
Duração total: 94 min	Duração total: 69 min

Quando se empregam distintos tipos de treinamento em uma sessão, é necessário levar em consideração os possíveis efeitos de suas interações, que podem ser positivas, neutras e negativas (Quadro 8.5).

Portanto, é importante definir bem o objetivo da sessão. Para estabelecer uma sucessão racional dos tipos de treinamento em uma sessão complexa, as combinações mais utilizadas são:

- força máxima, ou força-velocidade, e velocidade;
- velocidade e resistência;
- resistência de curta duração e resistência de média duração;
- resistência de curta duração e resistência de longa duração;
- resistência de média duração e resistência de longa duração;
- técnica e outras qualidades físicas.

É evidente que, na busca de interações positivas, combinando-se diversos tipos de treinamento em uma sessão, o volume de treinamento aplicado será afetado em maior ou menor medida. Por exemplo, quando os exercícios de velocidade são realizados no começo da sessão, podem representar 20% a 30 % do volume total (expresso em distância); agora, se forem realizados no final da sessão, essa quantidade não deve ser superior a 5% ou 10%.

Quanto aos esportes cíclicos, na preparação dos esportistas de classificação relativamente baixa, durante as etapas iniciais de preparação plurianual devem ser planejadas as sessões de orientação complexa, especialmente com a resolução consecutiva dos objetivos. Essas sessões são mais emocionantes, influem sobre o sistema psíquico e funcional do organismo dos esportistas jovens, constituindo estímulo suficiente para o crescimento de sua preparação.

A ampla utilização das sessões de orientação seletiva pode influir negativamente, causando: sobrefadiga, sobretensão dos sistemas funcionais, excessiva exploração das possibilidades de adaptação do organismo etc. Desse modo, na preparação dos esportistas jovens, as sessões complexas devem formar o conteúdo principal do processo de treinamento. Por um lado, elas asseguram a consecução de diversos objetivos propostos no treinamento e, por outro, deixam ao esportista a possibilidade da posterior intensificação do processo de treinamento por meio do aumento das sessões de orientação seletiva.

Quadro 8.5 – Classes de interações entre distintos tipos de treinamento

Classes de interações	**Definição**
Positiva	Quando um tipo de treinamento reforça a seção precedente
Neutra	Quando se anula a resposta do treinamento precedente
Negativa	Quando diminuem as respostas ao treinamento precedente

Problemática do treinamento simultâneo da força e da resistência

A força e a resistência são qualidades incompatíveis quando treinadas ao mesmo tempo com o fim de alcançar o desenvolvimento máximo em ambas (Badillo e Serna, 2002). O treinamento de cada uma produz adaptações musculares antagônicas entre elas.

O treinamento típico de força, realizado com intensidades médias ou altas e um número pequeno de repetições por série, tende a produzir uma diminuição da densidade mitocondrial, mantendo a redução da intensidade capilar e da atividade mitocondrial, a manutenção ou redução da densidade capilar e a redução da atividade das enzimas oxidativas, o que reduzirá também a capacidade oxidativa do músculo. Tudo isso vem acompanhado e se relaciona com o aumento do tamanho da fibra muscular, havendo uma tendência à transformação funcional das fibras IIA a IIB e o aumento da capacidade contrátil (maior tensão muscular, maior produção de força por unidade de tempo, maior velocidade de encurtamento muscular), o que provoca melhora da força e da potência anaeróbica.

Quanto ao treinamento típico de resistência, caracterizado por numerosas repetições do mesmo gesto de competição ou do exercício de treinamento e por resistências muito leves, produz adaptações praticamente opostas: aumento da atividade das enzimas oxidativas, aumento da densidade mitocondrial e capilar, manutenção ou redução do tamanho das fibras e possível transformação de fibras tipo II em fibras tipo I, modificação do modelo de recrutamento, redução da capacidade contrátil com diminuição da velocidade máxima de encurtamento das fibras tipo II e provável redução do pico de tensão e da produção de força por unidade de tempo de todas as fibras. As consequências dessas adaptações são a melhora do consumo de oxigênio e da resistência geral e perda ou estabilização da força.

Badillo e Serna (2002) propõem o seguinte para reduzir tanto quanto possível a incompatibilidade entre as duas capacidades:

- Não fazer coincidir na mesma fase de um ciclo os treinamentos de hipertrofia (se é que se realizam) e os de resistência de máximo estresse metabólico e de efeito periférico.
- Procurar não realizar em nenhum momento treinamentos de oito a dez repetições por série e com caráter de esforço máximo.
- Fazer coincidir, dentro de um ciclo, os treinamento de resistência aeróbica até o limiar e os treinamentos de força com seis a oito repetições por série, ainda que com um caráter de esforço médio ou muito alto, mas nunca máximo.
- Quando o estresse metabólico no treinamento de resistência for alto (acima do umbral anaeróbico), o treinamento de força não deverá ser de mais de duas a quatro repetições por série, ainda que o caráter do esforço chegue a ser alto, ou máximo.

- Reduzir o número de sessões de força e o número de repetições por série quando os treinamentos de resistência forem de exigência máxima.
- Separar ao máximo as sessões de treinamento de força e de resistência quando forem realizadas no mesmo dia. E, se possível, realizá-las em dias diferentes.

Sessão suplementar

As sessões suplementares formam uma parte importante do treinamento do esportista de elite. O tipo de sessão suplementar mais popular é o treinamento matinal precoce, usualmente realizado antes do café da manhã. O propósito dessa sessão é, com frequência, a preparação geral para o programa de treinamento do dia, e seu conteúdo é constituído por, entre outros, aquecimento geral, exercícios de resistência aeróbica, exercícios de força de intensidade média e trabalho de flexibilidade.

A maioria das sessões suplementares é de caráter individual. O treinamento pode incluir tarefas centradas na melhora de algum exercício técnico, de grupos musculares determinados de treinamento ou as quais afetem algumas capacidades físicas relevantes. As sessões suplementares também podem ser organizadas de modo a corrigir deficiências individuais na preparação ou adaptar um programa de treinamento ao potencial do esportista.

A duração média de sessões matinais é de 45 a 60 min. Consequentemente, a duração das sessões suplementares em um ano totaliza 160 a 200 h. Para nadadores, remadores, canoístas, elas podem representar até 30% do tempo total de treinamento de um ano (Navarro, 2000).

8.2.2.11.3 Estruturação da sessão de treinamento

A estrutura da sessão, composta por partes de aquecimento, parte principal e final, é determinada por muitos fatores, entre os quais estão seus objetivos, as oscilações regulares da atividade funcional do organismo do esportista durante uma atividade muscular mais ou menos duradoura, a magnitude de sua carga, as particularidades de seleção e combinação dos exercícios de treinamento, o regime de trabalho etc. De acordo com a variedade das tarefas dentro de uma unidade de treinamento, distinguem-se os seguintes tipos de sessões:

- de aprendizagem e aperfeiçoamento;
- treinamento ou condicionamento;
- de valoração.

A estrutura da sessão se vê pelos seguintes fatores (Navarro et al., 2003):

- os objetivos, as tarefas e os conteúdos da sessão;
- a alteração das funções fisiológicas provocada pela influência das cargas de treinamento;
- a especificidade do esporte.

O aquecimento

É a primeira fase da sessão e tem como objetivo preparar o indivíduo tanto fisiologicamente quanto psicologicamente para a atividade física. O aquecimento cria alterações no organismo com o fim de o atleta suportar a carga do treinamento, sendo que as mais importantes são o aumento da temperatura corporal e a elevação da frequência cardíaca. Ele pode ser dividido em geral e específico, cujos objetivos diferem (Quadro 8.6).

O conteúdo, a proporção das partes geral e especial, sua intensidade e seu volume podem variar segundo as tarefas principais da sessão de treinamento (Navarro et al., 2003) (Tabela 8.6).

Quadro 8.6 – Objetivos dos aquecimentos geral e específico

Aquecimento geral	**Aquecimento específico**
Organização do grupo de treinamento	Motivação para o trabalho principal
Ativação dos sistemas funcionais	Melhora da sensibilidade coordenativa
Preparação para o esforço físico	Ativação dos sistemas energéticos predominantes e dos grupos musculares correspondentes ao objetivo de trabalho

Tabela 8.6 – Características do aquecimento segundo os tipos de sessões (Navarro et al., 2003)

Características	**Tipos de sessões**		
	Aprendizagem e aperfeiçoamento	Treinamento de capacidades físicas	Valoração
Parte geral			
Duração (min) Intensidade Frequência cardíaca (bpm)	5 a 10 Média 100 a 110	5 a 10 Média 100 a 120	5 a 10 Média 100 a 120
Parte principal			
Duração (min) Intensidade Frequência cardíaca (bpm)	15 a 20 Média 130	15 a 20 Alta 130 a 150	20 a 25 Alta 130 a 150
Duração total (min)	20 a 30	20 a 30	30 a 40

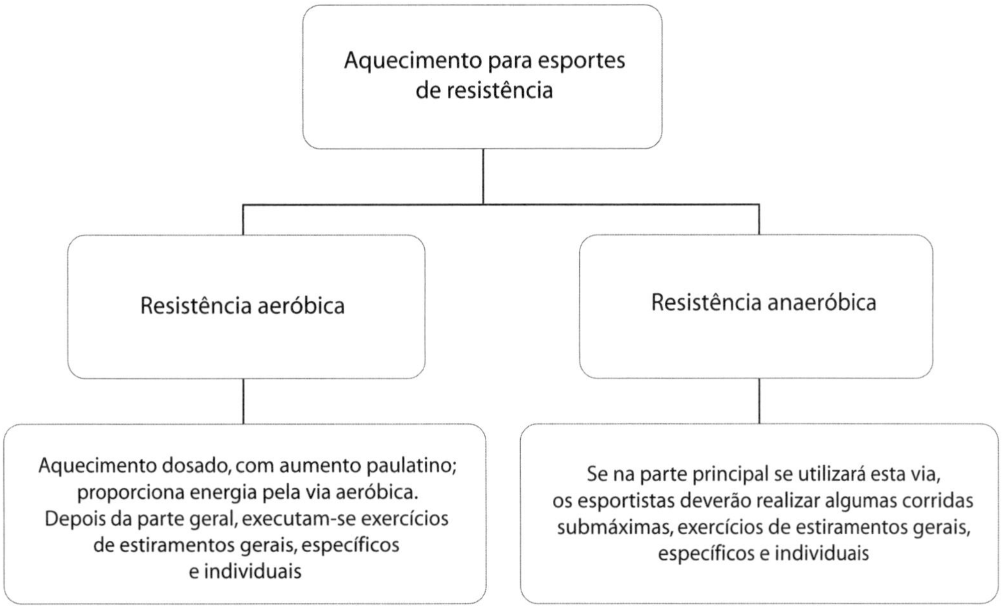

FIGURA 8.7 – Características do aquecimento nos esportes de resistência.

Na Figura 8.7, podemos ver as características do aquecimento nos esportes de resistência.

Em relação aos esportes de força, as características do aquecimento são:

- Estimula os grupos musculares que serão trabalhados com várias repetições dos exercícios de força, utilizando cargas leves ou médias e, posteriormente, carga máxima.
- A preparação específica da musculatura e do aparelho locomotor passivo implicado é obtida, além da habituação ao percurso articular e da melhora da coordenação do movimento.
- Os exercícios de estiramento no início do treinamento, correspondentes ao aquecimento específico e individual, devem proporcionar a longitude normal da musculatura, com tendência a se encurtar e ativar os receptores musculares, tendinosos e articulares.

Já o aquecimento nos esportes de velocidade e força explosiva é estruturado da seguinte maneira:

- aquecimento geral;
- primeiros estiramentos;
- movimentos específicos de cada esporte, sem atingir força ou velocidade máxima;
- exercícios individuais de estiramento ativo-dinâmico, relacionados ao esporte.

Como podemos ver na Tabela 8.7, a duração do aquecimento também está condicionada pela temperatura ambiente.

Tabela 8.7 – Duração mínima de aquecimento de acordo com a temperatura ambiente

Temperatura	Duração
- 10 °C	50 min
- 5 °C	35 min
+ 8 °C	25 min
+ 10 °C	20 min
+ 15 °C	15 min
+ 20 °C	10 min
+ 30 °C	10 min

Se a sessão tem uma estrutura clássica, deve terminar com exercícios muito parecidos aos que serão realizados na parte principal.

A parte principal

É na parte principal que os objetivos mais importantes são alcançados. O trabalho pode ser de natureza mais diversa, assegurando o aumento dos diferentes elementos da preparação especial física e psíquica, aperfeiçoando a técnica e a tática etc. A duração da parte principal depende do caráter e da metodologia dos exercícios utilizados e da magnitude da carga de treinamento. Segundo Navarro et al. (2003), a sequência de operações que compreende o programa se fundamenta nos seguintes pontos:

- objetivos da sessão;
- definição do tipo de tarefas, de cargas e do conteúdo;
- determinação do material necessário;
- comprovação das condições reais de treinamento;
- diagnóstico do estado atual do esportista.

Para os mesmos autores, o conteúdo da parte principal se baseia nos exercícios fundamentais, que têm como características:

- Determinar o efeito imediato desejado.
- Seu número é igual ao número de objetivos da sessão, exceto quando se selecionam exercícios os quais influem de forma simultânea sobre dois ou mais objetivos.
- Sua contribuição no treinamento de esportistas de elite é substancialmente mais alta durante o período de competição em comparação aos períodos preparatórios.
- Quanto a esportistas jovens de nível médio e destreinados, os exercícios principais são alternados com exercícios complementares, que ajudam a retardar a fadiga, ao mesmo tempo que elevam a carga total.

Sua distribuição se orienta pelos sintomas centrais e periféricos de cansaço físico. O treinamento ou a repetição múltipla de determinados movimentos sobrecarregam intensamente o sistema nervoso central (percepção, codificação, reflexão, armazenamento, emissão do impulso da musculatura, referências etc). Na presença de cargas, esse sistema se cansa antes de outros sistemas, como o cardiocirculatório e metabólico, o nervoso vegetativo, o psíquico e a musculatura (Grosser, Brüggeman, Zintl, 1989). Por

Aprendizagem e aperfeiçoamento técnico	→ Estado do SNC
Treinamento de resistência	→ Diminuição dos depósitos de energia
Treinamento da velocidade	→ Estado do SNC
Treinamento de capacidades de força	→ Fadiga de grupos musculares selecionados e do SNC
Sessão de avaliação	→ Programa de testes

Figura 8.8 – Fatores limitadores do tempo de trabalho (Navarro, Oca Gaia e Castanõn, 2003).

isso, deve-se sempre praticar a técnica (aprendizagem motora) antes da condição física e de outras áreas (Grosser, Brüggeman e Zintl 1989).

Um programa no qual o condicionamento precedesse o treinamento técnico teria como consequências prévio consumo das reservas energéticas e contínuos processos de inervação, de modo que o posterior treinamento dos movimentos técnicos se daria em um estado de ligeiro cansaço. Isso não é apropriado para o aprendizado ótimo. O treinamento da técnica sob estresse — por exemplo, próximo de uma competição de vários dias de duração — tampouco é eficaz, pois essa situação também provoca sintomas de cansaço. Resumindo, os exercícios na parte principal da sessão dependem das alterações do sistema nervoso central, dos depósitos de energia e da fadiga local nos grupos musculares implicados no esforço (Figura 8.8).

A parte final

Na parte final da sessão, para conduzir o organismo do esportista ao estado mais próximo possível observado antes do trabalho e para criar condições que favoreçam o intenso desenvolvimento dos processos de recuperação, é preciso diminuir paulatinamente a tensão da sessão. A conclusão da sessão tem como objetivos:

- Finalizar a sessão (conclusão pedagógicas: resumir e comentar os resultados).
- Facilitar um *feedback* emocional positivo que ajude a manter a disposição para futuros treinamentos (conclusão psicológica).
- Regularizar a atividade dos sistemas funcionais, induzindo o relaxamento muscular e estimulando

o processo de regeneração (conclusão fisiológica).

Platonov (2001) preconiza que devemos distinguir as sessões de treinamento por sua orientação pedagógica principal (sessões principais e adicionais, de orientação seletiva e complexa), pela magnitude da carga (sessões com cargas grandes, pequenas e outras) e pelo conteúdo dos objetivos concretos (aprendizagem, treinamento, recuperação etc.).

Propomos algumas regras para a construção do programa de treinamento:

- definir claramente os objetivos da sessão e sua sequência de realização;
- selecionar o método que melhor corresponda ao objetivo;
- definir o número de repetições adequadas à distância, depois dos objetivos da sessão;
- estabelecer a intensidade da tarefa;
- definir a duração do intervalo e sua natureza (ativa ou passiva);
- especificar a técnica de execução da tarefa (meios de treinamento);
- respeitar o princípio da sobrecarga, para poder desenvolver a capacidade motora;
- não esquecer o princípio da especificidade (capacidades específicas da modalidade).

Para que o trabalho seja bem desenvolvido, é preciso estabelecer e possuir:

- a instalação necessária;
- o horário de treinamento;
- o material necessário para o treinamento;
- a mudança de tarefas;
- a observação do treinamento;
- o controle do grupo;
- o registro de acontecimentos durante a sessão.

Infelizmente, na maioria dos clubes esportivos não existem as condições necessárias ao bom desenvolvimento do trabalho. Há diferentes motivos para isso, como a falta de instalações esportivas, a falta de material para desenvolver o trabalho de maneira eficaz, a falta de orçamento etc. Por isso, os treinadores, às vezes, têm de se superar para distribuir as cargas de treinamento de maneira eficaz e obter os melhores resultados de seus esportistas.

8.2.2.12 O macrociclo integrado

Agrupa os conteúdos e meios de treinamento em um curto espaço de tempo, sendo sua carga acentuada. Essa proposta surge, por um lado, como interpretação particular (Navarro, 1982, 1985, 1987, 1990, 1991, 1993) da nova ótica de distribuição de carga durante a temporada proposta por Tchiene (1984), baseada na experiência de elevado volume de treinamento e acompanhada por elevada intensidade no ciclo, e, por outro lado, da teoria de trabalho acentuado (Reib, 1991, 1992; Franz, 1992), que respeita as dinâmicas de carga quanto ao seu caráter geral ou especial como uma unidade interdependente (periodização tradicional).

O macrociclo integrado pretende que o esportista utilize todos os conteúdos de treinamento ao longo da temporada, concentrados em períodos mais curtos, mas suficientes para que sejam produzidas mudanças fisiológicas adaptativas. A integração desses períodos entre seis e dez semanas dá origem à denominação macrociclo integrado.

Ele é composto por distintas fases com orientação funcional determinada (Tabela 8.8). Cada fase compreende de um a cinco microciclos, dependendo dos tipos de orientação funcional da fase e da localização temporal do macrociclo integrado em relação à competição principal do ciclo de preparação.

No Gráfico 8.13, apresentamos o que poderia ser a estrutura típica de um macrociclo integrado. No caso, a estrutura é composta por nove semanas (nove microciclos) e integram-na três fases com orientação acentuada de carga determinada.

Na fase geral, predomina a atenção ao volume, acentuando-se o desenvolvimento das capacidades básicas da especialidade.

Na fase específica, a ênfase é dada à intensidade do treinamento, predominando o desenvolvimento das capacidades específicas da especialidade.

Na fase de manutenção, o volume e a intensidade do treinamento diminuem. O principal objetivo aqui é produzir a supercompensação do trabalho realizado nas semanas anterio-

Tabela 8.8 – Características das fases de um macrociclo integrado

Unidade de planejamento	Características	Duração
Ciclo	Conjunto de vários macrociclos integrados cujo objetivo final é o resultado máximo na competição principal	20 a 30 semanas
Macrociclo integrado	Conjunto de várias fases, com integração de volume e intensidade específicos, carga geral e específica e meios e conteúdos apropriados ao desenvolvimento do rendimento na especificidade	6 a 12 semanas
Fase macrocíclica	Conjunto de vários microciclos, com a concentração de conteúdos de treinamento determinados	1 a 5 semanas
Microciclo	Conjunto de vários dias de treinamento que reflitam a orientação funcional de treinamento da fase macrocíclica em que estejam situados	3 a 7 dias

res. Predomina o trabalho específico de ritmo competitivo e de velocidade. O restante dos elementos de treinamento é tratado com fins exclusivamente de manutenção.

Essa estrutura será utilizada repetidamente ao longo da temporada, respeitando-se a orientação dos conteúdos nas distintas fases e aumentando-se gradualmente as cargas totais nos sucessivos macrociclos integrados (Gráficos 8.14 e 8.15).

Gráfico 8.13 – Macrociclo integrado de nove semanas

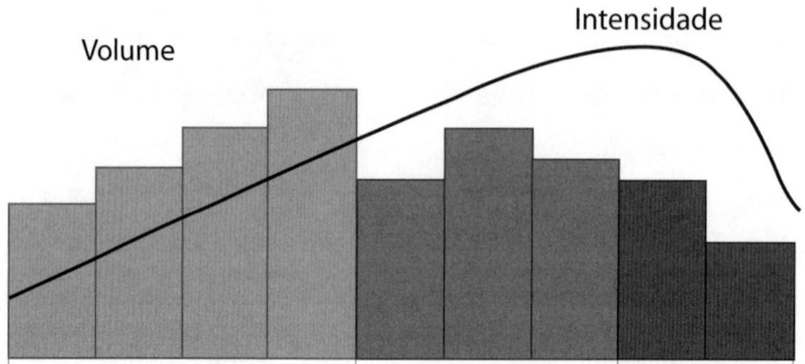

Fases	Geral	Específica	Manutenção
Acentuação de conteúdos	Resistência básica	Resistência específica	Resistência específica
	Força básica	Força específica	Força específica
	Velocidade básica	Velocidade específica	Velocidade específica
	Técnica básica	Técnica específica	Técnica específica

Gráfico 8.14 – Macrociclo integrado para um nadador de 50 m

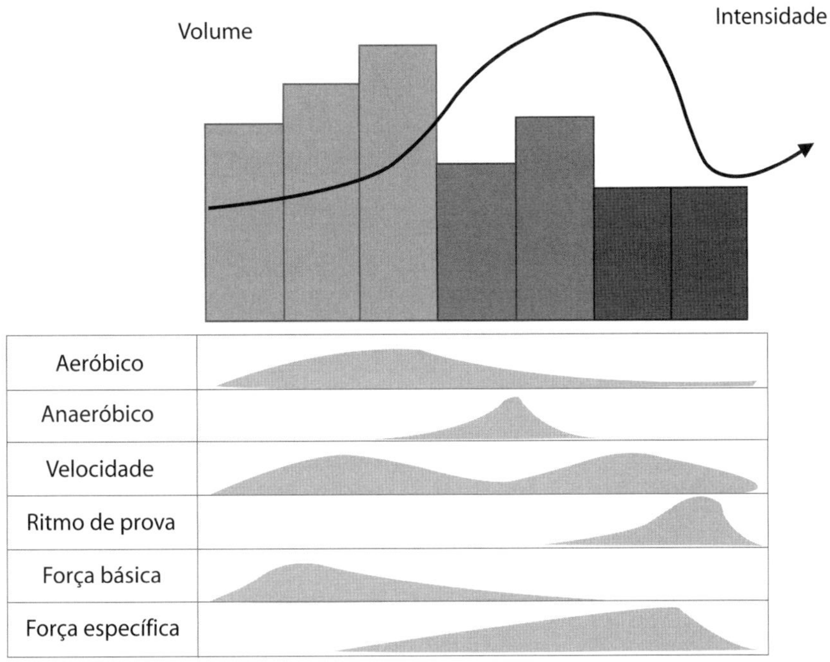

Gráfico 8.15 – Modelo de macrociclo integrado com cargas acentuadas

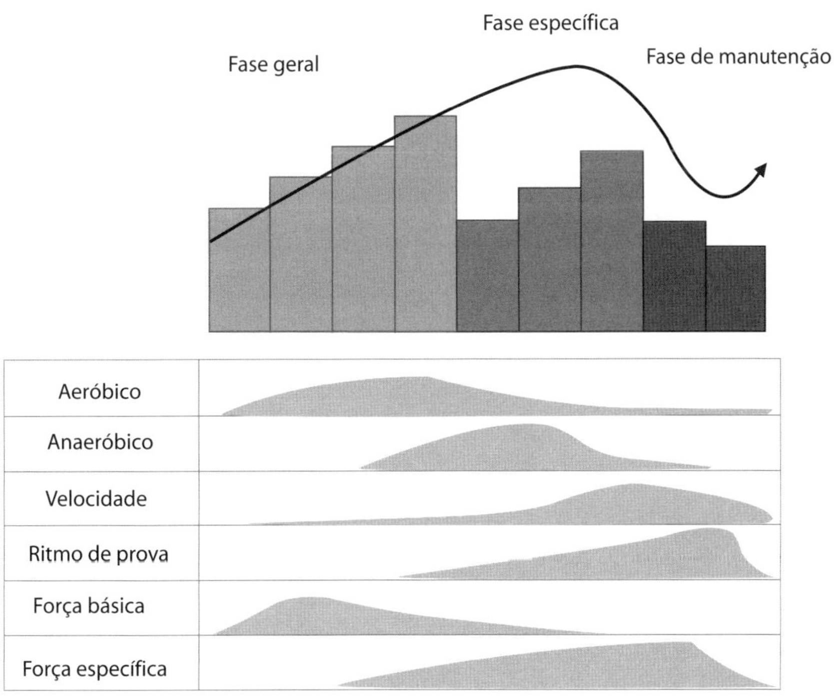

No Gráfico 8.16, apresentamos macrociclos integrados em um ciclo de 27 semanas.

Gráfico 8.16 – Macrociclos integrados de 27 semanas de treinamento

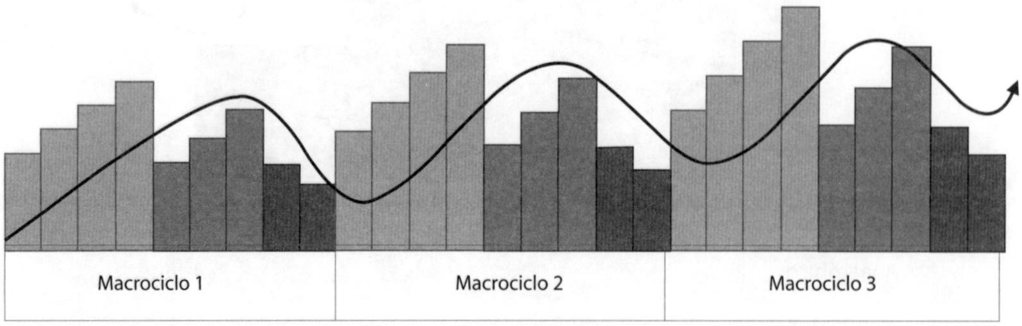

No Gráfico 8.17, expomos três macrociclos com distinta distribuição entre eles.

Gráfico 8.17 – Distribuição das fases macrocíclicas em função de sua posição no ciclo de treinamento

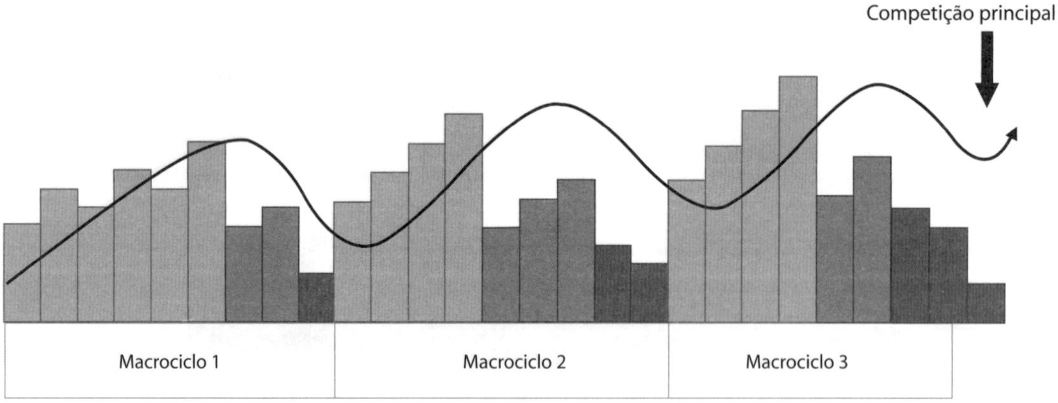

Na periodização do treinamento da resistência, especialmente nos modelos com cargas acentuadas e concentradas, é importante considerar sua combinação com os programas de treinamento de força necessários para a especialidade, já que as demandas de cada tipo de treinamento são substancialmente diferentes. Por exemplo, o treinamento com cargas elevadas estimula a hipertrofia das fibras musculares, o que reduz a densidade capilar e o volume mitocondrial nos músculos envolvidos na atividade. Essas mudanças ocorrem em detrimento da resistência. Contrariamente, o treinamento da resistência produz um aumento tanto da densidade capilar como da densidade do volume mitocondrial e pode causar a diminuição do tamanho da fibra muscular.

Quando os treinamentos da força e da resistência se realizam de forma concorrente, torna-se difícil a adaptação simultânea do organismo às demandas, que entram em conflito. Desse modo, o treinamento combinado da força e da resistência afeta os ganhos de força de uma maneira diferente do treinamento da força realizado isoladamente, e o mesmo ocorre com o treinamento da resistência.

Quanto mais próximos no tempo estiverem os dois tipos de treinamento, maiores serão as dificuldades; por exemplo, é muito mais difícil pensar na integração desses treinamentos se eles forem realizados no mesmo dia do que se forem realizados em dias alternados (Zatsiorsky, 1995). Outro fator que influi na interferência de um treinamento sobre o outro é a magnitude da carga; quanto maior for a carga, mais incompatíveis serão os treinamentos da força e da resistência. Por isso, é razoável estruturar sequencialmente os programas de resistência e de força, centrando-se primeiro no treinamento da força e depois no de resistência.

O plano de treinamento do nadador Vladimir Salkinov, bicampeão olímpico na prova de 1.500 m livre, projetado por seu treinador Igor Koshkin, respeita o critério mencionado (Gráfico 8.18). Nesse plano, o mesociclo de treinamento de força precede o de resistência, e a carga de manutenção da força é duas a três vezes menor do que no mesociclo de acentuação da carga para desenvolvimento da força. Assim, o tempo de treinamento em seco por semana foi de 11 h durante o mesociclo orientado à força e de apenas 5 h durante o mesociclo de realização.

Gráfico 8.18 – Planejamento do treinamento por meio do macrociclo integrado para um nadador de 100 m livre

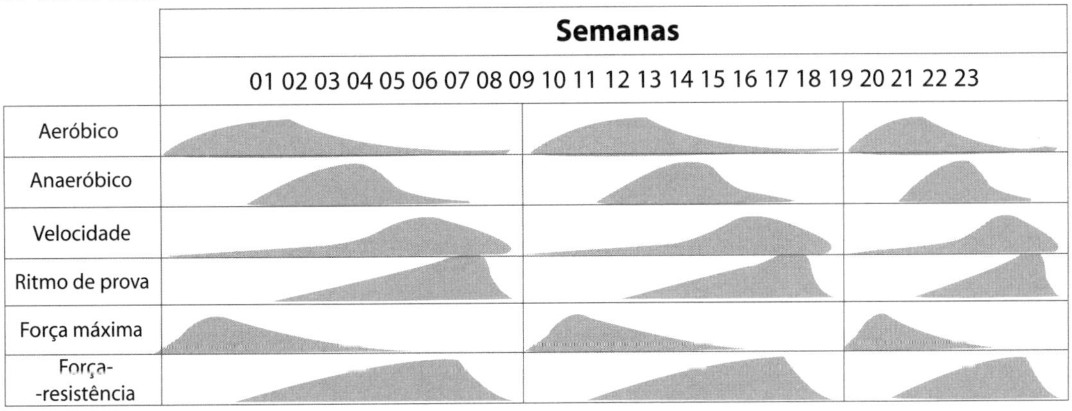

8.2.2.13 Considerações finais sobre as formas de estruturar o planejamento do treinamento

Dada a atual dinâmica competitiva internacional do esporte de elite, consideramos que a periodização do treinamento esportivo, proposta pelo cientista russo Matveiev, passou a ser a forma efetiva de estruturação do esporte juvenil, cujos objetivos de alto rendimento têm um caráter de perspectiva. Essa forma de estruturação tem suas bases nas chamadas estruturas cíclicas do treinamento, que constituem a base do planejamento nos nossos dias e, provavelmente, em um futuro próximo.

Consideramos que os altos rendimentos esportivos alcançados nos últimos anos se devem, entre outros fatores, a uma "biologização" do processo de treinamento. Dessa forma, tentamos estabelecer nossa própria metodologia na construção dos diferentes planos de treinamento com estruturas cíclicas, mas não sem considerar um aspecto importante da chamada biologização do treinamento, relacionado com a responsabilidade moral da ciência.

Embora a invasão biológica no fenômeno social esporte esteja fundamentada e justificada por responder a uma necessidade imposta pela realidade esportivo-competitiva atual, nossa responsabilidade moral não deve permitir, de forma nenhuma, que vejamos o homem unicamente como uma realidade biológica. Levado pelos treinadores, isso provocaria nos esportistas agressividade, violência, esforços-limites, utilização de *doping*, alienação, robotização e, em último caso, morte.

Nossa responsabilidade como cientistas é velar, antes de tudo, pela integridade do homem em seu ambiente natural e social, sem nos deixar levar pela ansiedade do rendimento. É preciso respeitar os sentimentos, as emoções, as ideias, os juízos etc. do homem esportista a quem se dirige o nosso trabalho.

Na prática efetiva do esporte contemporâneo estão sendo realizadas diversas tentativas de estruturação do treinamento que diferem daquela proposta por Matveiev. A maioria dessas tentativas é feita mais sobre a base das necessidades concretas do que das realidades impostas pelo treinamento. Sem negar seu mérito, ainda é preciso sistematizá-las e aperfeiçoá-las, pelo que a estrutura cíclica de Matveiev deve continuar sendo considerada. A metodologia por nós proposta faz parte dessas tentativas, baseando-se sobretudo no caráter cíclico do treinamento, mas sintetizando as diferentes estruturas que expusemos.

Um plano de treinamento é real na medida em que é controlado. Em muitas ocasiões, os modelos de planejamento levam em conta apenas aspectos teóricos que refletem tendências orientadoras, mas não as realidades do processo. A dosagem das cargas de treinamento constitui o aspecto cardeal de um plano, e seu planejamento deve ser tal, que permita seu controle em todos os momentos e, dessa forma, o controle sobre o progresso da preparação.

Nos ciclos que preparamos, as cargas devem ser consignados no que se refere a: conteúdo, volume e organização, buscando definir as magnitudes mais eficientes para o treinamento do esportista e considerando em cada caso a direção fundamental do treinamento.

Capítulo 9

A fadiga e a recuperação na natação

É necessário considerar a fadiga como o complexo processo que abarca todos os níveis da atividade do organismo (molecular, subcelular, celular, orgânico, do sistema) e que se manifesta no conjunto das mudanças relacionadas às transformações da homeostasia, dos sistemas reguladores, vegetativo e executivo, como o desenvolvimento do sentido do cansaço e a diminuição temporal da capacidade de trabalho (Platonov, 2001).

A fadiga muscular vem sendo estudada fundamentalmente sob a perspectiva fisiológica, o que supõe uma extraordinária contribuição para o técnico esportivo. Ela pode ocorrer em âmbito local, ou seja, em um só músculo ou em um grupo determinado de músculos, ou em âmbito geral, afetando todo o organismo do esportista.

Definir fadiga em relação ao esporte é simples, pois ela indica a diminuição da capacidade de rendimento como reação às cargas do treinamento, isto é, diante da presença da fadiga, há uma deterioração do rendimento; por exemplo: o ritmo de um nadador fatigado pode se tornar mais lento, ou a força das contrações musculares isotônicas máximas pode diminuir. Legido (1986 apud García Manso, Navarro Valdivieso e Ruiz Caballero, 1996) denomina fadiga física ou muscular, e que com outros tipos de fadiga (mental, sensorial, local, geral etc.) é o que comumente se conhece com o nome genérico de fadiga.

Há múltiplas definições e causas de fadiga ocorrida durante a natação intensiva. Aqueles que competem em provas de 100 m livre e borboleta sabem que a sensação de fadiga e esgotamento nessas provas é marcadamente diferente da que se experimenta durante provas de 1.500 m ou superiores.

Ainda que a fadiga não possa ser eliminada, sua consequência no rendimento pode ser abrandada por meio do treinamento e de um ritmo de nado adequado. No Quadro 9.1, podemos observar as definições de fadiga segundo diversos autores:

Assim, pois, no esporte de elite é frequente observar a diminuição do rendimento por causa da fadiga nervosa (mental, sensorial, emocional) ou da fadiga física (motora ou coordenativa). Essas formas de cansaço não se manifestam isoladamente, mas em estreita combinação, por conta dos diversos efeitos resultantes da fadiga (Navarro, 1998).

Quadro 9.1 – Definições de fadiga por diferentes autores

Autor	**Definição**
Asmunsen (1979)	Diminuição transitória da capacidade de trabalho do músculo
Edwards (1984)	Impossibilidade de manter a força requerida ou esperada
Bigland-Richie (1986)	Fadiga neuromuscular é a redução da capacidade de gerar tensão máxima
Vollestad e Sejersted (1988)	Diminuição da capacidade de gerar força
Scherrer (1991)	Zona de atividade de um sistema vivo para uma irritação constante ligada à atividade desse sistema e reversível por demissão transitória
Wenoka e Stuart (1992)	Diminuição evidente de rendimento, que, além de implicar num aumento do esforço necessário para realizar um trabalho de forma voluntária, produz uma capacidade eventual ou momentânea para realizar trabalho
Lagrange (apud García Manso, 1999)	Diminuição do poder funcional dos órgãos provocada por um excesso de trabalho e acompanhada de uma sensação de mal-estar
Chillert-Bert (apud García Manso, 1999)	Fenômeno geral de defesa que se dá entre os seres vivos e em todos os tecidos dos seres vivos e que se caracteriza pela diminuição ou perda de excitabilidade do tecido ou do órgão sobre o qual se faz sentir

O aparecimento da fadiga depende da carga, particularmente de sua intensidade, e pode ocorrer quase imediatamente a sua aplicação ou pode ocorrer mais tardiamente. É preciso lembrar que o fornecimento de energia dos fosfatos dura de 3 a 7 s: o limite de duração da energia anaeróbica, sobretudo a partir do aparecimento do glicogênio, é de 35 a 60 s; já a energia aeróbica dos carboidratos dura até 90 min em esportistas de resistência (Navarro e Feal, 2001).

9.1 Causas da fadiga

Segundo Zintl (1991), as possíveis causas de fadiga na natação, as quais estão relacionadas aos diferentes objetivos do treinamento, podem ser:

- Diminuição das reservas energéticas (por exemplo, fosfocreatina e glicogênio).
- Acumulação de substâncias intermediárias e terminais do metabolismo (por exemplo, lactato e ureia).
- Inibição da atividade enzimática por sobreacidez ou mudanças da concentração das enzimas.
- Deslocamento de eletrólitos (por exemplo, do potássio e do cálcio na membrana celular).
- Diminuição dos hormônios por causa do esforço forte e contínuo (por exemplo, a adrenalina e a noradrenalina como substâncias de transmissão e a dopamina no sistema nervoso central).
- Mudanças nos órgãos celulares (por exemplo, as mitocôndrias) e no núcleo celular.
- Processos inibidores no âmbito do sistema nervoso central resultantes da monotonia das cargas (sobrecarga causada pelas baixas resistências).
- Mudanças na regulação no nível celular dentro de cada um dos sistemas orgânicos.

As formas agudas e crônicas da fadiga podem estar condicionadas a causas muito diversas, as quais podem ser classificadas em cinco grupos principais, segundo Platonov (2001): fisiológicas, psicológicas, médicas, material-técnicas e esportivo-pedagógicas (Figura 9.1).

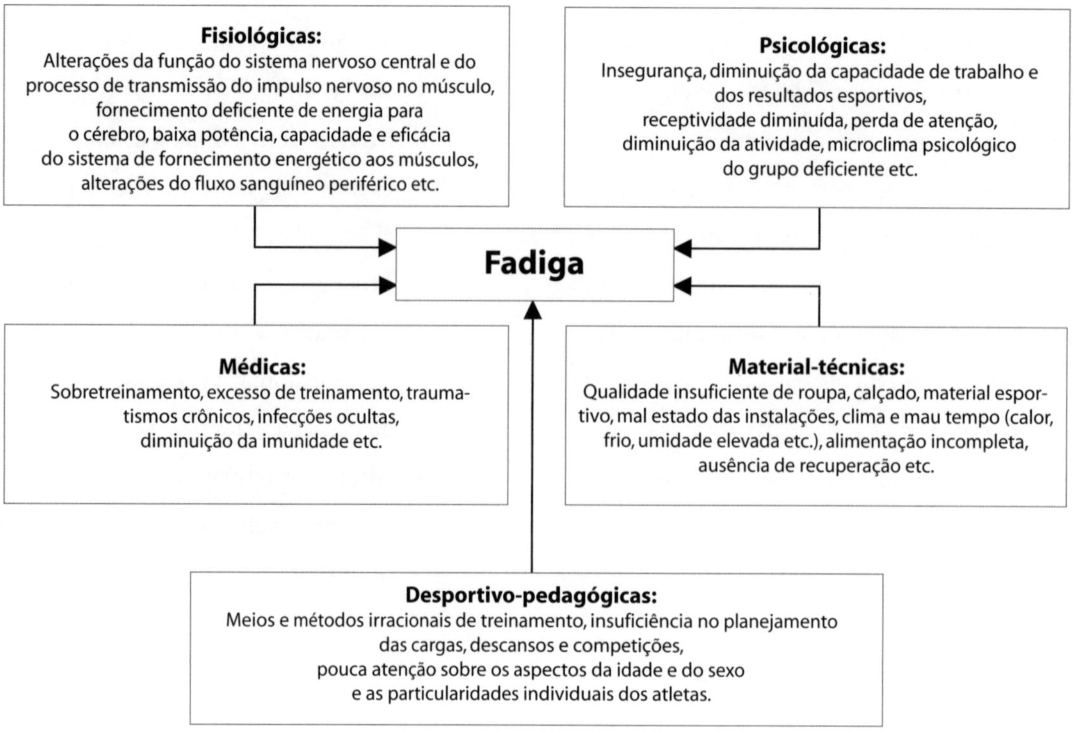

FIGURA 9.1 – A fadiga: seus condicionantes.

9.2 Classificação da fadiga

Apesar de toda a complexidade fisiopatológica da fadiga, e sem deixar de pensar que é um processo contínuo, ela pode ser classificada de acordo com o tempo — o momento de aparecimento — ou de acordo com o local de aparecimento. Conforme o tempo de aparecimento, há quatro tipos, como nos ensinam Terrados e Fernández (1997) (Figura 9.2):

- Fadiga aguda: aparece durante uma sessão de exercício (treinamento ou competição), provocando a diminuição do rendimento (em função da qualidade do exercício: força, velocidade etc.). Nesse tipo de fadiga, os mecanismos de produção são diferentes, tratando-se de um exercício de curta (velocidade ou força) ou longa duração.
- Fadiga subaguda (ou sobrecarga): ocorre depois de um ou vários microciclos relativamente intensos, com poucas sessões de regeneração, ou seja, quando o esportista realiza níveis de treinamento levemente mais altos do que aqueles com que estava acostumado. Esse tipo de fadiga estimula o organismo a uma supercompensação.
- Fadiga aguda muscular ou sobre-esforço muscular: geralmente ocorre depois de uma sessão de treinamento que excede o nível de tolerância

do músculo ao esforço. Está acompanhada de lesão do tecido muscular, afetando somente os músculos envolvidos no exercício.

- Fadiga crônica: aparece depois de vários microciclos nos quais a relação entre o treinamento (ou a competição) e a recuperação vai se desequilibrando, ocasionando um quadro sistêmico de fadiga que, como sempre, comporta a queda do rendimento.

9.3 A fadiga e a recuperação durante as cargas de diferentes magnitudes

No início da atividade muscular, há um acionamento constante da atividade dos sistemas funcionais reguladores, vegetativos e executores do organismo, ou seja, dá-se um processo de introdução ao exercício. Nesse momento, estabelece-se o estereótipo necessário dos movimentos (melhora a coordenação, diminui os gastos energéticos por unidade do trabalho etc.), isto é, seu coeficiente de ação útil (CAU) aumenta, e a regulação das funções vegetativas melhora (Platonov, 2001).

O período de introdução se relaciona diretamente com a intensidade do trabalho: quanto maior for a intensidade, mais lentamente ocorrerá a adaptação. Os esportistas de elite, adaptados aos exercícios utilizados, conseguem os índices de consumo de oxigênio para o trabalho em até 60 a 90 s; já os esportistas de níveis inferiores geralmente demoram um tempo superior a 3 a 4 min (Platonov, 2001).

Depois de finalizado o período de introdução ao trabalho, o programa da sessão de treinamento se realiza por tempo determinado, em um nível relativamente constante da capacidade de trabalho (estado estável). Durante esse tempo, obtém-se a atividade coordenada das funções motriz e vegetativa. As características das possibilidades funcionais do esportista em diferentes fases da atividade muscular de caráter cíclico são mostradas no Quadro 9.2.

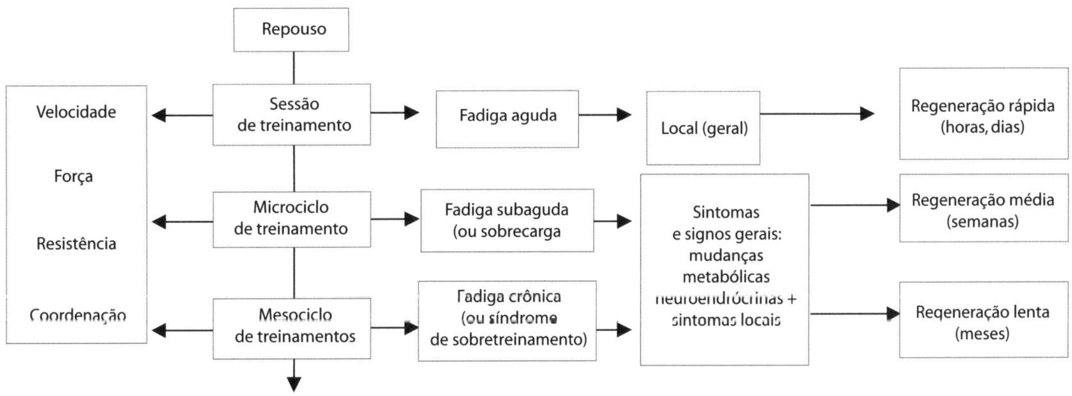

Figura 9.2 – Classificação da fadiga em função do tempo.

Quadro 9.2 – Mudanças das possibilidades funcionais dos esportistas no processo da atividade muscular de caráter cíclico

Período, fase	Funções do aparelho motor	Regulação do sistema nervoso central	
		Funções somáticas	**Funções vegetativas**
Introdução ao trabalho			
Esforço inicial.	Formação do estereótipo motor.	Excitação dominante de alguns centros motores e conjunta inibição de outros.	Esforço seletor de algumas funções e inibição de outras.
Mobilização das funções vegetativas.	Estabilização dos movimentos.	Diminuição da inibição conjunta e acoplamento mais completo do sistema hipófise-glândular suprarrenais.	Aumento das funções da hipófise até o nível exigido.
Rentabilidade estável			
Estabilização incompleta das funções vegetativas.	Estabilidade dos movimentos.	Excitação "laboral" do sistema nervoso central.	São possíveis algumas oscilações da estabilidade.
Estabilização completa das funções vegetativas.	Estabilidade dos movimentos.	Manutenção da excitação "laboral" do sistema nervoso central.	Estabilidade fixa dos índices das funções vegetativas.
Fadiga			
Oculta (superada no aquecimento).	Manutenção da eficácia dos movimentos.	Aumento da excitação dominante (via vontade), aparição da inibição indutora.	Aumento máximo das funções com diminuição de seu CAU.
Evidente (não superada).	Dificuldades ou alterações da biomecânica dos movimentos.	Desenvolvimento relevante da inibição "defensora".	Descoordenação das funções e sua possível debilitação.

Com especial relevância, manifesta-se durante a execução dos programas de treinamento de uma determinada orientação, com um caráter relativamente estável dos meios utilizados. Por isso, na classificação das cargas de treinamento por seu volume, é conveniente orientar-se pela dinâmica da atividade funcional do organismo dos esportistas (Quadro 9.3).

Quadro 9.3 – Características dos tipos de carga

Carga	**Critérios das magnitudes da carga**	**Objetivos de ação**
Pequena	Começo da primeira fase do período de rentabilidade estável (15% a 20% do volume de trabalho efetuado antes do começo da fadiga evidente)	Manutenção do nível de preparação obtido, aceleração dos processos de recuperação depois das cargas anteriores
Média	Início da segunda fase da capacidade de trabalho estável (40% a 60% do volume de trabalho efetuado antes do começo da fadiga evidente)	Manutenção do nível de preparação obtido, solução dos objetivos particulares da preparação
Considerável	Princípio da fase da fadiga oculta (compensada) (60% a 75% do volume de trabalho efetuado antes do começo da fadiga evidente)	Estabilização e posterior aumento da preparação
Grande	Começo da fadiga evidente	Aumento da preparação

Adaptado de Platonov (2001).

A magnitude da carga de treinamento está intimamente relacionada à relevância das mudanças da homeostasia e se reflete na duração dos processos de recuperação. Em casos de cargas pequenas e médias, a recuperação se dá em algumas dezenas de minutos ou em várias horas; as cargas grandes podem prolongar o período de recuperação por vários dias (Quadro 9.4).

Quadro 9.4 – Sintomas de fadiga depois da realização de cargas de distintas magnitudes

Índice	**Carga média**	**Carga grande**	**Carga excessiva (mudanças diretas)**	**Período de recuperação**
Coloração da pele	Levemente vermelha	Vermelho forte	Vermelho muito forte ou excesso de palidez	Palidez que se manifesta durante vários dias
Movimento	Execução segura	Aumento de falhas, diminuição da pressão, insegurança	Forte alteração da coordenação, execução indolente dos movimentos, muitos erros evidentes	Alteração dos movimentos e fraqueza na sessão posterior de treinamento

Adaptado de Harre (1982).

Continua

Continuação

Índice	**Carga média**	**Carga grande**	**Carga excessiva (mudanças diretas)**	**Período de recuperação**
Concentração	Normal; as indicações se efetuam, plena atenção durante a explicação e aprendizagem do exercício	Pouca atenção durante as explicações, receptividade diminuída durante o trabalho de hábitos técnicos e táticos, capacidade de diferenciação diminuída	Concentração muito diminuída, grande nervosismo, distração, reações muito retardadas	Falta de atenção, incapacidade para corrigir movimentos depois de 24 ou 48 h de descanso, incapacidade para concentrar-se durante o trabalho intelectual
Estado geral	Nenhuma queixa; realizam-se todas as cargas	Debilidade muscular, respiração consideravelmente dificultada, fraqueza crescente, diminuição evidente da rentabilidade.	Peso grave nos músculos	
Disponibilidade para os êxitos	Estável; desejo de seguir treinando	Atividade diminuída, tentativas de fazer pausas mais prolongadas, diminuição da disponibilidade para continuar trabalhando	Desejo de completa tranquilidade e cessação do trabalho	Falta de desejo de treinar no dia seguinte, indiferença, resistência às exigências do treinador
Estado de ânimo	Vivo, alegre	Levemente "apagado", mas, se os resultados do treinamento correspondem aos esperados, alegria diante do futuro treinamento	Aparecimento de dúvidas acerca do valor e sentido do treinamento, medo com relação ao futuro	Depressão, dúvidas constantes acerca do valor do treinamento, busca de desculpas para se ausentar do treinamento

De acordo com os dados sobre o curso do período de recuperação, o volume das cargas pode ser avaliado objetivamente não só pelos diversos índices fisiológicos e bioquímicos, como também por características relativamente simples, mas suficientemente objetivas: coloração da pele, concentração, estado geral do esportista etc. (Platonov, 2001).

A fadiga é gerada pelo nível de carga aplicado ao esportista. A restauração da capacidade de rendimento, e até mesmo seu aumento para além do nível inicial (nível de pré-carga), produz-se durante a fase de pós-carga, quando diminuem os efeitos sobre os processos os quais determinam o rendimento e quando se manifestam os processos de adaptação. O Gráfico 9.1 apresenta os valores médios de todas as mudanças desde os níveis de pré-carga até a volta aos níveis iniciais. Somente se pode falar em começo da fadiga quando os sintomas bioquímicos e fisiológicos assinalam uma redução do rendimento.

No entanto, nem todas as cargas influem sobre o aparecimento da fadiga. Alguns parâmetros em atividades motoras com baixas intensidades podem ser positivos e não deveriam ser avaliados no sentido da fadiga (Gráfico 9.2). Como já dissemos, a fadiga pode ocorrer quase imediatamente à aplicação da carga ou pode demorar o tempo que transcorre durante a aplicação de uma carga de maior duração para surgir. Uma carga muito intensa é capaz de levar a um alto nível de desintegração das funções do corpo em períodos muito curtos (segundos, minutos).

Por exemplo, uma prova de natação de 100 m produz uma conversão significativa de ATP, uma redução de CP, um aumento de ácido láctico no sangue e um aumento dos aminoácidos gama no cérebro. Esses fatores são responsáveis pela fadiga em menos de 1 min e tornam uma repetição imediata praticamente impossível.

Gráfico 9.1 – Hipótese de rendimento durante as fases de carga e pós-carga. Adaptado de Navarro e Feal (2001)

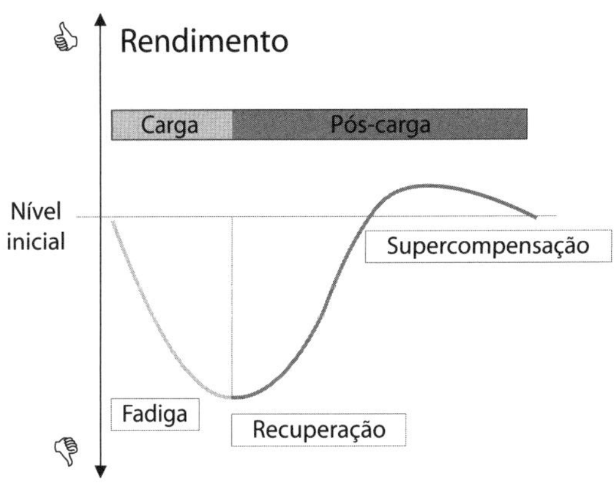

Gráfico 9.2 – Nem todas as cargas são necessariamente responsáveis por uma fadiga imediata. Adaptado de Navarro e Feal (2001)

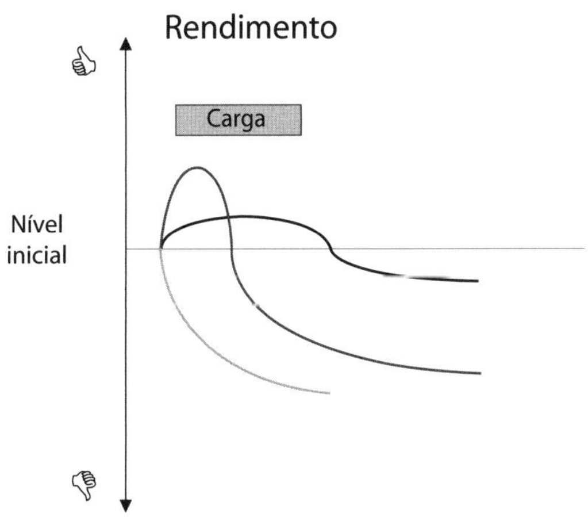

As influências negativas sobre o rendimento (fadiga) contrapõem-se às influências positivas (recuperação) durante cada carga. Assim, as medidas para combater a fadiga também devem ser consideradas ao se avaliarem os efeitos da carga. À medida que os processos de recuperação forem mais ou menos importantes, a fadiga induzida pela carga poderá ter maior ou menor efeito (Gráfico 9.3).

Gráfico 9.3 – Representação dos processos de fadiga e recuperação durante uma carga. Adaptado de Navarro e Feal (2001)

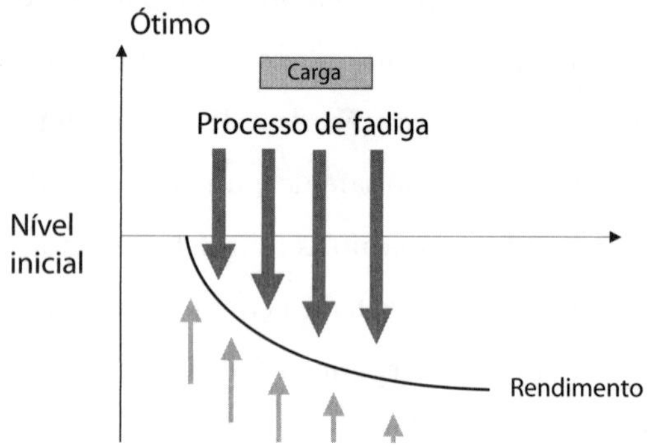

Também é necessário levar em consideração o fato de que as fases de fadiga (assim como as de recuperação e supercompensação) são diferentes entre esportistas treinados e não treinados. Os estímulos que causam maior fadiga (cargas mais elevadas em razão da intensidade ou duração) desenvolvem uma fadiga igual ou maior em esportistas treinados, mas os processos inversos são mais curtos. Por exemplo, um esportista treinado necessita de uma carga mais alta para alcançar a mesma frequência cardíaca ou retorna ao nível inicial mais rapidamente quando as frequências cardíacas são iguais. Podem ser encontrados exemplos similares em relação à diminuição de substratos e outros processos.

O efeito do treinamento pode ser diferente de acordo com a forma como se relacionam carga e recuperação. Dependendo do momento em que se apliquem as novas cargas de treinamento — antes, durante ou depois do ápice de supercompensação —, se será possível obter um aumento do rendimento (supercompensação positiva) ou uma manutenção do rendimento (supercompensação nula). Quando as novas cargas de treinamento são aplicadas na fase de recuperação incompleta, produz-se uma diminuição do nível de rendimento (*supercompensação negativa*). Quando se realizam cargas sucessivas acompanhadas de curta recuperação entre elas e de uma maior fase de recuperação posterior, pode ser produzida uma supercompensação mais elevada. Neste caso, falamos de supercompensação positiva acumulada, que aproveita mais intensamente as reservas energéticas.

Os estudos sobre os processos bioquímicos no período de descanso conseguinte ao trabalho muscular (Volkov, 1986; Henriksson, 1992; De Vries e Housch, 1994) permitiram estabelecer que as reservas de oxigênio e fosfocreatina dos músculos ativos são as que se recuperam com maior rapidez, seguidas pelas reservas de glicogênio intramuscular e hepático e, por último, pelas reservas de gorduras e pelas estruturas proteicas (Tabela 9.1).

Existem numerosos estudos disponíveis que fazem a descrição dos processos de fadiga, recuperação e supercompensação. Uma relação de parâmetros para a avaliação desses processos se oferece no Quadro 9.5. A avaliação desses parâmetros é feita em ocasiões especialmente difíceis durante e depois da carga.

Tabela 9.1 – Tempo necessário para finalizar a recuperação de diferentes processos bioquímicos no período de descanso conseguinte ao trabalho muscular intenso

Processo	**Tempo de recuperação**
Recuperação das reservas de O_2 no organismo	De 10 a 15 s
Recuperação das reservas anaeróbicas alácticas nos músculos	De 2 a 5 min
Compensação da dívida aláctica de O_2	De 3 a 5 min
Eliminação do lactato	De 30 min a 1h30min
Compensação da dívida láctica de O_2	De 30 min a 1h30min
Resistência das reservas de glicogênio no fígado e nos músculos	De 12 a 48 h
Reforço da síntese das proteínas enzimáticas e estruturais	De 12 a 72 h

Adaptado de Volkov (1986).

Quadro 9.5 – Parâmetros de avaliação da fadiga, recuperação e supercompensação

Parâmetros fisiológicos	Frequência cardíaca Pressão arterial Ventilação Consumo de oxigênio Cociente respiratório Temperatura corporal Componentes do sangue Hemoglobina Excitabilidade muscular Neurodinâmica
Parâmetros bioquímicos	Glicose no sangue Glicogênio muscular Lactato Ácidos graxos Corpos cetônicos Valores de pH Bicarbonato Ferro no sangue Vitaminas Enzimas Ureia Aminoácidos

Grande parte do tempo de treinamento é empregado na melhora da resistência muscular à fadiga. A fadiga produz redução da velocidade de nado, e as causas para isso são diferentes dependendo da prova.

Os nadadores experimentam a fadiga mesmo em provas tão curtas como as de 25 m, manifestando diminuição da velocidade nos últimos 5 a 10 m; isso ocorre apesar de eles não sofrerem dor nem se esgotarem. Em provas mais longas (400 a 1.500 m), experimentam uma fadiga distinta, definida por perda de potência muscular e sensação geral de mal-estar. Então, cada um desses esforços extremos está associado a uma forma diferente de fadiga, que não se parece com a sensação de peso e cansaço crônico a qual os nadadores têm durante os períodos de sobrecarga de treinamentos intensivos.

Geralmente, a fadiga é caracterizada por uma série complexa de acontecimentos que implicam vários aspectos dos sistemas de produção de energia. É difícil identificar apenas um aspecto como o fator determinante e responsável pela perda ou redução da velocidade de nado. Ainda que a disponibilidade de energia possa reduzir a capacidade do sistema muscular para gerar tensão, os sistemas energéticos não podem ser considerados os únicos responsáveis por todas as formas de fadiga. Segundo Costill, Maglischo e Richardson (1998), as teorias mais aceitas sobre causas da fadiga são:

- Consumo da energia necessária para a natação de velocidade (*sprints*) (por exemplo: adenosina trifosfática, fosfocreatina e glicogênio).
- Acumulação de produtos de dejeto, como o ácido láctico.
- Mudanças do estado físico-químico do músculo (por exemplo, minerais).
- Interferências nos processos de coordenação muscular (por exemplo, sistema nervoso central).

São causas da fadiga em diferentes distâncias de provas de natação (Maglischo, 1999):

- Provas de 25 e 50 m:
  - diminuição de fosfocreatina;
  - quota inadequada do metabolismo anaeróbico.
- Provas de 100 e 200 m:
  - acidose;
  - tolerância à dor.
- Provas de média e longa distância:
  - acidose;
  - tolerância à dor.

Existem também evidências que sugerem que em algumas circunstâncias a fadiga pode ser o resultado da incapacidade do sistema nervoso de ativar as fibras musculares. Os impulsos devem ser transmitidos por meio da união entre nervo e membrana celular, a placa motora; sugeriu-se que a fadiga pode ter origem nessa união, tornando impossível a ativação das fibras (Costill, Maglischo e Richardson, 1998). No entanto, essa teoria não foi comprovada, permanecendo apenas como especulação.

A fadiga pode aparecer no sistema nervoso central, ou seja, no cérebro e na espinha dorsal. Como a ativação do músculo depende, em parte, do controle consciente, o trauma psicológico de um exercício de carga máxima é capaz de, consciente ou inconscientemente, inibir a vontade do nadador de tolerar as moléstias decorrentes da fadiga. Portanto, a redução do ritmo a um nível tolerável pode resultar mais do controle limitador do sistema nervoso central do que de uma fadiga localizada no músculo. A menos que estejam altamente motivados, a maioria dos nadadores finalizará o exercício antes que seus músculos estejam exaustos. A fim de obter o rendimento máximo, os nadadores devem ser treinados para desenvolver a capacidade amortecedora dos músculos e um ritmo adequado e tolerar o mal-estar.

Concluindo, a localização da fadiga deve ser múltipla. Entretanto, geralmente admite-se que a fadiga e o esgotamento durante a natação dependam da disponibilidade de energia, da acumulação de produtos metabólicos de dejeto e de limitações do sistema nervoso. Não há um fator único responsável pela fadiga; há uma série de condições e causas subjacentes à sensação de mal-estar associada à fadiga e ao esgotamento após o exercício.

9.4 A recuperação dos nadadores

A base para a organização adequada da carga de treinamento ao longo de vários ciclos é a unidade entre a carga que provoca um determinado nível de fadiga e a seleção dos meios gerais e específicos de recuperação. Somente com a existência dessa unidade é possível elevar as capacidades de rendimento.

Atualmente, os nadadores estão sujeitos a programas de preparação distribuídos ao longo dos sete dias da semana com duas ou três sessões por dia. Já faz muito tempo que se abandonou a ideia de que a recuperação se dava durante os dias sem treinamento, encaminhando-se para a introdução, no microciclo, dos meios de aceleração da recuperação, assim como para a definição das sessões, cujo objetivo reside em tarefas que possibilitem a diminuição e eliminação da fadiga no nadador.

Raposo (2000) apresenta uma proposta de aplicação dos meios de recuperação considerando a orientação de cargas nas sessões de treinamento:

- Sessões com o objetivo de desenvolvimento da velocidade:
  - antes da sessão, realiza-se, a fim de criar condições favoráveis à execução das tarefas, massagem voltada ao aquecimento muscular, com o uso de óleos;
  - depois da realização da sessão, aplicam-se, para a recuperação do nadador, eletroestimulação, banhos quentes e hidromassagem.
- Sessões com o objetivo de desenvolvimento da resistência específica ou desenvolvimento do sistema anaeróbico para distâncias curtas:
  - antes da sessão, realiza-se, a fim de criar condições favoráveis à execução das tarefas, massagem voltada ao aquecimento muscular, com o uso de óleos;
  - depois da sessão, aplicam-se, para a recuperação do nadador, duchas com temperatura variável, massagem segmentária, banhos de sol e radiações ultravioleta e de infravermelhos.
- Sessões com o objetivo de desenvolver a resistência com a mobilização do sistema aeróbico, para distâncias longas:
  - antes da realização da sessão, aplica-se, a fim de criar condições favoráveis à execução das tarefas, massagem voltada ao aquecimento muscular, com o uso de óleos;
  - depois da sessão, aplicam-se, para a recuperação do nadador, duchas com temperatura variável, massagem segmentária, banhos de sol e radiações ultravioleta e de infravermelhos.
- Sessões com o objetivo de desenvolver a resistência geral:
  - antes da realização da sessão, aplica-se, a fim de criar condições favoráveis à execução das

tarefas, massagem voltada ao aquecimento muscular, com o uso de óleos;

- depois de realizada a sessão, aplica-se massagem esportiva associada com sauna (a massagem poderá ser limitada a seus aspectos segmentares); os raios ultravioletas, banhos quentes e de sol e a hidromassagem completam os meios para acelerar a recuperação.

No planejamento, o treinador procederá de modo a integrar esses meios em uma sequência lógica e apropriada para uma recuperação que conduza à elevação da capacidade de rendimento. É muito importante evitar a aplicação do mesmo meio por muito tempo, pois isso conduz a uma habituação, diminuindo o estímulo à recuperação no organismo. Diante dos vários meios para se obter de um mesmo objetivo, o treinador pode distribuir sua aplicação ao longo da temporada. Um exemplo de organização pode ser observado no modelo de integração da recuperação em um microciclo apresentado no Quadro 9.6.

Quadro 9.6 – Modelo de integração da recuperação em um microciclo

Estimulação anterior ao treinamento	Ducha quente	Ducha muito quente	Ducha com alternância de temperaturas	Ducha quente	Ducha com alternância de temperaturas	Ducha muito quente
Treinamento da manhã	Objetivo: aeróbico; volume: médio; intensidade: baixa	Objetivo: aeróbico; volume: médio; intensidade: baixa	Objetivo: velocidade; volume: baixo; intensidade: alta	Objetivo: aeróbico; volume: médio; intensidade: baixa	Objetivo: velocidade; volume: baixo; intensidade: alta	Objetivo: anaeróbico; volume: médio; intensidade: baixa
Meios de recuperação (depois do treinamento)	Ducha quente com água salgada	Ducha quente (CO_2)	Banho com eucaliptos (temperatura indiferente)	Banhos com temperatura indiferente	Banho com eucaliptos (temperatura indiferente)	
Treinamento da tarde	Objetivo: velocidade; volume: médio; intensidade: alta	Objetivo: aeróbico; volume: grande; intensidade: baixa	Objetivo: complexo; volume: médio; intensidade: média	Objetivo: anaeróbico; volume: baixo; intensidade: alta	Objetivo: aeróbico; volume: grande; intensidade: baixa	Objetivo: complexo; volume: médio; intensidade: média
Meios de recuperação (depois do treinamento)	Banho quente com eucaliptos	Banho quente com água salgada	Hidromassagem	Banho quente	Banho quente com água salgada	Sauna e massagem geral

Adaptado de Raposo (2000).

9.4.1 Meios de recuperação dos mesociclos

O processo de recuperação é parte essencial da preparação esportiva. O sistema atual mais efetivo de planejamento dos mesociclos utiliza o conhecimento e a experiência na recuperação dos esportistas.

O conteúdo das sessões de recuperação deve corresponder à direção do treinamento do mesociclo. Depois de sessões aeróbicas prolongadas no mesociclo de acumulação, os esportistas necessitam de uma recuperação emocional assim como de atividades divertidas, com participação e intensidade moderadas. Os esportes de jogo como futebol, basquete e *rugby* são aconselháveis para tanto.

Alguns exercícios, como os de autocarga, estiramentos e flexibilidade, são muito bons para estimular a recuperação depois de sessões de força. Os exercícios de flexibilidade também podem ser usados durante as sessões de treinamento.

Entre os meios de recuperação fisioterapêutica, os procedimentos de hidroterapia, sauna, banhos de jorros e duchas especiais são muito efetivos depois de sessões de força máxima e aeróbicas. O ultrassom, a massagem localizada e a radiação ultravioleta são particularmente efetivos após exercícios de força máxima. A massagem vibratória é útil para a regularização dos efeitos do treinamento de força imediatamente depois de uma sessão. Em casos extremos, o arsenal de meios fisioterapêuticos pode incluir estimulação eletromuscular tanto para o tratamento como para o treinamento dos músculos selecionados.

Um sistema similar pode ser utilizado a fim de se obter a especificidade do treinamento nos mesociclos de transformação. As sessões de recuperação após exercícios aeróbico-anaeróbicos e anaeróbicos, assim como de força resistência, devem incluir primeiro exercícios aeróbicos. A monotonia se apresenta nas sessões aeróbicas de recuperação por meio de métodos de treinamento alternantes. O treinamento de *fartlek*, por exemplo, é um meio de recuperação muito popular nos esportes de resistência; sem dúvida, a duração e a intensidade da aceleração são menores quando o *fartlek* é planejado para a recuperação e não para as sessões de desenvolvimento. Estiramento e flexibilidade devem ser mantidos durante as sessões especiais de restauração e durante os intervalos de descanso nas sessões de desenvolvimento. Esses exercícios de respiração ativada junto com relaxamentos simultâneos, andar, natação livre etc. formam um grande repertório de meios pedagógicos de recuperação que são especialmente úteis quando se planejam treinamentos mais intensos.

Quando o mesociclo está associado ao risco de sobretreinamento, ganha importância a restauração farmacológica. A experiência das últimas décadas demonstra que ela pode ser substancialmente mais eficaz no aumento da intensidade de treinamento e na prevenção do sobretreinamento.

Os mesociclos de transformação forçados com acumulações máximas de carga deveriam utilizar a maioria dos meios fisioterapêuticos. A sauna, a massagem vibratória, localizada e geral, e a eletroestimulação são todas essenciais na preparação do esportista de elite. O procedimento completo de hidroterapia também é utilizado nesse tipo de mesociclo. A recuperação deve ser a mais ampla possível e deve levar em conta a proximidade e a importância da próxima competição. Assim, alguns jogos com risco de traumatismo devem ser evitados, e ações atrativas, mas mais calmas, como excursões e caminhadas em bosques, são desejáveis. No Quadro 9.7, vemos as principais direções para os meios de recuperação prática segundo a especificidade do mesociclo de treinamento.

9.4.1.1 A nutrição

Outro meio de recuperação é uma boa nutrição. A alimentação se compõe do conjunto de atos voluntários e conscientes que compreende a eleição, preparação e ingestão de alimentos, e os hábitos nutricionais de cada sujeito são determinados em grande medida por leis socioculturais e econômicas. O alimento pode ser definido como uma substância ingerida que contribui com nutrientes assimiláveis, os quais cumprem funções reguladoras, plásticas ou energéticas.

Quadro 9.7 – O conteúdo das principais direções para os meios de recuperação prática segundo a especificidade do mesociclo de treinamento

	Tipos de mesociclo		
	Acumulação	Transformação	Realização
Conteúdos básicos das sessões de recuperação	Autocarga, estiramento, flexibilidade	Exercícios de baixa intensidade aeróbicos, estiramentos, flexibilidade	Exercícios aeróbicos de baixa intensidade, atividades atrativas
Exercícios de recuperação dentro das sessões	Estiramento, flexibilidade, relaxamento	Exercícios de respiração aeróbicos (nadar suave), relaxamento, estiramento	Exercícios de respiração, exercícios aeróbicos, relaxamento, estiramento
Meios predominantes de recuperação	Sauna, hidroterapia, massagem localizada, ultrassom, ultravioleta, massagem vibratória	Farmacologia (muito seletiva), sauna, massagem vibratória, eletroestimulação, massagem geral e localizada, hidroterapia (procedimento de contraste)	Meios psicológicos, treinamento autógeno etc.; sauna, massagem geral, eletroestimulação (muito seletiva)

A nutrição adequada se baseia na correta seleção de uma ampla variedade de alimentos (sólidos e líquidos), de acordo com o estado de desenvolvimento do sujeito e seu grau de atividade, com o objetivo de cobrir as necessidades diárias de nutrientes.

O principal combustível utilizado pelos músculos durante a natação competitiva são os carboidratos. Essa fonte de energia é fornecida em forma de glicose sanguínea e de glicogênio muscular. Embora os músculos possam utilizar as gorduras como combustível alternativo, a produção de energia por meio da gordura pode não responder adequadamente às demandas impostas por um esforço de intensidade elevada. Consequentemente, quando a glicose sanguínea diminui ou quando o glicogênio muscular se esgota, o nadador se sente fadigado e incapaz de produzir a força muscular necessária para sustentar o ritmo de nado desejado (Costill, Maglischo e Richardson, 1988).

Uma boa nutrição, no entanto, implica algo mais do que combustíveis suficientes para a produção de energia: ela também fornece as vitaminas e os minerais essenciais para o crescimento e funcionamento normal das células. Uma nutrição correta ajuda não somente a suprir as necessidades calóricas e plásticas do nadador, mas também a acelerar os processos de regeneração.

9.4.1.1.1 Planos de nutrição para o rendimento do nadador

Talvez não exista outro esporte no qual é preciso passar tanto tempo treinando para se obter melhoras apenas pequenas. Os nadadores passam uma quantidade considerável de tempo na água para aperfeiçoar técnicas e superar a resistência ao avanço e para melhorar sua capacidade de sustentar a produção de energia tanto aeróbica quanto anaeróbica. Nas distâncias mais curtas, cuja duração não ultrapassa os 2 min, a maior parte da energia (mais do que 55%), como dito antes, é anaeróbica e deriva da fosfocreatina e do glicogênio (Tabela 9.2). Embora as provas de velocidade não durem muito tempo, a quantidade de energia necessária para sustentar um alto nível de produção de potência é tremendamente elevada.

Tabela 9.2 – Contribuição relativa de fontes de energia aeróbicas e anaeróbicas durante o exercício em diferentes distâncias

Tempo	% anaeróbico	% aeróbico
0 a 30 s	80	20
30 a 60 s	60	40
60 a 90 s	42	58
90 a 120 s	36	64
120 a 180 s	30	70
Expresso acumulativamente		
0 a 60 s	70	30
0 a 90 s	61	39
0 a 120 s	55	45
0 a 180 s	45	55

Todo esse tempo de trabalho tem um custo alto de energia e de nutrientes, que deve ser levado em conta no desenvolvimento de um plano de treinamento. Em estudo de Berning et al. (1991), no qual foi seguido um plano de aperfeiçoamento, comprovou-se que as ingestões médias de energia (5.221 calorias para os homens e 3.573 calorias para as mulheres) e nutrientes eram adequadas, mas que havia grande variação de ingestão entre nadadores. Essa variação, unida à tendência dos nadadores a consumir quantidades excessivas de gorduras e quantidades insuficientes de carboidratos, indica que grande parte deles talvez tenha hábitos dietéticos que não atendem da melhor maneira às necessidades de treinamento e competição. O desejo por alimentos com maior teor de gordura animal e produtos lácteos foi comprovado em nadadores homens, até mesmo quando realizavam um nível alto de exercícios (Guinard et al., 1995).

Os nadadores de alto nível, que frequentemente são jovens estudantes colegiais e jovens adultos universitários, devem passar muito tempo na piscina para obter uma melhora na velocidade, o que comumente significa a realização de várias sessões de treinamento a cada dia. Habitualmente, os nadadores treinam de manhã bem cedo e na última hora da tarde (antes e depois das aulas) e geralmente aceitam a ideia de que devem dedicar 1 ou 2 h à prática na piscina antes de começarem as aulas para que tenham probabilidades de melhora. Isso quer dizer que eles têm de se levantar às 5 h da manhã para nadar e que devem treinar novamente logo após as aulas ou o trabalho.

O problema que surge, então, é assegurar que eles consumam energia suficiente e que esse consumo vá ao encontro do plano de treinamento. Para os nadadores, isso significa aproveitar o tempo entre as práticas para ingerir muitos alimentos com alto teor de carboidratos, mas tomando o cuidado para estar com o estômago vazio antes de se lançarem na água. Por esse motivo, a alimentação, durante o treinamento, deve focar os líquidos ricos em carboidratos, como as bebidas esportivas. Consumir grande quantidade de alimentos sólidos antes de e lançar-se na água provoca a saída de líquido dos músculos em direção ao trato gastrointestinal, e isso pode causar cãibras (Benardot, 2001).

9.4.1.1.2. Fatores nutricionais relevantes para a natação

Um programa intensivo é composto por muitas horas de treinamento. Os nadadores de elite trabalham duramente e por muito tempo para evoluir, e esse trabalho se traduz em uma necessidade calórica muito elevada. Dado que os nadadores costumam realizar um treinamento na primeira hora da manhã, é importante fazer planos de ingestão de carboidratos (até mesmo de 100 a 200 calorias) logo após acordar, assegurando, assim, que haja tempo para que o alimento deixe o estômago antes do exercício. Os líquidos (suco de maçã ou de uva ou bebida esportiva) são bons para se ingerir durante o deslocamento até a piscina.

Depois do treinamento matutino, os nadadores devem tomar um café da manhã composto por alimentos ricos em carboidratos imediatamente disponíveis (cereais, torradas, pães etc.), com o fim de repor a energia consumida durante o treinamento e começar a armazenar mais energia para a prática vespertina. Além disso, os nadadores estudantes devem solicitar permissão aos administradores de seu centro docente para tomar um lanche no meio da manhã (200 a 400 calorias).

Os nadadores que praticam *sprints* na piscina devem ter consciência de que é provável que a fosfocreatina se esgote nas células dos músculos e que sua regeneração leva tempo. Quando o tempo total do *sprint* chega a 2 min ou mais, é preciso realizar um período de recuperação de até 4 min para permitir que as células tenham tempo para repor a fosfocreatina gasta (Benardot, 2001). Se isso não for feito, o nadador trabalhará em intensidade mais baixa e por períodos mais curtos nos *sprints* seguintes, o que poderia influir negativamente nos tempos de competição (Lamb, 1995).

A redução do peso corporal pode ser necessária para melhorar a aparência no traje de banho e diminuir a resistência ao avanço. O material de que é feita a roupa de natação, tão fino quanto o papel, torna impossível que os nadadores e as nadadoras dissimulem seu físico. Como todo mundo deseja ter uma boa aparência, os nadadores estão motivados a reduzir o peso corporal. No entanto, com a perda de peso, muitos deles poderiam limitar ou diminuir seu rendimento se isso fosse acompanhado por uma perda muscular e consequente perda de potência. Se o peso se perdesse de tal maneira que reduzisse a resistência ao avanço, poderia haver um benefício no rendimento; entretanto, a maioria das estratégias de perda de peso obstaculiza e prejudica o rendimento. Por conseguinte, os nadadores que desejam perder peso para ter uma melhor aparência ou para nadar mais depressa (ou ambos) devem procurar a supervisão direta de um médico especialista. Além disso, a ênfase deve ser dada à redução de peso.

Os nadadores dependem consideravelmente do glicogênio e da fosfocreatina. O rendimento no *sprint* depende muito dos carboidratos (para elaborar glicogênio armazenado) e da fosfocreatina. Com ingestão suficiente de energia total que se concentre nos carboidratos (ao menos 30 calorias de carboidrato por quilograma de peso) e que inclua uma quantidade adequada de proteínas (entre 1,5 e 2 g por quilograma de peso corporal), há boas razões para crer que os atletas possam armazenar bastante glicogênio e produzir fosfocreatina o suficiente para abastecer apropriadamente os seus músculos (Benardot, 2001). No entanto, muitos deles tendem a consumir suplementos de monohidrato de creatina (um precursor da fosfocreatina), a fim obter melhoras. Ainda que os suplementos de monohidrato de creatina melhorem o número de *sprints* de alta intensidade que um nadador é capaz de realizar, deve-se ter consciência de que o consumo de creatina está associado ao aumento de peso. Como é improvável que esse aumento de peso seja causado pela água, isso poderia reduzir a flutuabilidade do nadador e aumentar a resistência ao avanço. Provavelmente, maior benefício poderia ser obtido criando-se oportunidades para comer, assegurando, assim, uma ingestão ótima de energia total.

Os nadadores precisam se hidratar. O fato de eles trabalharem em um ambiente hipotérmico (a água está habitualmente mais fria do que a temperatura do ar) facilita a dissipação do excesso de calor gerado pelo trabalho muscular. No entanto, há boas razões para que os nadadores considerem se o seu estado de hidratação é adequado. Os esportistas mal hidratados podem apresentar um volume mais baixo de sangue, fazendo o coração trabalhar mais duramente para levar oxigênio e nutrientes às células e diminuindo o volume de subprodutos metabólicos. Além disso, muitas competições ocorrem ao ar livre, e os nadadores passam muito tempo esperando por sua prova, o que pode provocar um superaquecimento.

Segundo Maglischo (1999), a necessidade de reposição da água corporal é maior do que 2,5 litros por dia para os nadadores em regime de treinamento. Como regra geral, eles devem beber, todos os dias, de seis a dez copos de água ou outros líquidos, como suco de frutas ou leite. É óbvio que o excesso de água armazenada poderia ser um problema ao aumentar o peso e a resistência ao avanço, mas uma quantidade insuficiente de água no corpo poderia influir negativamente no rendimento e na concentração. Portanto, a regra básica é beber constantemente pequenas quantidades de água ou bebida esportiva (isotônica) e evitar estratégias que propiciem o armazenamento de quantidades excessivas de água (cargas de glicogênio, glicerol, creatina) (Benardot, 2001).

9.4.1.1.3 Dieta antes da competição

Embora a comida ingerida antes da competição contribua somente em pequena medida com a energia que se utiliza de forma imediata durante o nado, ela pode assegurar um nível normal de açúcar no sangue e inibir as sensações de fome e debilidade. O plano dietético deve garantir que o estômago e o intestino delgado estejam vazios no momento de competir. A ingestão de alimentos e líquidos previamente à competição não deve dar ao nadador uma sensação de plenitude. A dieta deve incluir alimentos com os quais os nadadores estejam familiarizados e que lhes proporcione a convicção de que vão vencer.

Também é importante que os nadadores não ingiram nada que tenha um alto conteúdo de açúcar durante a hora que precede a competição ou o treinamento intensivo. O açúcar aumenta os níveis de glicose e insulina, e o organismo de alguns indivíduos reage de forma exagerada, produzindo mais insulina do que o necessário. Isso provoca uma diminuição aguda do nível de açúcar no sangue no início do exercício, causando hipoglicemia e, dessa forma, induzindo à fadiga e limitação da capacidade de treinamento do nadador.

Maglischo (1999) e Hawley e Burke (2000) demonstraram em seus estudos recentes que o consumo de uma fonte de carboidratos de fácil ingestão imediatamente antes da competição não tem nenhum efeito prejudicial. Sugeriu-se também que a ingestão de um alimento líquido previamente à competição tem menos probabilidade de produzir um "corte de digestão" e suas conhecidas náuseas, vômitos e cãibras abdominais (Costill, Maglischo e Richardson, 1998). Esse tipo de alimento está disponível no mercado e em geral é útil tanto antes como depois das provas. No entanto, e diante de qualquer ingestão de alimentos antes da competição, os alimentos não deveriam ser ingeridos durante a hora prévia à prova. Nas competições em que o atleta deve nadar em múltiplas preliminares e provas finais, é muito difícil encontrar um momento adequado para alimentar-se; nessas circunstâncias, um alimento líquido, pobre em gorduras e alto em carboidratos, pode ser a única alternativa.

Os alimentos e as bebidas consumidos durante as quatro horas prévias ao exercício desempenham um papel calibrador na preparação para a competição. Esses alimentos e bebidas devem seguir contribuindo com o abastecimento e a reidratação.

Os objetivos de toda alimentação prévia a uma competição, segundo Hawley e Burke (2000), são:

- Continuar o abastecimento das reservas de glicogênio nos músculos se estes não estão completamente recuperados ou carregados desde a última sessão de exercício.
- Repor ao máximo as reservas de glicogênio do fígado, sobretudo pela manhã, quando estão esgotadas pelo jejum noturno.
- Assegurar-se de que os esportistas estejam bem hidratados.
- Impedir que passem fome, mas evitando igualmente o mal-estar gastrointestinal e o transtorno que frequentemente se experimenta durante o exercício.
- Incluir alimentos e práticas importantes para a psicologia e a superstição dos esportistas.

Para a nutrição precedente a uma competição, são indicados alimentos pobres em gorduras e ricos em carboidratos, como (Hawley e Burke, 2000):

- macarrão com molho de tomate ou outra base pobre em gorduras;
- arroz ou feijão cozido no vapor, com um molho pobre em gorduras;
- purê de arroz com açúcar e mel;
- desjejum de cereais com leite ou iogurte;
- crepes com xarope;
- torrada ou *muffins* ingleses com geleia;
- tortas de arroz ou pãezinhos com rodelas de banana;
- frutas frescas ou salada de frutas;
- batata ao forno com molho ou recheio pobre em gordura;
- torrada com espaguete e molhos ou feijão com molho de tomate;
- combinado de leite, iogurte e fruta;
- suplemento líquido comercializado para alimentos;
- barrinhas energéticas.

9.4.1.1.4 Dieta depois da competição

Michael Klim, nadador de velocidade, campeão do mundo em 1998 nos 100 m borboleta e nos 200 m livre e recordista mundial nos 100 m borboleta, diz o seguinte:

Depois da prova, gosto de repor as forças durante a primeira hora com bebidas e alimentos ricos em hidratos de carbono, sobretudo quando tenho um programa apertado com mais de uma prova a cada noite. Tenho que me adaptar aos mergulhos, às massagens, aos testes *antidoping*, à prova seguinte, aos treinadores, aos meios de comunicação. Pode ser desesperador. Tenho meus próprios provimentos: uma bebida isotônica, bananas ou algo doce.

O glicogênio muscular é o principal combustível na natação competitiva. O metabolismo do glicogênio pode ser anaeróbico (glicólise) ou aeróbico (oxidação até dióxido de carbono e água). O esgotamento do glicogênio muscular será mais rápido quando a via anaeróbica for utilizada prioritariamente. A ingestão de alimentos logo depois de competir tem por objetivo justamente repor o glicogênio utilizado no decorrer da atividade.

Comprovou-se que o esvaziamento do glicogênio muscular induz a uma inativação da enzima-chave da glicogenogênese (glicogênio sintetase) e que esse efeito perdura pelas primeiras horas de recuperação, razão pela qual será importante ingerir carboidratos de moderado ou alto índice glicêmico logo depois de competir. Nesse momento também é fundamental a ingestão de bebidas, para a retomada do equilíbrio hídrico (Villa et al., 2000).

Pautas para melhorar o abastecimento energético depois da competição (Hawley e Burke, 2000):

- Consumir um alimento ou aperitivos ricos em hidratos de carbono durante os 30 min posteriores ao término da competição. É preciso se organizar para dispor de bebidas e alimentos adequados também no lugar em que se realiza a competição, se for necessário.
- Consumir 1 a 1,5 g de hidrato de carbono por quilograma de massa corporal (entre 50 e 150 g de hidrato de carbono no total) imediatamente depois da competição e repetir o consumo depois de duas horas ou até que se restabeleçam os padrões alimentares normais.
- Consumo diário de carboidratos de 7 a 10 g por quilograma de massa corporal (entre 400 e 700 g), para tornar o armazenamento de glicogênio nos músculos o melhor possível.
- Quando a necessidade de hidratos de carbono for alta e houver falta de apetite ou mal-estar gástrico, devem-se priorizar as formas compactas de hidrato de carbono: alimentos pobres em fibras com hidrato de carbono, alimentos ricos em açúcar e suplementos esportivos especiais, como as barrinhas energéticas.
- Os líquidos que contêm hidratos de carbono também possuem um volume reduzido e podem ser apetecíveis

para os esportistas fadigados e desidratados. Incluem-se nessa categoria as bebidas isotônicas, os refrescos e sucos de fruta, os suplementos alimentícios líquidos comercializados e as vitaminas.

- Os alimentos com hidratos de carbono e índice glicêmico baixo, como as lentilhas e os legumes, são menos apropriados para uma rápida recuperação do glicogênio e não devem ser a principal fonte de hidratos de carbono durante a recuperação. Em geral, isso não é um problema, já que as dietas ocidentais costumam basear-se em alimentos ricos em hidratos de carbono e com índice glicêmico moderado e alto.
- Ingerir alimentos leves frequentemente ajudará os esportistas a conseguir um consumo alto de hidratos de carbono sem o mal-estar que acarreta comer em excesso. No entanto, é necessário selecionar os alimentos e aperitivos de forma que se adequem às preferências pessoais, aos horários e ao apetite/bem-estar. Sempre e quando forem consumidos hidratos de carbono suficientes, não deve importar de que forma se come ao longo do dia.
- Quando o bem-estar gástrico ou os requisitos totais de energia limitam o consumo total de alimentos, não é necessário consumir uma quantidade excessiva de alimentos ricos em gorduras e proteínas, por conta dos alimentos com hidrato de carbono.
- As bebidas e os alimentos nutritivos ricos em hidratos de carbono podem contribuir com proteínas e outros nutrientes (vitaminas e minerais) importantes para outros processos de recuperação após o exercício. Estes serão importantes na dieta global.
- Os danos musculares interferem no armazenamento do glicogênio; isso talvez seja compensado parcialmente pelo aumento do consumo de hidratos de carbono durante as primeiras 24 h de recuperação.

Os nadadores devem priorizar alimentos que lhes forneçam bastante energia total, especialmente os hidratos de carbono, de modo que possam fabricar e armazenar glicogênio suficiente para o trabalho muscular. Dada a importância dos carboidratos para o rendimento na natação competitiva, o propósito das estratégias nutricionais antes e depois do exercício é aperfeiçoar a disponibilidade de glicogênio muscular e hepático e de glicose sanguínea. É importante abastecer adequadamente os depósitos de glicogênio nas primeiras horas após o exercício.

A ingestão de líquidos ajuda a manter o volume do sangue, o que se comprovou ser um fator criticamente importante no rendimento. As bebidas esportivas deverão promover a ressintetização do glicogênio e a reposição de líquidos e eletrólitos.

Capítulo 10

A psicologia na natação

10.1 Introdução

Há vários anos, vem se dando muita importância à psicologia como um dos fatores determinantes do rendimento esportivo. Sua relevância no esporte é tanta, que muitos atletas deixam de ganhar competições importantes por não estarem preparados quanto a esse aspecto específico. Um nadador, por exemplo, pode perder um campeonato por não ter força mental para, faltando apenas 25 m, realizar o último esforço. Neste capítulo, apresentaremos os aspectos mais importantes e que devem ser considerados no momento de intervir junto aos nadadores.

Segundo Vasconcelos-Raposo (1993), para ser um bom treinador psicológico, é necessário conhecer profundamente a prática esportiva em que será desenvolvida a atividade profissional.

Para os mesmos autores, as situações-chave na natação, seja qual for o estilo e a distância, são a saída e a virada. Não obstante, as diferentes distâncias de nado também são importantes por si, em razão, principalmente, dos condicionantes diferenciais que existem entre as provas de fundo e as de velocidade, e têm implicações no planejamento do treinamento, tanto físico como mental, já que requerem diferentes estratégicas de gestão do esforço.

Qualquer que seja o trabalho de preparação mental específico para cada distância, toda intervenção do treinador e do psicólogo deverá se fundamentar em um conjunto de características psicológicas comprovadamente associadas a atletas de melhor desempenho esportivo:

- São possuidores de elevados índices de autoconfiança e autoeficácia.
- Apresentam elevados níveis de concentração.
- São resistentes às numerosas solicitações que lhes são feitas e que podem eventualmente distraí-los de seus objetivos competitivos.
- Preocupam-se mais com a qualidade da execução em todos os aspectos do que propriamente com o lugar em que se classificam.
- Apresentam menores indicadores de dúvidas quanto a suas capacidades para obter êxito na competição.
- Apresentam maior consistência dos estados psicológicos que vivenciam nos momentos precedentes às competições.
- Aprendem mais eficazmente a partir dos erros cometidos e superam com mais rapidez os fracassos.
- São capazes de exercer maior controle sobre sua ativação fisiológica, sendo capazes de, ao mesmo tempo, provocá-la ou limitá-la de acordo com o que lhes convier no momento da competição.
- Durante a competição, vivenciam mais frequentemente estados de alerta intencional e de resposta competitiva.

Vasconcelos-Raposo (1993) identifica um conjunto de habilidades mentais que diferenciam os nadadores de elite dos demais. Entre elas, destacam-se as seguintes, que deverão ser desenvolvidas pelos treinadores e psicólogos:

- Encarar a competição de forma relaxada (o que se relaciona com os bons níveis de autoconfiança e autoeficácia), assim como a ausência de pensamentos negativos relativos as suas capacidades como nadador e aos objetivos propostos.
- Saber integrar as situações nas quais tenha obtido um bom resultado e aquelas nas quais os resultados não foram os desejados.
- Saber definir objetivos realistas.
- Desenvolver um equilíbrio entre o eu real e o eu idealizado como nadador.
- Desenvolver uma motivação intrínseca.
- Capacidade de esperar os momentos de sucesso durante as épocas de trabalho.
- Desenvolver uma capacidade de autocrítica, assim como ser receptivo ao *feedback* que outros possam proporcionar, para fazer as mudanças necessárias e garantir seu progresso.

É importante que os atletas sejam educados desde jovens sobre a forma e o tempo necessários para alcançarem os níveis máximos de rendimento esportivo. A importância do equilíbrio entre o eu real e o eu idealizado está em minimizar a dissonância cognitiva e, assim, evitar que o esportista experimente níveis negativos de ansiedade.

10.1.1 Contexto no qual se desenvolve a natação

Segundo Vasconcelos-Raposo (1993), os dois aspectos básicos que marcam diferenças claras entre a natação e qualquer outro esporte são o meio em que é realizado e as características do recinto, uma piscina. Isso provoca diferenças no tipo de movimento que o atleta tem de realizar, no tipo de respiração, nas limitações sensoriais etc. E, pelo fato de a atividade ser sempre desenvolvida na piscina, o nadador se deparará com o mesmo "cenário" todas as vezes, ou seja, o fundo da piscina.

Os mesmos autores afirmam que a limitação sensorial, produto da falta de estímulos externos, faz que, na maioria dos casos, o nadador recorra a uma série de autoestimulações, como uma maior atividade mental, produto dos pensamentos e monólogos que se estabelecem durante os treinamentos.

Todos esses aspectos influem na prática competitiva da natação, e o treinador psicológico deverá considerá-los permanentemente.

10.1.2 A natação como esporte individual

Segundo Vasconcelos-Raposo (1993), a preparação do nadador se dá em contexto e situações que lhe impõem um sentimento de solidão e monotonia, bastante diferentes de qualquer outro esporte individual.

Na maior parte do tempo, os nadadores estão realizando exercícios, e os intervalos para que os efeitos desejados possam ser produzidos devem ser respeitados de maneira muito estrita. E é nesses intervalos, e também durante o trabalho de pernas, que os esportistas podem intercambiar impressões e interagir socialmente. Sendo assim, deve-se considerar que a relação entre nadador e treinador assume características muito particulares, as quais requerem cuidado especial por parte dos psicólogos.

Por ser um esporte individual, a natação implica um treinamento diferenciado pelo treinador psicológico, já que o fato de o nadador enfrentar sozinho a competição pode provocar nele pressão, medo do fracasso etc.

A grande quantidade de horas de treinamento que um nadador realiza é outro aspecto relevante. Um nadador de certo nível costuma treinar 11 meses por ano, sendo seis dias por semana e com uma elevada carga de horas diária. Desse modo, podemos dizer que a prática da natação é extremamente árdua.

O tempo investido e a distância percorrida nos treinamentos ao longo do ano contrastam com o tempo dedicado a competir. Exemplificando: um velocista realiza aproximadamente 12 min de participação em competição em uma temporada. Por essa razão, é necessário que o treinador psicológico concentre seu trabalho naquilo que ocorre durante os treinamentos, especialmente em relação a nadadores jovens, para que estes possam chegar a altos níveis de excelência.

Como dissemos, os treinamentos natatórios são muito monótonos. Além disso, o nadador tem sérias limitações sensoriais, já que na maior parte do tempo quase não vê ou ouve nada, como se estivesse em uma bolha. Tudo isso provoca um grande aborrecimento, e se acrescentamos ainda a intensidade dos treinamentos, torna complicada a interação com os companheiros.

10.2 A relação treinador--nadador

Christina e Corcos (1998) dividem as responsabilidades dos treinadores em cada uma das seguintes fases:

- Na primeira fase, o treinador deverá:
    - estabelecer os objetivos de instrução;
    - selecionar os conteúdos para cada objetivo;
    - organizar esses conteúdos para a instrução;
    - avaliar as habilidades dos esportistas ao iniciarem na atividade.
- Durante a época de planejamento, sua implementação e sua avaliação deverão receber a maior atenção por parte do treinador.
- Ao final da temporada, é fundamental realizar uma avaliação do nível de habilidade alcançado por cada nadador e, em função disso, revisar o plano anual de trabalho.

Um dos fatores mais importantes para o desenvolvimento das habilidades motoras é o contexto em que se dá a aprendizagem, o qual tem relação com o nível de qualidade e o tempo gasto na aquisição dessas habilidades, que, por sua vez, repercutem no desenvolvimento de atitudes positivas quanto às atividades. Isso significa maiores níveis de adesão quando o atleta se torna adulto. As atividades a que são submetidos os jovens também têm implicações no seu esforço e na sua motivação (Vasconcelos-Raposo, 1993).

Segundo Vasconcelos-Raposo (1993), um bom treinador deve ser um bom educador. Para tanto, deve conhecer a matéria e o processo de ensino e aprendizagem, ser capaz de se comunicar eficazmente com os nadadores e dominar os aspectos técnicos da modalidade.

10.2.1 O processo de aprendizagem

É um processo físico e mental. Assim, para que se ocorra uma boa aprendizagem, o nadador deve estar concentrado física e mentalmente nas tarefas que lhe foram pedidas. Uma tarefa motora está bem aprendida quando é executada de forma automática. Isso não é possível nas primeiras fases da aprendizagem, que requerem um significativo desenvolvimento das capacidades mentais e físicas.

A atenção é um aspecto fundamental na aprendizagem de habilidades tanto verbais quanto motoras. Não obstante, as motoras, que dizem respeito ao controle motor em resposta às instruções verbais, às demonstrações ou à reprodução mental, requerem maior atenção.

10.2.1.1 Fase de aprendizagem das habilidades motoras

- Fase cognitiva: corresponde ao período inicial da aprendizagem, durante o qual o nadador se interessa por compreender os mecanismos de execução da habilidade motora. Ele utiliza os processos cognitivos para entender como se desempenha a tarefa.

- Fase associativa: também chamada fase prática ou de fixação, ocorre por um extenso período. Nela, o nadador pratica os movimentos até dominá-los perfeitamente. O *feedback* do treinador é muito importante para se detectarem erros do nadador.
- Fase autônoma: se dá quando os nadadores são capazes de realizar o movimento perfeita e automaticamente.

Progredir pelas distintas fases requer muito treinamento e um período de tempo que dependerá das habilidades individuais, da eficiência dos meios de aprendizagem e da complexidade da tarefa.

10.3 Preparação psicológica para o treinamento

Apresentamos algumas estratégias e/ou técnicas psicológicas que podem ser úteis nos treinamentos, de acordo com Vasconcelos-Raposo (1993):

10.3.1 *Feedback*

O fator mais importante no controle da aprendizagem são os *feedbacks*, que se referem à informação proporcionada ao nadador sobre qualidade de sua execução. Sem *feedback*, a aprendizagem é muito difícil ou quase impossível.

10.3.1.1 Tipos de *feedback*

Existem vários tipos de *feedback*, como o intrínseco e o extrínseco. O intrínseco consiste na informação que o próprio atleta elabora sobre a sua execução e pode ser interno, com base nas sensações sinestésicas, ou externo, a partir da observação de si mesmo por meio de vídeo.

O *feedback* extrínseco, por sua vez, é a informação que o esportista recebe de outros, o treinador ou qualquer fonte externa de informação, como os vídeos, a imprensa ou o público.

É muito importante o papel desempenhado pelo treinador, que deve saber analisar as execuções e dar a informação necessária para a melhora do padrão motor. O nadador compara a informação que resulta da experiência com a proporcionada pelo técnico e valida ou não os critérios de autoavaliação.

É fundamental que o treinador explicite sua opinião, realçando tanto os aspectos negativos quanto os positivos. Se o treinador prioriza os *feedbacks* negativos, acabará eliminando o prazer que os nadadores sentem com o desenvolvimento na atividade.

Definitivamente, qualquer treinador deverá ser consciente da importância do *feedback* em todos os momentos da execução, independentemente da idade dos nadadores, já que qualquer um gosta de saber que "faz coisas bem". Mas é inegável que os iniciantes necessitem mais de instruções e de *feedbacks* regulares.

10.3.1.2 Técnicas para melhorar o *feedback*

Existem situações nas quais o treinador detecta os erros, mas não é capaz de transmitir sua avaliação verbalmente, ou é o esportista que não o escuta ou lhe atende ou é incapaz de traduzir as instruções verbais em comportamentos motores. Nesses casos, o treinador deve recorrer à demonstração dos gestos, assim como guiar fisicamente os segmentos corporais mais relevantes na execução dos padrões motores desejados.

10.3.2 Plano de treinamento

É preciso cuidar da preparação das sessões de treinamento para que a aprendizagem seja ótima. A duração do treinamento e o período de repouso entre sessões consecutivas deverão ser estrategicamente calculados. Depois de um período de tempo de atividade constante, a eficiência da execução e da aprendizagem diminui, pelo que a prática contínua se converte em perda de tempo. No esporte em geral e na natação em particular, os atletas tendem a entrar em fases de *burnout* (esgotamento), em razão da sobrecarga de treinamento e da pressão psicológica. É fato que ninguém pode se manter em nível elevado de energia e concentração na mesma atividade, permanentemente.

10.3.3 Efeitos de inibição

A inibição se refere ao fenômeno resultante da redução da capacidade de trabalho como consequência da execução contínua da mesma tarefa. A inibição atua como condutora negativa do desempenho. Seus efeitos não se limitam aos adultos em situações de trabalho, mas também ocorrem nas crianças, mesmo durante atividades agradáveis como o esporte.

Tendo em conta a inibição e o fato de as capacidades de tolerância variarem de um indivíduo para o outro, os treinadores-educadores devem organizar as sessões de forma que promovam ao máximo a aprendizagem e a execução. As sessões relativamente curtas, segundo a análise técnica, tendem a acarretar melhorias, ao passo que as mais longas tendem a não ser tão produtivas. O segredo reside na combinação entre o tempo de prática e o de repouso.

10.3.4 Planejamento das sessões práticas

A fadiga física não é necessariamente o fator que compromete a execução durante as práticas prolongadas. Quando a fadiga aparece, tanto a aprendizagem quanto o desempenho diminuem. No entanto, também pode ocorrer uma redução qualitativa do desempenho quando o nadador não está cansado. As razões dessa redução e da inibição que surgem pouco tempo depois de se iniciar a sessão prática podem ser diversas.

Os ganhos máximos tendem a ser obtidos quando as tarefas são realizadas pouco depois do começo do treinamento das tarefas específicas. O treinador deverá fazer uso desses princípios básicos e práticos e não sacrificar o tempo destinado às sessões de treinamento.

O impacto da inibição diminui desde que as atividades que se alternam sejam diferentes. Em outras palavras, uma mudança de atividade é essencial no período ativo de repouso para a habilidade inicialmente praticada.

Outro aspecto a ser considerado é o impacto que a fadiga tem como fator de inibição. Assim, se um treinador quer maximizar o treinamento das técnicas, deverá realizar esse trabalho específico no início da sessão, e não esperar que o período dedicado ao condicionamento físico acabe.

10.3.5 A prática mental

A aprendizagem das habilidades motoras é um processo físico e mental. Quando os processos intelectuais estão implicados, os nadadores tendem a compreender melhor a habilidade do que quando são consideradas somente as variáveis de ordem física.

A falta de instruções formais não quer dizer que os processos cognitivos não estejam sendo utilizados na aprendizagem das habilidades. De fato, o fator cognitivo está presente desde o início. Em circunstâncias normais, a prática mental é autoiniciada, sem a instrução do treinador, embora algumas vezes isso possa ser desastroso. Os métodos e técnicas de prática mental são múltiplos.

10.3.6 Transferência das habilidades motoras

Com a transferência, a aprendizagem que pode ser aplicada em outras atividades é maximizada. Não são somente os movimentos esportivos que podem ser transferidos, mas também os princípios do jogo e as estratégias. Quando a transferência é utilizada, disponibilizam-se tempo e energia, que podem ser utilizados para o desenvolvimento de outras habilidades ou estratégias em uma nova atividade.

O efeito da transferência pode ser positivo ou negativo. Nos dois casos, é essencial que o treinador tenha consciência das possibilidades de elevar a transferência positiva e minimizar seus aspectos negativos.

Apesar de assumirmos que respostas motoras idênticas ou semelhantes dão lugar a uma transferência positiva, não podemos admitir que participar de uma atividade semelhante seja sempre favorável. De fato, aprender uma segunda tarefa similar é muitas vezes um obstáculo para o domínio, na medida em que torna a aprendizagem mais difícil do que se não tivesse havido o aprendizado da primeira tarefa.

Princípios de ensino para a transferência:

- Quando os padrões de duas tarefas são semelhantes, o treinador deve realçar as semelhanças. A transferência não é automática; os nadadores nem sempre reconhecem as semelhanças e, consequentemente, não as aplicam.
- A possibilidade de transferência é maior se a primeira tarefa foi bem aprendida.
- Para maximizar a transferência das habilidades, devem ser ensinados os conceitos básicos, os princípios e as generalizações relacionados aos movimentos esportivos.

- O uso de várias ilustrações ou técnicas eleva a possibilidade de o nadador entender o conceito e usá-lo em uma nova tarefa, embora a simples verbalização do conceito, considerando a transferência, não assegure sua aplicação, pelo nadador, em outros contextos.

Segundo Vasconcelos-Raposo (1993), é importante que os treinadores tenham a preocupação de evitar a monotonia por meio da diversificação dos treinamentos, assim, pretende-se estimular os esportistas. Os treinadores psicológicos podem sugerir aos técnicos que ofertem situações novas e atrativas, variando o material utilizado normalmente, o local de treino ou os tipos de exercícios. Muitas vezes, repete-se o mesmo exercício para o desenvolvimento de determinada habilidade concreta, sendo que poderiam ser aplicados múltiplos exercícios com o mesmo objetivo.

10.3.7 Estabelecimento de objetivos

Segundo Vasconcelos-Raposo (1993), deverão ser estabelecidas metas não só para a competição, mas também para o treinamento.

De acordo com eles, a natação se caracteriza por ser um esporte baseado nos tempos realizados pelos atletas, cuja medição é feita com facilidade. Ainda assim, convém estabelecer metas que vão ao encontro dos propósitos de progressão do nadador e dos *feedbacks*, contribuindo aos ajustes quase permanentes que os treinadores devem realizar no planejamento do treinamento individualizado.

As teorias mais conhecidas acerca do estabelecimento de objetivos são as seguintes:

- Teoria de Burton (1992): desenvolvida desde uma perpectiva cognitivista, fundamenta-se em dois tipos de orientação, uma para a execução e outra para o êxito. A orientação para o êxito comporta a orientação para o fracasso.
- Teoria de Locke (1981): fundamenta-se em um modelo comportamental mecanicista o qual defende que a definição de objetivos funciona porque é canalizadora da atenção e ação do praticante aos aspectos mais relevantes de suas atividades, ajudando-o a mobilizar seus esforços de acordo com as intensidades exigidas pelo treinamento; aumentando o esforço em termos tanto imediatos como de longo prazo e, finalmente, permitindo maior flexibilidade nas metodologias utilizadas no processo de aprendizagem de novas estratégias comportamentais.

A literatura sobre o tema (Burton 1989, 1992; Teixeira e Vasconcelos-Raposo, 1995; Locke, 1981; Vasconcelos-Raposo, 1994) sugere que há uma forte relação entre o tipo de objetivo que os esportistas definem e os níveis de ansiedade, motivação e autoconfiança que eles manifestam.

Se o esportista se concentra em objetivos ligados ao resultado, costuma sentir-se com dúvidas e tem menos probabilidade de obter sucesso. Diferentemente, se os objetivos se relacionam à execução, o atleta se mantém motivado por períodos mais longos e, assim, vivencia situações de êxito.

10.3.7.1 Aspectos mais importantes do estabelecimento de objetivos

- Estabelecer objetivos específicos em termos comportamentais. Quanto mais concretos são os objetivos, melhor será a eficácia do programa.
- Os objetivos deverão ser difíceis mas realistas.
- A progressão do nadador deverá ser construída com base em vários tipos de objetivos concretos, de curto, médio e longo prazo: os objetivos de curto prazo são os que provocam níveis mais elevados de motivação e autoconfiança; os de médio prazo são os indicadores para se avaliar se a progressão está sendo feita de forma consistente e sólida; e os de longo prazo são obtidos por meio de um processo de acumulação de pequenas conquistas.
- Os objetivos deverão ser direcionados para a execução, e não para o resultado.
- Os objetivos de competição devem ser complementados com os objetivos de treinamento. Seria um erro grave se somente fossem definidos objetivos para a competição, na medida em que relegaria a segundo plano o treinamento, o que há de mais importante para obter sucesso.
- Os objetivos deverão ser formulados em termos positivos, e nunca negativos.
- Os objetivos comportamentais deverão ser estabelecidos em termos temporais.
- É importante estabelecer as estratégias necessárias para se alcançarem os objetivos e também a data em que se pretende conseguir.
- Sempre que o nadador consiga alcançar um objetivo, isso deverá ser registrado graficamente, porque tanto o treinador quanto o competidor tendem a esquecer as pequenas metas conseguidas ao longo da temporada. Com o registro, será possível analisar retrospectivamente os progressos e intensificar a motivação e força mental.

Segundo Vasconcelos-Raposo (1993), há três fases necessárias para que o treinador realize a implementação do programa de objetivos: a fase de planejamento, a de reunião com os esportistas e a de gestão dos *feedbacks* de acordo com a evolução.

Na fase de planejamento, o treinador deve realizar um diagnóstico das capacidades físicas de seus nadadores e, em função dos efeitos que pretende obter com o trabalho a ser realizado, apresenta um desafio a eles. O diálogo entre o treinador e o nadador proporcionará um acordo que fará ambos se sentirem envolvidos como agentes ativos do mesmo processo. A participação do nadador garantirá seu compromisso de trabalhar buscando os objetivos acordados.

Durante as reuniões com os nadadores, o treinador deverá considerar os objetivos da equipe e de cada um de seus membros. Aconselha-se que essas reuniões sejam feitas primeiro com todos os membros da equipe reunidos e depois com cada um separadamente.

Posteriormente, é importante permitir um período de reflexão aos nadadores sobre o que eles se propuseram a realizar durante a temporada que terá início.

O treinador planejará várias reuniões de avaliação ao longo da temporada, o que proporcionará os *feedbacks* aos nadadores. Nelas, serão reavaliados os objetivos definidos e os progressos realizados. Além disso, deverá ser tema dessas reuniões a elaboração das estratégias de competição necessárias para se obter as metas definidas.

10.3.7.2 Os mecanismos: como funcionam os objetivos?

Segundo Vasconcelos-Raposo (1993), os mecanismos por meio dos quais o objetivo se torna algo eficaz na melhora da execução são três:

- o esforço;
- a persistência;
- a direção, ou seja, orientar o indivíduo para as atividades relevantes para se alcançar os objetivos, procurado também que ele recorra de forma eficaz aos conhecimentos e às habilidades que já possui de modo a potencializar seus recursos.

O processo de aplicação desses mecanismos aos objetivos deve ser definido o mais especificamente possível. Por isso, a ênfase deve ser dada aos aspectos qualitativos; em suma, deve centrar-se no controle sobre o processo, e não sobre o produto.

10.3.7.3 A relação entre objetivos e incentivos

Na década de 1990, quatrocentos estudos evidenciaram a importância dos incentivos na potencialização dos níveis de motivação associados a melhorias do rendimento (Harackiewicz e Elliot, 1998). Entretanto, Wright destaca alguns aspectos negativos dos incentivos os quais devem ser considerados para que os propósitos da definição de objetivos sejam alcançados:

- as qualidades das vantagens a serem alcançadas devem referir-se a metas definidas;
- o efeito da inércia;
- o efeito de "castigar os objetivos";
- o objeto da opção dos objetivos fáceis.

Para evitá-los, recomenda-se que no processo de definição não se estabeleça uma relação direta entre os objetivos e qualquer tipo de incentivo.

Quanto aos objetivos:

- Deverão estar centrados e dirigidos aos componentes essenciais para que sejam concretizados.
- Deverão ser definidos em função dos níveis que os nadadores apresentam no momento e redefinidos periodicamente, à medida que os progressos se evidenciem.
- Deverão estar orientados, em relação à progressão dos nadadores, à execução, e não ao resultado.
- O treinador deverá se preocupar em educar seus nadadores sobre a

Garcés de los Fayos, E. **Burnout: un acercamiento teórico-empírico al constructo en contextos deportivos**. Tesis de licenciatura inédita. Murcia: Universidad de Murcia, 1995.

García Ferrando, M. **Hábitos deportivos de los españoles**. Sociología del comportamiento deportivo. Madri: Alianza; CSD, 1990.

García Manso; L. J. et al. Los ritmos de nado en las pruebas de 200 mariposa, 200 espalda, 200 braza y 200 libres de nivel internacional. **NWS**, v. 2, p. 9-26, 2001.

______. **Alto rendimiento**. La adaptación y la excelencia deportiva. Madri: Gymnos, 1999.

______. **La fuerza**. Madri: Gymnos, 1999.

García Manso, J. M. et al. **El talento deportivo**. Madri: Gymnos, 2003.

______. **Bases teóricas del entrenamiento deportivo, principios y aplicaciones**. Madri: Gymnos, 1996.

García Manso J. M.; Navarro Valdivieso, F.; Ruiz Caballero, J. A. **La velocidad**. Madri: Gymnos, 1998.

Garn, S. M. Relative fat patterning: an individual characteristic. **Hum. Biol.**, v. 27, p. 75-89, 1955.

______. Relative values of different fat folds in a nutricional survey. **Am. J. Clin. Nutr.**, v. 24, p. 1380-1, 1971.

Garn, S. M.; Gorman, E. L. Comparison of pinch caliper and roentgeno-grammetic measurements of subcutaneous fat. **Hum. Biol.**, v. 28, p. 407-13, 1956.

Gerhard, L. **La natación deportiva**. La Habana: Científico Técnica, 1985.

Gilbert, R. Player burnout: how to prevent it. **Soccer J.**, v. 33, n. 3, p. 32, 1988.

Gill, D.; Martens, R. The role of task type and success-failure in group competition. **International J. Sport Psychol.**, v. 8, p. 160-77, 1977.

Gill, D. L.; Gross, J. B.; Huddleston, S. Participation motivation in youth sports. **International J. Sport Psychol.**, v. 14, p. 1-14, 1983.

Goldspink, G. Celular and molecular aspects of adaptation in skeletal muscle. In: Komi, P. **Strenght and power in sport**. Londres: Blackwell Scientific Publication, 1992.

Goldstein, A. P.; Krasner, L. **La psicología aplicada moderna**. Madri: Pirámide, 1991.

Goodenough, W. **Language, culture and society**. Reading: Benjamin Cummings, 1981.

Gordillo, A. Orientaciones psicológicas en la iniciación deportiva. **Rev. Psicol. Deporte**, v. 1, p. 27-36, 1992.

Gould, D.; Horn, T. Participation motivation in young athletes. In: Silva III, J. M.; Weinberg, R. S. (Org.). **Psychological foundations of sport**. Champaign: Human Kinetics, 1984.

______. Understanding attrition in children's sport. In: Gould, D.; Weiss, M. (Org.). **Advances in pediatric sport sciences** – behavioral issues. Champaign: Human Kinetics, 1987.

______. Establecimiento de metas para el máximo rendimiento. In: Williams, J. M. (Org.). **Psicología aplicada al deporte**. Madri: Biblioteca Nueva, 1991.

Gould, D.; Horn, T. Intensive sport participation and the prepubescent athlete: competitive stress and burnout. In: Cahill, B. R.; Pearl, A. J. (Org.). **Intensive participation in children's sports**. Champaign, IL: Human Kinetics, 1993.

Gould, D.; Horn, T.; Spreeman, J. Competitive anxiety in junior elite wrestlers, **J. Sport Psychol.**, v. 5, p. 58-71, 1983.

Gould, D.; Pedichkoff, L. Participation motivation and attrition in young athletes. In: Smoll, F.; Magill, R.; Ash, M. (Org.). **Children in Sport**. 3. ed. Champaign: Human Kinetics, 1988.

Gould, D.; Pedichkoff, L.; Weinberg, R. Antecedents of temporal changes in and relationships between CSAI-2 subcomponents. **J. Sport Psychol.**, v. 6, p. 289-304, 1984.

Gray, D. S. et al. Effect of obesity on bioelectrical impedance. **Am. J. Clin. Nutr.**, v. 50, p. 255-60, 1989.

Griffin, M. R. An analysis of state and trait anxiety experienced in sports competition at different age levels. **Foil**, p. 58-64, primavera de 1972.

Grosser, M. **Entrenamiento de la velocidad**. Barcelona: Martínez Roca, 1992.

Grosser, M.; Brüggemann, P.; Zintl, F. **Alto rendimiento deportivo**. Planificación y desarollo. Barcelona: Martínez Roca, 1989.

Grosser, M.; Muller, H. **Desarrollo muscular**. Barcelona: Hispano-Europea, 1992.

Guedes, D. P.; Guedes, J. E. R. P. **Crescimento composição corporal e desempenho motor de crianças e adolescente**. São Paulo: Balieiro, 1997.

Guillén, M.; Linares, D. **Bases biológicas del movimiento humano**. Madri: Médica Panamericana, 2002.

Guinard, J. X. et al. Sensory acceptability of meat and dairy products and dietary fay in male collegiate swimmers. **Int. J. Sport. Nutr.**, v. 5, n. 4, p. 315-328, 1995.

Hahn, E. **Entrenamiento con niños**. Barcelona: Martínez Roca, 1988.

Haljand, R. **Kinesthetic memory positioning exercise videos.** Disponível em: <http://www.swim.ee/videos/exercises.html>. Acesso em 2000.

Hammond, W. H. Measurement and interpretation of subcutaneous fat, with norms for children and young adult males. **Br. J. Prev. Soc. Med.**, v. 9, p. 201-11, 1955.

Hanson, D. L. Cardiac response to participation in little league baseball competition as determined by telemetry. **Research Quartely**, v. 38, p. 384-8, 1967.

Harackiewicz, J. M.; Elliot, A. J. The joint effects of target and purpose goals on intrinsic motivation: a mediational analysis. **Personality and Social Psychology Bulletin**, v. 24, n. 7, p. 675-90, 1998.

Harre, D. **Teoría del entrenamiento deportivo**. La Habana: Científico Técnica, 1982.

Harris, O. V.; Harris, B. C. **The athlete's guide to sport psychology**: mental skills for physical people. Champaign: Human Kinetics, 1984.

HARTMAN, J.; TUNNEMANN, H. **Entrenamiento moderno de la fuerza**. Barcelona: Paidotribo, 1996.

HAWLEY, J.; BURKE, L. **Rendimiento deportivo máximo**. Barcelona: Paidotribo, 2000.

HAY, J. G.; REID, J. C. **The anatomical and mechanical bases of human motion**. Englewood Cliffs: Prentice-Hall, 1982.

HEATH, B. H.; CARTER, J. E. L. A modified somatotype method. **American J. Physical Anthropol.**, v. 27, p. 57-74, 1967.

HEBBELINCK, M. et al. Anthropometric characteristics of female Olympic rowers. **Canadian J. Applied Sports Science**, v. 5, p. 255-62, 1980.

HENRIKSSON, J. (1992); LEGIDO, J. C. (1986). **Fatiga y entrenamiento.** III Jornadas Nacionales de Medicina en Atletismo. Pamplona: ANAMEDE, p. 109-120.

HIRATA, K. I. **Selection of olympic champions**. v. 1. Toyota: Chukyo University, 1979.

______. **Selection of olympic champions**. v. 2. Toyota: Chukyo University, 1979.

HOFFER, E. C.; MEADOR, C. K.; SIMPSON, D. C. Correlation of wholebody impedance with total body water volume. **J. Appl. Physiol.**, v. 27, p. 531-4, 1969.

HOLLMANN, W.; HETTINGER, T. **Sportmedizin-Arbeits und traingsgrundlagen**. 2. ed. Stuttgart: Schattauer Verlag, 1980.

______. Sportmedizin-Arbetits-und traingsgrundlagen. In: GARCÍA MANSO, J. **La fuerza**. Madri: Gymnos, 1989.

HOLMER, I. Physiology of swimming man. **Acta Physiologica Scandinavica**, v. 407, 1974. Suplemento.

HOLWAY, F. **Composición corporal, primera parte**. Apuntes entregados en la certificación en cineantropometría dictado por la ISAK desde el 28 al 31 de julio del 2003, en la Universidad Mayor. Chile, 2003.

______. **Introducción a la cineantropometría**. Apuntes entregados en la certificación en cineantropometría dictado por la ISAK desde el 28 al 31 de julio del 2003, en la Universidad Mayor. Chile, 2003.

HOPPER, R. T. Measurement of power delivered to an external weight. In: HOLLANDER, A. P. (Org.). **Biomechanics and Medicine in Swimming**. Human Kinetics: Champaign, 1983.

HORN, T. S. **Advances in Sport Psychology**. Champaign: Human Kinetics, 1992.

ISMAIL, A. H.; CHRISTIAN, J. E.; KESSLER, W. V. Body Composition relative to motor aptitude for preadolecent boys. **Research Quaterly**, v. 34, p. 463-70, 1963.

JOHNSTON, F. E. Relationships between body composition and anthropometry. **Hum. Biol.**, v. 54, p. 221-45, 1982.

JONES, G., HANTON, S. Interpretation of competitive anxiety symptoms and goal attainment expectancies. **J. Sport Exercise Psychol.**, v. 18, p. 144-57, 1996.

JONES, P. R. M. **Anapplication of physiological anthropometry**: the determination of leg subcutaneous fat, muscle and bone widths and volumes in young male and female adults. Tese (pós-doutorado) – Universidade de Loughborough, Loughborough, 1970.

JUBA, N. The requirements of competitive swimming-the effect on children: A coach's perspective. In: GLEESON, G. (Org.). **The growing child in competitive sport**. Londres: Hodder and Stoughton, 1986.

JÚNIOR, A. A. **Flexibilidade**: teoria e prática. Londrina: Atividade Física e Saúde, 1998.

______. **Bases para exercícios de alongamento**. São Paulo. Phorte, 1999.

KESKINEN, K.; TILLI, L.; KOMI, P. V. Maximun velocity swimming: interrelationships of stroking characteristics, force production and anthropometric variables. **Scand. J. Sports Sci.**, v. 11, n. 2, p. 87-92, 1989.

KHOSLA, T. Physique of female swimmers and divers from the 1976 Montreal Olympics. **J. Am. Med. Assoc.**, v. 252, n. 4, p. 536-7, 1984.

KING, L. A.; RICHARDS, J. H.; STEMMERICH, E. Daily goals, life goals, and worst fears: means, ends and subjective well-being. **Journal of Personality**, v. 66, n. 5, p. 713-45, 1998.

KLEIN, H.; KASSER, J. A field study of the influence of situations constraints, leader-member exchange and goal commitment on performance. **Academy Management J.**, v. 41, n. 1, p. 88-96, 1998.

KLENTROU, P.; MONTPETIT, R. Physiology and physical correlates of swimming performance. **J. Swimming Research**, v. 7, .n 1, p. 13-8, 1991.

KNEBEL, K. P.; HERBECK, B.; HAMSEN, G. **Fubball-Funcktionsgymnastik**. Rowohlt Verrlag: Reinbek, 1988.

KNEBEL, K. P.; HERBECK, B.; SCHAFFNER, S. **Tennis** – Funktionsgymnastik. Rowohlt Verlag: Reinbeck, 1988.

KNOLL, W. **Die sportzlichen Ergebnisse der II**. Olympischen Winer-spiele in St. Moritz. Bern: Haupt, 1928.

KOHLRAUSCH, W. Zusammenhange von koperform und leistung. Ergebnisse der anthropometrischen messung an den athleten der Amsterdamer Olympiade. **Arbeitsphysiologie**, v. 2, p. 187-204, 1930.

KRAEMER, W. J.; FLECK, S. J. **Treinamento de força para jovens atletas**. São Paulo: Manole, 2001.

KROH, O. **Die Psychologie des drundschulkindes**. Langensalza: Beyer & Mann, 1944.

KUSHNER R. F. et al. Validation of bioelectrical-impedance analysis as a measure of change in body composition in obesity. **Am. J. Clin. Nutr.**, v. 52, p. 219-23, 1990.

KUSHNER, R. F.; SCHOELLER, D. A. Estimation of total body water in bioelectrical impedance analysis. **Am. J. Clin. Nutr.**, v. 44, p. 417-24, 1986.

KUZNETSOV, V. V. **Metodología del entrenamiento de la fuerza para deportistas de alto nivel**. Buenos Aires: Stadium, 1989.

LAMB, D. R. Basic principles for improving sport performance. **Gatorade Sports Science Exchange**, v. 8, n. 2, 1995.

LEWIN, G. **La natación deportiva**. La Habana: Científico técnica, 1972.

LIESEN, H.; HOLLMANN, W. Die Ausdauerfadihigkeit bei verschiedenen Sportarten unter besonderer Berucksichtigung des metabolismus. Beiheft zu Leistungs Sport, v. 9, p. 63-79, 1977.

LOCKE, E.; LATHAM, G. P. **A theory of goal setting and task performance**. Englewood Cliff: Prentice Hall, 1990.

LOHMAN, T. G. Skinfolds and body density and their relationship to body fatness: a review. **Human. Biol.**, v. 53, p. 181-225, 1981.

LOHMAN, T. G.; ROCHE, A.; MARTORELL, R. **Antropometric standardization reference manual**. Champaign: Human Kinetics, 1988.

LORENZO, I. et al. Características fisiológicas de la natación. **NWS**, v. 4, p. 23-30, 2002.

LOWE, R.; MCGTATH, J. E. **Stress, arousal and performance:** some finding calling for a new theory, n. AF, p. 1161-7, 1971.

LUKASKI, H. C. et al. Assessment of fat-free mass using bioelectric impedance measurements of the human body. **Am. J. Clin. Nutr.**, v. 41, p. 810-7, 1985.

LUTTGENS, K.; WELLS, K. **Kinesiologia**: bases científicas del movimiento humano. Madri: Pila Teleña, 1988.

LYDEN, R. **El desarrollo atlétic**o. Ciclos de aquisición y periodización del entrenamiento. Track and Field Quaterly, 1990.

MADER, A. et al. Zur beurteilung der sportartspezifischen ausdauerleistungsfahigkeit im labor. **Sportarz und Sportmedizin**, v. 4, p. 80-8, 1976.

MAGEL, J. R. Propelling force measured during tehtered swimming in the four competitive swimming styles. **The Research Quaterly**, v. 41, n. 1, p. 69-74, 1970.

MAGLISCHO E. W. **Nadar más rápido**. Barcelona: Hispano-Europea, 1999.

______. **Nadando ainda mais rápido**. São Paulo: Manole, 1999.

MAKARENKO, L. **El nadador joven**. La Habana: Científico Técnica, 1991.

______. **Natação**. Porto Alegre: Artmed, 2001.

______. **Natação, seleção de talentos e iniciação desportiva**. Porto Alegre: Artmed, 2001.

MALINA, R. M.; BOUCHARD, C. **Growth, maturation, and physical activity**. Champaign: Human Kinetics, 1991.

MALINA, R. M. et al. Growth status of olympic athletes less than 18 years of age. In: CARTER, J. E. L. (Org.). **Physical structure of Olympic athletes II**: Kinanthropometry of olympic athletes. Basel: Karger, 1984.

MANNO, R. **Fundamentos del entrenamiento deportivo**. Barcelona: Paidotribo, 1991.

MARKER, K. Influence of athletic training in the maturity process of girls. In: BORMS, J.; HEBBELINCK, M.; VENERANDO, A. (Org.). **The female athlete**. Basel: Karger, 1981.

MARQUES, A. A. especialização precoce na preparação desportiva. **Treino Desportivo**, v. 19, p. 9-15, 1991.

MARTENS, R.; GILL, O. State anxiety among successful and unsuccessful competitors who differ in competitive trait anxiety. **Research Quarterly**, v. 47, p. 698-708, 1976.

MARTIN, A. D. **An anatomical basis for assessing human body composition: evidence from 25 dissections**. Tese (pós-doutorado) – Simon Fraser University, Burnaby, 1984.

______. **Quantification of skin, adipose tissue, muscle and bone in adults:** evidence from cadaver dissections and a critique of some in vivo methods. Unpublished doctoral dissertation, Simon Fraser University.

MARTIN, A. D. et al. Predicción sobre tejido adiposo corporal, mediante técnica de calibre para pliegues cutáneos: suposiciones y evidencia cadavérica. **Rev. Actualización Ciencias Deporte**, v. 1, n. 4, 1993.

MARTÍN, A. P. **Características cineantropométricas del nadador canario**. Tesis doctoral sin publicar. Universidad de Las Palmas de G.C.

MARTIN, B. A.; MANNING, O. J. Combined effects of normative information and task difficulty on the goal commitment- performance relationship. **J. Management**, v. 21, n. 1, p. 65-80, 1995.

MARTÍN, D. Konzeption eines modells für das Kinder und Jugendtraining. **Leistungssport**, v. 11, p. 165-77, 1981.

______. Entrenamiento multilateral y especialización precoz. **Stadium**, v. 27, n. 166, p. 36-42, 1993.

MARTÍN, D.; CARL, K.; LEHNERTZ, K. **Manual de metodología del entrenamiento deportivo**. Barcelona: Paidotribo, 2001.

MARTINEK, T.; HELLISON, O. Values and goal setting with underserved youth. **J. Physical Education, Recreation Dance**, v. 69, n. 7, p. 47-53, 1998.

MARTORELL, R. et al. Which side to measurement. In: GARCIA MANSO, J.; NAVARRO, M.; RUIZ, J. **Pruebas para la valoración de la capacidad motriz en el deporte**. Madri: Gymnos, 1988.

MATA, E. **Promoción de la mujer en el deporte recreativo**. Ponencia presentada al Seminario Mujer y Deporte. Madri: Ministerio de Educación y Ciencia, 1990.

MATVEIEV, L. P. **El proceso del entrenamiento**. Buenos Aires: Stadium, 1982.

MAZESS, R. B. Do bioimpedance changes reflect weight, not composition? **Am. J. Clin. Nutr.**, v. 53, 178-9, 1991.

MAZZA, J. Proporcionalidad y fraccionamiento de la masa corporal. **Actualización en ciencias del deporte**, v. 1, n. 1, 1993.

MCARDLE, W. D. et al. Specificity or run training on VO_2máx and heart rate changes during running and swimming. **Medicine and Science in Sport**, v. 10, p. 16-20, 1978.

MCARDLE, W. D.; KATCH, F. I.; KATCH, V. L. **Fisiologia do exercicio, energia, nutrição e desempenho humano**. Rio de janeiro: Guanabara Koogan, 1998.

_____. **Fisiología del ejercicio**. Energía, nutrición y rendimiento humano. Madri: Alianza Deporte, 1986.

MCDOUGALL, D.; WENGER, H.; GREEN, H. **Evaluación fisiológica del deportista**. Barcelona: Paidotribo, 2000.

MCLELLAN, T. M.; JACOBS, I. The influence of active recovery on the individual anaerobic threshold. **Medicine and Science in Sports and Exercise**, v. 21, n. 2, p. S22, 1989.

MEDLER, M. Krafttraining mit kindern und jugendlichen im fubball. **Fubballtraining**, v. 8, n. 5-6, p.27-8; 43-9; n. 12, p. 9-17, 1990.

MORA VICENTE, J. **Teoría del entrenamiento y del acondicionamiento físico.** Cádiz: Coplef, 1995.

MUELLER, N. H.; STALLONES, L. Anatomical distribution of subcutaneous fat: skinfold site choice and construction of induces. **Hum. Biol.**, v. 53, p. 321-35, 1981.

MUÑOZ, V. T.; BELLOCH, S. L. Establecimiento de perfiles de fuerza y resistencia muscular específica en nadadores jóvenes y relación con el rendimiento. In: CONGRESO INTERNACIONAL DE ACTIVIDADES ACUÁTICAS Y NATACIÓN DEPORTIVA, 20., 2000, Toledo. **Anais**... Toledo: AETN, 2000.

NAVARRO, F. Planificación del entrenamiento de natación en corto y largo plazo. In: MADRI, C. (Org.). **Sobre el agua**. Madri: Comunidad de Madri, 1985.

______. El entrenamiento a largo plazo. **Apuntes de Educación Física**, v. 1, p. 9-28, 1988.

______. **Metodología del entrenamiento en el agua del nadador**. Curso Treinamento em alto nivel módulo I . Belo Horizonte – Brasil, 1996.

______. **La resistencia**. Madri: Gymnos, 1998.

______. Entrenabilidad de las capacidades físicas de rendimiento del nadador. In: CONGRESO INTERNACIONAL DE ACTIVIDADES ACUÁTICAS Y NATACIÓN DEPORTIVA, 20., 2000, Toledo. **Anais**... Toledo: AETN, 2000.

______. **Principios del entrenamiento y estructuras de la planificación deportiva**. Madri: COE, 2000.

NAVARRO, F. **Evolución de las capacidades físicas y su entrenamiento**. Madri: COE; UAM, 2001.

______. **Metodología del entrenamiento para el desarrollo de la resistencia**. Madri: COE; UAM, 2002.

______. **Detección de talentos en natación**. Paper presented at the seminario para la detección de talentos, Madri, 2004.

NAVARRO, F.; ARSENIO, O. **Natación II**: la natación y su entrenamiento. Madri: Gymnos, 1999.

NAVARRO, F.; OCA GAIA, A.; CASTAÑÓN, F. J. **El entrenamiento del nadador joven**. Madri: Gymnos, 2003.

NAVARRO, F.; FEAL, A. R. **Planificación y control del entrenamiento en natación**. Madri: Gymnos, 2001.

NEUMAN, G. La struttura della prestazione negli sport di resistenza. **Rev. Cultura Sportiva**, v. 9, n. 20, p. 66-72, 1990.

______. La struttura della prestazione nigli sport di resistenza. **Rev. Cultura Sportiva**, v. 10, n. 21, p. 22-7, 1991.

NIEMAN, D. C. **Exercício e saúde**. São Paulo: Manole, 1999.

NILES, S. Achievement goals and means: a cultural comparison. **J. Cross-Cultural Psychology**, v. 29, n. 5, p. 656-68, 1998.

NORTON, K.; OLDS, T. **Antropométrica**. Rosario: Biosystem, 2000.

OCA GAIA, A. Planificación de la preparación de los nadadores jóvenes. In: CONGRESO INTERNACIONAL DE

ACTIVIDADES ACUÁTICAS Y NATACIÓN DEPORTIVA, 20., 2000, Toledo. **Anais**... Toledo: AETN, 2000.

ORLICK, T.; PARTIGNON, J. Mental links to excellence. **The Sport Psychologist**, v. 2, p. 105-30, 1988.

ORLICK, T. **Psyching for sport-mental training for athletes**. Champaign: Leisure Press, 1986.

ORPIN, M. J.; SCOTT, P. J. Estimation of total body fat using skinfold caliper measurements. **New Zealand Med. J.**, v. 63, p. 501, 1984.

OZMUN, J. C.; MIKESKY, A. E.; SUBURG, P. R. Neuromuscular adaptations following prepubescent stength training. **Med. Sci. Sports Exerc.**, v. 25, p. 510-4, 1994.

PACHECO, J. L. **Cambios somatotipológicos durante la edad prepuberal:** un estudio longitudinal. In: JORNADAS TÉCNICAS DEPORTIVAS, 2., 1986, Lanzarote. **Atas**... Lanzarote: [S.e.], 1986.

______. Valoración antropométrica de la masa grasa en atletas de élite. In: CONSEJO SUPERIOR DE DEPORTES. **Métodos de estudio de composición corporal en deportistas**. Investigaciones en ciencias del deporte. Madri: Ministerio de Educación y Cultura, 1996.

PÁEZ, L. C.; LUQUE, G. T. El entrenamiento de fuerza en niños. **Apunts: educación física y deporte**, v. 61, p. 64-71, 1999.

PAISH, W. **Manual de las ciencias del deporte**. Madri: Tutor, 1999.

PALMI, J. Entrenamiento psicológico para la competición. In: RIERA, J.; CRUZ, J. (Org.). **Psicología del deporte**: aplicaciones y perspectivas. Barcelona: Martínez Roca, 1991.

PASSER, M. W. Children in sport: participation motives and psychological stress. **Quest**, v. 33, p. 231-44, 1982.

PAWAN, G. E. S.; CLODE, M. The gross chemical composition of subcutaneous adipose tissue in the mean and obese human subject. **Biochem. J.**, v. 74, p. 9P, 1960.

PÉREZ, B. **Los atletas venezolanos**. Su tipo físico. Caracas: Universidad Central de Venezuela, 1981.

PÉREZ, L. M. R. et al. **Desarrollo, comportamiento motor y deporte**. Madri: Síntesis, 2001.

PHEASANT, S. **Bodyspace**. Londres: Taylor & Francis, 1988.

PLATONOV, V. N. **El entrenamiento deportivo**. Teoría y metodología. Barcelona: Paidotribo, 1988.

______. **La preparación física**. Barcelona: Paidotribo, 1998.

______. **Teoría general del entrenamiento deportivo olímpico**. Barcelona: Paidotribo, 2001.

PLATONOV, V. N.; FESSENKO, S. **Los sistemas de entrenamiento de los mejores nadadores del mundo**. v. 2. Barcelona: Paidotribo, 1993.

PLATONOV, V. N.; VAITZEJOVSKI, S. M. **El entrenamiento de los nadadores de alto nivel**. Moscou: Fizcultura y Sport, 1985.

POLLOCK, M.; SCHMIDT, D.; JACKSON, A. Measurements of cardiorespiratory fitness and body composition in a clinical setting. **Comprehesive Terapy**, v. 6, p. 12-27, 1980.

POOLEY, J. C. Drop outs. **Coaching Review**, v. 3, p. 36-8, 1980.

RAGLIN, J. S.; MORGAN, W. P. Development of a scale for use in monitoring training-induced distress in athletes. **International J. Sports Medicine**, v. 15, p. 84-8, 1994.

RAGLIN, J. S.; MORGAN, W. P.; WISE, K. Precompetition anxiety and performance in female high school swimmers: a test of optimal function theory. **International J. Sports Medicine**, v. 11, p. 111-75, 1990.

RAMÍREZ, E.; BRITO, C. Comportamiento de la Fuerza especial y relativa de los nadadores brasileños de competición. In: CONGRESO INTERNACIONAL DE ACTIVIDADES ACUÁTICAS Y NATACIÓN DEPORTIVA, 20., 2000, Toledo. **Anais**... Toledo: AETN, 2000.

RAPOSO, A.V. La importancia de la recuperación en el entrenamiento moderno. In: CONGRESO INTERNACIONAL DE ACTIVIDADES ACUÁTICAS Y NATACIÓN DEPORTIVA, 20., 2000, Toledo. **Anais**... Toledo: AETN, 2000.

______. **Planificación y organización del entrenamiento deportivo**. Barcelona: Paidotribo, 2000.

RIGAL, R. **Motricidad humana**. Madri: Pila Teleña, 1987.

ROBERTS, G. **The perception of stress:** a potential source and its development. In: WEISSY, M. R.; GOULD, O. (Org.). **Sport for children and youths**. Champaign: Human Kinetics, 1986.

RODRIGUEZ, R. M. Fisiología de la resistencia del nadador. In: CONGRESO INTERNACIONAL DE ACTIVIDADES ACUÁTICAS Y NATACIÓN DEPORTIVA, 20., 2000, Toledo. **Anais**... Toledo: AETN, 2000.

ROSS, W. D.; MARFELL-JONES, M. J. Kinanthropometry. In: MACDOUGALL, J. D.; WENEGER, H. A.; GREEN, H. J. (Org.). **Physiological testing of the elite athlete**. Ottawa: Canadian Association of Sport Sciences, 1983.

ROSS, W. D.; WARD, R. Proportionality of olympic athletes. In: CARTER, J. E. L. (Org.). **Physical structure of olympic athletes II**: kinantropometry of olympic athletes. Basel: Karger, 1984.

ROSS, W. D.; WILSON, N. C. A stratagem for proportional growth assessment. **Acta Paediatrica Belgica**, v. 28, p. 169-82, 1984. Suplemento.

ROSS, W. D. et al. Proportionality fo Montreal Athletes. In: CARTER, J. E. L. (Org.). **Physical structure of olympic athletes I**: the Montreal Olympic Games anthropological project. Basel: Karger, 1982.

ROSS, W.; KERR, D. **Fraccionamiento de la masa corporal**: un Nuevo método para utilizar en nutrición clínica y medicina deportiva. Proceedings de VI simposio internacional de actualización en ciencias aplicadas al deporte. Rosario.

ROWLAND, T. W. **Exercise and children's health**. Champaing: Human Kinetics, 1990.

______. **Developmental Exercise Physiology**. Champaing: Human Kinetics, 1996.

SALE, D. G. Strength training in children. In: GISOLFI, C. V.; LAMB, D. R. (Org.). **Perspectives in exercise science and sport medicine**. v. 2. Indianapolis: Benchmark Press, 1989.

SALE, D. G.; NORMAN, R. W. Testing strength and power. In: MACDOUGALL, J. D.; WENEGER, H. A.; GREEN, H. J. (Org.). **Physiological testing of the elite athlete**. Ottawa: Canadian Association of Sport Sciences, 1983.

SCANLAN, T. K. Competitive stress in children. In: WEISS, M. R.; GOULD, O. (Org.). **Sport for children and youth**. Champaign: Human Kinetics, 1986.

SCANLAN, T. K.; LEWTHWAITE, R. Social psychological aspects of competition for male youth sport participants: IV. Predictors of performance outcomes. **J. Sport Psychology**, v. 6, p. 422-9, 1984.

SCANLAN, T. K.; PASSER, M. W. Factors related to competitive stress among male youth sport participants. **Medicine and Science in Sports**, v. 10, p. 103-8, 1978.

______. Sources of competitive stress in young female athletes. **J. Sport Psychol.**, v. 1, p. 151-9, 1979.

SCHERRER, J. **La fatiga**. Barcelona: Paidotribo, 1991.

SCHNABEL, G. Leistungsstruktur, trainingsstruktur und ihr zusammenkang. **Medizin und Sport**, v. 21, p. 257-60, 1981.

SEGAL, K. R. et al. Lean body mass estimation by bioelectrical impedance analysis: a four-site cross-validation study. **Am. J. Clin. Nutr.**, v. 47, p. 7-14, 1988.

______. Estimation of extracellular and total body water by multiple-frecuency bioelectrical-impedance measurement. **Am. J. Clin. Nutr.**, v. 54, p. 26-9, 1991.

SHAKARIAN, D. Cultivating mastery-orienting learners a matter of goals. **J. Physical Education, Recreation Dance**, v. 66, n. 3, p. 44-7, 1995.

SHARP, R. L. et al. Effect of eight weeks of bicycle ergometer sprint training on human muscle buffer capacity. **International Journal Sports Medicine**, v. 7, p. 13-7, 1986.

SHELDON, K. M.; KASSER, T. Pursuing personal goals: skills enable progress, but not all progress is beneficial. **Personality and Social Psychology Bulletin**, v. 24, n. 12, p. 1319-38, 1998.

SIFF, M.; VERKHOSHANSKY, I. **Super Entrenamiento**. Barcelona: Paidotribo, 2000.

SILVA ALONSO, T. **Apuntes de valoración del rendimiento deportivo**. Articulo sin publicar. Universidad de vigo, 2005.

SILVA, J.; WEINBERG, R. **Psychological foundations of sport psychology**. Champaign: Human Kinetics, 1984.

SIMON, J. A.; MARTENS, R. Children's anxiety in sport and non sport evaluative activities. **J. Sport Psychol.**, v. 1, p. 160-9, 1979.

SIMON, J.; SEGAL, K. R.; JAFFE, L. A. Exercise prescription based on perceived exertion vesus heart rate in midlle-aged women. **Medicine and Science in Sports and Exercise**, v. 19, n. 2, p. S14, 1987.

SJODIN, B.; JACOBS, I. Onset of blood lactate accumulation and marathon running performance. **International J. Sports Medicine**, v. 2, p. 23-6, 1981.

SLAUGHTER, M. H.; LOHMAN, T. G.; BOILEAU, R. A. Relationship of antropometric dimensions to physical performance in children. **J. Sport Medicine**, v. 22, p. 377-85, 1982.

SMITH, R. E. Toward a cognitive-affective model of athletic burnout. **J. Sport Psychol.**, v. 8, p. 36-50, 1986.

STEGMANN, H.; KINDERMANN, W. Comparison of prolonged exercise tests at the individual anaerobic threshould and the fixed anaerobic threshould of 4 mmol/l lactate. **International J. Sports Medicine**, v. 3, p. 105-10, 1982.

STEINMANN, W. Krafttraining im Sportunterricht. **Sportunterricht**, v. 39, p. 326-39, 1990.

STEPNICKA, J. Somatotypes of Czechoslovak athletes. In: EIBEN, O. G. (Org.). **Growth and development**: physique. Budapeste: Akademiai Kiado, 1977.

SUAREZ, I. R. **Levantamiento de pesas**. La Habana: Científico Técnica, 1997.

______. **Multi Fuerza**. La Habana: Científico Técnica, 1998.

TANNER, J. M. **The physique of the olimpc athlete**. Londres: Allen & Unwin, 1964.

______. **The physique of olympic athlete**. Londres: Allen & Unwin, 1966.

TAUCHEL, U.; MULLER, B. Untersuchungen zu Muskelfunktionsstörungen im Kindesalter und die Bedeutung des arthromuskulären Gleichgewitchts für die sportliche Belastung. **Medizin und Sport**, v. 26, p. 120-5, 1996.

TEIXEIRA, C. M.; VASCONCELOS-RAPOSO, J. V. **Caracterizaçao da ansiedade cognitiva, somática e autoconfiança em nadadores pré-juniores**. Vila Real: UTAD-SDE, 1995. (Série Monografia: Psicologia do Desporto).

TERRADOS, N.; FERNÁNDEZ, B. **La fatiga muscular en el rendimiento deportivo**. Madri: Síntesis, 1997.

THOMAS, L. W. The chemical composition of adipose tissue of man and mice. **Quart. J. Exp. Physiol.**, v. 47, p. 179-88, 1962.

THOMASETT, A. Bio-electrical properties of tissue impedance measurements. **Lyon Med.**, v. 207, p. 107-18, 1962.

THOMPSON, D. W. **On growth and form**. Cambridge: Cambridge University Press, 1966.

TIERNEY, B. J. Stress in age-group swimmers. **Swim Technique**, v. 2, p. 9-14, 1988.

TITTEL, K. Tasks and tendencies of sport anthropometry's development. In: LANDRY, F.; ORBAN, W. (Org.). **Biomechanics of sports and kinanthropometry**. v. 6. Miami: Symposia Specialists, 1978.

TITTEL, K.; WUTSCHENK, H. **Sportanthropometrie**. Leipzig: Barth, 1972.

TRIANDIS, H. C. **Individualism and collectivism**. Nova York: Westview, 1995.

TSCHIENE, P. El sistema de entrenamiento. **Rev. de Entrenamiento Deportivo**, v. 6, n. 4-5, 1987.

______. La teoria dell'allenamento: con o senza una priorità? **Rev. Cultura Sportiva**, v. 11, n. 25, p. 59-63, 1992.

______. Por una teoría del entrenamiento juvenil. **Rev. de Entrenamiento Deportivo**, v. 6, n. 1, 13-22, 1992.

URNIN, J. V. G. A.; WOMERSLEY, J. Body fat estimates from total body density and its estimation from skinfold thickness: measurements on 481 men and women aged from 16-72 years. **Br. J. Nutr.**, v. 32, p. 77-97, 1974.

VAN HANDEL, P. J. et al. Aerobic economic and competitive swimming performance of U. S. elite swimmers. In: UNGERECHTS, B. E.; WILKE, K.; REICHLE (Org.). **International series on sports sciences 18**: Swimming Science. Champaign: Human Kinetics, 1988.

VASCONCELOS-RAPOSO, J. **Os factores psico-socio-culturales que influenciam e determinam a busca da excelência pelos atletas da elite portuguesa**. Tese (Doutorado) – Universidade de Trás-os-Montes e Alto Douro, 1990.

______. Técnicas e problemas no processo de maximização do rendimento desportivo. In: **Jornadas de Psicologia do Desporto**, 5., Coimbra, maio 1994.

VÁZQUEZ, B. **Actitudes y prácticas deportivas de las mujeres españolas**. Madri: Ministerio de Asuntos Sociales, 1993.

VERKOSHANSKY, Y. **Entrenamiento deportivo**. Planificación y programación. Barcelona: Martínez Roca, 1990.

______. **Preparação de força especial**. São Paulo: Grupo Palestra Esporte, 1995.

______. **Todo sobre el método pliométrico**. Barcelona: Paidotribo, 1999.

______. **Teoría y metodología del entrenamiento deportivo**. Barcelona: Paidotribo, 2002.

VERKOSHANSKY, Y.; VIRU, A. Adaptación a largo plazo. **Comunicaciones Técnicas ENEP**, v. 9, n. 9, p. 37-51, 1992.

VICENTE, J. M. **Teoría del entrenamiento y del acondicionamiento físico**. Madri: Gymnos, 1995.

VILLA, J. G. et al. **Nutrición del deportista**. Madri: Gymnos, 2000.

VILLANUEVA, L. El control del entrenamiento. Teoría y práctica. In: CONGRESO AETN, 17., 1997, Cantabria. **Atas**... Cantabria: AETN, 1997.

______. Control y valoración del rendimiento en natación. **NSW**, v. 3, p. 13-28, 2004.

VIRU, A. **Principios básicos aplicables a la construcción de macrociclos**. Buenos Aires: Stadium, 1991.

VNESHTORGIZDAT, V. **Aseguramiento científico de la preparación de los nadadores**. La Habana: Pueblo y Educación, 1989.

VOLKOV, N. I. **Bioquímica**. La Habana: Pueblo y Educación, 1990.

VOLKOV, V. M. **Los procesos de recuperación en el deporte**. Buenos Aires: Stadium, 1981.

VRIJENS, J. Muscle strength development in the pre-and post-pubescent age. **Med. Sport**, v. 11, p. 152-8, 1978.

______. Muzcle strength development in the pre – and post – pubescent age. **Med. Sport**, v. 11, p. 152-8, 1978.

WARD, R. **The proposal, validation and application of a caliper technique for the estimation of uncompressed skinfold thickness**. MSC Thesis, Simon Fraser.

WEINBERG, R.; GOULD, D. **Fundamentos de psicología del deporte y el ejercicio físico**. Barcelona: Ariel, 1996.

WEINBERG, R.; SEABURNE, T.; JACKSON, A. Effects of visuo-motor behavior rehearsal, relaxation, and imagery on karate performance. **J. Sport Psychology**, v. 3, p. 228-38, 1981.

WEINECK, J. **Entrenamiento optimo**. Barcelona: Hispano-Europea, 1988.

______. **Biologia no esporte**. São Paulo: Manole, 1991.

______. **Treinamento ideal**. São Paulo: Manole, 1999.

WEISS, M. R. Psychological effects of intensive sport participation on children and youth: self-esteem and motivation. In: CAHILL, B. R., PEARL, A. J. (Org.). **Intensive participation in children's sports**. Champaign: Human Kinetics, 1993.

WEISS, M.; BOUWS, N. E.; WEICKER, H. Comparison between the 30 minutes test and the 300 m step test according to Simon in the women's national swimming team. **International J. Sports Medicine**, v. 9, n. 5, p. 379, 1988.

WELTMAN, A. **The blood lactate response to exercise**. Champaign: Human Kinetics, 1995.

WILKE, K.; MADSEN, O. **El entrenamiento del nadador juvenil**. Buenos Aires: Stadium, 1990.

WILLIAMS, J. **Applied sport psychology**: personal growth for peak performance. Mountain View: Mayfield, 1986.

WILMORE, J. H. **Composición corporal y reservas de energía del cuerpo**. La resistencia en el deporte. Barcelona: Paidotribo, 2000.

WILMORE, J. H.; COSTILL, D. L. **Fisiología del esfuerzo y del deporte**. Barcelona: Paidotribo, 1998.

WINTER, G. Goal setting. In: MONIS, T.; SUMMERS, J. (Org.). **Sport psychology**: theory, applications and issues. Nova York: Wiley, John & Sons, 1995.

WRIGHT, P. M. Goal setting and monetary incentives: motivational tools that can work. **Compensation and Beneftts Review**, v. 26, n. 3, p. 41-50, 1994.

YAKOLEV, N. N. **La química de los movimientos**. Bases moleculares de la actividad muscular. Leningrado: Nauka, 1983.

YOSHIDA, T. et al. Blood lactate parameters related to aerobic capacity and endurance performance. **European J. Applied Physiology**, v. 56, p. 7-11, 1987.

ZAKHAROV, A.; GOMEZ, A. C. **Ciência do treinamento desportivo**. Rio de Janeiro. Grupo Palestra Sport, 1992.

ZATSIORSKY, V. M. **Las aptitudes físicas del deportista**. Bases de la teoría y metodología de la educación. 2. ed. Moscou: Fizcultura y Sport, 1980.

______. **Ciência e prática do treinamento da força**. São Paulo: Phorte, 1999.

ZATSIORSKY, V. M.; SAFARIAN, I. G. Examen de los factores para determinar la velocidad máxima en estilo libre. Theorie und praxis der koperkultur. **INEF**, v. 21, n. 8, p. 1-25, 1972.

ZINTL, F. **Entrenamiento de la resistencia**. Barcelona: Martínez Roca, 1991.

Sites consultados

http://scholar.google.com/

http://www.swim.ee

http://www.swim.ee/videos/exercises.html

Sobre o Autor

Emerson Ramirez Farto é doutor em Ciências da Atividade Física e do Esporte pela Universidad de Vigo, mestre em Alto Rendimento Esportivo pelo Centro Olímpico de Estudios Superiores (COES) (Madrid), pós-graduado em Bases Fisiológicas e Metodológicas do Treinamento Esportivo pela Escola Paulista de Medicina, em Fisiologia do Exercício pela UniFMU e em Teoria e Metodologia do Treinamento Esportivo pelo Instituto Superior de Cultura Física "Manoel Fajardo" (La Habana) e licenciado em Educação Física e Esportes pela FIG.

É professor-associado da Universidade de Vigo (Alto Rendimento em Natação), professor de Bases Metodológicas do Treinamento em natação: Teoria e Prática (online) e personal trainer. Já foi professor da Real Federación Española de Natación, diretor técnico e treinador do Club Natación Pontevedra, treinador dos clubes Natación Pontevedra, Natación Pons Vetus, Esperia e R. White e membro da comissão técnica de natação da Federación Gallega de Natación.

Participou de conferências realizadas na América e na Europa e é autor de diversos artigos publicados em revistas científicas e de divulgação. Recebeu o prêmio de melhor artigo do ano de 2002 (Revista NWS – Asociación Española de Técnicos de Natación).

Publicou os seguintes livros:

- *La iniciación deportiva: la natación* (Sevilla: Editorial Wanceulen, 2003)
- *Teoría, metodología y planificación del entrenamiento deportivo: del ortodoxo al contemporáneo* (Sevilla: Editorial Wanceulen, 2005 – traduzido para a língua portuguesa pela Phorte Editora)

SOBRE O LIVRO
Formato: 21 x 28 cm
Mancha: 14,7 x 22,8 cm
Tipologia: Baskerville
Papel: Offset 75 g
nº páginas: 464
1ª edição: 2010

EQUIPE DE REALIZAÇÃO
Edição de Texto
Nathalia Ferrarezi (Assistente-editorial)
Augusto Iriarte (Preparação e copidesque)
Fernanda Duarte Ribeiro (Revisão)

Editoração Eletrônica
Renata Tavares (Capa, projeto gráfico e diagramação)
Ricardo Howards (Ilustrações)

Impressão
Edelbra Gráfica